KB036179

북한연구학회 연구총서 **04**

북한 연구의
새로운
패러다임

관점 · 방법론 · 연구방법

북한연구학회 기획 | 조영주 편저

**new paradigm in North Korean studies
: perspective, methodology, method**

한울
아카데미

이 도서의 국립중앙도서관 출판예정도서목록(CIP)은 서지정보유통지원시스템 홈페이지(http://seoji.nl.go.kr)와 국
가자료공동목록시스템(http://www.nl.go.kr/kolisnet)에서 이용하실 수 있습니다. (CIP제어번호 : CIP2015013186)

차례

발간사

　북한 연구는 자료의 제약, 접근의 제약, 방법론의 제약 등 여러 가지 어려움을 안고 있습니다. 이러한 어려움 속에서도 연구자들의 노력에 힘입어 그동안 북한 연구는 양적으로 확대되고 질적으로 발전했습니다. 이제 북한 연구는 하나의 지역학이자 여러 학문이 학제적으로 연결된 융합 학문을 지향해야 할 때입니다. 이러한 노력의 일환으로 북한 연구의 성과를 되짚어 보고, 향후 연구 방향을 모색하기 위해 '북한연구학회 연구총서'를 발간하게 되었습니다.

　그동안 북한연구학회 차원에서 북한 연구의 성과를 집대성하고, 연구 방향과 방법론을 모색하기 위해 여러 시도를 했습니다. 『분단반세기 북한 연구사』(1999)는 분단 이후 북한 연구의 분야별 업적을 종합적으로 검토했다는 점에서 의미가 있습니다. 또한 2006년 총 10권으로 발행된 총서 '북한의 새인식'은 북한의 정치, 경제, 군사, 사회, 외교 등 10개 분야에 걸쳐 북한의 진면목을 종합적으로 정리했다는 점에서 주목을 받았습니다.

　북한연구학회 차원에서 추진된 이러한 업적을 바탕으로 김정은시대의 북한체제를 종합적으로 분석하기 위한 총서를 발간하게 되었습니다. 이것은 김정은체제가 공식적으로 출범한 지 3년이 가까워진 시점에 북한연구학회 차원에서 김정은시대를 조망할 수 있는 객관적 프리즘을 제시할 필요성이 있다는 점을 고려한 것이기도 합니다.

이번 '북한연구학회 연구총서'의 대주제는 '김정은체제: 유산과 도전, 새로운 국가전략의 모색'이라고 할 수 있습니다. 김정은체제는 이념과 권력 구조, 경제사회시스템 등 유산의 제약 속에서 새로운 방향을 모색하기 위해 노력하고 있는 것으로 보입니다. 또한 국가와 경제·사회관계의 변화, 주민의식의 변화, 국제환경의 변화 등의 도전에 직면해 있습니다. 이러한 상황에서 김정은체제는 '경제·핵 병진노선'을 국가전략으로 채택하고, 공세적 대외·대남전략을 추진하고 있습니다. 김정은체제의 이러한 국가전략에는 근본적 한계와 함께 여러 가지 장애 요인이 있습니다. 이러한 김정은체제의 모습과 딜레마를 객관적이고 다양한 시각을 통해 조망하는 것은 학문적으로, 그리고 정책적 측면에서 의미 있는 작업이라고 생각합니다.

이번 총서는 총 다섯 권으로 구성되어 있습니다. 김정은시대를 조망하기 위한 총서 1~3권은 각각 ① 정치·외교·안보, ② 경제·사회, ③ 문화·예술·과학기술·도시환경을 다루고 있습니다. 이 세 권은 김정은시대에 초점을 맞추되 배경의 이해가 필요할 경우 시기적으로 김정은시대를 거슬러 올라가는 내용을 포함했습니다. 아울러 김정은시대를 이해하기 위한 핵심 쟁점을 다각적으로 분석했습니다. 또한 총서 4권은 북한 연구의 방법론에 대한 것입니다. 특히 지난 10여 년 동안 북한의 시장화, 계층화, 사회화, 도시화 등의 새로운 양상을 포착하기 위해 적용한 여러 연구 방법을 소개했습니다. 마지막으로 총서 5권에는 통일담론 및 통일정책과 관련된 12개의 질문에 대한 글을 담았습니다.

이번 기획은 시간적 제약, 예산의 제약, 집필진 확보의 어려움 등 여러 가지 현실적 여건을 감안해 기존 발표 논문을 재수록하거나 수정본, 새로 작성된 논문을 같이 포함하는 절충 방식으로 추진되었습니다. 이러한 여러 가지 현실적 어려움과 총서 권수의 제약 등으로 제한된 연구자들의 연구성과만이 소개된 점을 매우 안타깝게 생각합니다. 앞으로 여건이 허락된다면 기획 목적에 충실한 새로운 논문들로 구성된 총서가 발간되어 더 많은 연구자들의 업적이 소개되는 기회가 있기를 바랍니다.

이번 총서를 기획하는 데 많은 분이 수고를 해주셨습니다. 특히 총서 발간 위원회 위원장이라는 부담스럽고 수고스러운 직책을 흔쾌히 맡아 애써주신 박순성 교수님에게 진심으로 감사드립니다. 아울러 분야별로 기획과 편집을 맡아 수고한 우승지 교수님, 양문수 교수님, 전미영 교수님, 조영주 교수님의 노고에도 깊은 감사를 드립니다. 이분들의 학문에 대한 열정과 북한연구 학회에 대한 애정이 없었다면 이번 총서는 햇빛을 보지 못했을 것입니다. 끝으로 출판업계의 어려움 속에서도 총서를 발간해준 도서출판 한울의 김종수 사장님과 편집을 맡아 수고한 강민호 씨에게도 감사드립니다.

2014년 12월
한 해가 저물어가는 겨울 언저리에서
북한연구학회장 박종철

북한 연구의 성찰과 새로운 지평

북한 연구의 발전과 성찰의 역사

한반도의 분단은 필연적으로 '북한'에 대한 관심을 야기했고, 그에 따라 북한 연구는 분단의 역사와 함께 했다. 북한 연구의 역사적 흐름 속에서 북한 연구는 '북한학'이라는 학문적 위상을 가지기 시작했고 그 성격도 변화해왔다. '북한학'이라는 명명이 언제부터 시작되고, 독자적인 학문체계로서 위상을 가지게 되었는지는 명확하지 않지만, 대학에 북한학과가 설립되고 북한학 전공이 개설됨에 따라 북한 연구는 북한학으로서 제도적 위상을 가지게 되었다고 볼 수 있다.

북한학이 발전하고 제도적 위상을 가지게 되었지만, 북한학에 대한 엄밀한 학문적 정의는 이루어지지 않았다. 이는 북한학의 복합적이고 다층적인 성격 때문이다. '북한'을 대상으로 한다는 측면에서 북한 연구는 북한학이라는 독자적인 학문적 지위를 가지면서도 다양한 학문 분과에서 북한을 연구해왔기 때문에 연구의 한 영역으로 다루어지기도 했다. 또는 북한이 한반도의 한 지역을 차지하고 있다는 점과 국제사회에서 하나의 독립적인 국가로 위치하고 있다는 점에서 지역학의 성격을 띠기도 한다. 그리고 북한을 대상으로 정치, 경제, 사회, 문화 등 다양한 주제 영역을 다루고 있다는 점에서 종합학문으로서의 성격을 띠기도 한다. 최근에는 북한 연구가 통일 및 평화 관련 연구와 북한이탈주민 연구까지 포괄하면서 그 영역이 확대되고 있다.

초기 북한 연구는 주로 공산주의 연구, 분단국가 사례 연구, 북한의 정치권력 등에 집중되었고, 주로 정책적 차원에서 다루어졌으며 학술적 차원의 연구는 상대적으로 미비했다. 북한 연구가 본격화되고 새로운 담론들이 출현하기 시작한 것은 민주화의 흐름 속에서 가능했다. 통일에 대한 대중적 논의가 가능해지고 북한 및 사회주의 국가에 대한 자료 접근 가능성이 상대적으로 확대됨에 따라 북한 연구도 활성화되기 시작한 것이다. 그리고 북한 및 통일에 대한 담론의 전환이 이루어지면서 북한을 어떻게 볼 것인가라는 문제가 화두가 되기도 했다.

이러한 시기를 지나 지금까지 북한 연구는 양적으로 증가했고, 주제의 측면에서나 연구방법에서도 다양해졌다. 정치체제와 권력, 경제 구조와 정책 중심이었던 북한 연구가 사회와 일상, 여성 등 다양한 주제를 다루게 되었고, 그에 따라 북한학이라는 학문 자체가 갖는 학제 간 연구의 성격이 강화되기도 했다. 각 학문 영역에서 북한을 다루던 것을 넘어 학문 분과에서 다루었던 이론과 방법론을 적극적으로 북한 연구에 적용함으로써 북한 연구의 장에서 여러 학문의 소통과 접목이 이루어지고 있는 것이다. 더욱이 최근에는 북한 연구에 새로운 이론과 방법론들을 소개하며 북한 연구의 적용 가능성을 탐구하고 실제 적용하는 연구들도 나타나고 있다(북한 연구의 역사적 흐름에 관한 자세한 내용은 이 책의 제3장을 참조).

북한 연구의 양적·질적 성장은 그동안의 연구성과들에 대한 지속적인 성찰과 새로운 과제의 도출을 통해 가능했다. 북한 연구 자체에 대한 성찰과 북한연구방법론에 대한 논쟁 등 학문으로서 북한 연구가 가져야 할 위상과 시각, 연구방법들에 대한 연구자들의 성찰이 지속적으로 이루어진 것이다. 1970년대 정부 대북정책의 변화 속에서 북한 및 통일 문제에 대한 정책적·학술적 접근이 이루어지면서 북한 연구의 개념과 방향, 연구방법 등에 대한 논의가 시작되었다. 대표적으로 이항구의 「북한 연구」(1973), 고영복의 「북한 연구 방향 설정에 관하여」(1974), 양호민 외, 「북한 연구의 학적체계와 방법적 고찰」(1975) 등이 있고, 각 분야별 북한 연구의 이해와 방향에 관한 연구들도 진행되었다. 이들 논의는 북한 연구가 가져야 할 방향과 북한에 대한 다양한 접근방법을 제시했고, 북한 연구의 학적체계를 규명하려는 시도로도 이어졌다.

1980년대 중반 이후 북한 연구가 대중화되고 북한에 대한 접근성이 상대적으로 높아짐에 따라 북한을 어떻게 바라볼 것인가라는 인식론적·방법론적 논의가 확대되기 시작했고, 북한연구방법론에 대한 학문적 논쟁이 이루어지기도 했다. 그리고 북한 연구의 성과가 축적됨에 따라 북한 연구 자체와 각 주제 연구들에 대한 성과를 짚고 한계와 과제를 도출하는 연구들이 생겨났다. 서동만의 「북한 연구에 대한 반성과 과제」(1998)부터 최근 안득기·허정필의 「북한 연구 동향에 관한 소고」(2013)에 이르기까지 그동안의 북한 관련 학위논문이나 학술논문들을 분석해 북한 연구의 성과와 한계를 짚었다. 그리고 사회 및 여성, 교육, 문학, 법률, 과학기술 등 각 분야에서 이루어진 북한 연구에 대한 평가와 이와 관련된 연구들이 이어지고 있다. 대표적으로 강진철의 「북한법 연구의 현황과 과제」(1989), 함인희의 「북한여성 연구의 현황과 과제」(1998), 남송우의 「북한문학 연구의 현황과 과제」(2005), 신효숙의 「북한교육 연구의 성과와 과제」(2006), 조은희의 「북한 사회 연구동향과 과제」(2010), 변상정의 「북한 과학기술정책 연구동향과 과제」(2011), 김석향·이은주의 「북한 여성 연구의 동향과 과제」(2012), 이지순의 「북한 시문학 연구 성과와 현황」(2012) 등이 있다. 그리고 각 분야의 연구에 대한 평가와 과제를 종합적으로 정리한 『북한 연구의 성찰』(2005)이 발간되기도 했다.

이처럼 북한 연구의 발전은 북한 연구에 대한 지속적인 성찰을 통해 가능했다. 북한 연구 자체에 대한 성찰은 북한 연구의 정체성을 규명하려는 시도였고, 그동안의 연구성과에 대한 반성은 기존의 한계를 극복하고 새로운 과제를 도출함으로써 북한 연구의 지평을 확대하는 기반이 되었다. 현재 당면한 북한 연구의 과제가 무엇이고 이를 어떻게 해결할 것인지, 향후 북한 연구 방향은 무엇인지, 구체적인 연구에서 이를 어떻게 담아낼 것인지 등의 북한 연구의 발전을 위한 고민들이 지속적으로 이루어졌다. 이 책은 이러한 연구자들의 그동안의 고민을 담았다. 북한연구방법론부터 연구방법에 이르기까지 학문으로서 북한 연구의 위상을 확보하기 위한 노력과 새로운 이론의 적용, 주제 발굴, 연구방법의 시도 등 북한 연구의 지평확대를 위한 도전들의 성과를 소개한다. 총 3부, 11편의 글로 구성되는 이 책은 제1부에서는 북한연구방법론에 대한 성찰과 모색, 제2부에서는 북한연구방법, 제3부에서는 북한 연구의 도전과 새로운 지평을 다루었다.

북한연구방법론의 성찰

북한 연구의 흐름 속에서 북한 연구의 주요 대상인 북한을 어떻게 인식하고 이들에게 어떻게 접근할 것인가는 중요한 학문적 탐구의 대상이 되어왔다. 이러한 논의는 1970년대 북한 연구가 본격화되는 시기에 시작되었다. 이 시기 북한연구방법론의 대표적인 논의로 안병영의 「기존 통일 및 북한관계 연구의 주제별, 방법론별 평가 및 발전정향 정립」(1977)이 있다. 여기서 안병영은 기존의 공산주의 연구의 접근법과 북한 연구의 동향을 개괄하고, 공산주의체제 연구의 주요 접근법들이 북한 연구에서 갖는 유용성을 논의했다. 이후 다시 안병영은 『현대공산주의 연구』(1982)에서 북한 연구가 활발히 진행되는 것에 비해 방법론적 논의가 이루어지지 못한다고 지적하며 기존 연구에서 드러나는 방법론적 문제점들을 언급함으로써 북한연구방법론 자체에 대한 문제제기를 본격화했다.

안병영의 논의 이후에도 지속적으로 방법론에 대한 논의가 이어져 오다 송두율이 「북한 사회를 어떻게 볼 것인가」(1988)라는 논문에서 '내재적 접근법'을 소개하면서 북한연구방법론에 대한 논쟁이 다시 시작되었다. 송두율은 이 논문에서 "사회주의 이념과 현실을 내재적으로, 즉 '안'으로부터 분석 비판해 사회주의 사회가 자본주의 사회와는 다른 이념과 정책의 바탕 위에 서 있다는 것을 인정하고 사회주의가 이룩한 '성과'를 이 사회가 설정한 이념에 비추어 검토 비판해보아야 한다"라고 주장했다. 이러한 송두율의 내재적 접근에 대한 주장을 필두로 강정인, 강정구, 이종석, 김연철, 최완규 등 많은 연구자는 기존의 북한연구방법론에 대한 고찰과 함께 내재적 접근에 대한 각자의 입장에 따른 논쟁을 활발히 진행했다(내재적 접근법을 둘러싼 논쟁의 성과와 한계는 이 책의 제1장을 참조).

내재적 접근법을 둘러싼 논쟁 이후 북한연구방법론에 대한 본격적인 방법론적 논쟁은 없었지만 개별 연구자들은 북한연구방법론에 대한 논의와 각 주제 연구에 따른 방법론적 논의를 진행하고 있다. 제1부에서는 최근 방법론과 관련한 논의 중 고유환의 「북한연구방법론의 현황과 과제」와 류경아·김용호의 「북한 체제변화 연구에 대한 비판적 고찰과 대안의 모색」을 다루었다. 그리고 정치학과 경제학을 중심으로 이루어지고 있는 북한 연구의 경향성에서 탈피하고 새로운 사회학적 상상력의 필요성을 제기하는 정영철의 「분단과 통일: 사회과학의 상상력 펼치기」를 소개함으로써 북한 연구 패러다임의 전환 가능성을 찾고자 했다. 각 장의 구체적인 내용은 다음과 같다.

제1장 「북한연구방법론의 현황과 과제」는 분단 현실로 인한 북한 연구의 존재구속성을 제기하고 북한학이 갖는 학문적 의미를 규명하며 북한 연구의 현황과 과제를 방법론적으로 성찰하고 있다. 이 글에서 고유환은 냉전시대의 주요 북한연구방법론인 전체주의 접근법과 비교정치방법론을 성찰했고, 1980년대 중반 이후 변화하는 북한 연구의 흐름 속에서 등장한 내재적 접근

논쟁의 성과와 한계를 다루었다. 그리고 새롭게 등장한 북한주민의 일상생활 연구에 대해 아직까지는 일상생활 연구가 독자적인 연구로 성과를 가져오지 못했지만 구조의 객관적 조건과 행위의 주관적 측면이 상호작용하는 방식을 규명할 수 있다는 점에서 유의미성을 갖는다고 밝혔다. 한편 고유환은 현재 북한과 국제사회의 갈등을 북한의 자본주의 세계체제 편입을 둘러싼 갈등이라고 보며, 북한 연구에서 세계체제 분석(world-system analysis)의 적용도 본격화될 것이라고 주장한다. 이 글은 방법론적 차원에서 북한 연구의 경향을 짚음으로써 북한 연구의 방법론적 한계와 문제점을 지적하며, 향후 북한 연구가 해결해야 할 방법론적 과제를 제시함으로써 북한연구방법론의 확장 필요성을 제기하고 있다는 점에서 의미를 갖는다.

제2장 「북한 체제변화 연구에 대한 비판적 고찰과 대안의 모색」은 북한 연구의 주요 관심사인 북한체제의 변화를 어떻게 연구할 것인가를 방법론적 측면에서 논의하고 있다. 이 글에서 류경아·김용호는 기존 북한 체제변화의 연구경향을 검토하고, 최근 체제변화에 관한 일반 연구와 남미와 동유럽, 중동지역의 체제변화 사례들을 종합 분석해 북한 체제변화 연구에 대한 일반적인 시각을 제시하려는 시도를 했다. 이를 위해 사례 연구를 통해 체제변화의 주요 요소로 제도와 행위자들 간 상호작용을 추출했고, 이를 바탕으로 분석틀을 마련해 북한 체제변화 연구에 적용했다. 이 글은 일반론적 관점에서 북한 체제변화를 연구해야 할 필요성을 제기하며 북한 체제변화 연구의 대안적 분석틀을 제시하고 있다는 점에서 북한 체제변화 연구의 방법론적 지평을 확장하고 있다.

제3장 「분단과 통일: 사회과학의 상상력 펼치기」는 그동안 북한 연구가 학제 간 연구의 성격을 드러내며 타 학문 분야와의 결합을 통해 학문의 지평을 넓혀온 것과 달리, 타 학문 분야의 북한 및 통일 문제에 대한 논의가 부족한 것을 비판하며 연구의 관심을 제고할 것을 주장하는 글이다. 이 글에서 정영

철은 분단과 통일, 민족의 당위론적 주장을 넘어 새로운 비판적 상상력에서 출발하는 통일과 분단에 대한 논의가 확장될 필요성을 제기하며 사회학의 영역에서 통일 및 분단 관련 논의가 필요하다고 밝힌다. 특히 한국사회의 문제를 분석하고 한국사회 변화의 실천적 대안을 제시하기 위해서는 분단에서 파생된 다양한 사회적 문제를 다룰 필요가 있음을 강조한다. 이는 분단과 통일의 문제가 북한학 및 통일학에 국한되는 것이 아니라 한국의 사회과학이 다루어야 할 한국적 문제임을 밝힘으로써 한반도 현실의 변화와 발전을 위해서는 분단과 통일, 북한 관련 논의가 필수적이라는 것을 재확인시킨다는 점에서 의미를 갖는다.

북한연구방법의 다양화

북한을 어떻게 이해할 것인가와 함께 북한 연구가 당면한 문제 중 하나는 어떻게 연구할 것인가와 어떤 자료를 활용한 것인가라는 연구방법에 관한 것이다. 제한된 자료와 북한사회에 대한 직접적인 접근의 불가능성으로 인해 북한 연구에 많은 제약이 따른다. 특히 연구자료의 문제는 연구결과의 신뢰도와 객관성 확보의 문제로 이어진다는 측면에서 매우 중요하다. 그로 인해 북한 연구에서 자료와 연구방법에 대한 여러 논의가 이루어졌는데, 이러한 논의는 주로 각 연구영역에 따른 성과와 과제를 연구하는 논의에서 다루어졌다.

그러나 학문으로서 북한학이 어떤 자료를 어떻게 분석할 것인가와 관련한 연구방법에 대한 체계적이고 종합적인 논의는 2000년대 들어서야 이루어졌는데, 경남대학교 북한대학원의 『북한연구방법론』(2003)이 대표적인 연구다. 『북한연구방법론』에서는 그동안의 북한연구방법론과 관련한 논쟁을 다룰 뿐 아니라 각 주제 영역의 연구방법론, 연구의 주요자료인 문헌 및 언론자료, 통계자료, 탈북자 면접조사자료 등 각 자료의 특성에 따른 연구방법을 제시했다. 이 연구는 북한 연구 전반에서 고민해야 할 방법론과 연구방법, 자료 등에 대한 논의를 진행함으로써 북한연구방법의 지침을 제시하고 있다. 이후 동국대학교 북한도시사연구팀은 『사회주의 도시와 북한: 도시사연구방법』 (2013)을 통해 북한 연구에서 도시 연구의 의미부터 사회주의 및 북한 도시사 연구방법, 활용 가능한 자료와 분석방법 등을 제시했다. 이 연구는 북한 연구에서도 도시 연구라는 특정 영역의 연구와 관련한 구체적인 연구방법과 자료를 발굴했다는 점에서 큰 의미를 갖는다.

1990년대 중반 이후 북한이탈주민의 급증은 북한 연구에서 연구방법의 변화를 가져왔다. 이들의 등장은 그동안 문헌을 통해서만 접근할 수 있었던 북한에 대한 경험적 접근을 가능하게 했다. 북한이탈주민을 대상으로 한 설문조사 및 심층면접, 구술사 등 다양한 연구방법이 시도되었고, 그에 따라 북한 연구의 주제를 확장하는 데 기여했다. 북한이탈주민에 대한 조사를 통한 연구가 늘어남에 따라 이들을 통해 얻는 자료로 북한을 어떻게 연구할 것인지, 이들의 구술이 자료로서 갖는 가치가 무엇인지에 대한 논의도 함께 진행되었다. 정은미는 「북한연구방법으로서 탈북자 조사의 활용과 연구동향」 (2005)에서 그동안 이루어진 북한이탈주민 조사를 통한 북한 연구의 성과와 한계를 짚었고, 이희영은 「북한 여성의 인권과 방법론적 모색: 질적 연구방법의 적용과 가능성」(2008)에서 그동안 북한여성인권 연구의 한계를 지적하며 질적 연구방법을 통해 북한여성인권 문제의 재구성의 필요성을 주장했다. 그리고 최근 북한 연구에서 새롭게 관심을 받고 있는 구술사 연구를 북한 연구에 어떻게 적용할 것인가를 다룸으로써 다른 학문 분과에서 활용되었던 연구방법을 북한 연구와 접목시키는 노력도 이루어졌다.

이러한 북한연구방법을 구체화하고 다양화한 연구성과를 제2부에서는 총 4편의 글로 제시했다. 북한 연구의 기초자료인 공식문헌과 일상생활 연구의 방법, 구술자료의 활용, 야간 위성사진을 이용한 연구방법에 관한 연구 등 다양한 연구방법을 소개하는데, 각 장의 구체적인 내용은 다음과 같다.

제4장 「북한 문헌, 어떻게 읽을 것인가: ≪경제연구≫의 사례」는 북한 연구의 가장 기본적인 자료인 북한의 문헌을 어떻게 자료화할 것인지에 대한 것으로, 북한 문헌인 ≪경제연구≫를 중심으로 북한 문헌의 해석과 분석에 대한 방법을 다루고 있다. 이 글에서 양문수는 북한 문헌에서 자료를 발굴할 때 유의해야 할 지침을 제시했는데, 당위적 표현에서 현실을 유추해야 하고, 모순성을 포착해야 하며 북한적 맥락에서의 용어 해석이 필요하다고 했다. 이러한 지침을 바탕으로 양문수는 ≪경제연구≫에 양적·질적 분석을 활용해 자료를 직접 발굴, 생산하는 방법을 제시했다. 이 글은 북한 문헌을 접할 때 유의해야 할 점을 명료화하고 북한 문헌에서 자료를 발굴하는 과정과 해석의 방법을 구체적인 사례를 통해 제시함으로써 북한 문헌 연구의 방법을 실제 연구에 적용하는 데 도움을 준다.

제5장 「북한 일상생활 연구의 방법론적 모색」에서 박순성·고유환·홍민은 1990년대 이후 나타나고 있는 북한사회의 변화는 주민들의 일상생활을 고려하지 않고는 논의할 수 없다는 주장하에 기존 북한 연구가 보인 연구시각, 연구방법이 가져온 문제들을 제기하며 일상생활 연구의 중요성을 강조한다. 이때 일상생활 연구는 북한사회에 미시적으로 접근한다는 것을 넘어 일상의 구체적 실천에 주목해 그러한 실천이 거시적 사회동학과 어떻게 연동되어 있는지를 살피는 것이라고 한다. 이를 구체화하기 위해 기존의 일상생활 연구와 관련한 이론과 쟁점을 논의하고 북한 연구가 지향해야 할 바를 탐색했다. 더불어 일상생활 연구의 주제 영역과 연구자료들을 제시함으로써 북한사회 변화를 탐구하는 또 하나의 방법으로 일상 연구를 제안하고 구체화했다.

제6장 「구술자료를 활용한 북한도시 연구: 이론적 자원과 방법」은 최근 북한 연구에서 주목받고 있는 연구방법 중 하나인 구술사 연구방법을 도시 연구에 적용한 연구다. 이 글에서 조정아는 북한이탈주민의 구술생애사자료가 북한도시 연구, 특히 북한 도시정체성을 탐색하는 데 중요한 자료로 활용

될 수 있음에 주목해 북한이탈주민의 구술생애사자료의 도시 연구 적용 가능성을 탐색했다. 조정아는 구술자료가 갖는 주관적 속성으로 인해 주체의 공간경험과 이를 통해 형성되는 지역정체성을 밝히는 데 있어 유의미하다고 주장해 북한이탈주민의 구술자료를 활용한 북한도시 연구의 주제 영역 중 일상적 공간을 통한 주체형성과 공간 및 지역 정체성 변화를 분석하고 있다. 이 글은 북한이탈주민의 구술자료가 북한 연구자료로서 갖는 가치와 의미를 밝히고 구체적인 연구에 적용해 구술사 연구와 북한 연구를 접목시킨 학제 간 연구로 북한 연구의 지평을 확장시키는 데 기여하고 있다.

제7장 「야간 위성사진을 이용한 북한 경제 관찰방법론 연구: 1992~2009년 불빛 개수 증감으로 본 상황추이를 중심으로」는 미국 해양대기청(NOAA) 산하 지구물리자료센터의 위성관측 데이터를 북한 경제 연구에 활용하는 방법을 다루고 있다. 이 글에서 황일도는 북한의 경제상황을 데이터 차원에서 접근해야 하는 데도 자료가 부족한 점을 지적하며 NOAA 위성사진 활용을 하나의 대안으로 제시했다. 구체적으로 NOAA 위성사진에서 발견할 수 있는 야간 불빛 개수의 변화 추이와 각국의 경제상황 사이의 상관관계를 입증해 온 미국의 연구를 검토하고, 북한에 적용해 북한 경제 변화 추이 분석에서 갖는 의미를 고찰해 기존의 북한 관련 통계와 비교 분석함으로써 해당 방법의 가능성을 탐색했다. 이러한 연구는 북한 연구가 갖는 자료의 한계를 극복할 수 있는 새로운 자료를 발굴하고 자료 분석의 방법을 제시했다는 점에서 의미가 있을 뿐 아니라 기존 연구의 성과에 대한 비판적 고찰을 가능하게 한다는 점에서 유의미하다.

북한 연구의 도전

북한 연구의 양적 성장과 질적 발전은 가시적인 연구물의 증가와 주제의 다양화를 통해 확인할 수 있다. 1980년대 이후 북한 연구는 양적으로 증가추세에 있고 다양한 학문 분야에서 북한을 다룸으로써 연구주제 역시 다양해지고 있다. 더불어 전통적인 학문 영역 간 경계를 넘어 정치영역 주제와 경제 영역 주제에 대한 정치학적·사회학적 접근, 구술사 연구와 북한 연구의 접목 등 학제 간 연구로 북한 연구의 특성이 강화되고 있다.

최근 북한 연구 동향에서 주목할 만한 것은 새로운 이론의 도입이다. 각 학문 분야에서 활용되고 심화된 이론들을 북한 연구에 적용함으로써 북한 연구의 저변을 확대하는 도전들이 시도되고 있다. 북한 연구의 주제를 발굴하거나 기존 연구성과를 재해석할 필요성이 제기되면서 이론이 등장하기 시작했고, 독자적인 학문체계로서 북한 연구를 이론화하기 위해 새로운 이론을 도입하기도 했다. 이처럼 이론의 도입과 적용은 기존 연구결과에 대한 새로운 해석 가능성을 제공하고 주제의 확장을 가능하게 한다. 또한 북한 연구의 연구방법을 다양화할 뿐 아니라 기존 연구의 성찰을 기반으로 독자적인 북한 연구의 이론과 방법론을 개발하는 데 기여한다.

이러한 북한 연구의 새로운 흐름을 보여주고 북한 연구의 확장 가능성을 모색하기 위해 제3부에서는 최근 북한 연구에서 새롭게 시도된 연구의 성과를 다루었다. 제3부는 총 4편의 글로 구성되어 있는데, 특정 주제에 대한 전통적인 접근방식에서 벗어나 새로운 접근이 갖는 해석의 다층성을 보여주는 연구와 행위자-네트워크 이론, 복잡계 이론과 같은 새로운 이론과 마음체계, 접촉지대 등의 새로운 개념을 도입한 연구의 성과를 제시했다. 각 장의 구체적인 내용은 다음과 같다.

제8장 「북한시장에 대한 정치학적 분석」은 1990년대 중반 이후 확대되고 있는 북한의 시장에 대한 정치학적 접근을 시도한 글이다. 그동안 북한의 시장에 관한 연구는 주로 경제학 분야에서 다뤄진 측면이 있다. 이 글에서 박형중은 시장에 대한 일반적인 경제학적 접근은 시장의 확대가 계획 및 정권안보에 위협을 준다는 평가로 이어지지만, 정치학적 분석은 이와 달리 시장의

구조와 작동이 다양한 방식으로 권력과 권력관계의 영향을 받는다고 본다. 이러한 관점하에 박형중은 북한시장에 대한 정치학적 접근을 시도하고 북한 시장 확대에 정권기관의 역할이 중요함을 주장한다. 그리고 북한시장에 대한 정치학적 분석이 갖는 의미를 강조하면서도 경제학적 분석과의 결합을 통해 연구의 생산적 협력이 필요함을 밝히고 있다. 이 글은 북한시장에 대한 정치학적 접근을 통해 도출할 수 있는 북한시장 연구의 성과를 제시함으로써 북한 시장에 대한 다층적인 이해를 돕는다.

제9장 「행위자-네트워크 이론과 북한 연구: 방법론적 성찰과 가능성」에서 홍민은 북한 연구에서 행위자-네트워크 이론(Actor-Network Theory)의 인식론적 성찰과 방법론적 가능성을 탐색했다. 홍민은 행위자-네트워크 이론이 과거 북한 연구의 인식론적·방법론적 한계에 대한 성찰의 계기를 줄 수 있다고 주장한다. 구체적으로 행위자-네트워크 이론에서 제시하는 주요 개념(번역, 권력, 블랙박스, 수행성 등)과 문제제기(실재 및 사회적인 것, 인간/비인간의 이분법, 행위성 등에 대한 재인식)가 그동안 북한을 설명했던 설명체계, 표상, 모델, 개념들에 대한 비판적 검토와 북한 연구의 주제 재구성 및 다양화를 탐색할 수 있는 가능성을 제공할 수 있다는 것이다. 이러한 주장을 바탕으로 행위자-네트워크 이론을 통한 북한사례 연구의 예를 제시함으로써 행위자-네트워크 이론의 북한 연구 적용 가능성을 보여줬다. 이는 그동안의 북한 연구 패러다임을 전환시킬 수 있는 계기를 마련하고 새로운 이론의 도입을 통해 향후 북한 연구의 확장 가능성을 보여준다는 점에서 의미가 있다.

제10장 「북한 연구의 미시적 접근과 남북 접촉지대 연구: 마음체계 통합 연구를 위한 시론」에서 윤철기는 남북관계, 특히 남북 사회 통합 연구를 위해서는 남북 간 상호작용을 살펴볼 필요가 있다는 전제하에 이를 '접촉지대'와 '마음체계'라는 개념을 통해 접근하고 있다. 이 글은 남북 간 상호작용은 사회 구조에서 일상에 이르기까지 상호작용의 주체와 양상이 다층적이라는

점을 강조하며 남북 상호작용이 나타나는 공간으로서 '접촉지대'와 그 유형으로 '마음체계'를 다룬다. 윤철기는 접촉지대와 마음체계에 대한 이론적 논의와 더불어 두 개념을 적십자회담에 적용한 사례 연구를 진행함으로써 남북 관계에 대한 새로운 이론의 적용 가능성과 남북관계에 대한 미시적 접근의 구체적인 연구방법을 제시했다. 이러한 연구는 구조와 남북관계의 직접적인 행위 주체에 치중했던 남북관계 관련 연구의 인식전환과 새로운 연구방법 도출에 기여하는 바가 크다.

제11장 「북한 경제시스템의 복잡계 현상: 시장의 자기조직화 경로를 중심으로」는 복잡계 이론(complexity theory)을 활용해 북한 경제시스템의 복잡계 현상을 규명하고자 한 글이다. 이 글에서 박영자는 북한 경제체계가 갖는 불확실성과 예측의 어려움에 주목해 복잡계의 '혼돈으로부터의 질서'라는 개념을 통해 북한 경제시스템의 복잡성을 파악하고자 했다. 특히 복잡계 이론의 주요 개념 중 자기조직화 경로(the path of self-organization)를 기본 축으로 해 북한 시장질서의 역사적 경로를 밝힌다. 구체적으로 복잡계 이론의 주요 개념과 분석방법을 소개하고 1990~2010년까지 각 시기에 두드러지게 나타난 복잡계 현상을 자기조직화 경로 개념에 기초해 분석한 결과를 보여준다. 이 글은 복잡계 이론을 통해 북한의 경제시스템, 나아가 북한의 시스템에 대한 설명력을 높일 뿐 아니라, 학제 간 연구의 성과로 발전한 복잡계 이론을 북한 연구에 적용함으로써 학문 간 소통 가능성을 구체적인 연구결과로 제시하고 있다는 점에서 의미가 있다.

이 책은 북한 연구의 발전과정에서 직면할 수밖에 없었던 과제들을 해결하려고 노력한 연구자들의 많은 고민을 담고 있다. 모든 연구성과를 한 권의 책에 담을 수는 없었지만, 그동안 북한 연구의 노정에서 학문으로서 북한 연구의 위상을 자리매김하기 위해 연구자들이 노력한 흔적들이 고스란히 담겨 있다. 북한 연구가 무엇인가라는 물음부터 주요 연구대상인 북한을 어떻게 인식하고 연구할 것인가라는 방법론과 연구방법의 문제에 이르기까지 그동안 축적한 연구 성과가 기반이 되어 북한 연구는 정립·발전할 수 있었다. 그리고 북한 연구의 발전이 양적인 성장에 머무르지 않고 질적인 발전으로 이어진 것은 주제를 새로 발굴해내고 이에 대한 접근방식을 지속적으로 고민했기 때문이다. 따라서 각 연구영역에서 방법론 및 연구방법을 심화·구체화시키는 노력이 더욱 필요할 것이다.

또한 현재까지의 성과를 넘어 독자적인 학문체계로서 북한학이 그 위상을 공고히 하고 연구의 지평을 확대하기 위해 시도된 새로운 도전들은 현재와 미래의 북한 연구자들에게 시사하는 바가 크다. 특히 이 책에서 소개하는 새로운 시도들은 그동안의 북한 연구에 대한 성찰이 있었기에 가능했다. 이는 북한 연구가 지평을 넓히기 위해서는 새로운 시도의 확대와 함께 그동안의 연구성과에 대한 진지한 검토와 성찰이 필요하다는 것을 보여준다. 따라서 북한 연구의 발전은 과거뿐 아니라 현재 이 순간 이루어지고 있는 북한 연구에 대한 학문공동체와 연구자 개인의 지속적인 성찰을 통해 가능하다고 할 수 있다.

이 책을 통해 그동안의 연구성과가 북한 연구에 대한 고민과 학문적 소통을 거쳐 축적될 수 있었음을 재인식하고 향후 다양한 학문적 장에서 학문과 학문, 연구자와 연구자 사이의 활발한 소통과 학술적 논쟁이 다시금 일어나길 기대한다.

2015년 5월
조영주

제1부

북한연구방법론의 성찰과 모색

제1장

북한연구방법론의 현황과 과제*

고유환 ｜ 동국대학교 북한학과 교수

1. 머리말

수천 년 동안 단일생활권으로 살아온 우리 민족은 근대에 들어오면서 외세에 의해 분단되었다. 남북분단 이후 우리는 북한변수가 삶의 일부를 지배하는 '분단체제'에서 살아가고 있다. 분단이 장기화되면서 북한문제와 통일문제도 학문의 대상이 되었고, 어느덧 '북한학'과 '통일학'이란 학문이 생소하지 않게 되었다. 북한 및 통일 연구는 지역 연구일 뿐 아니라 우리 민족에 대해서 연구하는 학문으로 민족문제 해결을 위한 한국학의 일부가 되었다. 따라서 북한학은 북한 현실에 대한 올바른 이해를 바탕으로 분단 반세기 동안

---

* 이 글은 고유환, 「북한연구방법론의 현황과 과제」, ≪통일과 평화≫, 창간호(서울대 통일평화연구소, 2009)의 내용을 대폭 수정·보완한 것이다.

해결하지 못한 민족통일을 앞당겨야 하는 특수한 사명을 부여받았다.

이와 같이 북한학은 분단에서 기인한다. 북한학은 지역학이자 한국학의 일부로서 민족문제 해결을 위한 학문이다. 근대화에 뒤처진 우리 민족은 일본의 식민지가 되고 자체의 힘으로 해방하지 못하면서 외세의 개입에 의한 분할 지배와 전쟁으로 이어지고 분단이 고착화되었다. 남과 북이 이념과 체제를 달리하면서 이질화는 심화되고 있다. 한반도에 세계체제의 하위체제로서의 분단체제가 자리를 잡음으로써 분단이 우리 삶의 거의 모든 부문에 영향을 주고 있다. 사회주의권 붕괴와 체제전환, 유럽연합 등을 고려할 때 지구상의 거의 유일한 분단국가인 한반도 통일문제는 한시도 미룰 수 없는 민족적 과제다.

"북한도 엄연히 우리 조국의 일부일진데 우리 조국의 절반 땅에서 벌어지는 사태와 현실에 관해서 몰라서야 되겠는가?"[1]라는 차원에서 볼 때 북한 및 통일 연구의 필요성은 아무리 강조해도 지나치지 않을 것이다. 특히 2000년 남북정상회담 이후 남북화해를 위한 노력, 북한의 핵과 미사일 개발, 북한의 경제개혁과 개방 확대조짐, 북핵해결을 위한 6자회담 진행, 북·미 대화, 북·일 국교정상화 교섭 등은 북한에 대한 관심과 이해 욕구를 높이고 있다.

분단 이후 통일문제는 우리 민족의 숙원사업으로 북한·통일 문제에 관한 연구는 꾸준히 이어져왔다. 반공·반북 이데올로기가 지배하던 냉전시대에는 상대를 부정하는 데서 자기 정체성을 찾는 '자폐적 정의관(self-righteous posture)'에 따라 북한·통일 문제에 관한 객관적 연구가 어려웠다. 1988년 무렵부터 우리 사회에서는 '북한 바로알기 운동'이 일어나고 북한자료의 개방과 함께 통일·북한 연구의 제3세대가 출현했다. 1980년대 말 이후 우리 사회에서 증대되고 있는 북한에 대한 관심은 새로운 시각에서의 북한 연구에 대

---

1) 박동운, 「북한 연구의 이해와 현황: 정치분야」, ≪북한≫, 1월호(1975), 176쪽.

한 필요성을 가중시키는 요인이 되고 있다.

1994년부터 대학에 북한학과가 설치됨으로써 체계적인 통일·북한 연구가 활성화되고 있다.[2] 북한연구학회 등 북한·통일 관련 학회도 설립되어 북한학의 저변확대가 이뤄지고 있다. 그리고 정치학 위주의 북한·통일 연구가 경제학, 사회학, 인류학, 문학 등 거의 모든 학문으로 그 영역이 확장되었다.

남북관계의 진전과 북한이탈주민의 증가로 북한에 관한 정보가 많아졌다. 북한학 이외 다른 학문 분야에서도 연관된 북한문제를 다루면서 북한학의 고유성이 점차 허물어지고 있다. 분단체제에서 살아가는 우리는 북한문제와 무관하게 살아갈 수 없기 때문에 다양한 학문 분야에서도 북한문제를 다룰 수밖에 없다. 북한현실에 대한 입체적 이해를 위해서는 학제적 연구를 시도해야 한다. 이제 북한 연구가 북한학 전공자의 전유물인 시대가 지나고 있다.

분단체제의 평화적 관리와 분단극복을 위해서는 북한전문가 양성과 방법론에 충실한 북한 연구를 지속해야 할 것이다. 한국에서의 북한 연구는 존재 구속성을 가질 수밖에 없다. 이데올로기적·인식론적 제약과 자료수집의 어려움 등에도 불구하고 북한 연구는 꾸준히 이어져왔다. 각 학문 영역에서의 북한 연구가 축적됨으로써 학제 간 연구도 가능한 단계에 이르고 있다.

지금은 서로 다른 민족과 국가 사이에서 지역 통합이 이뤄지는 탈냉전시대다. 북한 연구에 있어 분단유지적 시각을 넘어 민족화해와 남북 통합을 지향하는 시각을 가질 필요가 더욱 절실해지고 있다. 북한 연구방법도 전체주의 접근법, 내재적 접근법을 넘어 다양한 방법론을 도입하고, 일상생활 연구 등으로 전문화·세분화되고 있다. 글로벌시대가 도래하면서 북한의 특수성

---

2) 1994년 한국 최초로 동국대학교에 북한학과가 창설된 이래 명지대학교, 고려대학교 서창(세종)캠퍼스, 관동대학교, 선문대학교 등에 북한학과가 개설되었다가 최근에는 동국대학교, 고려대학교 두 대학에만 북한학과가 남아있다.

을 인정하는 '내재적 접근'과 함께 다양한 방법론을 도입한 북한 연구와 지역학(area studies)으로서의 북한 연구의 필요성도 부각되고 있다. '잠정적 특수관계'라는 의미의 남북관계 특수성과 북한체제의 특수성도 부정하기는 어렵다. 하지만 인류 보편적 잣대로 북한을 다뤄야 한다는 목소리가 높아지고 북한 연구에서도 다양한 이론과 접근방법을 도입해야 한다는 요구가 커지고 있다.

2. 냉전시대 전체주의 접근법과 비교정치방법론

우리는 냉전시대 북한을 '자(동족)'의 반쪽이라고 생각하면서도 생사를 걸고 대립하고 있는 '타(적대단체 혹은 경쟁체제)'라는 모순된 인식을 지니고 있었다. 하나의 전통과 주체성을 한반도에서 지키고 이어왔으며 또 이어가야 한다는 민족사적 차원에서 볼 때, 북한은 당연히 '자(동족)'의 일부임에 틀림없다. 그러나 남북분단과 동족상잔의 뼈아픈 경험이 구조화된 현실적 대립관계와 직면할 때 북한은 우리에게 최대의 위협을 주고 있는 '타'임에 틀림없다. 이러한 인식의 분열 속에서 북한에 대한 이해의 시급성도, 북한 연구의 필요성도 적절히 고려되지 못했다. 냉전시대 북한 연구는 반북·반공 이데올로기에 따른 정치적 제약과 자료 부족, 적절한 연구방법론의 미적용 등으로 정보 분석류와 반공홍보자료, 기타 월남·귀순 인사들의 내막폭로류가 주류를 이루었다. 냉전시대 북한 연구는 일종의 '금기(禁忌)'였다고 해도 과언이 아니다. 따라서 객관적 북한 연구는 거의 찾아보기 어렵고 정부에서 북한자료를 제공받을 수 있는 일부, 이른바 '관변학자'의 정책보고서나 이데올로기 비판 차원의 북한공산주의 비판 연구가 주종을 이뤘다. 냉전시대 맹목적인 냉전적 반공의식이 다른 어떤 가치보다 우선시되는 상황 아래 북한은 학문적 연구대상이기에 앞서 경쟁과 타도의 대상일 수밖에 없었다.

일반적으로 접근법은 분석에 임하는 사람이 명시적이나 묵시적으로 스스로의 연구방향을 잡고 자료선택을 조정하기 위해 활용하는 가정의 체계 또는 조직화된 개념이다. 1950년대 이전까지의 공산주의 정치체제에 관한 접근법은 '방법론적 예외주의(methodological exceptionalism)' 또는 '이론적 고립주의(theoretical isolationism)'의 그늘에 가려 있었다. 북한 연구도 예외는 아니었다. 1950년대와 1960년대 유럽과 미국에서 진행된 소련을 비롯한 공산권 연구처럼 북한 연구에서도 북한체제의 독특함과 특수성을 유달리 강조하면서 개별기술적인(idiographic) 연구나 특정한 접근법(전체주의 접근법)만을 고집했다. 따라서 북한 연구 자체는 오랫동안 법칙정립적인(nomothetic) 연구를 지향하는 사회과학의 본류에서 소외될 수밖에 없었다.[3]

냉전시대 북한연구방법론으로 가장 많이 활용된 것은 전체주의 접근법이다. 전체주의 접근법은 1920년대와 1930년대 히틀러의 나치정권과 무솔리니의 파시스트정권의 정치현상을 모델로 해서 이를 스탈린의 소비에트정권에 적용해 전체주의 독재국가들의 정치현상을 설명하고자 한 것이다. 서구에서 1940년대와 1950년대 공산주의체제를 분석하는 데 주로 사용한 분석모델이 전체주의 접근법이다. 이 접근법의 가장 영향력 있는 대변자는 카를 프리드리히(Carl J. Friedrich)와 즈비그뉴 브레진스키(Zbigniew K. Brzezinski)다. 이들이 집약한 전체주의 개념의 상호 연관된 특징이나 증후군(syndrome)은 ① 공식 이데올로기, ② 독재자에 의해 영도되는 단일대중정당, ③ 폭력적 경찰통제제도, ④ 매스컴 수단의 독점, ⑤ 군부세력의 독점, ⑥ 경제의 중앙집권적 통제 등이다.[4] 전체주의 접근법은 전체주의 정치체제의 특징을 잘 요

---

3) 최완규, 「북한연구방법론 논쟁에 대한 성찰적 접근」, 경남대학교 북한대학원 엮음, 『북한연구방법론』(한울, 2003), 10쪽.

약하고 있다고 평가되지만, 정태적(static)이고 서술적인(descriptive) 성격 때문에 정치체제의 동태성(dynamics)을 파악하지 못하는 약점이 있다. 전체주의 접근법에 대한 비판을 요약하면 다음과 같다.

첫째, 전체주의 개념이 지나치게 모호하며, 이 개념이 함축하고 있는 규범적 함축성이나 '가치부하적(value-loaded) 속성'에 대해 비판한다. 즉, 전체주의 개념은 흔히 특정 유형의 정치체제의 가치를 높이거나 낮추기 위해 의도적으로 활용된 감이 짙으며, 특히 이는 냉전적 수사와 선전 등과 밀접히 연관되어 객관적 정치 분석을 위한 개념으로는 미흡한 점이 많다는 것이다.

둘째, 전체주의 접근법의 방법론적 문제점은 유사현상 간 상이점을 밝혀주지 못한다. 전체주의에 관한 기존의 개념구성은 유사현상으로 파악된 공산주의와 파시즘 간 차이를 명백히 보여주지 못할뿐더러 공산주의 정치체제의 다양성을 고려할 수 없는 한계를 가진다.

셋째, 전체주의 모델이 전체주의적 독재자의 개성(personality)유형을 그 개념구성에서 지나치게 과소평가하는 취약성을 가진다. 예컨대 로버트 터커(Robert C. Tucker)는 전체주의 독재자의 개성이 그 정치체계에 미칠 수 있는 영향력을 강조하며, 독재적 의사결정에 있어 가장 중시해야 할 동기요인은 스탈린이나 히틀러 등의 편집증적 개성(paranoid personality)임을 주장한다.[5]

넷째, 전체주의 모델이 비교정치, 비교사회학 분야에서 평가절하된 좀 더 현실적인 계기는 1950년대 후반부터 본격화된 소련정치체제의 급격한 변화를 들 수 있다. 특히 탈전체주의화 경향이 공산권 내부의 다원화 및 다중심

---

4) C. J. Friedrich and Z. K. Brzezinski, *Totalitarian Dictatorship and Autocracy*(Cambridge: Harvard University Press, 1956), pp. 9~10; 같은 제목의 2nd ed.(New York: Frederich A. Praeger, 1966), pp. 21~22에서 ⑦ 팽창주의(expansionism)와 ⑧ 법과 법원의 행정적 통제를 추가했다.

5) R. C. Tucker, "The Dictator and Totalitarianism," *World Politics*(1955), p. 567.

화 추세로 나타났기 때문에 전체주의 모델은 공산주의체제 분석에 적실성을 갖기 어렵게 되었다. 전체주의 모델은 권력이라는 중심개념을 토대로 혁명 후 초기단계 또는 동원단계(mobilization stage)의 특징들에 준거해 마련된 개념이다. 따라서 전체주의 접근법은 공산정권의 안정성과 제도화(institutional-ization)를 지나치게 강조하고, 체계 내에서 일어나고 있는 변화의 움직임에 대해서는 의식적으로 외면하는 경향이 있다는, 강한 비판론에 직면했다.

전체주의 접근법의 가장 결정적인 약점은 공산주의 정치체제에서 앞으로 일어날 변화와 현재 나타나고 있는 어떤 근본적인 변화를 고려하지 않는다는 것이다. 이들 변화의 예는 ① 정치체제의 구조에서 1인에 의한 일당독재체제에서 집단지도체제로의 변화, ② 테러의 감소, ③ 중앙집권화된 통제경제체제에서 시장사회주의(market socialism) 및 완화된 중앙집권적 관리체제로의 변화, ④ 외부 힘으로 형성된 공산국가들이 예속적인 위성국가의 지위에서 독자적인 민족적 공산국가로의 전환 등을 들 수 있다.[6]

김연철의 주장처럼, 전체주의 접근법을 북한에 적용할 경우 두 가지 가정이 문제점으로 부각된다. 첫째, 당과 국가가 사회를 일방적으로 규정한다는 것으로, 당과 국가를 유일한 행위자로 가정하는 것이 문제다. 전체주의 문제틀은 집행과정인 정치과정의 문제들을 주목하지 않는 문제점이 있다. 북한의 정치과정을 살펴보면, 중앙당의 결정이 '유일명령'으로 하달되지만, 중간 및 하부 단위에서 집행되는 과정은 혼란과 무질서, 자의적인 재해석 등이 나타나고 있다. 법, 결정, 지시 등 지도부의 의지를 현실로 착각한다.

둘째, 이데올로기가 사회현실을 규정하고 있다는 가정의 문제다. 전체주의 문제틀은 이데올로기를 사회의 추진력으로 보고 있으며, 이데올로기 분석

---

6) C. Johnson, "Comparing Communist Nations," in Chalmers Johnson(ed.), *Change in Communist Systems*(California: Stanford University Press, 1970), p. 3.

을 중시한다. 그 결과 전체주의 문제틀은 그들이 그리는 사회보다 훨씬 더 이데올로기적이며, 북한의 이데올로기(주체사상 등)를 통해서 '사회현실'을 해석하려 한다. 전체주의 문제틀은 '사회적 과정'보다 '국가의 메커니즘'에 관심을 집중하고 있으며, 이데올로기적 지향의 '의도하지 않은 사회적 결과'보다는 단순히 이데올로기적 '의도'만을 주목한다. 전체주의 접근방법은 사회 내의 역동성을 무시함으로써 사회적 무대에서 엘리트를 고립시키고, 정치적 지도부의 결정이 사회적 압력이나 영향에서 자유롭다고 인식한다. 그 결과 '전체주의적 엘리트'와 그들의 이데올로기에 대한 과잉집착으로 나타났다는 것이다.[7]

이상에서 살펴본 바와 같이 전체주의 모델은 지나치게 정태적이고 전체주의 내에서의 진화적인 변화에 둔감할 뿐 아니라 공산주의체제 내의 지역적·민족적 다양성을 인정하지 않는 등의 이론적 취약성 때문에 역사적으로 한정된 이론모형이 되고 말았다. 그러나 앞에서 지적한 수많은 문제점에도 불구하고 전체주의 접근법은 공산주의체제의 주요한 측면이나 적어도 그 발전과정 중의 한 단계를 설명할 수 있는 이론적 설득력을 갖추고 있다. 특히 집권화된 정치제도와 리더십이 사회에 대한 통제력이 강한 경우 전체주의 접근법은 아직도 사용될 수 있다. 전체주의는 시대에 뒤떨어진 개념이지만, 스탈린주의적 체제의 연구를 위해서는 계속 필요하다고 피터 루츠(P. C. Ludz)와 같은 내재적 접근론자도 주장했다. 루츠는 프리드리히류의 전체주의론이 정태적이고 신축적이지 못하기 때문에 단지 상태를 기술할 수 있을 뿐 지배 구조와 지배조직의 변화를 파악할 수 없었다고 비판했다. 루츠의 전체주의론에 대한 비판동기는 그 이론이 나치즘과 볼셰비즘을 동일시함으로써 연구대

---

7) 김연철, 「북한 연구에서 '위로부터 시각'과 '아래로부터의 시각」, ≪통일문제연구≫, 제8권 제2호(1998), 5~19쪽.

상을 선차적으로 올바르게 파악하지 못하기 때문이 아니라, 연구대상 자체가 그동안 변한 상황을 분석하지 못하기 때문이라고 주장했다.[8] 북한 연구에서도 김일성-김정일-김정은 유일체제가 지속되고 있기 때문에 전체주의 접근법의 부분적 적실성을 부인하기는 어려울 것이다. 일부 학자들은 김일성-김정일-김정은 지배의 북한을 지독한 전체주의 사회의 생생한 한 사례라고 주장하기도 한다.[9] 이와 같이 냉전시대 북한 연구에서 가장 많이 사용된 접근법은 전체주의 접근법일 것이다.

1970년대와 1980년대에 들어서면서 북한 연구의 양적 성장에도 불구하고 질은 뒤져 있었다. 비교정치이론과 비교공산주의이론이 도입되는 시기였지만 북한 연구에는 안병영[10] 등 일부 학자들을 제외하곤 비교정치이론들을 북한 연구에 도입한 사례는 많지 않았다. 당시까지만 해도 "북한을 학문의 대상으로 연구하기보다는 국가안보와 현실정책의 요구에 따라서 연구를 진행했기 때문에 경험적 실증성의 결여가 불가피"하게 되었다. 또한 "연구의 범위를 통일·안보에 한정하는 현상과 함께," "피상적이고 평면적인 연구에 머물거나 주관적이고 무책임한 주장"을 하는 것과 함께 "외국학자들의 연구 성과에 의존하는 사대주의적 경향까지도 나타나게" 되었다.[11]

8) 이국영, 「독일 내재적 접근의 한국적 수용과 오해: 북한 연구에 대한 함의」, ≪통일문제연구≫, 제20권 제2호(2008), 29쪽.
9) 전체주의 접근법의 내용과 한계 그리고 북한에서의 적용 가능성에 대해서는 Tai Sung An, "Communist Totalitarianism Revisited," *Korea and World Affairs*, Vol. 17, No. 4 (1993), pp. 730~735를 참고.
10) 안병영, 『현대공산주의 연구』(한길사, 1982); 안병영, 「북한 연구의 현황과 문제점」, ≪정경연구≫, 8월호(1975); 「통일 및 북한 연구의 방법론 평가」, ≪통일정책≫, 제3권 제1호(1977).
11) 김남식, "북한 연구 방법론의 현황과 문제점", ≪이대학보≫, 1986년 10월 13일 자; 양호민 외, 『북한사회의 재인식 1』(한울, 1987), 6쪽.

3. 북한 연구에서 '내재적 접근'의 논쟁과 공과

객관적인 북한 연구를 위해서는 원칙적으로 '북한의 관점'에서 연구되어야 하며 '북한적 요소' 또는 '북한적 현상'이 무엇인가를 우선적으로 밝혀내는 것이 중요하다. 북한에 대한 정확한 사실인식과 함께 주어진 사실을 비판적으로 재해석하는 능력이 필요하다. 사회주의 연구자들이 1989년 사회주의권의 대변혁과 붕괴를 예측하지 못한 것은 이데올로기적으로 편향된 개념틀의 사용, 사회주의(레닌주의, 스탈린주의) 정권들의 출현과 발전의 특징을 역동적으로 연결시키는 데 실패한 양자택일적인 흑백논리, 그리고 사회주의 정권들의 제도적 특수성을 설명하는 데 실패하는 등 레닌주의와 스탈린주의 현상들을 익숙한 서구적 현상들로 분석적으로 동화시키는 이론적 취약점 때문이었다.

이러한 이론적인 취약점은 북한 연구에도 그대로 적용될 수 있다. 따라서 올바른 북한 연구를 위해서는 철저한 객관성을 유지하되 그 사회의 고유한 내적 작동논리를 파악해야 할 것이다. 북한사회의 내적 작동논리를 알기 위해서는 먼저 북한사회에 대한 '내재적(immanent) 접근'이 필요하다. 내재적 접근은 인식론적 수준에서의 관찰자 입장을 말하는 것으로, 방법론보다는 인식론에 가깝다. 송두율에 의하면 내재적 접근은 "북한 사회주의가 스스로 제시한 이념을 그 경험적 성과에 비추어 본다는 관점"으로, "이러한 접근방법은 이념과 경험의 긴장관계를 드러내 보일 수밖에 없다".12) '내재적'이라

---

12) 송두율, 『역사는 끝났는가』(당대, 1995), 256쪽. 이념과 경험의 긴장관계는 불완전한 경험적 인간에 대해 절대자인 '신'이라는 '한계이념'이 항상 설정된다는 뜻에서 칸트가 '내재적-비판적(immanent-kritisch)'이라는 '내재적'과 '비판적'이라는 말을 같이 사용하고 있는 데서도 잘 드러나고 있다. 송두율은 "내재적인 방법이 경험세계에 근거를 둔 방법이기 때문에 내재적 방법이 무비판적이라는 비판에서 '연구방법론'이 문제가

는 뜻은 우리 인식이 경험에 의거하고 있다는 것을 우선 강조한다. 또 '내재적'이라는 뜻의 반대말은 '외재적(extern)'이 아니라 '선험적(transzendental/transcendental)'이라는 것이다. "내재적 접근방법이 북한사회의 긍정적인 측면만을 일방적으로 부각시키고 북한체제에 대한 비판적 태도의 회피 또는 결여를 의식한다"라는 비판을 받았지만, 이는 '선험적 이념'과 '외재적'이라는 뜻을 혼동하다 보니 '밖'에서 들여다본다는 의미에서의 '외재적'이라는 뜻을 '객관적'이라는 뜻으로 이해하는 오류에서 생긴 것이다.

1988년 말 재독학자 송두율이 소개한 내재적 접근법[13]은 북한 연구에 있어 전환적 의의를 갖는 획기적 사건이라 할 만큼 우리사회에서 북한연구방법론 논쟁을 불러일으켰다. 내재적 사회주의 분석방법은 동독 연구가인 루츠, 사회주의 비교 연구가인 바이메(Klaus von Beyme), 송두율 등에 의해 소련, 중국, 북한에 관한 사회주의 비교 연구에 적용되었다. 내재적 접근법은 사회주의 국가 사회에 존재하는 일반성과 특수성 양 측면을 종합적으로 분석하고 있다. 내재적 접근법은 각국 사회주의에 내재하는 이념적 차이에 대한 연구자의 가치판단 문제가 남아 있지만, 사회주의를 '밖'에서 들여다보는 '선험주의'적 태도와는 달리 자본주의와는 구별되는 사회주의 독자성은 물론 그 발전의 다양성도 인정하고 있다.

전체주의적 접근이 주로 역사적인 기술을 통해서 '개인우상'이나 '일당독

아니라 '연구자' 또는 '내재적 접근론자'가 문제라는 식으로 비판의 초점을 바꾸는 것은 상당한 문제라고 느껴진다"라고 밝히면서 내재적 접근론자들에 대한 남한사회의 곱지 않은 시각을 꼬집은 바 있다.

13) 송두율, 「북한사회를 어떻게 볼 것인가」, ≪사회와 사상≫, 12월호(1988), 105~109쪽; 송두율, 「북한: 내재적 접근법을 통한 전망」, ≪역사비평≫, 제54호(2001). 송두율이 밝힌 북한 연구에 있어 '내재적 방법'의 구체적 내용은 송두율, 『역사는 끝났는가』의 제4부 「북한사회를 어떻게 볼 것인가」, 205~262쪽을 참고.

재'의 생성과 발전과정을 주로 분석하는 데 비해, 수렴론적인 접근은 주로 산업화 과정과 관료주의 분석이나 국제정치적 역학관계의 기능·구조적 분석에 초점을 맞추고 있다.[14] 사회주의 사회에 대한 내재적 접근은 우선 사회주의가 지향하는 이념(예를 들어 사회적 평등)이 어떠한 '성과'로 현재 사회주의 사회에 구체적으로 나타나고 있는가를 유형론적으로 비교·분석한다.[15]

송두율의 주장에 의하면, 산업사회론에 근거한 체제비교론과 전체주의이론 등이 사회주의를 '밖'에서, 즉 시민적 민주주의나 자본주의 척도로 분석하려는 방법론적 약점이 있다는 것이다. 이러한 약점을 극복하기 위해서 사회주의 이념과 현실을 내재적으로, 즉 '안'에서 분석·비판해 사회주의 사회가 자본주의 사회와는 다른 이념과 정책의 바탕 위에 서 있다는 것을 인정하고, 사회주의가 이룩한 '성과'를 이 사회가 이미 설정한 이러한 이념에 비추어 검토·비판해야 한다는 주장이 강력하게 대두했다는 것이다. 따라서 이러한 내재적인 접근태도는 이분법적 전체주의 이론적 접근태도나 기능주의적 산업사회 이론적 접근방법과는 달리, 사회주의 스스로가 설정한 이념에 근거해 사회주의 현실을 평가하고 비교하는 데 중점을 두고 있다.

송두율은 내재적 연구가 지녀야 할 두 가지 전제를 지적하고 있다. 북한 사회주의 내재적 연구는 우선, 소련을 비롯한 동구, 중국 등 여러 사회주의와 '비교 연구'를 전제해야 한다. 북한 사회주의와 다른 나라 사회주의 사이

---

14) 1960년대 초부터 서서히 대두한 수렴이론은 평화공존논리를 배경으로 해서 양 체제가 '산업사회'에 이르면 정치적 이데올로기는 점차 퇴색되고 두 체제는 서로 접근이나 '수렴'할 것이라는 이론이다. 산업사회나 근대화이론에 근거한 양 체제 수렴이론은 정치 분석 위주의 전체주의 이론이 전제하고 있는 고정불변의 실체주의적 입장과는 달리, 양 체제의 공존을 전제한 상대주의적 그리고 기능주의적 접근방법을 토대로 주로 경제, 과학 및 기술을 중시하면서 자주본의와 사회주의 간 체제비교를 분석의 중심적 과제로 삼았다. 같은 책, 207~208쪽.

15) 같은 책, 209쪽.

의 공통점과 차이점이 무엇인가를 알아보는 것은 북한 사회주의의 내재적 이념과 현실을 상대적으로 파악할 수 있기 때문이다. 다음으로 주체사상에 관한 이해다. 계급모순, 민족모순의 동시적 해결과제가 북한 사회주의의 내재적 이념, 즉 '주체사상'으로 표현되기 때문에 내재적 접근의 두 번째 전제는 주체사상에 대한 이해다. 주체사상이라는 북한 사회주의 이념을 전제하고 이 이념이 정치·문화·경제·사회 전 분야에 어떠한 결과를 가져 왔는가 하는 내재적 비판 속에서 북한 사회주의 연구가 진행되어야 한다는 것이다.[16]

강정구, 이종석, 강정인, 김연철 등이 북한 연구에 내재적 접근방법을 사용하거나 내재적 접근방법에 관한 이론적 평가를 시도했다. 하지만 내재적 접근에 관한 논쟁의 근본적 한계는 송두율이 밝힌 것처럼 북한 연구를 '내재적 접근'과 '외재적 접근', 즉 단순히 이분법적으로 분류하는 경향이 있었고, 내재적의 반대말이 선험적이란 사실을 모르고 피상적인 논쟁을 한 것이다.

재독학자 송두율에 의한 내재적 접근의 국내소개는 탈냉전과 함께 새로운 시각에서 북한 연구를 모색했던 연구자들에게는 신선한 충격이었다. 당시 국내에서는 '북한 바로알기 운동' 차원에서 김남식, 강정구, 이종석 등이 내재적 접근과 유사한 북한 연구를 해왔기 때문에, 이들에 의해서 '독일판 내재적 접근'은 쉽게 확산되었다. 내재적 접근의 소개는 노태우정부의 북한자료의 일시적 개방조치 또는 '개방묵인'과 함께 전체주의 접근법에 의존했던 기존 연구의 편향성을 극복해 북한 연구의 균형을 잡는 데 기여했다. 다른 한편에서는 내재적 접근이 방법론보다는 인식론 수준에서 논쟁이 벌어져 북한 연구의 분석보다는 해석에 안주하는 경향[17]과 이론의 저발전 경향을 초래했

---

16) 같은 책, 212쪽.

17) 일반적으로 사회과학방법론에서 마주치는 첫째 문제는 어떤 사회 현상 및 대상에 대해 설명할(descriptive) 것인지 또는 규범적(normative or prescriptive)으로 해석할 것

다는 비판도 나왔다.

내재적 접근은 어떻게 보면 접근방법이라기보다는 북한 연구의 인식론 또는 연구자세에 가깝다.[18] 내재적 접근은 냉전시대 반북·방공 이데올로기를 넘어 새로운 관점과 인식을 가지고 북한을 바라보자는 '북한 바로알기' 차원의 연구 움직임으로 볼 수 있다. 내재적 접근은 비유해서 말하자면 "아이가 울 때 배가 고파서 우는지, 배가 아파서 우는지 그 원인을 찾아 진단해서 처방을 하자"라는 것이다. 전체주의 접근법 등을 적용하는 '외재적' 접근론자들이 아픈 원인을 파악하기보다는 회초리로 울지 못하게 하는 것이 아닌지 반성하자는 것이다. 외재적 접근은 우는 아이는 나쁘다는 선험적 가치판단을 먼저 하고 아이를 대하는 것으로 볼 수 있다.

내재적 접근은 북한의 내적 작동논리인 주체사상을 이해하면서 비교사회주의적 접근을 할 때 북한을 잘 이해할 수 있다는 것이다. 내재적 접근은 북한 사회와 사회주의체제의 특수성을 인정하면서 북한 지도부가 제시한 목표와 현실의 성과를 비판적으로 분석하자는 것이다. 바이메에 의해서 내재적 접근 차원에서 소개된 "비교사회주의 연구는 사회주의체제의 성과에 대한 판단을 위한 척도를 과거의 이론접근처럼 외부에서 대상으로 가져갈 수는 없고, 우선 사회주의체제의 이데올로기적인 이념적 목표설정을 진지하게 수용해야 하지만, 그다음 기능적인 체제비교에 의해 그 목표의 실현을 검증해야 한다"라는 것이다.[19] 내재적 접근은 냉전시대 왜곡된 북한 연구를 바로잡고 북한사회를 올바로 이해하는 데 기여했다. 하지만 내재적 접근 초기에는

인지를 둘러싼 논쟁이다. 이와 관련해서는 김학성, 「통일연구방법론 소고: 동향, 쟁점 그리고 과제」, 《통일정책연구》, 제17권 제2호(2008), 215~218쪽 참고.

18) 북한 연구의 인식론 논쟁에 관해서는 김연철, 「북한 연구에서 인식론 논쟁의 성과와 한계」, 《현대북한연구》, 창간호(1998), 43~64쪽을 참고.

19) 이국영, 「독일 내재적 접근의 한국적 수용과 오해: 북한 연구에 대한 함의」, 21쪽.

북한자료를 무비판적으로 수용하고 주체사상 등 북한 사회주의를 북한입장에서 이해하고 평가해야 한다는 편향이 일부 나타나기도 했다. 이러한 일부의 편향을 문제 삼아 보수우파는 내재적 접근론자들을 '친북좌파'로 매도하기도 했고, 내재적 접근과 관련한 논쟁도 활발하게 전개되기도 했다.[20]

4. 일상생활 연구방법의 북한 연구 적용[21]

최근 새롭게 부각한 북한연구방법 중에 주목할 방법론은 일상생활(일상사) 연구방법이다.[22] 한국 사회과학계에서의 일상생활 연구는 1970년대 이전까지 그다지 주목받지 못했다. 사회과학에 깊게 각인된 합리주의와 실증주의는 과학이란 엄밀성에 강하게 집착한 나머지, 인간 존재의 따뜻함과 분열,

---

20) 내재적 접근법의 장점을 지적하는 한편, 그 결함과 한계를 비판한 논문은 주로 강정인에 의해서 제기되었다. 강정인, 「북한연구방법론: 내재적 방법론에 대한 비판적 성찰」, ≪동아연구≫, 제26집(1993); 강정인, 「북한연구방법에 대한 새로운 제언」, ≪역사비평≫, 제26집(1994), 318~342쪽; 강정인, 「북한연구방법론: 재론」, ≪현대북한연구≫, 창간호(1998), 7~42쪽. 내재적 접근에 관한 논쟁은 주로 송두율, 이종석, 김연철, 강정인 사이에 이뤄졌다. 이에 관해서는 최완규, 「북한연구방법론 논쟁에 대한 성찰적 접근」, 11~25쪽; 강광식, 「북한연구방법론 고찰: 주요 쟁점의 현황과 과제」, ≪북한학보≫, 제19집(1995), 1~22쪽을 참고.
21) 북한 일상생활 연구 및 미시적 접근과 관련한 일부 내용은 동국대 북한학과 북한 일상생활 연구팀의 홍민 연구교수의 도움을 받아 작성한 것이다. 자세한 내용은 박순성·고유환·홍민, 「북한 일상생활 연구의 방법론적 모색」, ≪현대북한연구≫, 제11권 제3호(2008), 9~57쪽; 홍민·박순성 엮음, 『북한의 권력과 일상생활: 지배와 저항 사이에서』(한울, 2013); 고유환, 「북한 연구에 있어 일상생활 연구방법의 가능성과 과제」, ≪북한학연구≫, 제7권 제1호(2011), 7~24쪽 등을 참고.
22) 박순성·홍민 엮음, 『외침과 속삭임: 북한의 일상생활세계』(한울, 2010); 홍민·박순성 엮음, 『북한의 권력과 일상생활: 지배와 저항 사이에서』.

감정적 복잡성에서 스스로를 차단해온 측면이 강했다.[23] 서구에서의 일상생활·일상사·미시사 연구는 주로 역사학과 사회학에서 문화 연구[24]와 함께 본격적으로 이뤄졌다.

발터 벤야민(Walter Benjamin), 게오르그 지멜(Georg Simmel), 앙리 르페브르(Henri Lefebvre), 미셸 드 세르토(Michel de Certeau) 등으로 대표되는 일상생활 연구자들은 "일상의 현대성을 서로 다른 시간과 공간의 짜깁기(패치워크) 같은 것으로 보기 시작했다(Everyday modernity begins to look like a patch-work of different times and spaces)". 일상생활이론은 '등록되지 않은 것을 등록하는' 미학(a range of aesthetics for 'registering the unregistered')으로, ① 특수성 속에서 일반성을 찾아내는 변증법적 접근(dialectical approaches that reveal the general in the particular), ② 상이한 자료의 폭발적인 병렬(explosive juxtapositions of disparate material), ③ 연관된 현상들의 생산적인 집합(productive assemblages of related phenomena), ④ 특이한 삶에 대한 일반적인 시학(a general poetics of the singularity of living) 등을 문화이론의 관점에서 다룬다.[25]

한국에서는 주로 역사학[26]과 사회학[27]에서 일상사·일상생활 연구를 수

---

23) M. Maffesoli, "The Sociology of Everyday Life: Epistemological Eliments," *The Socio-logy of Everyday Life, Current Sociology*, Vol. 37, No. 1(1989), p. 1.

24) 일상생활과 관련한 문화이론에 대해서는 Ben Highmore, *Everyday Life and Cultural Theory: An Introduction*(London: Routledge, 2002)을 참고.

25) 같은 책, pp. 174~175.

26) 역사학에서 일상생활 연구를 도입한 대표적인 연구는 안병직 외, 『오늘의 역사학』(한겨레신문사, 1998)이 있으며, 번역서로는 알프 뤼트케 외 지음, 『일상사란 무엇인가』, 나종석 외 옮김(청년사, 2002); 곽차섭 엮음, 『미시사란 무엇인가』(푸른역사, 2000) 등이 있다.

27) 사회학에서의 일상생활에 관한 대표적인 연구는 박재환 외, 『일상생활의 사회학적

용하고 발전시켜왔다고 할 수 있다. 역사 연구의 새로운 경향으로 등장한 일상사 연구는 1980년대부터 일기 시작한 기존의 사회사에 대한 비판적 인식과 관련이 깊다.[28] 사회과학계에서 일상사 연구가 본격화한 것은 1989년부터 1991년까지 진행된 사회주의권 붕괴가 계기가 되었다. '현실' 사회주의 국가들의 붕괴는 사회과학자들과 역사가들에게는 큰 충격이었다. 어느 누구도 사회주의권 붕괴를 정확히 예측하지 못했다. 동독이 무너지고, 소련이 해체되는 광경을 지켜보던 역사가들이 정신을 차리고 확인한 것은 역사를 만든 사람들이 민중이라는 것이다. 이를 깨달은 역사가들은 기존의 사회과학 이론과 모델을 적용하는 대신 일상사적인 연구로 눈을 돌렸다. 김기봉이 지적한 바와 같이 "김수영의 「풀」에서 노래했듯, 바람보다 먼저 누웠던 풀이 바람보다 먼저 일어나는 듯한 민중의 잠재 에너지를 규명하기 위해서는 '아래로부터의 역사'의 관점이 필요하다는 것을 알게 된 것이다. 일상사연구를 수행하면서 독재국가가 은폐한 현실 사회주의의 속살이 보이기 시작했다".[29]

북한 연구에서 일상생활 연구방법을 본격 수용한 것은 최근의 일이다. 전

이해』(한울, 2008)가 있다.

28) 역사의 과학화를 표방했던 사회사는 구체적인 인물의 행위보다는 그들이 속해 있던 구조와 과정을 중시하는 연구경향이라고 할 수 있다. 사회사는 역사의 통일적이고 단선적 과정을 상정해 역사를 근대화·산업화·합리화·도시화 등의 '중심 통합적' 시각으로 파악하려는 경향이 있다. 이와 달리 일상사는 근대화 등의 현상을 일면적이고 단순한 것으로 파악할 것이 아니라 그 안에 있었던 개개인들의 저항의 모습, 또는 그러한 현상에 대한 암묵적 수용 등의 다양한 삶의 층위에 관심을 기울일 것을 강조한다. 한마디로 일상사는 '구조의 역사'에서 '인간의 역사'로 방향전환을 강조한다. 박원용, 「스탈린 체제 일상사 연구의 현황과 쟁점」, 박순성·홍민 엮음, 『북한의 권력과 일상생활: 지배와 저항 사이에서』, 16~17쪽; 안병직, 「일상의 역사란 무엇인가」, 안병직 외, 『오늘의 역사학』, 30~41쪽.

29) 김기봉, 「북한에 대한 일상사 연구의 가능성과 의미」, 박순성·홍민 엮음, 『북한의 권력과 일상생활: 지배와 저항 사이에서』, 119~120쪽.

체주의 접근법이나 내재적 접근법이 주로 상부 구조 중심의 체제운영원리를 설명하는 데 치중함으로써 주민생활을 중심으로 한 북한사회의 본질을 제대로 파악하지 못한다는 한계를 노출했다. 이러한 한계를 극복하기 위해서 최근 들어 북한에 대한 미시적 접근을 강조하는 연구관심이 높아지고 있다. 북한 연구에 일상생활 연구방법을 도입한 4세대[30] 북한 연구자는 홍민, 조정아, 정영철, 박영자, 김종욱, 김지형, 전영선, 노귀남, 한재헌 등을 꼽을 수 있을 것이다. 특히 홍민은 박순성과 함께 『외침과 속삭임: 북한의 일상생활세계』(2010)를 기획하고 편집해서 북한 연구에 있어 일상생활 연구방법을 체계적으로 소개했다. 이 연구들은 주로 1990년대 이후 북한사회의 변화를 주민들의 일상생활의 측면에서 조명하는 방식을 택하고 있다. 이들 연구의 공통적인 문제의식 중 하나는 기존 북한 연구들이 정치지도자, 이데올로기, 거시적 노선이나 정책 등에만 집중한 나머지 미시적 차원에서 이루어지고 있는 역동적인 사회변화를 온전히 이해하지 못한다고 보는 것이다. 또한 연구방법의 측면에서 김일성이나 김정일 담화 중심의 공식문헌에 의존한 분석이 '아래로부터' 주민들 차원에서 이루어지는 변화를 이해하는 데 한계가 있다고 보고, 탈북자 인터뷰 등 질적 연구를 통해 생생한 삶의 현장을 보려는 데

---

30) 필자가 다소 자의적으로 북한 연구자를 세대 분류해보면, 북한 연구의 1세대는 김남식, 김창순, 양호민 등으로, 김남식과 김창순은 북에서 내려와 북한실상을 소개하고 연구한 학자다. 2세대는 주로 미국 등에서 국제정치학과 비교정치학을 연구한 이상우, 김학준, 김덕, 박재규, 유석렬, 전인영, 장달중 등과 국내에서 비교정치학을 연구한 민병천, 김갑철 등을 꼽을 수 있다. 2세대와 3세대 사이에 속하는 2.5세대로는 강성윤, 최완규, 전용헌, 백인학, 이계희, 김창희, 전현준 등이 있으며, 3세대 북한 연구자로는 서동만, 백학순, 유호열, 김영수, 고유환, 이종석, 류길재, 김연철, 정성장, 박형중 등이 있다. 3.5세대 학자로는 김근식, 이기동, 이정철, 권오윤, 진희관, 송정호 등을 꼽을 수 있을 것이다. 북한 연구 동향에 관해서는 고유환, 「북한연구방법론의 현황과 과제」, 29~71쪽을 참고.

좀 더 많은 관심을 기울이고 있다.

이와 같이 지금까지의 북한 연구가 사상, 제도, 지도자, 체제 등 공식사회의 움직임을 분석하는 위로부터의 연구였다는 반성에 기초해[31] 2000년대 초부터 북한 연구에 새롭게 도입된 연구방법이 일상사 또는 일상생활 연구방법이다. 주로 역사학이나 사회학 연구에서 사용하던 일상사·일상생활 연구방법이 북한 연구에 도입됨으로써 밑에서 이뤄지는 주민들의 일상이 상부구조에 어떤 영향을 미치는지 등에 대한 미시사적인 일상생활 연구가 이뤄지기 시작했다. 극도로 폐쇄체제를 유지해왔던 북한에 대한 일상생활 연구가 가능하게 된 것은 무엇보다 1990년대 중반 이후 급증한 탈북자들 때문일 것이다. 탈북자들에 대한 면접조사가 가능해짐으로써 북한의 일상생활 연구도 활기를 띠기 시작했다.

북한사회에 대한 일상사적 연구가 절실한 이유는 북한주민들의 내면을 드러낼 수 있기 때문이다. 북한의 일상에 대한 연구를 통해 우리는 무엇보다도 북한주민의 집단무의식에 접근할 수 있다. 주체사상으로 세뇌된 집단무의식의 의식화가 선행되어야만 북한주민의 사유능력이 회복될 수 있다.[32]

홍민의 주장에 의하면, 일상생활 연구는 구조와 행위자, 거시와 미시를 연계하는 데서 의미를 갖는다. 우선 구조-행위자를 연계하는 '일상생활세계'의 측면이다. 일상생활세계는 개인의 행위를 결정하는 물질적 조건·제도·질서·

---

31) 2000년대 이전의 북한 연구 경향에 대해서는 북한연구학회 엮음, 『분단반세기 북한 연구사』(한울, 1999)를 참고.

32) 김기봉, 「북한에 대한 일상사 연구의 가능성과 의미」, 박순성·홍민, 『북한의 권력과 일상생활: 지배와 저항 사이에서』, 116쪽. 김기봉 교수는 "주체사상에 세뇌된 인민들은 스스로 사유할 수 있는 능력을 박탈당했다"라고 보고 "북한주민들이 주체사상이라는 생체권력에서 해방되지 않고는 남북통일이란 불가능하며, 만약 돌발사태가 일어나 통일이 도둑처럼 찾아온다고 해도 그 결과는 비극적일 수밖에 없다"라고 주장했다.

규범·규칙 등 구조적 조건이 관철되는 공간이기도 하지만, 개인들이 관계를 통해 그러한 물질적 조건·제도·질서·규범·규칙 등을 해석하고 나름의 방식대로 재전유하는 공간이기도 하다. 따라서 일상생활세계는 '구조적 강제'와 '행위의 실천'이라는 두 대립적 측면이 상호작용하는 공간이다. 그런 면에서 일상생활세계는 구조가 재생산되는 미시적 상황과 구조를 변화시키는 행위의 가능성이 공존하는 공간이라고 할 수 있다.

그런 측면에서 일상생활 연구는 사회를 구조화하는 다양한 계기들에 대한 하나의 횡단적인 독해를 가능하게 한다. 따라서 일상생활 연구는 결코 보통의 비판처럼 구조를 의도적으로 배제하는 연구전략이 아니다. 일상이 사회 전체의 구조 속에서 조망되어야 한다고 본다. 일상을 증발시킨 사회 구조 분석이 전문적 용어의 나열에 그치거나 메마른 숫자의 조합에 그치기 쉬운 것과 마찬가지로, 전체 사회 구조에 대한 조장이 없는 일상의 분석은 잡다한 사실들의 모자이크에 불과할 뿐이다.

다음으로 거시-미시를 연계하는 일상생활세계의 측면이다. 거시와 미시는 일종의 체제를 보는 연구의 관찰배율문제라고 할 수 있다. 거시적 접근이 추상화 수준을 높여 특징을 추출하고 체제를 전체 맥락에서 조망하는 방식이라면, 미시적 접근은 추상화 수준을 낮추고 전체를 이루는 부분에 관심을 집중시켜 제도·정책·노선·권력이 생활세계에서 실천되거나 관철·수용·굴절되는 방식을 일상의 차원에서 조망하는 것이다.

이처럼 일상생활세계야말로 인간의 기본적인 존재기반이며, 가장 근본적으로 개인과 사회를 재생산하는 행위과정이 펼쳐지는 공간이다. 따라서 일상생활세계를 본다는 것은 위로부터 주어지는 제도나 정책의 객관적 외관과 함께 인간 공동생활의 주관적인 의미, 참여자들 스스로가 사회를 체험하는 방식, 그리고 특히 사회의 비공식적이거나 혹은 엄격히 제도화되지 않는 측면에 좀 더 많은 주의를 집중한다. 이를 통해 구조의 객관적 조건과 행위의 주관적 측면이 상호작용하는 방식을 경험적으로 확인할 수 있다.

북한 일상생활세계에 접근하기 위해, 우선 북한주민들에 관심을 가지며 이들이 가진 상식적인 지식과 실천에 주목한다. 물론 상층권력집단이나 엘리트·관료들의 일상생활세계를 배제하지 않는다. 단, 공식적 정책결정활동에 주목하기보다는 이들의 성향과 주관에 영향을 미치는 생활세계, 비공식적 관행에 더욱 주목한다. 다음으로 외부에 있는 관찰자의 관점보다는 주민들 개인의 관점에서 일상생활세계를 이해하는 것이다. 즉, 그들의 경험세계, 주관적 의미 맥락, 행위를 포착하는 것이다. 끝으로 구조를 배제하고 주관적인 경험영역만을 보지 않고 이 둘의 상호작용의 맥락을 강조한다.

5. 맺음말

북한 및 통일 연구는 지역 연구일 뿐 아니라 우리 민족에 대해서 연구하는 학문으로 민족문제 해결을 위한 한국학의 일부다. 따라서 북한학은 북한 현실에 대한 올바른 이해를 바탕으로 분단 반세기 동안 해결하지 못한 민족통일을 앞당기기 위한 특수한 사명을 부여받고 있다. 사회현상 분석에 있어 이데올로기와 민족문제가 가치논쟁으로 개입할 경우 적절한 방법론 도입이 어렵다. 북한 연구에서도 우 편향과 좌 편향을 넘어 새로운 인식론과 방법론을 모색해야 한다. 특히 북한 연구는 내재적 접근 논쟁에서 본 것처럼 인식론과 방법론이 혼재하면서 방법론 논쟁보다는 인식론 논쟁에 많은 시간을 보냈다. 가치지향적인 인식론 논쟁을 넘어 연구주제에 적합한 방법론을 도입할 때 객관적인 분석이 가능할 것이다.

북한 국가성격 논쟁처럼 유격대 국가(정규군 국가), 조합주의 국가, 신전체주의 국가, 군사 국가 등의 성격규정은 북한 국가성격의 일면을 보여준 것으로 모두 일정부분 적실성이 있다. 마찬가지로 북한연구방법론 측면에서도 전체주의 접근법, 내재적 접근법, 일상생활 연구 등도 북한 연구에서 부분적인 적실성이 있다. 북한 연구가 발전하기 위해서는 다양한 방법론을 도입해서 북한의 실체를 입체적으로 이해하는 노력이 필요하다. 과학적이고 객관적인 북한 연구를 위해서는 인식론, 방법론, 분석수준, 분석단위, 분석기법 등으로 분석층위별로 세분화해 연구를 체계적으로 진행해야 할 것이다.

김일성-김정일 유일체제의 특성을 고려한 당과 국가의 억압과 통제 연구에 치중한 전체주의 접근법이 부분적인 적실성이 있지만, 이 접근법을 사용할 경우 파벌 갈등, 이익집단 갈등 등 북한정치의 동학을 파악하기 어렵다. 또한 지도자 중심체제에서 지도자의 개성을 무시하는 한계가 있다. 위로부터 내려오는 힘을 지나치게 강조할 경우 아래로부터 올라오는 변화의 요구를 무시하기 쉽다. 그래서 북한주민들의 일상생활 연구는 상부 구조 중심 연구의 한계를 극복할 수 있는 북한 연구의 새로운 시도라고 할 수 있다. 미시-행태 연구에 치중하는 북한주민들의 일상사·미시사 연구는 거시-구조 연구의 한계를 극복하는 데 기여할 것이다. 하지만 미시-행태와 거시-구조 사이의 상호작용을 파악하지 못하면 코끼리를 현미경으로 관찰하는 어리석음을 범하게 될 것이다.

사회주의권이 붕괴함에 따라 비교사회주의적 접근도 중국, 베트남, 쿠바, 북한 등 잔존 사회주의 국가에 한정할 수밖에 없다. 사회주의권 붕괴 이후 사회주의 국가들의 자본주의 세계경제로의 전면적 편입을 고려할 때 북한 사회주의체제의 자본주의 세계경제로의 편입도 시간문제일 것이다. 북한과 국제사회의 갈등도 궁극적으로는 자본주의 세계경제(세계체제) 편입을 둘러싼 갈등이라고 단순화해서 볼 수도 있다. 따라서 북한 연구에서 세계체제 분석(세계체제론)의 적용도 본격화해야 할 것이다.[33)]

북한을 제외한 사회주의 국가들은 자본주의 세계체제에 편입해 활발한 경제활동을 하고 있다. 사회주의 시장이 사라진 조건에서 '현실' 사회주의체제의 자본주의 세계경제로의 편입은 불가피하다. 북한의 경우도 북·미 적대관계가 해소되면 자본주의 국가들과의 활발한 경제활동을 하게 될 것이다. 자력갱생원칙에 입각한 자립적 민족경제를 운영해왔던 북한이 자본주의 세계경제로 편입하는 과정에 관한 분석은 이매뉴얼 월러스틴(Immanuel Maurice Wallerstein)의 세계체제 분석이 유용할 것이다.[34]

---

33) 세계체제이론은 사회주의 국가가 사회주의 방식으로 자급자족하지 못하고 자본주의 국가와 시장을 매개로 교역하면서 체제를 유지하는 것 자체가 자본주의 세계경제에 편입된 것으로 본다.
34) 서재진 외, 『세계체제이론으로 본 북한의 미래』(황금알, 2004).

참고문헌

1. 국내 문헌

강광식. 1995. 「북한연구방법론 고찰: 주요 쟁점의 현황과 과제」. ≪북한학보≫, 제19집.

강정구 엮음. 1990. 『북한의 사회』. 을유문화사.

강정인. 1993. 「북한연구방법론: 내재적 방법론에 대한 비판적 성찰」. ≪동아연구≫, 제26집.

_____. 1994. 「북한연구방법에 대한 새로운 제언」. ≪역사비평≫, 제26호(가을).

_____. 1998. 「북한연구방법론: 재론」. ≪현대북한연구≫, 창간호.

곽차섭 엮음. 2000. 『미시사란 무엇인가』. 푸른역사.

경남대 북한대학원 엮음. 2003. 『북한연구방법론』. 한울.

고유환. 1999. 4. 12. "북한 연구 어떻게 할 것인가?". ≪교수신문≫, 제154호.

_____. 2009. 「북한연구 방법론의 현황과 과제」. ≪통일과 평화≫, 창간호.

_____. 2011. 「북한 연구에 있어 일상생활 연구방법의 가능성과 과제」. ≪북한학연구≫, 제7권 제1호.

_____ 엮음. 2006. 『로동신문을 통해 본 북한 변화』. 선인.

김남식. 1986. 10. 13. "북한연구방법론의 현황과 문제점". ≪이대학보≫.

김연철. 1998. 「북한 연구에서 인식론 논쟁의 성과와 한계」. ≪현대북한연구≫, 창간호.

_____. 1998. 「북한 연구에서 '위로부터 시각'과 '아래로부터의 시각'」. ≪통일문제연구≫, 제8권 제2호.

김종욱. 2006. 「북한의 관료체제와 지배구조의 변동에 관한 연구」. 동국대학교 대학원 박사학위 논문.

김학성. 2008. 「한국의 통일문제 연구방법: 동향과 과제」. 『초국가적 관점에서 본 체제전환: 독일과 한국』, 이화여대 통일학연구원 국제학술회의 발표논문집(2008. 9.

25~26).

_____. 2008. 「통일연구방법론 소고: 동향, 쟁점 그리고 과제」. ≪통일정책연구≫, 제 17권 제2호.

뤼트케, 알프(Alf Luedtke) 외. 2002. 『일상사란 무엇인가』. 나종석 외 옮김. 청년사.

메스쿼타, 브루스 부에노 데(Mesquita, Bruce Bueno de)·모종린. 1997. 「북한의 경제 개혁과 김정일 정권의 내구력 분석」. ≪통일연구≫, 창간호.

박동운. 1975. 「북한 연구의 이해와 현황: 정치분야」. ≪북한≫, 1월호.

박순성·고유환·홍민. 2008. 「북한 일상생활 연구의 방법론적 모색」. ≪현대북한연구≫, 제11권 제3호.

박순성·홍민 엮음. 2010. 『외침과 속삭임: 북한의 일상생활세계』. 한울.

박재환 외. 2008. 『일상생활의 사회학적 이해』. 한울.

박현선. 2003. 『현대 북한사회와 가족』. 한울.

박형중. 1999. 「독일의 동독 연구에서 '전체주의론'과 '내재적 접근론'」. ≪북한연구학 회소식≫, 제10호.

북한연구학회 엮음. 1999. 『분단 반세기 북한 연구사』. 한울.

서재진. 1995. 『또 하나의 북한사회』. 나남.

_____. 2004. 『7·1조치 이후 북한의 체제 변화: 아래로부터의 시장사회주의화 개혁』. 통일연구원.

_____ 외. 2004. 『세계체제이론으로 본 북한의 미래』. 황금알.

송두율. 1988. 「북한사회를 어떻게 볼 것인가」. ≪사회와 사상≫, 12월호.

_____. 1995. 『역사는 끝났는가』. 당대.

_____. 2001. 「북한: 내재적 접근법을 통한 전망」. ≪역사비평≫, 제54호(봄).

세종연구소 북한연구센터 엮음. 2006. 『북한의 사회문화』. 한울.

안병영. 1975. 「북한 연구의 현황과 문제점」. ≪정경연구≫, 8월호.

_____. 1977. 「통일 및 북한 연구의 방법론 평가」. ≪통일정책≫, 제3권 제1호.

_____. 1982. 『현대공산주의 연구』. 한길사.

_____ 외. 1998. 『오늘의 역사학』. 한겨레신문사.

양호민 외. 1987. 『북한사회의 재인식 1』. 한울.

이국영. 2008. 「독일 내재적 접근의 한국적 수용과 오해: 북한 연구에 대한 함의」.
≪통일문제연구≫, 제20권 제2호.

이종석. 2000. 『새로 쓴 현대 북한의 이해』. 역사비평사.

임순희. 2004. 『식량난과 북한여성의 역할 및 의식변화』. 통일연구원.

장경섭·박명규. 1995. 「북한사회 연구방법론: 비교발전론적 접근」. 한국사회학회 후
기사회학대회 발표문(12.16).

전상인. 1995. 「북한 연구의 역사적 접근」. 한국사회학회 후기사회학대회 발표문(12.16).

조정아. 2006. 『경제난 이후 북한 문학에 나타난 주민생활 변화』. 통일연구원.

최완규 외. 2006. 『북한 도시의 위기와 변화: 1990년대 청진, 신의주, 혜산』. 한울.

홍민·박순성 엮음. 2013. 『북한의 권력과 일상생활: 지배와 저항 사이에서』. 한울.

2. 외국 문헌

An, T. S. 1993. "Communist Totalitarianism Revisited." *Korea and World Affairs*, Vol. 17, No. 4.

Friedrich, C. J. and Z. K. Brzezinski. 1956. *Totalitarian Dictatorship and Autocracy*. Cambridge: Harvard University Press.

_____. 1966. *Totalitarian Dictatorship and Autocracy*(2nd ed.). New York: Frederich A. Praeger.

Highmore, B. 2002. *Everyday Life and Cultural Theory: An Introduction*. London: Routledge.

Johnson, C. 1970. "Comparing Communist Nations." in Chalmers Johnson (ed.). *Change in Communist Systems*. California: Stanford University Press.

Maffesoli, M. 1989. "The Sociology of Everyday Life: Epistemological Elements." *The Sociology of Everyday Life, Current Sociology*, Vol. 37, No. 1.

Popper, K. 1964. *The Poverty of Historicism*. NY: Harper & Row.

Skilling, H. G. 1966. "Interest Groups and Communist Politics." *World Politics*, Vol. 18, No. 3.

_____. 1983. "Interest Groups and Communist Politics Revisited." *World Politics*, Vol. 36, No. 1.

Tucker, R. C. 1955. "The Dictator and Totalitarianism." *World Politics*, Vol. 17.

제2장

북한 체제변화 연구에 대한 비판적 고찰과 대안의 모색*

류경아 | 연세대학교 정치학과 박사과정
김용호 | 연세대학교 정치외교학과 교수

1. 머리말

이 글은 북한의 체제변화에 관한 기존 연구들에서 노정된 북한 중심적인 시각, 사회주의권에 한정된 비교, 그리고 진보와 보수 간 이념 논쟁적 경향을 비판적으로 고찰하고, 동유럽은 물론 라틴아메리카와 아랍권의 체제변화 사례비교를 통해 대안적 논의를 제시하고자 한다. 아랍의 봄과 김정일 사망으로 북한의 체제변화에 대한 관심이 증가했지만 1990년대에 논의되었던 수준에 머물렀다. 한편, 권력승계와 세계적인 체제변화의 소용돌이 속에서도 북한은 여전히 체제를 유지하고 있다. 이 때문인지 북한 체제변화 연구는 북

---

* 이 글은 류경아·김용호, 「북한 체제변화 연구방법론에 대한 비판적 고찰과 대안의 모색」, ≪북한연구학회보≫, 제16권 제1호(2012)를 수정·보완한 것이다.

한의 특수성에 초점을 맞춰 진행된 경향이 짙게 나타난다.

비교 연구를 통해 북한의 체제변화를 고찰하면서 북한체제의 내구력은 김정은의 권력기반 강화나 유지, 경제상황 요소 외에도 제도와 행위자 간 상호작용에 의해 편차를 보일 수 있다는 결과를 도출했다. 제도는 권력에 정당성을 부여하는 수단으로 기능하는 반면, 제도의 흡수력을 초월하는 위기상황이 도래할 경우 체제변화의 요구를 유발시키기도 한다. 권위주의 정권에서 지도자는 제도를 지배의 정당화 도구로 이용하나, 위기에 직면해 공식제도의 한계가 드러나면 시민은 공식제도를 대체할 비공식제도를 출범시킨다. 비공식제도가 공식제도를 침식하면 체제변화의 가능성이 열리게 된다. 이에 더해 행위자의 상호작용 측면에서 분석하면, 지도자가 자발적으로 체제변화를 선택할 가능성은 낮다. 그러나 제도의 한계로 체제변화의 필요성이 대두되거나 대중의 체제변화요구 시위가 발생할 경우 엘리트는 중재자 혹은 대중의 협력자로서 역할하기도 한다. 대중은 조직에 기반을 둔 대규모 동원을 통해 체제변화에 직접적인 영향력을 행사할 수 있다. 이 경우 주변국가의 저항세력 지지와 지원이 체제변화에 큰 영향을 미친다. 제도와 행위자를 주요 변수로 하여 북한 체제변화의 가능성을 분석하면 공식제도를 통해 권력이 유지되고 엘리트와 인민의 역할이 매우 제한되어 있기 때문에 현 시점에서 체제변화는 어려울 것으로 판단된다. 그러나 선군체제의 변화흡수력, 지도자와 엘리트 간 균열, 대중의 불만, 주변국가의 압력 등 진행상황에 따라 체제변화의 가능성은 잠재되어 있다고 봐야 한다.

2. 기존 북한 체제변화 연구들의 경향 분석

북한의 체제변화에 대한 이전의 연구들은 북한체제의 변화를 김일성 일가의 권력변동과 결부시켜 관찰하는 경향이 강하게 나타났다. 그래서 권력기반이나 엘리트 교체, 미국의 군사제재와 같은 대내외적 환경변화의 분석에 초점을 맞춰왔다. 기존의 연구경향은 크게 세 가지로 압축할 수 있다. 첫째, 북한만의 체제적 특성에 주목한 나머지, 이론의 적용보다는 북한의 대내 정치적 변화와 북한만의 특수한 제도(김일성에 대한 신성화, 선군정치, 당의 개인권력화 등)의 한계, 주체사상과 선군사상 등 이데올로기의 한계, 경제난(국가경제제도의 실패, 식량위기), 사회통제(탈북자, 억압) 등을 독립변수로 북한의 체제변화를 분석하는 경향이다. 이러한 연구들은 서구적 시각으로 북한의 특수성을 중심으로 분석했기 때문에 전반적인 체제변화 양상을 이해하는 데 한계가 있었다. 둘째는 북한 체제변화의 비교 연구 대상이 주로 구 사회주의권 국가들에 한정되었다는 점이다. 중국과 베트남의 점진적 개혁개방에 의한 경제체제 변화나 동유럽의 급진적 붕괴사례를 북한 체제변화 논의의 준거로 설정해 분석했다. 그러나 김일성 일가에 의한 왕조적 통치 특성을 지닌 북한을 사회주의 국가들과 비교하는 것은 한계가 있다. 따라서 체제변화를 경험한 다양한 국가들과의 비교가 필요하다. 끝으로 북한의 체제변화에 대한 연구는 정부의 통일안보정책의 홍보도구로 활용되거나 대북유화정책과 강경정책 간 이념논쟁의 대상이기도 했다. 정책적 이념논쟁은 체제변화에 대한 함의만 주었을 뿐 이론적 발전에는 크게 영향을 주지 못했다. 따라서 북한의 체제변화 연구에 대안적 시각을 제공하고자 비교정치학적 방법을 도입하고자 한다.

〈표 2-1〉 북한 체제변화에 대한 기존 연구들의 경향1)

	저자	변화의 원인, 주요 요소	변화주도세력	변화여부
북한 특수 관점	심지연, 최완규(1995)	김정일체제의 내구력은 억압이 아닌 변화요인	지도자	제한된 개혁
	박순성(1996)	경제난, 북한체제 형성과정과 성격, 유일체제	제도, 자연체제 이완	공산체제 붕괴 요소를 모두 갖춤
	서진영(1997)	경제실패(사회불만)	지도자	현상유지적 체제변화
	Kongdan Oh, Ralph Hassig(1999)	외국원조, 핵 군사우선 (선군정치의 한계)	지도자	가까스로 유지
	이성봉(2000)	경제개혁과 개방으로 인한 변화 가능성	제도와 대중	정치, 사회의 전반적 성격 변화
	신지호(2002)	WMD 해결, 경제개혁개방	외부세력	체제변화 3단계론
	박선원(2002)	체제 안정 위해 위로부터의 지속적 제도 개혁	지도자가 변경한 제도	체제전환 추동
	장성호(2003)	주체사상의 한계	지도자	낮음
	Robert S. Litwak(2003)	미국과의 안보관계	외부세력, 지도자	급진적 체제변화
	Marcus Noland(2006)	경제난, 신화상징해석의 통제권 상실, 공권력 집행기관의 충성심	엘리트집단	붕괴(국제포용이 있으면 정권유지)
	Andrei Lankov(2008)	내부적 요소보다 외부인 주변국의 영향력	지도자	체제변화 안함
	이수석(2012)	경제난, 정권의 안정성	지도자	지도체제 변화. 체제변화 가능성 높음
	김근식(2013)	유일체제, 권력엘리트, 리더십, 이데올로기의 변화와 안정	지도자, 엘리트	김정은 권력안정화 단계

---

1) 〈표 2-1〉의 기존 문헌 선택은 '북한체제/체제변화'를 키워드로 찾고 주요 북한 연구자들의 연구를 정리했다. 변화요소, 변화주도세력, 변화여부에 대해 판단한 것은 필자가 정리한 것이며 일부 저자의 주장과 완전히 부합하지 않는 표현들이 있을 수 있다.

사회주의 비교	고유환(1996)	일반 사회주의 위기 중 이데올로기, 정치, 경제, 사회일탈 위기	지도자의 생존모색 정책	외부의 적과 사회통제로 체제붕괴 단기적으로 안 됨
	권만학(2001)	시장경제이행에서 국가와 제도의 힘	개혁파	지도층의 개혁 가능성 낮으나 내폭적 붕괴가능
	윤황(2002)	일인지배의 구조적 특성, 공산체제 생존기간 비교 연구	지도자	정치는 쿠바형, 경제는 중국형의 혼합형-가능성 낮음
	정웅(2005)	관료, 군부, 주체사상	지도자	대외개방, 시장화 점진적 개혁
	조명철, 홍익표(2009)	경제 개혁과 개방을 통해	외부세력	체제변화
	이종철(2010)	지배권력의 위기, 경제위기, 위기가 시민저항세력의 단초	시민	급변사태 위기적 조건 큼
	김종수(2010)	사회주의권 붕괴, 경제난	청년동맹	낮음
	이무철(2011)	지배엘리트의 분파적 동학과 역사적 유제	지배엘리트	체제전환 가능성 낮음
	송정호(2012)	경제환경	권력엘리트	개혁개방의 환경 조성 중이나 엘리트의 이해관계에 달림
	박정원(2013)	사적 경제활동 확대, 시민사회의 성장과 저항	시민사회	근절된 시민사회로 가능성 낮음
	박동훈(2013)	국민경제 개선, 고립적 환경 타개	지도자	기득권 세력의 저항, 핵문제로 한계
통일 및 정책적 논의	이종석(2000)	군부동향, 식량사정, 대남정보 차단, 김정일 건강	군부나 주민	단기: 체제붕괴 임박 단계 아님 장기: 불투명(붕괴 혹은 시장경제체제로)
	최장집 (김우창, 2006)	남한의 통일공존정책	주변국가 (남한), 북한 내부 스스로	체제변화나 통일이 아닌 평화공존이 목적. 그러나 장기적으로 스스로 변화
	박세일(2008)	남한의 적극적 개입정책	주변국의 영향에 따른 지도자정책	소프트랜딩이 이상적. 그러나 하드랜딩의 경우 친한적 개혁개방 정권
	유호열 (통일연구원, 2010)	협력외교(남북은 주요 국가들의 협력과 지지를 유도)를 통한 북한 내부 엘리트와 주민의 변화	남한과 주변국가 (동아시아 공동체)	협력외교와 북한 내부의 변화로 안정적인 체제전환 가능

기존 연구에서는 체제변화라는 개념 외에도 체제전환, 체제붕괴, 민주화, 개혁개방 등 '정치변동(political change)'과 관련된 용어들을 혼용하고 있다. 특히 북한 체제변화와 관련해 급변사태라는 용어가 사용되고 있음은 주지의 사실이다.2) 이 글에서는 기존 정치체제에서 새로운 정치체제 ― 정치발전의 시각에서 민주화와 민주주의로 귀결되는 ― 로의 변화를 '체제변화'라고 정의한다. 이는 아래로부터의 변화와 위로부터의 변화를 모두 포함한다.

기존의 북한 체제변화 연구에서는 '체제변화' 용어를 다음의 세 가지 요소를 혼합해 사용했다. 첫째, 최고 권력자인 지도자의 변화, 즉 공식승계구도에 의해 권력을 이양받은 김정은 이외의 다른 인물이나 집단으로 지도자가 교체되는 것이다. 그러나 지도자의 교체에도 권위주의 체제가 지속될 가능성은 남아 있다. 두 번째는 경제체제의 변화로 베트남이나 중국식 개혁개방정책을 시행해 점진적 혹은 급진적으로 경제체제에 변화를 가져오는 것이다. 그러나 경제체제의 변화가 정치체제의 변화로 확대될 가능성에는 의문이 남는다. 세 번째는 국가체제로서 정치제도의 변화다. 정치제도의 변화는 정치뿐 아니라 사회 및 경제 제도와 인식에서 장기적이고 총체적인 변화를 수반하지만 기존 지배엘리트의 완전한 인적 변화를 수반한다고는 볼 수 없다.

이 글에서 체제변화는 정치체제의 변화를 말하며, 체제변화의 결과보다는 과정, 지도자와 제도 간 상호작용에 초점을 두었다. 체제변화에서 정치체제 변화는 정치시스템의 변화를 의미한다. 이는 권력지형이 바뀌어 김일성 일가가 더 이상 집중된 권력을 행사하지 못하며 또 다른 권위주의가 아닌 이완

---

2) 서진영, 「북한의 급변사태의 유형과 대응방안: 북한의 체제위기와 체제변화과정에 대한 4가지 시나리오」, ≪평화연구논집≫, 제6권(1997), 151~169쪽; 김근식, 「북한 급변사태와 남북연합: 통일과정적 접근」, ≪북한연구학회보≫, 제13권 제2호(2009), 58~73쪽; 이종철, 「사회주의 체제전환과 북한 급변사태: 이론, 변수, 사례의 도출 및 대비를 중심으로」, ≪중소연구≫, 제34권 제2호(2010), 180~211쪽.

된 정치체제의 등장을 의미한다. 이 과정에서 의사결정의 일원주의 역시 이 완될 것이며 개혁개방이나 경제, 사회, 이데올로기적 변화를 수반할 수 있는 제도적 기반이 만들어질 것이다.

3. 남미, 동유럽, 아랍권의 체제변화 고찰

1) 남미와 동유럽의 체제변화

라틴아메리카, 동유럽 국가들의 체제변화와 함께 비교적 최근에 일어난 아랍 국가들의 체제변화 사례들을 토대로 일반적인 체제변화의 변수들을 살펴보고자 한다. 다만 체제변화가 민주주의 체제로의 이행을 의미하는 초기단계임에는 틀림없으나 체제변화 자체가 민주주의와 동일시된다고 볼 수는 없다.[3] 그래서 이 글에서는 완전히 민주주의로 이행하는 전환의 요소가 아닌, 체제변화를 촉발하는 변수들을 중심으로 도출해보기로 한다.

라틴아메리카와 동유럽 국가들의 체제는 일당체제, 개인독재, 관료적 권위주의, 군부집권 등 형식은 달랐지만 권위주의 체제로 통칭할 수 있다. 권위주의 체제에서 권력독점과 제한된 정책결정과정, 시민 통제와 감시의 공권력은 공식제도를 통해 정당화되었다. 그러나 권위주의는 흡수능력을 초월하는 변화의 요구와 필요성이 대두되었을 때, 경제 및 안보위기에의 대응실패와 부정부패, 저항억제를 위한 인권탄압 등 체제의 한계를 드러냈다. 이에

---

3) S. P. Huntington, *The Third Wave: Democratization in the Late Twentieth Century* (Norman: University of Oklahoma Press, 1993); J. A. Goldstone, "Toward a Fourth Generation of Revolutionary Theory," *Annual Review of Political Science*, Vol. 4(2001), pp. 139~187.

정부는 비공식제도를 출현시켜 위기를 넘기기도 했지만 그렇게 형성된 비공식제도는 새로운 공식제도를 도입케 하는 산파역할을 한 것으로 나타났다.[4] 예를 들면, 폴란드와 헝가리는 경제위기로 마르크스-레닌주의라는 공식제도의 정통성이 약화되면서 반체제운동이 일어났다. 이에 동유럽 지배정권들은 표면상의 민주적 제도를 도입했지만 이러한 공식제도의 변화는 민주주의 요구로 이어져 체제변화로 귀결되었다.[5]

국제환경 역시 라틴아메리카와 동유럽 국가들의 체제변화에 큰 영향을 주었다. 동유럽 국가들의 붕괴를 촉진한 민주화 요구는 소련의 개혁·개방정책에서 영향을 받았지만 소련의 불개입정책이 동유럽의 체제변화 도미노를 일으킨 핵심요소였다.[6] 소련의 불개입정책 이전에 발생했던 동유럽 국가들의 체제변화 및 저항운동은 실패를 거듭했다. 그러나 소련의 불개입정책으로 지원이 끊긴 동유럽 국가들은 저항운동을 제지할 능력을 잃었고 체제변화를 맞았다.[7] 1980년대 라틴아메리카 국가들의 체제변화에서도 이 같은 맥락이 관찰된다. 국제금융기구들이 라틴아메리카 국가들에게 수출 위주의 공업화 정책을 주 내용으로 하는 자유주의 정책을 강요하면서 노동자와 농민, 중소자본은 몰락했고 동시에 외채에 대한 지나친 의존으로 경제위기가 심화되면서 체제변화의 요구도 확대되었다.[8]

4) H. E. Hale, "Formal Constitutions in Informal Politics: Institutions and Democratization in Post-Soviet Eurasia," *World Politics*, Vol. 63, Iss. 4(2011), pp. 581~583.

5) 김용덕, 「중동부 유럽의 체제 전환 연구: 새뮤얼 헌팅턴의 이론으로 폴란드, 체코, 헝가리를 중심으로」, ≪동유럽연구≫, 제18권(2007), 235~236쪽.

6) H. Starr and C. Lindborg, "Democratic Dominoes Revisited: The Hazards of Governmental Transitions 1974~1996," *Journal of Conflict Resolution*, Vol. 47, No. 4 (2003), pp. 490~519.

7) L. Diamond, J. J. Linz and S. M. Lipset(eds.), *Politics in Developing Countries: Comparing Experiences with Democracy*(Boulder and London: Lynne Rinner, 1990).

제도와 국제환경에 이어 행위자들 간의 상호작용도 체제변화의 중요변수다. 체제의 능력범위 안에서 변화요구를 흡수하려는 최고 지도자와 체제변화를 요구하는 시민, 이를 매개하는 엘리트 계층과 다양한 저항세력 등, 위로부터 혹은 아래로부터의 변화를 유도할 행위자들 간 상호작용을 체제변화의 결정적 변수로 볼 수 있다.[9] 소련의 해체를 촉발한 미하일 세르게예비치 고르바초프(Михаи́л Серге́евич Горбачёв)의 발상[10]은 지도자에 의한 체제변화라는 측면에서 상당히 예외적인 경우다. 그러나 보통의 체제변화는 지도자의 체제유지 의지와 시민들의 체제변화 요구에 직면한 엘리트 혹은 지배세력 내부의 알력과 경쟁, 타협과 양보라는 차원에서 살펴볼 수 있다. 라틴아메리카의 사례들은 체제변화 요구에 흡수능력을 상실한 제도를 과감히 포기하고 새로운 질서를 창출하는 과정에서 엘리트가 최고 지도자와 시민 사이에서 중요한 역할을 수행했다. 브라질과 우루과이는 시민의 요구를 수용한

---

8) L. Whitehead, "International Aspects of Democratization," in G. O'Donnell, P. C. Schmitter, and L. Whitehead(eds.), *Transitions from Authoritarian Rule: Comparative Perspectives*(Baltimore and London: The Johns Hopkins University Press, 1991), pp. 3~46.

9) R. B. Collier and J. Mahoney, "Adding Collective Actors to Collective Outcomes: Labor and Recent Democratization in South America and Southern Europe," *Comparative Politics*, Vol. 29, No. 3(1997), pp. 285~301; T. Skocpol, *States and Social Revolutions: A Comparative Analysis of France, Russia, and China*(New York: Cambridge University Press, 1979); R. H. Dix, "The Varieties of Revolution," *Comparative Politics*, Vol. 15, No. 3(1983), pp. 281~294.

10) 고르바초프가 추진한 페레스트로이카는 국내의 민주화·자유화, 외교 면은 긴장 완화와 신사고 외교를 의미한다. 수동적인 국민을 활성화하고 보수 관료와 사회의 정체·부패를 비판하기 위한 정보공개를 시작으로 한 글라스노스트는 소련 민주화의 기초가 되었다. 이창주, 『소련연방의 개혁과 몰락』(한솔미디어, 1994); 권만학, 「탈국가사회주의의 여러 길과 북한: 붕괴와 개혁」, 《한국정치학회보》, 제35권 제4호(2001), 247~264쪽.

군, 정당지도자, 집권세력과의 협상과정에서 나타난 엘리트의 묵인이 체제 변화에 핵심 변수였다.[11] 동유럽에서 엘리트는 개혁과정과 권력의 배분, 정책변화 등을 이행하고 새로운 제도를 만들어내는 협상과정에서 구심적 역할을 발휘했다. 폴란드는 엘리트가 묵인한 개혁에 의한 협상, 헝가리는 협상과 경쟁, 불가리아와 체코는 구 엘리트의 통제로부터 권력을 배분하는 협상, 루마니아는 지시에 의한 협상이 이루어졌다.[12] 분열과 단결, 기존 세력에 협력 혹은 저항세력과의 협력 등 엘리트들의 선택에 따라 체제변화의 여부가 결정되는 현상들이 나타났다.

〈표 2-2〉 라틴아메리카와 동유럽 민주화 국가들의 체제변화 비교

지역	국가	기존체제	중요 요소	변화주도세력	변화방식	민주화 이후	민주주의 경험
라틴아메리카	브라질	온건 군부	1000%인플레 경제위기, 군사정권의 자유화전략으로 정치 공간 확대	농민, 노동자의 대중저항 운동	군부-야당의 정치엘리트 주도 집권층	좌파진영의 집권	○
	베네수엘라	군부-지배계급 간 협정 제도적 민주주의	석유생산국-유가변동, 부정부패	-	지배계급 간 협정을 통해 스스로	차베스의 사회주의화	○
	칠레	피노체트 개인독재, 인권탄압	인권탄압 저항, 군 내부의 분열	16개 야당세력의 규합, 대규모 반정부시위	피노체트의 찬반국민투표 패배/집권층 스스로 개혁	1989년 연립정권 집권	○

---

11) G. L. Munck and C. S. Leff, "Mode of Transition and Democratization: South America and Eastern Europe in Comparative Perspective," *Comparative Politics,* Vol. 29, No. 3(1997), pp. 343~362.

12) H. A. Welsh, "Political Transition Processes in Central and Eastern Europe," *Comparative Politics,* Vol. 26, No. 4(1994), pp. 383~391.

아르헨티나	군사독재 인권탄압	경제위기와 외채 증가, 포클랜드 전쟁 패배	5개 정당 연합 대규모 데모	충돌로 급진적 변화	1982년 포클랜드 전쟁 패전 후 1983년 민정 이양	○
우루과이	군부지배 (억압)	군부의 적은 특권, 분열	시민저항 상대적으로 약했음	집권층과 시민세력 타협	1982년 마리아 상기네티 대통령, 민정	○
멕시코	제도혁명당 일당체제	코포라티즘 약화, 경제적 위기로 불만증가, 내부분열	정당	집권층 스스로 개혁-선거제도 개혁(87)	2000년 정권교체	○
동유럽 · 폴란드	공산당 일당지배	경제악화로 전국적 시위 발생	자유노조의 장기간 저항, 가톨릭교회	원탁회의 정권과 시민세력 간 타협	동유럽 민주화의 기폭제 됨	○
체코 슬로바키아	공산당 일당지배	폴란드 민주화영향, 시민저항 세력급속 확산	지식인, 시민운동, 교회	정권과 시민세력 간 타협 '벨벳혁명'	1993년 체코/슬로바키아 분리	○
헝가리	공산당 일당지배	계획경제 한계	소기업가, 집권공산 엘리트주도	공산당 개혁선택, 원탁회의. 집권층 스스로 개혁	1989년 신헌법, 다당제 민주주의, 시장경제	○
불가리아	공산당 일당지배	주변국의 민주화로 위기감, 지브코프 장기집권	공산당	개혁안 발표, 집권층 스스로개혁	1991년 민주적 헌법, 의회민주주의	×
동독	공산당 일당지배	주민 대량탈출, 대규모 반정부시위+서독의 지원	저항조직, 시민운동 그룹 설립	충돌로 급진적 교체	서독과 통일	-
루마니아	차우세스쿠 개인독재	억압적, 유혈진압으로 총파업, 시위 확산, 국방군의 시위대 가담	전 국민적 저항	충돌로 급진적 교체-기존 세력 지속	민주화 지연, 공산권 무너지고 7년 후 민주정권	×

알바 니아	호자, 알리아 개인독재	주변국의 변화에도 개혁거부, 경제난으로 체제 이탈, 군부 내 대립	대학생, 노동자	시위 충돌로 급진적 교체	다당제 도입 이후에도 공산정권, 이후 민주정권에 서도 불안정	×
소련	공산당 일당체제	국제환경의 변화, 경제상황의 악화, 스탈린주의 병폐	지도자	집권층 스스로 개혁	동유럽 민주화 확산의 주원인	혁명 경험

자료: S. P. Huntington, *The Third Wave: Democratization in the Late Twentieth Century* (Norman: University of Oklahoma Press, 1993); J. J. Linz and A. Stepan, *Problem of Democratic Transition and Consolidation: Southern Europe, South America, and Post Communist Europe*(Maryland: The Johns Hopkins University Press, 1996); G. L. Munck and C. S. Leff, "Mode of Transition and Democratization: South America and Eastern Europe in Comparative Perspective," *Comparative Politics*, Vol. 29, No. 3(1997), pp. 343~362; H. A. Welsh, "Political Transition Processes in Central and Eastern Europe," *Comparative Politics*, Vol. 26, No. 4(1994), pp. 379~394; 국가정보원, 『동유럽 제국의 체제전환 유형과 특성』(국가정보원, 2008) 등의 내용을 저자가 재구성함.

2) 아랍권 국가들의 체제변화

체제변화 중인 아랍권 국가들의 사례들에서도 라틴아메리카나 동유럽 사례들과의 공통점을 찾을 수 있다. 첫째, 장기집권과 부정부패의 응어리 속에 경제악화와 국민에 대한 탄압에 의해 촉발된 아래로부터의 체제변화였다. 튀니지의 경우 고학력 청년들의 실업률이 25~30%에 육박했고, 이집트는 서민경제의 붕괴와 자유와 인권을 억압하는 무바라크의 장기집권에 대한 시민들의 저항이었다. 둘째, 군부엘리트가 결정적 역할을 수행했다. 튀니지와 이집트의 사례에서는 군부가 중립을 지키며 시민에 대한 무력행사를 자제하자 최고 지도자는 통치의 구심점을 상실했다.[13] 반면 시리아와 리비아는 군부엘리트의 분열이 상대적으로 적어 시민군 대 정부군의 내전으로 이어졌다.

내전과 폭력사태가 심화되자 국제사회도 움직였다. 각종 제재의 효과로 리비아의 카다피 정권은 축출되었다. 그러나 다른 아랍 국가들, 특히 시리아 문제에서 드러난 국제사회의 한계로 내전은 지속되고 있다.

한편 아랍권 국가들의 체제변화에서만 나타나는 특징도 발견되었다. 이슬람 문화와 가부장적인 부족 문화는 그동안 권위주의 독재와 장기집권을 가능케 해왔다. 부족, 민족적 분리주의는 통제와 억압의 명분으로 기능했다.[14] 즉, 아랍권의 체제변화는 민주화 경험이 부재한 이슬람 문화권에서도 저항이 일어날 수 있음을 보여주었다. 시장경제체제의 부분적 도입과 서방의 정치문화 유입, 고등교육 인구의 증가 등으로 인식이 변화한 시민들의 도전이었다. 더욱이 'SNS혁명'[15]으로 평가되기도 하는 이번 혁명은 정보통신기술의 발전으로 국가가 더 이상 정보의 생산과 이동을 통제할 수 없음과 동시에 개별 시민들의 자발적 동원능력을 보여주었다. 현재 아랍 국가들의 체제변화는 소용돌이 속에 있지만 제도와 시민, 엘리트(군부), 지도자 등 행위자 그리고 주변 환경이라는 변수들을 재확인할 수 있었다.

---

13) K. Dalacoura, "Middle East: political change and geopolitical implications," *International Affairs*, Vol. 88, No. 1(2012), pp. 63~79; F. Volpi, "Explaining (and re-explaining) political change in the Middle East during the Arab Spring: trajectories of democratization and of authoritarianism in the Maghreb," *Democratization*, Vol. 20, Iss. 6 (2012), pp. 1~16.

14) Y. Feng and P. J. Zak, "The Determinants of Democratic Transitions," *The Journal of Conflict Resolution*, Vol. 43, No. 2(1999), pp. 162~177; 인남식, 「2011 아랍 정치변동의 성격과 함의」, ≪국제정치논총≫, 제51집 제4호(2011), 238~232쪽; 정상률, 「중동 이슬람국가들의 정치문화와 민주화 논쟁」, ≪국제지역정보≫, 제8권 제6호(2004), 28~29쪽.

15) F. Volpi, *Democratization*, pp. 11~16.

3) 분석틀의 구성

사례들을 고찰하며 공식제도와 비공식제도, 체제변화의 행위자인 지도자, 엘리트, 시민 그리고 주변국가의 역할과 상호작용이 체제변화 여부를 결정한다는 사실을 확인했다. 공식제도가 경제위기나 시민에 대한 지나친 탄압으로 한계를 드러내면 지도자의 통치정당성은 타격을 입고, 체제는 구심점을 잃는다. 이 과정에서 엘리트의 지지 향방이 체제변화의 중요 요소로 작용한다. 대부분의 체제변화는 대규모 시민연대의 저항으로 촉발되었는데, 지도자가 공권력을 강력히 행사하고 이를 엘리트와 군이 지지할 경우 변화는 억제된다. 반대로 엘리트 내 분열과 경쟁은 지도자의 물리력을 약화시키기도 하며 엘리트의 지지 향방에 따라 체제변화가 결정되기도 한다. 물론 소련과 같이 지도자가 스스로 변화를 선택할 여지도 있다. 국제환경은 체제변화의 주원인인 경제난과 안보위기에 영향을 주기도 하지만 지지나 원조, 압박 등을 통해 저항세력의 활동에 큰 영향을 준다. 시민 저항세력에 대한 주변국가와 국제사회의 지원과 지지는 체제변화의 속도와 성공에 영향을 준다고 평가할 수 있다.

4. 북한 체제변화 연구의 대안 모색과 적용

1990년대의 동유럽 붕괴나 2010년 이후 아랍권의 체제변화와 달리 북한은 경제난과 인권탄압이라는 요소를 안고 있으면서도 여전히 체제변화의 무풍지대로 남아 있다. 이는 북한의 경제난이나 불평등을 체제변화의 주원인으로 보는 것은 한계가 있음을 의미하는 것이다.[16] 따라서 앞서 논의한 북한에 대한 체제변화 연구들의 한계를 딛고 기존의 사례들을 통해 도출된 분석틀로 북한의 체제변화 가능성을 고찰하기로 한다. 특히 공식제도의 흡수 능력과 함께 소련에서 나타난 지도자 스스로의 체제변화 가능성과 엘리트의 분열 가능성, 인민의 동원능력, 그리고 주변 국가들의 저항세력에 대한 지지와 지원 가능성에 대해 살펴보고자 한다.

1) 제도

북한의 제도변화에서 흥미로운 사실은 정치와 경제 제도가 서로 대비되어 나타난다는 것이다. 정치적으로는 공식제도가 변화를 신축적으로 흡수해 비공식제도가 생성될 여유를 주지 않는다. 반면 경제는 공식제도의 흡수력을 초월하는 변화로 비공식제도가 탄생하고 이 비공식제도가 공식화되는 과정이 관찰된다.

우선 북한의 헌법은 주석제를 도입해 김일성 유일체제를 공식화했던 1972년 사회주의 헌법 이후 체제의 필요성에 의해 신축적으로 변화해 왔다. 동구권의 붕괴와 소련의 해체, 탈냉전 이후 국제질서 재편 등의 상황에서 1992년 헌법 개정을 통해 국방위원회를 국가주석 다음의 권력기관으로 부상시켰고 마르크스주의와 레닌주의 대신 주체사상을 공식이념으로 명문화했다. 1998년 헌법 수정으로 주석제를 폐지하고 영원한 주석으로서의 김일성 유훈통치체제를 확립해 김정일 체제를 공고화했다. 2009년 개정에서는 공산주의라는 용어를 모두 삭제하고 새로운 이념체계로 선군을 주체사상과 함께 명시했으며[17] 최고 영도자로서 국방위원장 김정일을 공식화했다. 2010년 제3차 당대

---

16) C. Houle, "Inequality and democracy: Why Inequality Harms Consolidation but Does Not Affect Democratization," *World Politics*, Vol. 61, No. 4(2009), pp. 589~622.

17) 이기동, 「제3차 노동당 대표자회 이후 북한 권력 구조 확립의 쟁점 및 과제」, ≪한국

표자회에서는 노동당을 김일성의 사당으로 규정해 당의 영도적 역할에서 다른 세력의 개입이나 지도력 발휘를 차단했다.[18] 사회주의 헌법과 노동당규약의 개정이라는 공식제도의 신축적 변경을 통해 후계권력을 강화했다고 해석가능하다. 김정은 정권의 권력공고화를 위해서도 공식제도의 개편이 이루어졌다. 제4차 당대표자회에서 노동당규약의 개정을 통해 김정은은 제1비서에 올라 당의 3권인 정치국, 비서국, 중앙군사위를 모두 장악했다.[19] 또한 국방위원회 제1위원장직을 통해 국가사업 전반에 대한 수령의 유일적 영도를 보장하고[20] '김정은 원수' 최고 권력의 공식적 제도화를 완성했다.[21] 이렇듯 북한의 정치적 공식제도는 체제안정의 필요성에 따라 신축적으로 반응해 비공식제도가 생성될 공간을 형성하지 않았다. 즉 정치제도 측면에서 볼 때, 북한의 체제변화 가능성이 그다지 높지 않음을 의미한다.

그러나 북한의 경제제도는 정치제도와는 다른 양상을 보인다. 북한의 경제는 사회주의 계획경제체제를 바탕으로 성장해왔지만 1990년대 소련과 중국의 대북지원 감소와 함께 가뭄과 홍수를 경험하며 국내생산도 크게 줄었다. 국가의 배분제도가 마비되자 비공식제도인 장마당(암시장)과 같은 비공식경제제도가 성행하게 되었다. 이후 북한 경제의 침체 속에서 시장경제인 장마당 등 비공식제도가 발전해 사적 경제부문을 잠식해갔다. 비공식경제의 확대로 사회주의 계획경제체제의 근간이 흔들리자 북한은 2002년 7·1경제관리개선조치와 2009년 화폐개혁을 단행해 경제의 공적기능을 회복시키고 체

과 국제정치≫, 제26권 제4호(2010), 216~219쪽.
18) 이기동, 「북한의 노동당 규약 개정과 권력 구조」, ≪국방연구≫, 제54권 제1호(2011), 80~81쪽.
19) ≪로동신문≫, 2012년 4월 12일 자.
20) ≪로동신문≫, 2012년 4월 14일 자.
21) ≪로동신문≫, 2012년 4워 24일 자. 태양절 경축 열병식을 통해 "조선에서 김정은시대가 닻을 올렸다"라고 공표했다.

제의 통제를 벗어난 사적 경제를 흡수하려 했지만 실패했다.[22] 지속되는 경제위기를 해소하고 비공식제도를 공식부문으로 끌어오기 위한 시도는 현재도 계속되고 있다.[23] 북한의 경제체제가 변화요구의 흡수력을 초월한 상황에 직면하자 자생적인 경제환경이 만들어진 것은 사회주의 국가들에서 나타난 체제변화의 단초와 비슷하다.[24] 그러나 북한의 특이한 점은 만연한 비공식경제제도를 공식제도가 흡수하지 못하고 있음에도 비공식경제제도가 사적 부분에서 작동하고 있다는 점이다. 건재한 정치적 공식제도와 실패를 거듭하는 경제적 공식제도에서 분출된 비공식제도의 불안정한 동거를 통해 북한체제 변화의 가능성을 찾아볼 수 있는 대목이다.

2) 지도자

북한이 세습이라는 기형적 방법으로 정권을 유지하고 있는 한, 지도자 변수가 체제변화의 요소가 될 가능성은 상당히 낮다. 김정은 체제는 2011년 김정일 사망으로 김정은이 국가장의위원장을 맡음과 동시에 공식출범했다고 볼 수 있다. 곧이어 2012년 신년공동사설에서 김정은 체제를 공식화하는 동시에 유훈통치를 선포했다.[25] 이 사설은 '최고령도자' 김정은을 대를 이어

---

22) 이형석, 「위기 극복을 위한 북한 경제정책의 평가와 의미: 2002년 7·1경제관리개선조치와 2009년 화폐개혁을 중심으로」, ≪신아세아≫, 제17권 제3호(2010), 143~150쪽; 최진욱·김진하, 『탈사회주의 경제이행 국가의 권력 구조 유형과 개혁경로: 포스트-김정일 체제에 대한 시사점』(통일연구원, 2010), 33~38쪽.

23) 북한이 공식적으로 발표한 내용은 아니지만, 2012년 '우리 식의 새로운 경제관리체계를 확립할 데 대하여(6·28방침)'와 2014년 '5·30시장경제확대조치' 등 공식제도의 변화들이 포착된다.

24) J. Kornai, *The Socialist System: The Political Economy of Communism*(Princeton: Princeton University Press, 1992), p. 459.

충직하게 받들 것을 인민들에게 주문했다. 김정은은 김일성과 김정일의 신격화작업을 통해 혈연승계의 정당성을 부여하고[26] 동질성을 강조해 통치의 정당성을 강화하고 있다.[27]

북한은 '김일성-김정일주의'를 통해 김일성의 주체사상과 김정일의 선군사상을 아우르며 김정은 정권의 정통성과 정당성을 선전하고 있다.[28] 이는 당과 군의 균형을 통한 권력의 안정성을 위한 것이기도 하다. '김정일 애국주의'와 '선군'을 군사뿐만 아니라 다양한 영역에 적용하는 것도 같은 선상에 있다고 볼 수 있다.[29] 2012년 첫 행보가 혁명적 의미를 지닌 류경수 105 탱크부대 방문이었고, 활동의 반 정도를 군사시설 시찰과 활동에 할애했다는 점에서 군사안보에 대한 중요성의 인식은 줄지 않았다고 본다.[30] 2013년 3차 핵실험과 미사일 발사 등 선군정치를 통해 김정은은 내부적으로는 자신의 권력을 과시하고 안보적 위협 인식을 강화해 체제를 결속하고 있다. 김정은

---

25) ≪로동신문≫, 2012년 1월 1일 자.

26) "위대한 혈연적 유대의 력사는 영원히 흐를 것이다", ≪로동신문≫, 2012년 2월 4일 자. 내용에서는 백두혈통을 강조해 김일성 일가 유일체제를 공고화하며 권력불가침을 확고히 했다.

27) "김정일 동지식으로 창조하며 비약하자", ≪로동신문≫, 2012년 2월 1일 자 기사에서 "모든 것을 위대한 김정일 동지식으로, 위대한 김정일 동지의 사상과 위업 유훈을 끝까지 틀어쥐고 나가시려는 김정은 동지의 의지는 확고부동하다"라고 표현했다.

28) ≪로동신문≫, 2012년 4월 12일 자. 제4차 당대표자회에서 '김일성-김정일주의를 유일한 지도사상, 온 사회의 김일성-김정일주의화'를 당의 최고 강령이라고 수정했다; ≪로동신문≫, 2013년 3월 26일 자. 김일성-김정일주의는 김일성주의의 계승발전이며 주체사상, 선군과 다른 것이 아님을 강조했다.

29) "김정일애국주의를 구현하여 부강조국 건설을 다그치자", ≪로동신문≫, 2012년 8월 13일 자. 김정은 로작; ≪로동신문≫, 2012년 5월 12일 자. 김정일 애국주의 노동신문 사설. 후대관과 건축물 완성에도 김정일 애국주의를 사용했다.

30) 2013년 1월 1일에는 모란봉악단 신년경축공연 참석, 2014년 1월 1일은 금수산태양궁전 방문해 이전과 다른 행보를 보였다.

이 변화의 필요성을 인식한다 해도 김일성-김정일의 유훈통치의 그늘에서 벗어나지 못하고 있기에 체제변화보다는 현상유지의 관성을 이어갈 가능성이 높을 것으로 예상된다.

3) 엘리트

엘리트 계층의 세습인정, 정권지지 혹은 저항세력에의 협력여부를 통해 체제변화 여부를 판가름할 수 있다. 아랍권 체제변화에서 권력의 혜택을 받던 엘리트들이 지도자에 대한 지지를 철회 혹은 유보한 경험은 북한 엘리트들도 체제변화의 역동적 행위자로 변화할 가능성을 시사하는 것이기도 하다.[31] 현재 북한은 유전적 승계의 안착으로 엘리트 계층이 체제변화보다는 체제유지를 선택할 것으로 판단할 수 있는 조건들이 형성되어 있다. 북한은 통치자의 권위가 당에 앞서고 당이 지도자를 선택한 사례가 없다.[32] 최고 통치권이 부자(父子)로 승계되었고 기존 통치자의 생전에 이미 새로운 권력이 준비되었으며 민주적 결정과정 또한 부재하다.[33]

그러나 엘리트의 지지를 상수화하기에는 무리가 있다. 북한은 세습을 거

---

31) 통치자는 엘리트와 관료에게 보상을 제공해 지지를 확보하지만 경제악화 등으로 인해 적절한 보상을 하지 않으면 그들의 충성심은 약화된다. S. N. Eisenstadt, *Revolution and the Transformation of Societies: A Comparative Study of Civilizations*(New York: Free Press, 1978).

32) J. Brownlee, "Hereditary Succession in Modern Autocracies," *World Politics*, Vol. 59, No. 4(2007), pp. 595~628. 북한의 후계지정은 기존 통치자가 지정하고 당이 동의하는 형식으로 나타난다.

33) 같은 글; "장군님의 영원한 동지가 되자", ≪로동신문≫, 2011년 12월 25일자 기사에서 2010년 9월 28일 열린 조선노동당 대표자회에서 이미 김정은이 유일한 후계자로 추대되었다고 밝혔다.

듭하면서 엘리트에게 경제적·정치적 보상이나 억압 전략을 통해 엘리트의 복종을 확보해 권력의 생존을 유지해왔다.[34] 김정은은 체제안정을 위해 크고 작은 인사개편을 통해 군과 당으로 엘리트를 이원화하며 새로운 지배연합을 만들었다.[35] 이 과정에서 발생한 경쟁 엘리트는 지도자와 이해관계를 분리시키는 결과를 낳기도 했지만 장성택 처형을 통해 김정은은 권력의 불가침성을 확인시키며 정권을 안정화했다.[36] 북한에서 저항 엘리트와 경쟁세력은 지도자의 억압을 통해 제거될 것이고, 기존 엘리트는 현상유지에서 얻는 보상 때문에 복종을 선택할 가능성이 크다. 따라서 북한의 엘리트들이 능동적인 행위자로 체제변화를 유도하기보다는 아래로부터의 체제변화 요구상황에서 엘리트가 균열되어 수동적으로 체제변화에 응할 가능성이 좀 더 높다고 판단된다.

---

34) D. Byman and J. Lind, "Pyongyang's Survival Strategy: Tool of Authoritarian Control in North Korea," *International Security*, Vol. 35, No. 1(2010), pp. 44~74.

35) 2012년 2월 대장과 상장 인사와 진급, 2012년 4월 조선로동당 제4차 대표자회와 11월 4일 조선로동당 중앙위원회 정치국확대회의, 2013년 3월 31일 전원회의, 2014년 4월 9일 최고인민회의 제13기 제1차 회의 등에서 인사개편을 통해 지속적으로 엘리트를 재형성하고 있다.

36) 2012년 7월에 보도된 리영호 인민군 참모총장 해임이 엘리트의 분열 혹은 경쟁엘리트에 대한 숙청이라고 알려져 있다; ≪로동신문≫, 2013년 12월 13일 자. 반당 반혁명적 종파행위를 명목으로 장성택을 특별군사재판으로 처형했다. 덧붙여, 최완규는 체제의 속성상 반대파가 형성되거나 지배집단에서 협상을 주도할 세력의 공간도 없었다고 평가했다. 최완규, 「북한 체제의 지탱요인 분석: 쿠바 사례와의 비교론적 접근」, ≪현대북한연구≫, 제9권 제2호(2006), 7~47쪽.

4) 인민

일반적으로 아래로부터 혁명의 직접적 요인은 심각한 경제 악화와 제도의 한계였다. 북한은 경제위기로 암시장의 성장과 비공식 인민경제의 제도화라는 한계에 있다. 이에 김정은은 인민경제의 활성화를 주요 과제로 인식하고 식량과 필수품 공급을 위한 농업과 경공업, 즉 경제의 안정을 통해 체제안정을 꾀하고 있다.[37] 그리고 우리식 사회주의 체제인 북한이 김정은만이 아닌 인민의 북한임을 강조해 권위주의 체제의 부정적 이미지를 지우고 있다.[38] 이러한 정책들의 성공 여부에 따라 체제변화 요구의 잠재력이 표출되는 정도가 결정될 것으로 예상한다.

라틴아메리카는 연대된 노동조합, 동유럽에서는 학생조직과 정치조직, 아랍권에서는 SNS와 인터넷, 모바일을 이용한 동원으로 아래로부터의 대규모 저항이 가능했다. 그러나 북한은 대규모 동원을 형성할 만한 자발적 조직이나 의사소통기제, 정보통신망이 상당히 제한되어 있다.[39] 당조직을 통해 김일성 일가의 물리적·정신적 권력이 인민들에게 깊게 침투해 사회를 통제하고 있다.[40] 때문에 여러 번의 경제적 위기상황에서도 북한 인민들의 통합이

---

37) 2012년 신년 이후, ≪로동신문≫은 중공업 분야보다 경공업과 농업을 비중있게 다루었고 경제 관련 김정은의 행보도 증가했다; ≪로동신문≫ 2013년 2월 1일 발표된 김정은 로작, "경제강국건설을 위한 사회주의 강성국가건설"과 ≪로동신문≫, 2014.2.7. "사회주의 농촌테제의 기치를 높이 들고 농업생산에서 혁신을 일으키자" 등 김정은의 로작과 서한에서도 확인된다.

38) "우리식 사회주의는 인민대중제일주의를 구현한 주체의 사회주다", ≪로동신문≫, 2013년 12월 27일 자.

39) 최완규, 「북한 체제의 지탱요인 분석: 쿠바 사례와의 비교론적 접근」, 7~47쪽.

40) 2013년 1월 28일 조선로동당 제4차 세포비서대회를 열어 당세포 강화해 정치사상강국, 군사강국, 경제강국 건설을 인민에게 요구했다.

유지될 수 있었을 것이다.[41] 조직적 저항운동이 불가능한 현실에서 엘리트나 인민들의 체제불만은 탈북과 같이 개인적 행위로 나타나고 있다. 또한 최근에 일어난 시민저항운동 사례들의 도시 중심적 경향을 통해 보면, 소규모의 분파적·지역적 저항은 당과 군에 의해 바로 제압당할 수 있기 때문에 평양의 역할이 매우 중요하다. 그러나 혜택의 중심에 있는 평양의 인민들에게 자발적인 저항참여와 동원을 기대하기는 어려울 것이다.

5) 국제환경, 주변국

라틴아메리카와 동유럽의 사례들로 본 국제요소는 첫째, A국가의 체제변화를 원하는 라이벌 국가가 국제사회를 통해 A국가에게 안보적 혹은 경제적 압력을 행사하는 방법이다. 그러나 국제요소는 체제변화의 독립변수라기보다 체제변화의 환경을 조성했다고 평가할 수 있다. 둘째, A국가 내에서 체제변화 요구가 거세졌을 때, 정권에 압력을 가하거나 저항세력에 지지와 지원을 제공해 체제변화 성취를 돕는 것이다.[42] 특히 접경국이 저항세력을 보호, 지원하면 체제변화의 가능성이 커진다.[43]

북한에도 두 요소가 영향을 미칠 수 있다. 북한의 핵개발과 미사일 실험, 도발에 대응하는 미국과 국제사회의 제재와 행위들은 북한에게 위협적으로 인식되어왔다. 오히려 북한은 이러한 국제사회의 행위들을 국가안보를 위협하는 요소로 선전해 내부결속을 강화하는 체제안정의 수단으로 사용해왔다.

---

41) 최완규, 「북한 체제의 지탱요인 분석: 쿠바 사례와의 비교론적 접근」, 7~47쪽.

42) I. Salehyan, "Transnational Rebels: Neighboring States as Sanctuary for Rebel Groups," *World Politics*, Vol. 59, No. 2(2007), pp. 217~242.

43) 같은 글.

〈표 2-3〉 중요 요소들의 체제변화 기여도

지역	제도	지도자	엘리트	시민	국제환경	결과
라틴 아메 리카	신자유주의 도입 ○	지도자 강력히 대응 ×	경쟁자로서 야당의 역할 ○	노동조합, 야당, 가톨릭 ○	신자유주의 제도가 환경조성 △	체제변화 과정 지속
동유럽	공산주의 프롤레타리아 혁명 △	소련 지도자 체제변화 선택 ○	일당체제, 지배세력 간 갈등 적음 △	지하조직, 대학생 및 지식인 ○	소련의 정책변화로 방패막 사라짐 △	급격한 체제변화
아랍권	부패와 경제위기 부족문제 ×	지도자 강력히 대응 ×	군부와 야당. 부족장 △	일반 대도시 시민 ○	국제적 비난과 직접적 개입 ○	급격한 체제변화
북한	안정적 정치제도 × 경제변화가 중요	김정은 권력 안정화 ×	지도자가 당, 군 지배. 엘리트 수적 증가와 제한된 혜택 △	국가에 통제되고 파편화된 인민 ×	식량원조와 안보에 영향, 직접 개입은 없으나 유사시 개입 가능성 △	가능성 낮으나 잠재력 존재

또한 남한의 햇볕정책이나 대북 강경정책은 모두 지도자, 위로부터의 체제변화를 유도하는 데 어떠한 성과도 거두지 못하고 있다. 후자의 논의는 북한 체제변화에 있어 중국의 역할이 매우 중요하다는 것을 의미한다. 중국은 지속적으로 북한의 경제 및 대외관계에서 핵심 대상국이며 정권의 조력자이기도 하다. 북한과의 관계유지를 위해 중국은 북한이탈주민들에 대해 강경하게 대처하고 있다. 중국은 북한이탈주민들을 난민이 아닌 경제적 이유의 불법 월경자로 분류하고 있기 때문에 북송을 원칙으로 하고 있다. 중국 내 탈북자들은 중국 공안의 감시에서 자유로울 수 없기 때문에 반체제단체의 조직화나 개별적인 저항 활동도 제한된다. 따라서 체제변화세력에 피난처를 제공하고 지원하는 주변국 중국의 역할을 기대할 수 없으므로 아래로부터의

체제변화는 제한될 것이다.

현재 북한은 공식제도가 여전히 지도자의 통치 정당성을 지지하고 있으며 엘리트와 인민에 대한 통제는 북한의 내생(內生)적 체제변화의 가능성을 낮춘다. 또한 국제환경은 직접적으로 체제변화에 영향력을 발휘하기엔 고려사항이 많다. 그리고 김정은도 권력을 집중하는 행태로 보아 지도자의 결단에 의한 체제변화도 현재는 부정적이다.

5. 맺음말

라틴아메리카, 동유럽 그리고 아랍권의 체제변화 사례들에서 나타난 일반적인 체제변화의 분석요소들을 북한에 적용해보았다. 제도와 행위자들의 상호작용을 분석해 기존 북한 체제변화 연구에서 변수로 사용되지 않았던 제도와 엘리트의 경쟁과 분열, 시민의 연합 가능성도 분석했다. 북한은 공식제도의 신축적 변화를 통해 김일성 일가의 유전적 승계를 정당화하고 김정은의 권력을 강화하고 있다. 권력승계와 권력안정화 과정에서 라이벌이나 부상 가능성 있는 세력에 대한 제거도 함께 이루어져 엘리트의 경쟁과 분열을 기대하기는 어렵다. 그러나 엘리트 계층에 대한 재구성 과정을 여러 번 거치면서 구 엘리트권의 불만요소가 없다고는 볼 수 없을 것이다. 또한 국가의 통제와 사상에 묶인 인민들은 자발적인 조직이나 연대를 구성해 대규모 체제저항운동을 전개할 여건을 갖추지 못했다. 접경국인 중국은 북한체제를 옹호하는 입장으로 인민의 조직화나 저항세력의 가능성을 막고 있다. 미국과 남한은 지원, 압박, 인내 정책을 전개했지만 북한 체제변화에 큰 영향을 주지는 못했다. 그러나 북한 내 체제변화 움직임이 가시화될 경우 주변국의 개입 여부가 중요한 변수로 등장할 수 있다.

이 글은 기존의 북한 체제변화에 대한 연구들에 내재된 한계를 극복하고 좀 더 일반론적 관점에서 북한 체제변화 연구에 대안적 분석틀을 제시하기 위해 작성되었다. 비교 분석으로 고찰한 결과, 단기적으로 북한의 체제변화 가능성은 낮지만 잠재된 변화요소들이 생성될 여지가 있다. 인민에 의한 대규모 저항이 실현될 가능성은 적지만 엘리트와 제도의 상호작용에 주목해야 할 필요성을 제기하고자 한다. 제한된 정보라는 북한 연구가 안고 있는 고질적 한계 속에서도 엘리트 결속의 이완 여부 및 인민들의 경제난과 비공식 네트워크를 파악하는 노력이 필요하다. 또한 최근 북한의 공식제도의 변화, 특히 경제제도의 신축적 변화와 고립에서 벗어나기 위한 외교적 행보가 북한 체제변화에 가져올 영향도 주시해야 한다.

참고문헌

1. 국내 문헌

고유환. 1996. 「북한 사회주의 체제의 구조적 위기와 김정일정권의 진로」. ≪한국정
치학회보≫, 제30권 제2호.

국가정보원. 2008. 『동유럽 제국의 체제전환 유형과 특성』. 국가정보원.

권만학. 2001. 「탈국가사회주의의 여러 길과 북한: 붕괴와 개혁」. ≪한국정치학회보≫,
제35권 제4호.

김근식. 2009. 「북한 급변사태와 남북연합: 통일과정적 접근」. ≪북한연구학회보≫,
제13권 제2호.

_____. 2013. 「김정은시대 북한의 정치: 지속과 변화」. ≪평화학연구≫, 제14권 제3호.

김용덕. 2007. 「중동부유럽의 체제 전환 연구: 새뮤얼 헌팅턴의 이론으로 폴란드, 체
코, 헝가리를 중심으로」. ≪동유럽연구≫, 제18권.

김우창 외. 2006. 『평화를 위한 글쓰기』. 민음사.

김종수. 2010. 「북한 체제 변화와 '청년동맹': 동유럽 사례와 비교」. ≪평화학연구≫,
제11권 제1호.

박동훈. 2013. 「김정은시대 북한 체제개혁의 과제: 포스트 마오시기(1976~1978) 중국
과의 비교를 중심으로」. ≪통일정책연구≫, 제22권 제1호.

박선원. 2002. 「김정일시대 북한의 변화: 진화론적 접근」. ≪한국정치학회보≫, 제36
집 제3호.

박순성. 1996. 「북한 경제와 체제변화」. ≪국제정치논총≫, 제36집 제2호.

박세일. 2008. 『대한민국 국가전략』. 21세기북스.

박정원. 2013. 「동유럽 공산체제붕괴에 비추어 본 북한붕괴론: '시민사회' 개념을 중
심으로」. ≪한국정치외교사논총≫, 제34집 제2호.

서진영. 1997. 「북한의 급변사태의 유형과 대응방안: 북한의 체제위기와 체제변화과정에 대한 4가지 시나리오」. ≪평화연구≫, 제6권.

송정호. 2012. 「북한의 개혁·개방 추진과 권력엘리트 변화: 중국·베트남 사례와의 비교를 중심으로」. ≪북한연구학회보≫, 제16권 제2호.

신지호. 2002. 「북한 체제변화 3단계론: 대북정책에의 시사」. ≪한국정치학회보≫, 제36권 제4호.

심지연·최완규. 1995. 「김정일정권의 내구력과 북한정치체제의 변화전망」. ≪동북아연구≫, 제1권.

윤황. 2002. 「북한체제의 변화 유형과 전망: 5개국 공산체제의 생존기간을 중심으로」. ≪세계지역연구논총≫, 제19권.

이기동. 2011. 「북한의 노동당 규약 개정과 권력 구조」. ≪국방연구≫, 제54권 제1호.

_____. 2010. 「제3차 노동당 대표자회 이후 북한 권력 구조 확립의 쟁점 및 과제」. ≪한국과 국제정치≫, 제26권 제4호.

이무철. 2011. 「사회주의 체제전환과 북한의 발전전략: 비판적 평가」. ≪한국정치외교사논총≫, 제33집 제1호.

이수석. 2012. 「김정은 정권의 권력 구조와 북한체제 전망」. ≪평화학연구≫, 제13권 제4호.

이성봉. 2000. 「북한의 경제개혁·개방과 정치체제의 변화」. ≪평화연구≫, 제9호.

이종석. 2000. 『새로 쓴 현대북한의 이해』. 역사비평사.

이종철. 2010. 「사회주의 체제전환과 북한 급변사태: 이론, 변수, 사례의 도출 및 대비를 중심으로」. ≪중소연구≫, 제34권 제2호.

이창주. 1994. 『소련연방의 개혁과 몰락』. 한솔미디어.

이형석. 2010. 「위기 극복을 위한 북한 경제정책의 평가와 의미: 2002년 7·1경제관리개선조치와 2009년 화폐개혁을 중심으로」. ≪신아세아≫, 제17권 제3호.

인남식. 2011. 「2011 아랍 정치변동의 성격과 함의」. ≪국제정치논총≫, 제51집 제4호.

장성호. 2003. 「북한 체제변화에 있어서 주체사상의 제약요인 분석」. ≪대한정치학회보≫, 제11집 제1호.

정상률. 2004. 「중동 이슬람국가들의 정치문화와 민주화 논쟁」. ≪국제지역정보≫, 제8권 제6호.

정웅. 2005. 「북한의 체제변화 경로에 관한 연구」. ≪통일전략≫, 제5권 제1호.

조명철·홍익표. 2009. 『비핵·개방·3000 구상: 남북경제공동체 형성방안』. 통일연구원.

최완규. 2006. 「북한 체제의 지탱요인 분석: 쿠바 사례와의 비교론적 접근」. ≪현대북한연구≫, 제9권 제2호.

최진욱·김진하. 2010. 『탈사회주의 경제이행 국가의 권력 구조 유형과 개혁경로: 포스트-김정일 체제에 대한 시사점』. 통일연구원.

통일연구원 편집부. 2010. 『분단관리에서 통일대비로』. 통일연구원.

2. 북한 문헌

≪로동신문≫. 2011년 12월 25일 자.

_____. 2012년 1월 1일 자.

_____. 2012년 2월 1일 자.

_____. 2012년 2월 4일 자.

_____. 2012년 4월 12일 자.

_____. 2012년 4월 14일 자.

_____. 2012년 4월 24일 자.

_____. 2012년 5월 12일 자.

_____. 2012년 8월 13일 자.

_____. 2013년 3월 26일 자.

_____. 2013년 12월 13일 자.

_____. 2013년 12월 27일 자.

_____. 2014년 2월 7일 자.

3. 외국 문헌

Brownlee, J. 2007. "Hereditary Succession in Modern Autocracies." *World Politics*, Vol. 59, No. 4.

Byman, D. and J. Lind. 2010. "Pyongyang's Survival Strategy: Tool of Authoritarian Control in North Korea." *International Security*, Vol. 35, No. 1.

Collier, R. B. and J. Mahoney. 1997. "Adding Collective Actors to Collective Outcomes: Labor and Recent Democratization in South America and Southern Europe." *Comparative Politics*, Vol. 29, No. 3.

Dalacoura, K. 2012. "Middle East: political change and geopolitical implications." *International Affairs*, Vol. 88, No. 1.

Diamond, L., J. J. Linz and S. M. Lipset(eds.). 1990. *Politics in Developing Countries: Comparing Experiences with Democracy*. Boulder and London: Lynne Rinner.

Dix, R. H. 1983. "The Varieties of revolution." *Comparative Politics*, Vol. 15, No. 3.

Eisenstadt, S. N. 1978. *Revolution and the Transformation of Societies: A Comparative Study of Civilizations*. New York: Free Press.

Feng, Y. and P. J. Zak. 1999. "The Determinants of Democratic Transitions." *The Journal of Conflict Resolution*, Vol. 43, No. 2.

Goldstone, J. A. 2001. "Toward a Fourth Generation of Revolutionary Theory." *Annual Review of Political Science*, Vol. 4.

Hale, H. E. 2011. "Formal Constitutions in Informal Politics: Institutions and Democratization in Post-Soviet Eurasia." *World Politics*, Vol. 63, Iss. 4.

Houle, C. 2009. "Inequality and democracy: Why Inequality Harms Consolidation but Does Not Affect Democratization." *World Politics*, Vol. 61, No. 4.

Huntington, S. P. 1993. *The Third Wave: Democratization in the Late Twentieth Century*. Norman: University of Oklahoma Press.

Kornai, J. 1992. *The Socialist System: The Political Economy of Communism*. Princeton: Princeton University Press.

Lankov, A. 2008. "Staying Alive: Why North Korea Will Not Change." *Foreign Affairs*, Vol. 87, No. 9.

Linz, J. J. and A. Stepan. 1996. *Ploblem of Democratic Transition and Consolidation: Southern Europe, South America, and Post-Communist Europe*. Maryland: The Johns Hopkins University Press.

Litwak, R. S. 2003. "Non-proliferation and the Dilemmas of Regime Change." *Survival*, Vol. 45, No. 4.

Munck, G. L. and C. S. Leff. 1997. "Modes of Transition and Democratization: South America and Eastern Europe in Comparative Perspective." *Comparative Politics*, Vol. 29, No. 3.

Noland, M. 2006. "Transition from the bottom-up: Institutional Change in North Korea." *Comparative Economic Studies*, Vol. 48, No. 2.

O'Donnell, G., P. C. Schmitter, and L. Whitehead(eds.). 1991. *Transitions from Authoritarian Rule: Comparative Perspectives*. Baltimore and London: The Johns Hopkins University Press.

Oh, K. and R. Hassig. 1999. "North Korea Between Collapse and Reform." *Asian Survey*, Vol. 39, No. 2.

Salehyan, I. 2007. "Transnational Rebels: Neighboring States as Sanctuary for Rebel Groups." *World Politics*, Vol. 59, No. 2.

Skocpol, T. 1979. *States and Social Revolutions: a comparative analysis of France, Russia, and China*. Cambridge: Cambridge University Press.

Starr, H. and C. Lindborg. 2003. "Democratic Dominoes Revisited: The Hazards of Governmental Transitions 1974-1996." *Journal of Conflict Resolu-*

tion, Vol. 47, No. 4.

Volpi, F. 2012. "Explaining(and re-explaining) political change in the Middle East during the Arab Spring: trajectories of democratization and of authoritarianism in the Maghreb." *Democratization*, Vol 20, Iss. 6.

Welsh, H. A. 1994. "Political Transition Processes in Central and Eastern Europe." *Comparative Politics*, Vol. 26, No. 4.

제3장

분단과 통일 _ 사회과학의 상상력 펼치기

정영철 ∣ 서강대학교 공공정책대학원 교수

1. 머리말: 북한과 통일, 시대의 고민

분단은 한국사회 모든 곳에 편재되어 있는 일종의 '구조'다. 그렇지만 분단, 통일, 북한과 관련된 일상의 담론은 무관심의 영역에 더 가깝게 존재한다. 실제 분단, 통일, 북한과 관련된 복잡한 문제는 아예 일상생활에서 잊고 사는 것이 더 마음 편할지도 모른다. 그런데도 우리는 통일문제를 의도적으로라도 끄집어내어 풀어가지 않으면 안 되는 입장에 있다. 한국사회에서 살아가는 이에게 이는 '숙명'과 비슷한 그 무엇이라고 할 수 있다. 그런 점에서 분단과 통일 문제의 역사를 돌아보고, 반성적 고찰의 토대 위에서 새로운 상상력을 발휘해야 할 지점에 서 있다고 할 수 있다. 분단과 통일의 역사를 살펴보면, 과거 소멸해야 할 대상으로서 북한, 그리고 '국토'의 끊어진 혈맥을 잇기 위한 '무찌르자 공산당' 식의 담론질서가 무너지고, 대중적 통일운동을

계기로 '북한에 대한 바로알기'가 시작된 1980년대를 거쳐, 이제는 통일을 어떻게 할 것인가의 문제로 발전해왔다. 그런데 통일을 어떻게 할 것인가를 고민해야 하는 시점에서 여전히 반공·안보의 이데올로기가 사회갈등의 중심축으로 재등장하고 있고, 평화와 화해의 상상력은 고갈되어 정체되어 있다. 이런 상태는 통일이 우리의 삶을 더 좋게 만드는 것이 아니라 짜증나고 생각하기 싫은 것으로 만든다. 지난 5년간 남북관계는 북한에 대한 극단적 적개심을 확산시킨 시기였고, 이성적 사고가 아니라 또 다른 극단의 '감상적 통일론'에 매몰되게 만든 역사였다.

현재 시점에서 '민족', '분단', '통일' 등의 당위적 주장만으로는 통일문제에 대한 접근이 쉽지 않다. 그것은 이미 젊은 세대에게서 나타나고 있는 '통일회의론'이나 '통일 유보론'과 같은 것에서 이미 증명되고 있고, 중요하게는 분단에서 규정되는 삶의 문제보다는 체제에서 규정받는 삶의 질서가 더 강해지고 있기 때문이다. 이로부터 감성적 통일론의 역사적 소명이 다해가고, 이제는 새로운 사회과학의 비판적 상상력에 의해 뒷받침된 통일론 혹은 보편주의적 가치에 입각한 통일론이 요청되고 있다. 이 글은 바로 이러한 새로운 사회과학의 상상력 혹은 비판적 상상력이 이제는 분단과 통일의 영역에서도 절실히 요청됨을 주장하는 것이자, 동시에 지금껏 사회과학 진영에서 상대적으로 무관심하거나 소홀했던 기존 태도에 대한 비판과 과제를 던지는 것을 목적으로 한다.[1]

---

1) 사회과학의 방법론으로 흔히 '사회학적 상상력'이 예시된다. 사회학적 상상력이란 '개인의 행위와 역사, 그리고 사회 구조적 관계의 인과성에 대한 파악과 그에 따른 영향'을 파악하는 모든 것을 포함한다. 북한 및 통일 문제에서 '사회학적 상상력'이란 곧 분단의 역사와 개인과 일상의 관계를 파악하고, 그로부터 발생하는 사회적 현상에 대한 이해를 의미할 것이다. 이는 그동안 북한 및 통일 문제가 지나치게 거시적인 구조와 추상적인 일반성 혹은 자칫 분단환원론에 매몰되는 경향에 대한 비판을 의미한다. 나아

2. 북한 및 통일학의 역사와 현재[2]

1) 시기별 북한 연구의 특징

통일문제에 대한 관심은 곧 북한에 대한 관심과 맞닿아 있다. 따라서 북한학 혹은 통일학은 그 개념적 구분에도 불구하고 현실에서는 거의 구분되지 않고 사용되고 있다.[3] 나아가 통일문제에 대한 연구는 곧 북한문제에 대한 연구와 동일하게 취급되고 있다. 이 글에서도 북한 및 통일 연구를 동일한 범주로 놓고 다루고자 한다.

북한 및 통일 관련 학문이 언제 처음 등장했는지는 정확히 알기 어렵다. 일반적으로 1957년 고려대학교에 아세아문제연구소가 설립되면서 학문적인 연구활동이 시작된 것으로 알려지고 있다. 그러나 그 당시까지만 해도 체계적인 연구가 이루어지지 못했다.[4] 체계적으로 북한 연구가 시작된 것은 1970년대 이후였다. 이 시기는 데탕트 분위기와 남북대화로 인해 남북관계에서의 일정한 변화가 발생했고, 결국 그동안의 북한 불인정 정책이 변화할 수밖에 없는 시기였다. 이 결과 북한을 현실적 파트너로 인정할 수밖에 없는 객관적 정세의 압력을 받았다.[5] 이에 따라 북한 관련 연구소들이 설립되었

가 우리의 일상생활과 사회에서 출발해 분단과 그 모순을 인식하고 사회적 진보를 위한 적극적인 실천의 의미를 드러내는 것을 목적으로 해야 함을 의미한다. 이는 단지 '사회학'의 문제만이 아니라 사회과학 전반을 관통하는 관점이라 할 수 있다.

2) 이 장은 정영철, 「북한학의 현황과 전망」, ≪황해문화≫, 겨울호(2007) 중 제3장을 대폭 수정·보강한 것이다.

3) 이 글에서는 북한학 및 통일학에 대한 학적 엄밀성을 따지지 않는다. 현재에도 북한학 혹은 통일학이 학문의 자격을 갖추고 있는지에 대한 의문이 끊이지 않고 있다.

4) 김남식, 「북한 연구 현황과 문제점」, ≪말≫, 7월호(1988), 16쪽.

5) 이서행, 「북한학의 연구동향과 발전방향」, ≪북한연구학회보≫, 제4권 제2호(2000), 9

는데, 동국대학교 안보연구소, 한국외국어대학교 소련 및 동구문제연구소, 강원대학교 통일문제연구소, 연세대학교 동서문제연구소, 경남대학교 극동문제연구소, 중앙일보 동서문제연구소, 한국일보 통일문제연구소 등 16여 개의 연구소가 개설되었다.6) 이상의 이름에서도 보듯이 이 당시에도 북한, 통일, 안보 등의 단어가 병렬적으로 사용되고 있다. 그러나 사실상 체계적인 자료수집과 북한 연구의 중심으로 자리 잡은 기관은 1969년 설립된 국토통일원이었다.7) 1970년대 이후부터 학술적인 차원에서 시작된 북한 연구는 객관적이고 실증적인 연구라기보다는 이데올로기적 관점을 앞세우는 정부 및 관변 단체 중심의 연구가 주류를 이루었고, 그 주제도 주로 북한의 정치권력이나 남북대립의 관계, 그리고 국제적인 관계를 다루는 내용이 다수를 차지하고 있었다. 당시 북한에 대한 연구는 소비에트, 전체주의, 괴뢰국가 등의 선입견을 앞세운 연구경향에서 자유롭지 못했다.8)

북한 및 통일 연구가 변화의 계기를 맞이한 시기는 1980년대 중반 이후, 대중적인 통일운동과 맞물리면서 북한 연구가 소장학자들에 의해 새롭게 시작되면서였다. 북한 및 통일 연구를 시기별로 구분하면, 제1기는 분단이후부터 1980년대 중반까지로, 초기는 주로 월남이나 귀순 인사들의 정보 분석, 정책해설 수준에 머물다가 국토통일원이 설립되면서 북한 연구의 중심으로

쪽. 또한 이 시기부터 북한에 대한 호칭도 '북한'으로 고착되기 시작했다. 이전 공식 호칭은 '북괴'였다. '북한'이라는 호칭이 일종의 시민권을 획득한 시기가 바로 1970년대였다.

6) 이서행, 「북한학의 연구동향과 발전방향」, 9쪽.

7) 국토통일원의 설립은 북한 연구 및 통일문제에 대한 정부 차원의 북한 연구가 일정하게 본궤도에 올라섰음을 의미한다. 그러나 명칭에서도 드러나듯이 당시 남한의 통일에 대한 관심과 입장은 '국토'통일이었다. 국토통일원은 이후 통일원으로 개칭되고 부총리급으로 격상되었으나, 1998년 통일부로 명칭이 변경되고 부총리급에서 제외되었다.

8) 과거 서독의 동독 연구 경향에 대해서는 크리스토프 클레스만, 「동독 연구의 발전과 현황」, ≪역사문제연구≫, 제13호(2004)를 참조.

자리 잡게 된다. 이 시기의 정확한 연구통계를 내기는 어렵지만, 7000여 편의 연구성과물이 나온 것으로 집계된다. 그러나 안보와 반공이라는 의도가 개입되어 몇몇 선구적인 연구성과물을 제외하고는 대체적으로 학문적 성격을 결여하고 있었다.[9] 제2기는 1980년대 이후부터 1990년대 후반까지로 '북한 바로알기 운동' 및 사회의 민주화 그리고 현대사에 대한 새로운 관심이 증대하면서 새로운 지평을 연 시기로 기록된다. 이 시기는 북한 및 통일 연구가 이데올로기의 영역에서 점차 과학의 영역으로 이동했던 시기라고 할 수 있다. 한국 근현대사에 대한 연구 및 북한과 관련한 역사 그리고 사회 민주화와 '북한 바로알기 운동'의 영향으로 북한의 원전들이 쏟아져 나오면서 신진 연구자들이 북한에 대한 새로운 각도에서 연구성과물을 내놓았다.[10] 결과적으로 통일문제에서도 지금까지의 정부 주도의 반공-통일 담론을 비판하면서 북한이 주장하는 연방제 방안이 학계에서 논의되고, 남북의 통일방안을 역사적으로 비교·분석하는 등의 연구가 이루어졌다. 이 시기는 앞선 관변 연구, 이데올로기 중심적인 연구의 틀을 깨고 김일성의 항일역사, 북한의 권력 구조와 경제, 주체사상 등의 분야까지 연구가 진행되었다. 이 시기 가장 획기적인 것 중의 하나는 그동안 북한 연구의 방법론이 부재한 가운데서

---

9) 정창현, 「북한현대사 연구현황과 과제」, 민족통일연구소 월례발표회 발표자료(2005년 2월 26일). 북한 연구 성과물에 대한 대략적인 통계를 분석하겠지만, 이 당시에 쏟아져 나온 북한 연구 성과물은 몇몇을 제외하면 정부 및 관련 기관의 연구보고서가 주류를 이루고 있었다. 참고로 이 시기의 대표적인 연구자, 즉 북한 연구 1세대는 김창순, 양호민, 김남식, 민병천 등이 있다. 이들은 1세대 연구자로서 자료의 수집과 분석 등에서 훌륭한 연구업적을 남겼다.

10) 1987년 민주화의 성과 이후, 대중적인 통일운동과 북한 바로알기가 진행되면서 그동안 접하지 못했던 북한 원전들이 비합법적인 형태로 간행되었다. 북한의 주체사상 총서와 현대사 관련 저작물들, 그리고 일부 소설 등이 지하에서 출판되어 대학가를 중심으로 유포되었다.

연구방법론이 소개되고 그를 둘러싼 논쟁이 치열하게 전개되었다는 점이다.[11] 그렇지만 이 시기까지는 이들 연구들이 주로 재야 및 통일운동 단체 그리고 일부 학교 밖 연구소들에서 진행되었고, 학문적 공간에서는 여전히 왜소한 상태였다. 다만, 일부 대학에서 북한 및 통일에 대한 과목들이 개설되기 시작한 것은 이러한 사회 분위기의 영향이었다고 할 수 있다. 제3기는 2000년 남북정상회담을 전후한 시기부터 현재까지라고 할 수 있다. 2세대 연구자들이 북한 연구의 방대한 연구성과물을 발표할 뿐 아니라, 일정하게 정부정책에도 참여하는 등 북한에 대한 과학적 연구가 정책적으로 반영되기 시작했다. 또한, 대학 및 대학원 등에서 북한 관련 학과가 개설되고, 다양한 분야에서의 북한 연구가 전개된 시기다. 특히, 북한 현대사 연구에서 방대한 저작들이 출간되어, 있는 그대로의 '북한'을 객관적이고 실증적으로 분석한 연구성과물들이 나오던 시기였다.[12]

2) 북한 및 통일 문제 연구 현황

북한 및 통일 문제와 관련된 연구는 1980년대 후반부터 양적·질적으로 엄청난 발전을 이룩했다. 지금까지의 연구성과물을 통계로 집계하는 것은 불가능하지만 대체적인 연구동향을 살펴보면 다음과 같다. 첫째, 북한 및 통일

---

11) 당시 북한연구방법론 논쟁은 송두율의 내재적 방법론에 대한 소개에서 비롯되었다. 물론, 이전에도 북한연구방법론에 대한 몇 가지 제언들이 있었지만, 학문적 측면에서 연구방법론이 본격적으로 소개되고 논쟁된 것은 그의 문제제기부터였다. 이후, 이종석, 김연철, 강정구, 강정인, 최완규, 구갑우 등의 연구방법론에 대한 소개와 논쟁이 지속되었다.

12) 지난 2006년, 북한연구학회가 펴낸 북한학총서 『북한의 새인식』(전 10권)(경인문화사, 2006)는 2000년대 이후의 북한 연구 수준을 보여주는 대표적인 연구성과물이라고 할 수 있다.

연구의 양적인 발전은 다음과 같다. 국회도서관에 등재되어 있는 북한 및 통일 관련 학위논문은 2005년까지 5000여 편에 이르며, 이 중 2000년 이후부터 2006년까지의 학위논문은 2460여 편에 이른다.[13] 이후 2007년부터의 학위 논문은 석·박사 통합해 1600여 편에 이르며, 이 중 석사논문은 1300여 편, 박사논문은 280여 편에 이른다. 이러한 수치는 2000년 이전 50여 년의 연구성 과보다 10년 동안의 연구성과가 양적으로 훨씬 더 많음을 보여준다.[14] 2000년 이전 북한 및 통일 관련 박사학위 논문이 160여 편 정도임과 비교하면, 북한 및 통일 문제에 관련한 학술 연구에 대한 관심도가 큰 폭으로 증가했음을 말해준다. 참고로 2000년 이후 박사학위 논문 수는 500여 편에 이른다. 위의 수치가 보여주는 것은 북한 연구가 2000년을 전후로 양적으로 엄청난 팽창

---

13) 물론, 이 통계는 정확하지 않다. 국회도서관 데이터베이스에서 '북한'으로 검색한 결과는 '북한'이 아닌 유사주제(예를 들면, 북한강, 북한산 등)의 자료들까지 나타나며, 김일성, 김정일 등 북한 연구와 유관한 여러 검색을 통해 작업을 해야 한다. 그러나 이러한 작업의 결과 얻어진 통계는 전반적인 추세를 확인하는 데 충분한 것으로 평가된다. 북한 및 통일 문제에 관련된 선행 연구의 결과를 살펴보면 다음과 같다. 김귀옥은 1987~1994년까지 연구물이 약 6940편으로 이 기간의 연구성과물이 과거 40여 년간 연구성과물과 견줄 수 있다고 정리하고 있다(김귀옥, 「북한사회 연구의 동향과 쟁점안」, ≪통일문제연구≫, 제29호(1998), 221쪽). 한편, 신정현은 1945~1986년 사이의 북한 관련 간행물 총수는 2898여 건이며, 1945~1949년 7건, 1950~1954년 1건이었으나, 1970~1974년 531건, 1975~1979년 798건, 1980~1984년 841건, 1985~1986년 620건으로 집계하고 있다. 이 통계에 의하면, 1970년대 이후부터 1986년까지의 연구성과물이 전체의 약 93%를 차지하고 있다. 이 중 정부기관 및 정부출자 연구기관의 단행본이 413건(전체 단행본 550건의 약 75%), 논문 약 1623건(전체 논문 2003건의 약 81%)으로 이 시기의 북한 연구는 대체로 정부정책의 요구와 뒷받침으로 이루어졌다고 진단하고 있다(신정현, 「북한 연구의 현황과 문제점」, ≪북한≫, 9월호(1989), 159~161쪽).
14) 앞의 통계는 국회도서관 데이터베이스 검색을 통해 북한 및 통일로 검색해 유관한 논문만을 대상으로 한 것이다. 국회도서관 데이터베이스에서 '통일'만을 검색하면 지금까지 1900여 편이 논문이 검색된다. 이 중 2000년대 이후 논문은 1200여 편이다.

을 했으며, 학술적인 관심도도 그만큼 증대했다는 것이다.

이러한 양적 성장과 더불어 연구주제 및 관심분야 역시 확장되었다. 대체로 북한의 정치, 경제, 군사에 집중되었던 데서 점차로 벗어나 외교는 물론 문화, 여성, 가족, 종교, 협상 등의 사회적인 주제로 확대되고 있다. 박사논문만을 대상으로 한다면, 기존의 정치-경제 분야가 여전히 가장 많은 비중을 차지하고 있지만, 여성, 문화, 외교협상 등의 주제가 2000년대 이후 늘고 있는 추세다.[15] 눈에 띄는 것은 북한의 대남전략 및 인식의 변화를 다룬 주제들과 탈북자 및 북한인권을 주제로 한 연구가 많아졌다는 점이다. 이러한 변화는 국내 탈북자들의 숫자가 증대하면서 부족한 자료를 이들의 증언을 통해 간접적으로 확보하려는 경향과 더불어, 탈북자들에 대한 사회문제 혹은 정치문제와 결부되면서 이들과 관련된 연구들이 증대되었다. 탈북자 연구의 경우 2007년 이후, 석사논문 1500여 편 중 탈북자 관련 연구는 170여 편, 박사논문 280여 편 중 34편을 차지하고 있다. 그러나 이들 탈북자 연구의 대다수는 탈북자를 통한 북한 및 통일 문제에 대한 관심보다는 탈북자의 심리, 남한사회의 적응 및 보건의료 등에 집중하고 있어서 엄밀한 의미에서의 북한 및 통일 연구라 보기 어렵다. 또 하나 최근의 특징은 북한 인권문제가 부각되면서 이와 관련된 연구들이 양적으로 팽창하고 있는 점이다. 북한 인권문제는 진보-보수의 북한을 둘러싼 정치적 갈등 속에서 주제로서의 관심이 높아지면서 자연스럽게 이들 연구가 양적으로 팽창한 것으로 생각된다.

---

15) 필자가 파악하고 있는 통계자료에 의하면 엄밀하게 북한학의 범주만으로 넣을 수 없는 연구성과들이 포함되어 있다. 예를 들어, 탈북자 문제나 중국 및 미국의 대한반도 정책 등과 관련한 연구들이다. 또한, 연구주제 중에 1990년대 이후 눈에 띄게 양적으로 증가한 분야는 북한의 선교와 관련된 연구들이다. 사실상 이들 연구는 북한 연구의 학술적 엄밀성에는 미치지 못하는 것으로 평가된다. 2000년대 이전의 북한 연구사는 북한연구학회 엮음, 『분단반세기 북한연구사』(한울, 1999)를 참조할 것.

3. 북한 및 통일 연구경향과 새로운 경향

1) 북한 및 통일 연구의 경향과 문제점

지금까지 북한 및 통일 문제에 대한 논쟁은 그다지 활발하게 전개되지 못했다. 우리 학문 풍토로 인한 문제도 있겠지만, 북한 및 통일 문제가 가지고 있는 이데올로기적 성격, 국가보안법의 온존에 따른 사회적 문제 등의 이유도 크다. 또한, 쟁점 자체를 둘러싼 논쟁이 '개인적 논쟁'에 그치거나 '하나의 사건'으로 인식되는 측면도 크다.16) 더욱이 북한 및 통일 연구의 쟁점은 자칫 좌우 혹은 진보/보수의 대립구도로 연결되어 심각한 이데올로기적 갈등을 초래할 위험성이 있다. 북한인권문제를 둘러싼 현재의 지형이 대표적이다. 북한인권에 대한 진지한 논의 자체가 진보/보수의 구도로 치환되어 건설적인 논쟁을 하지 못하는 상황이 만들어지는 것이다. 다만, 1990년대 초반 진행되었던 연구방법론을 둘러싼 논쟁은 북한학/통일학 진영에서의 보기 드문 논쟁사로 기록될 것이다. 송두율의 '내재적 방법론'의 제안은 그동안, 이른바 '외재적 시각'을 통한 북한인식에 대한 반성으로 다가왔고, 많은 연구자들의 북한연구방법론을 되돌아보게 하는 계기가 되었다. 그러나 이러한 방법론 논쟁은 흐지부지되었고, 다양한 방법론의 도입이라는 애매한 결론으로

---

16) 예를 들어, 북한의 선군정치를 둘러싼 논쟁에서 '당 우위'와 '군 우위'의 입장이 쟁점으로 부상했다. 정성장은 북한의 선군정치에도 불구하고 여전히 '당 우위'가 관철되고 있다고 주장했고, 이에 반해 이기동은 사회주의체제에서의 '당 우위'를 인정하지만, 상대적으로 '군 우위'의 국면이 조성될 수도 있다는 주장을 전개했다. 그러나 이들의 주장은 양자의 서로 다른 견해 차이 정도로 이해되었고, 논쟁이 확대·발전되지 못했다. 이에 대해서는 정성장, 「북한 최고인민회의 제12기 제1차 회의 평가: 국방위원회에 대한 과대평가와 남한중심주의」, ≪군사세계≫, 제163호(2009)와 이기동, 「북한의 노동당 규약개정과 권력 구조」, ≪국방연구≫, 제54권 제1호(2011) 등을 참조할 것.

귀결되었다.[17] 물론 북한 및 통일 연구의 여러 가지 성과물을 둘러싼 내부의 논쟁은 수도 없이 제기되고 있다. 북한의 수령제 국가체제에 대한 성격, 북한 경제의 개혁·개방을 둘러싼 논쟁, 통일방안을 둘러싼 논쟁, 최근에는 평화와 통일을 둘러싼 논쟁, 일상생활 연구로까지 확대되면서 나타난 논쟁 등은 연구자들 사이에서는 어느 정도 공유되고 있는 부분들이다. 문제는 이들 논쟁이 공개적으로 논점화되지 못하고, 내부에서의 토론을 통해서 사안별로 의견의 확인 정도에서 멈추고 있다는 점이다. 공론화되지 못하는 논쟁의 역사라고도 할 수 있겠다.

이러한 북한 및 통일 연구의 논쟁과는 별도로 지금까지의 연구가 갖는 몇 가지 특징적 경향과 문제점을 정리하면 다음과 같다. 첫째, 1990년대 이후, 북한학 연구의 양적·질적 성장에도 불구하고, 공학적 연구가 기초 연구를 대체하는 경향이 나타나고 있다는 점이다.[18] 공학적 연구는 물론 필요하고, 또 북한학의 목적 그 자체에 비추어 보더라도 당연한 것이라고 할 수 있다. 그러나 공학적 연구가 빛을 발하기 위해서는 기초 연구가 튼튼히 진행되어야 한다. 공학적 연구가 확대되고 있는 현상은 북한과의 여러 가지 사업과 정책적 필요성이 확대되면서 각 기관들에서 요구되는 보고서 형태의 연구가 늘어나고 있기 때문으로 보인다. 둘째, 자료의 문제다. 과거 북한원전자료에대한 의존에서 점차 벗어나 원전과 동시에 탈북자 면접자료나 러시아 등지의 자료가 인용되는 연구들이 늘어나고 있다. 이러한 현상은 북한 연구자료의

---

17) 방법론 논쟁에 대한 정리글로는 최완규, 「북한연구방법론 논쟁에 대한 성찰적 접근」, 경남대 북한대학원 엮음, 『북한연구방법론』(한울, 2003)을 참조할 것.

18) 여기서 '공학적 연구'라 함은 정책 및 기능 중심의 연구를 의미한다. 북한 및 통일 문제라는 지역적·정책적 연구의 성격을 벗어날 수 없는 조건에도 불구하고, 공학적 연구는 엄밀한 학술적 연구라기보다는 시기에 따라 요구되는 정책 지향성 논문을 지칭하기로 한다.

확대로써 바람직하지만, 자칫 탈북자 면접자료의 무비판적 수용과 외부자료의 검증 등이 문제로 제기될 가능성이 높다.[19] 셋째, 정보와 분석이 구분되지 못하고 있는 현상이다. 북한 연구는 여타의 지역 연구처럼 해당지역에 대한 여러 가지 정보를 획득하는 것이 매우 중요하다. 그러나 정보의 중요성에도 불구하고 정보는 분석을 대신하지 않는다. 현재 각종 언론매체에서 연일 북한 관련 정보들이 많이 제공되고 있다. 그러나 이러한 뉴스와 정보는 연구자의 손을 거쳐 분석되었을 때 의미를 갖는다. 현재 북한 연구에서 나타나는 문제점은 많은 정보를 제대로 된 분석 없이 사용하거나, 그 자체를 하나의 연구결과물로 대체하려는 경향이다.[20] 넷째, 북한 연구자들 및 연구성과물이 외부 연구자들의 영향을 필요 이상으로 강조하는 경향을 보이고 있다. 특히, 정책과 관련된 연구일수록 외부 연구자(특히, 미국의 북한 연구자)들의 주장에 필요 이상으로 의존하거나, 자신의 주장의 근거로 삼는 경우가 많다. 이는 북한학이 '공학적' 연구로서의 성격을 강하게 띠면서, 현실에서 제기되는 정책적 요구에 종속되는 경향과 무관하지 않다. 마지막으로, 북한 및 통일 연구의 '유행성 경향'이다. 대표적으로 남북 통합에 대비한 '통일비용'에

---

19) 최근 탈북자 면접을 활용한 연구들이 폭발적으로 늘어나고 있다. 이는 탈북자들의 수가 많아지면서 이들의 증언이 갖는 객관적인 비교가 가능해졌고, 원전에서는 접근할 수 없는 영역의 정보에 다가설 수 있다는 장점이 있지만, 탈북자 개개인 경험의 섣부른 일반화와 증언의 검증 등 여러 가지 문제를 안고 있는 것도 사실이다. 탈북자 면접자료는 유용하지만, 과대평가되어서는 안 될 것이다. 다른 한편으로는 탈북자 면접자료가 활용되면서 오히려 원전자료에 대한 해석이 소홀해지는 현상도 나타나고 있다. 원전자료의 해석은 단순한 문구의 해석으로 그쳐서는 안 된다.

20) 이와 관련해 이명박 정권 시절부터 일부 탈북자단체의 정보 및 뉴스가 정보의 출처로 중요하게 취급되고 있다. 그러나 이들 정보가 얼마나 신뢰성을 갖추고 있는지에 대해서는 여러 가지 의문점이 제기되고 있다. 이에 대해서는 이상근, 「북한 관련 정보의 생산 및 유통 방식과 문제점」, 연세대학교 북한연구원 연구원 소식 ≪issue Brief≫, 5호(2013)를 참조할 것.

대한 연구 및 사회 통합 연구를 들 수 있다. 통일비용 연구나 사회 통합 연구는 대체로 1990년대 초반 동·서독 통합의 영향에 따른 급격한 흡수 통합의 기대감으로 정부 및 학계, 기관 등을 망라해 진행되었다. 그러나 급격한 통일에 대한 기대감이 비현실적이라는 것이 드러나면서 연구 자체가 더 이상 이어지지 못하고 있다. 다만, 지난 정권에서, 이른바 '북한급변사태론'이 나오고, 정부의 '통일세' 제기를 계기로 정부 용역과 기관 등을 중심으로 '통일비용'에 대한 연구가 다시 유행했다.[21]

2) 주요 쟁점과 새로운 경향

지금까지 북한 및 통일 문제는 대체로 안보를 중심으로 한 정치, 군사적 연구가 주류를 형성했다. 이는 분단상황에 기인하는 것으로 북한과의 적대적 관계라는 구조적 속성이라 할 수 있다. 그러나 1980년대 후반 이후, 북한 및 통일 문제가 대중적인 관심사로 부각하고, 소장 연구자들이 등장하면서 연구의 범위가 확장되었다. 이러한 연구범위의 확장은 주로 근현대사에 대한 새로운 시각과 재해석, 이에 기초한 북한사회에 대한 탐구 등의 결과라 할 수 있다.[22] 1990년대 이후 북한 및 통일 문제에 대한 관심사는 북한에 대한 정치, 군사적 주제에서 벗어나 여성, 가족, 문화, 이산가족 문제 그리고 최근에는 북한의 과학기술로까지 확장되고 있다. 특히, 1990년대 이후에는 문화 및 사회 통합의 문제가 북한 연구의 중심주제가 되었으며, 자연스럽게 한반

---

21) 통일비용 연구에 대한 문제점을 지적한 글로는 조동호의 글이 돋보인다. 조동호,『통일비용보다 더 큰 통일편익』(통일교육원, 2011).

22) 근현대사에 대한 새로운 시각과 연구의 주요 계기가 된 것은 『해방전후사의 인식』(전 6권)(한길사, 1979) 출간이었다.

도 통일의 경로, 방법, 통합의 원칙 등에 대한 문제로 연구범위가 확장되었다. 또한, 분단에서 파생된 남한사회의 모순을 드러내는 연구성과물도 등장했다.

그동안의 북한 및 통일 연구의 주요 주제와 쟁점을 살펴보면 다음과 같다. 첫째, 북한의 정치체제에 대한 연구가 압도적으로 다수를 차지하고 있다. 이에 대한 연구는 주로 북한의 수령제 정치체제, 권력투쟁의 역사, 김일성 및 김정일 연구 등과 외교분야가 차지하고 있다. 둘째, 군사부문에 대한 연구로 북한의 군사전략, 군 현황, 군사동원체제, 선군정치 등에 대한 연구가 많은 비중을 차지하고 있다. 특히, 1990년대 이후에는 선군정치와 관련한 연구가 많은 비중을 차지하고 있다. 셋째, 경제분야에 대한 연구로 북한의 경제현황, 경제체제 및 경제발전노선 등에 대한 연구가 주류를 이루고 있고, 1990년대 이후에는 북한의 개혁개방과 관련된 연구들이 대부분을 차지하고 있다. 위의 분야는 대체로 북한에 대한 전통적인 연구영역에 속한다. 1990년대 이후에는 첫째, 북한의 여성 및 가족에 대한 연구가 여성 연구자들을 중심으로 진행되고 있다. 둘째, 북한의 문화현상에 대한 연구다. 북한의 수령제 문화 혹은 가부장적 문화 그리고 문학, 예술에 대한 연구가 대부분을 차지하고 있다. 셋째, 북한의 교육 및 과학기술 연구분야가 최근 들어 많이 진행되고 있다. 교육분야는 그동안 북한의 정치사회화의 측면에서 논의되었다면, 최근에는 북한교육체제의 특징과 문제, 역사 및 교육의 정치사회적 효과 혹은 결과에 대한 연구가 늘어나고 있다. 2000년대 이후, 눈에 띄게 늘어난 분야는 북한의 과학기술분야다. 과학기술의 역사나 주요 과학, 기술자 연구 그리고 각 분야별 연구가 진행되고 있다. 이 외에 최근 들어 부쩍 늘어난 연구주제는 탈북자 관련 주제 및 인권 관련 주제라 할 수 있다. 그러나 탈북자 관련 주제는 엄밀한 의미에서 북한 및 통일 문제와의 관련성보다는 우리 사회의 '소수자' 문제에 대한 주제로 더 적합해 보인다.[23] 인권 관련 연구는 최근 폭발적으로 증가했다. 탈북자 증언에 기초한 북한인권 실상에 대한 분석이 지금도 진행되고 있고, 북한인권문제가 남북관계 및 국제문제에서 중요한 의제로 다뤄지면서 이에 대한 연구도 확장되고 있다.

무엇보다 1990년대 북한/통일 문제의 가장 큰 관심은 결국 북한의 체제향방과 핵문제라고 할 수 있다. 실제 1990년대 이후, 이와 관련된 보고서 및 정책 연구서, 관련 논문과 단행본이 상당 부분을 차지하고 있음을 알 수 있다. 통일문제에 관련된 연구 역시 과거의 '당위적 통일론'에서 벗어나 1990년대 '과정으로서의 통일'이라는 관점이 정착된 이래, 지금까지 지속되고 있다. 그러나 통일문제와 관련해서는 1990년대 초반의 흡수통일 그리고 이명박 정권 시절의 '북한급변사태론' 등의 유행성 경향에 따른 통일 연구 이외에는 별다른 연구가 진척되지 못하고 있다. 여기에 현재 우리의 통일방안인 '한민족공동체통일방안'이 1989년에 제기된 이래, 통일방안에 대한 새로운 고민을 담은 연구결과가 나타나지 않고 있다.[24] 이러한 현상은 김대중 정권 이래, 엄밀한 의미에서의 '통일정책'보다는 '대북정책'이 정권의 중요한 정책으로 제기되었고, 이후의 정권에서도 이와 같은 경향이 그대로 답습되고 있는 상황이 주된 원인으로 보인다. 또한, 남남갈등의 골이 깊어지면서 통일방안을 쉽게 수정하지 못하는 것도 이유가 되고 있다.[25] 이러한 전반적인 상황은 북한

---

23) 탈북자 연구의 영역은 광범위하다. 탈북자를 통한 북한사회의 분석과 이해는 대단히 중요한 북한 연구에 속할 것이다. 그러나 탈북자들의 남한 내 정착문제, 이를 위한 정책지향연구 등은 북한 및 통일 연구와는 일정하게 궤를 달리하는 연구라 할 것이다.

24) 이명박 정권 시절, 통일부가 주도해 '민족공동체 통일방안'에 대한 대규모 프로젝트가 진행되었으나 별다른 실효성을 가지지 못했다.

25) 2000년 정상회담에서 합의한 '6·15공동선언'의 제2항은 통일방안에 대한 남북의 최초 합의였음에도 불구하고, 현재까지 이러한 남북의 합의를 반영한 통일방안이 제출되지 못하고 있다. 이는 '6·15공동선언'이 이명박 정부 이래 심각한 위기에 처하고, 사실상 합의가 지켜지지 못한 데서 연유한다. 그리고 이를 반대하는 국내 보수세력의 공

과 통일 문제에서 당면한 대북정책에 집중하면서 장기적인 통일전략이 부재한 상황을 간접적으로 반영하고 있다. 이 역시 앞서 말한 '공학적 연구'의 과잉현상과 맞닿아 있다. 양적·질적 발전과 동시에 북한 및 통일 연구가 지나치게 정치화되는 현상으로 해석할 수 있다. 그런 점에서 최근의 새로운 경향은 주목할 만하다.

북한 핵문제를 둘러싼 남북 간 갈등과 국제적인 갈등이 더해지면서 한반도 평화에 대한 관심의 증대, 북한의 내구력이 예상보다 강하다는 것이 드러난 상황에서 북한의 내구력, 그리고 이제는 북한의 일상생활에 대한 문제로까지 관심이 확대되었다. 또한 1990년대 초반의 방법론논쟁을 뒤로하고, 여러 가지 사회과학의 방법론이 도입되면서 다양한 이론적 측면에서의 분석 등이 등장하고 있다. 우선, 2000년대 이후 북한 및 통일 문제 연구에서 두드러지게 나타나고 있는 한반도 평화와 통일의 관계문제다. 그동안 평화와 통일은 하나의 묶음으로 사고되었다. 그러나 남과 북의 체제규정력 및 독자적인 국가로서의 성격이 부각되면서 평화와 통일의 문제가 한 묶음이 아니라 그 관계성이 중요하게 제기되었다.[26] 특히, 한반도의 불안정성이 서해상의 교전 및 핵과 미사일 문제 등으로 주된 관심사로 부각되면서 평화와 통일의 선후차문제, 관계문제 등에 대한 관심이 더욱 높아지게 되었다. 또한 평화의 문제가 단순히 안보의 차원이 아니라 남북의 분단 구조 및 각 사회 내의 '구조

세 속에서 '한민족공동체통일방안'에 대한 수정은 어떤 정치세력에 의해서도 시도되지 못하고 있다. 이는 학술진영도 마찬가지다. 개별적으로 통일방안에 대한 의견이 제출되고 있으나, 통일방안을 둘러싼 진지한 학술적 논의는 거의 없는 형편이다. 최근 이와 관련해 한반도의 평화체제 및 통일문제에 대한 조성렬의 글은 주목할 만한 가치가 있다. 조성렬, 『뉴한반도 비전』(백산서당, 2012).

26) 이에 대해서는 한반도의 평화와 통일의 문제를 주제로 한 고려대 아세아문제연구소와 경남대 극동문제연구소의 합동학술대회 발표문이 주목할 만하다. 이를 단행본으로 엮은 이수훈·조대엽, 『한반도 통일론의 재구상』(선인, 2012)을 참조할 것.

적 폭력'의 문제로 인식되면서 평화 그 자체의 연구범위도 확장되었다.

다음으로 최근 북한 연구에서의 새로운 경향으로 주목할 만한 연구는 일상생활에 대한 문제라 할 수 있다. 북한 일상생활 연구는 북한사회에 대한 전체주의적 접근에 대한 비판, 구조주의적 접근에 대한 비판에서 출발했다. 따라서 살아 있는 북한의 '인민'생활에 대한 이해를 통해서 객관적이고 올바른 북한이해에 도달할 수 있다는 주장이다.[27] 일상생활 연구는 향후 남북 통합에서 지금까지의 동·서독 경험에 대한 과도한 의존을 벗어버리고, 우리의 시각에서 통합전략을 구상할 수 있는 중요한 밑받침이 될 수도 있을 것이다. 더욱 중요한 것은 지금까지 북한사회를 거대한 구조에서만 이해하던 방식을 벗어나 미시적인 차원에서 이해할 수 있는 길을 열어줄 것으로 기대된다. 그리고 이는 곧 북한 및 통일 분야에서 현재와 다른 시각을 도입해 우리사회에 대한 분석, 남북관계에 대한 분석 등으로 확장할 수 있을 것이다.[28]

4. 맺음말: 북한과 통일, '사회과학의 상상력' 펼치기

오늘날 북한 및 통일 문제에 대한 사회적인 관심은 과거에 비해 낮아진 것이 사실이다. 체제에 의한 삶의 규정력이 더욱 강화되고 있고, 우리의 일상에서는 북한 및 통일 문제에 대한 관심이 설 자리가 거의 없는 것도 사실이다.[29] 실제 여론조사 결과를 보면, 1990년대 이후 젊은 층에게서 나타난 통일

---

27) 북한 일상생활 연구에 대한 의의는 고유환, 「북한 연구에 있어 일상생활 연구방법의 가능성과 과제」, ≪북한학연구≫, 제7권 제1호(2011); 박순성·홍민, 『북한의 일상세계』(한울, 2011); 박순성·홍민, 『북한의 권력과 일상생활』(한울, 2013)을 참조할 것.
28) ≪경제와사회≫ 2012년 여름호에 실린 특집 논문들이 이러한 경향을 반영하고 있다.
29) 민주평화통일자문회의 및 서울대학교 등에서 매년 실시하는 통일 관련 의식조사의

에 대한 관심도는 대단히 낮아진 것이 사실이고, 통일에 대한 사회적 필요성도 낮아지고 있다. 이러한 현상은 우리를 둘러싸고 있는 중요한 사회적·객관적 환경이지만 동시에 이러한 환경이 발생하게 된 사회적 맥락에 대한 연구는 별로 눈에 띄지 않는다. 이런 점에서 북한 및 통일 연구의 시야가 더욱 확장되어야 할 필요성이 제기된다. 더욱이 우리의 삶과 연관된 주제로 좀 더 구체화될 필요성도 요구된다. 이런 점에서 분단을 매개로 형성된 한국 사회의 구조적 폭력의 문제, 이데올로기적 갈등의 문제, 외교적인 협소함의 문제 등과 더불어 우리 생활에서 드러나는 분단의 문제 등에 천착할 것으로 요구받고 있다. 특히, '빨갱이'담론 혹은 최근 드러나는 '종북'담론이 그처럼 쉽게 확산될 수 있는 사회 구조, 인식의 문제 등을 분단과 결합시켜 분석할 필요가 있다.30)

북한 및 통일 문제의 사회적·객관적 환경은 과거와 달라져 있으며, 그로 인해 좀 더 복잡한 사회적 현상이 발생하고 있다. 이러한 상황에서 '사회과학적 상상력'이 더욱 요청되고 있다. 우리에게는 분단의 극복만이 아니라 분단에서 파생된 여러 가지 사회적 문제에 대한 근원을 밝혀내고, 이를 둘러싼

결과는 통일에 대한 부정적이라기보다는 관심의 낮아짐을 보여준다. 또한, 중요한 것은 통일의지의 문제인데, 이를 의미하는 통일비용 분담의사는 갈수록 낮아지고 있다. 현대경제연구원이 2012년 조사한 결과에 따르면 통일비용분담 의사는 2010년 이후 갈수록 감소하고 있고, 통일의 형태에서도 자유로운 왕래 수준의 관계를 정립하기를 바라는 것으로 나타나고 있다. 다만, 남북관계 개선과 통일의 필요성 동감은 그전에 비해 늘었다. 그러나 이는 남북관계 경색에 따른 피로감, 그리고 '여론의 이중성' 등에 의한 현상으로 설명된다. 자유로운 왕래 수준의 통일을 바라는 정도가 늘어나고 있음은 남북관계의 불안정을 반대하지만, 적극적인 통일의지를 갖고 있는 것은 아니라는 점을 말해준다.

30) 이러한 연구성과물로는 대표적으로 김득중, 『빨갱이의 탄생』(선인. 2009); 김동춘, 『대한민국 잔혹사』(한겨레출판사, 2013) 연구 등을 꼽을 수 있다.

지배의 전략을 드러내야 할 요구가 있다. 그것은 한국사회의 구조적 모순에 대한 분석이자, 동시에 분단에 따른 구조적 폭력과 계급지배전략과 이데올로기적 억압 등을 밝혀내는 것이 될 것이다. 또한, 한국 사회에 내재한 분단 담론의 질서를 해체하는 것도 빼놓을 수 없다. 이러한 작업들은 사회과학이 짊어지고 가야 할 과제일 것이다. 최근 북한 및 통일 연구에서 제기되고 있는 평화와 통일 문제, 북한인권 문제, 사회갈등 문제 등은 국가와 시민사회의 관계에서 분단을 통해 국가의 독점적인 폭력이 정당화되고 지속되고 있는 사회적 문제의 측면에서 접근할 수도 있고, 이데올로기적 협소함을 벗어나 '삶의 평화'라는 측면이나 올바른 '한반도 인권'의 확립이라는 측면에서도 접근할 수 있을 것이다. 이들 문제는 지금까지와는 다른 방식의 상상력이 요청되는 지점이라 할 것이다.

최근 북한 및 통일 연구는 새로운 연구경향과 함께, 인문학적 관점에서의 통일문제를 다루는 연구 프로젝트도 진행되고 있고, '남북경계선의 사회학'이라는 새로운 영역이 개척되고 있기도 하다.[31] 분단과 통일을 딱딱한 사회과학적 틀에서만 아니라 인간의 삶과 엮어 생각하는 인문학적 사고가 신선한 바람이라면, 남북경계선의 사회학은 분단을 다양성의 측면에서 바라보는 '재해석'의 노력이라고 할 수 있다. 이러한 경향들은 모두 분단과 통일에 대한 새로운 사회과학적 상상력의 결과물이라고 할 수 있다.

사회과학이 현실의 구조적 모순을 드러내고 '진단과 처방'의 진보적 가치를 재정립하려는 것이라면, 그리고 오늘날 진보진영의 분열과 무기력의 이면에 '북한'과 통일문제를 둘러싼 이데올로기의 차이가 내재한 것이라면, 누

---

31) 통일을 인문학적 관점에서 재해석하는 연구는 건국대 통일인문학 연구팀에서 진행 중이다. 남북경계선의 사회학에 대해서는 박명규, 『남북경계선의 사회학: 포스트-김정일 시대의 통일평화 구상』(창비, 2012)을 참조할 것.

구보다 이 문제에 대해 치열하게 고민하고 문제를 제기하는 노력이 필요할 것이다. 그것은 단지 분단, 통일이라는 '객관'의 문제가 아니라 우리 안에 균열의 동학으로 작동하고 있는 분열, 갈등, 대립의 모순에 대한 스스로의 처방을 찾아가는 '주관'의 문제이기도 하기 때문이다. 더욱이 오늘날 안보의 이름으로 혹은 '종북'이라는 담론의 프레임을 통해 북한 및 통일에 대한 상상력은 더욱 쪼그라들고 있는 형편이다. 이미 '종북'담론을 통해 마르크스주의와 진보적 사상에 대한 제 측면의 부정과 공격이 고개를 내밀고 있다. 이는 북한과 통일의 문제가 단지 누구의 전유물이 아니라 분단과 통일에 이해관계가 걸린 모든 이의 문제임을 말해준다. 사회과학이 과거 비판적 세계관에 입각해 그러했던 것처럼, 북한 및 통일 문제에 대한 더 많은 관심과 노력이 더욱 절실히 요구되는 지점이라 할 것이다.

참고문헌

고유환. 2011. 「북한 연구에 있어 일상생활 연구방법의 가능성과 과제」. ≪북한학연구≫, 제7권 제1호.

김귀옥. 1998. 「북한사회 연구의 동향과 쟁점안」. ≪통일문제연구≫, 제29호.

김남식. 1988. 「북한 연구 현황과 문제점」. ≪말≫, 7월호.

김동춘. 2013. 『대한민국 잔혹사』. 한겨레출판.

김득중. 2009. 『빨갱이의 탄생』. 선인.

박명규. 2012. 『남북경계선의 사회학: 포스트-김정일 시대의 통일평화 구상』. 창비.

박순성·홍민. 2010. 『북한의 일상생활세계』. 한울.

_____. 2013. 『북한의 권력과 일상생활』. 한울.

북한연구학회 엮음. 1999. 『분단반세기 북한 연구사』. 한울.

_____. 2006. 『북한의 새인식(전 10권)』. 북한연구학회 북한학총서. 경인문화사.

송두율. 1998. 「북한사회를 어떻게 볼 것인가」. ≪사회와 사상≫, 12월호.

신정현. 1989. 「북한 연구의 현황과 문제점」. ≪북한≫, 9월호.

이기동. 2011. 「북한의 노동당 규약개정과 권력 구조」. ≪국방연구≫, 제54권 제1호.

이상근. 2013. 「북한 관련 정보의 생산 및 유통 방식과 문제점」. 연세대학교 북한연구원 연구원 소식 ≪issue Brief≫, 5호.

이서행. 2000. 「북한학의 연구동향과 발전방향」. ≪북한연구학회보≫, 제4권 제2호.

이수훈·조대엽. 2012. 『한반도 통일론의 재구상』. 선인.

정성장. 2009. 「북한 최고인민회의 제12기 제1차 회의 평가: 국방위원회에 대한 과대평가와 남한중심주의」. ≪군사세계≫, 제163호.

정영철. 2007. 「북한학의 현황과 전망」. ≪황해문화≫, 겨울호.

정창현. 2005. 「북한현대사 연구현황과 과제」. 민족통일연구소 월례발표회 발표자료.

조동호. 2011. 『통일비용보다 더 큰 통일편익』. 통일교육원.

조성렬. 2012. 『뉴한반도 비전』. 백산서당.

최완규. 2003. 「북한연구방법론 논쟁에 대한 성찰적 접근」. 경남대학교 북한대학원 엮음. 『북한연구방법론』. 한울.

클레스만, 크리스토프(Christoph Klesmann). 2004. 「동독 연구의 발전과 현황」. 김승렬 옮김. ≪역사문제연구≫, 제13호.

제2부

북한연구방법

제4장

북한 문헌, 어떻게 읽을 것인가*
_ ≪경제연구≫의 사례

양문수 | 북한대학원대학교 교수

1. 머리말

북한 연구에서 객관성과 실증성을 담보하기 위해서는 북한의 공식간행물에 대한 정독이 필수적이지만, 이들은 자료로서의 가치가 크게 낮다는 것은 부인할 수 없는 현실이다. 1960년대 이후, 북한에서 출판되는 문헌들이 모두 한 목소리를 냄에 따라 북한사회를 이해할 수 있는 각종 자료들의 가치가 크게 감소했다.[1] 경제분야의 전문적인 문헌의 경우, 통계를 활용해 북한의 구

---

* 이 글은 양문수, 「북한 문헌 어떻게 읽을 것인가: 경제연구의 사례」, ≪현대북한연구≫, 제12권 제2호(2009)를 압축, 수정·보완한 것이다.
1) 이주철, 「북한 연구를 위한 문헌자료의 활용」, 경남대 북한대학원 엮음, 『북한연구방법론』(한울, 2003), 130쪽.

체적인 경제현실을 보여주는 것이 아니라 원론적인 설명이나 주장을 펼칠 따름이다. 또한 비슷비슷한 내용들이 지속적으로 반복되면서 읽는 사람들을 지치고 짜증나게 하기 십상이다.

북한에서 학자들은 자신들의 생각이나 의견을 공식적인 매체에서 글로 표출하는 데 제약이 매우 크다. 이러한 상황에서 학자들은 당면한 제반 경제문제들에 대한 나름의 진단과 처방을 내놓아야 하고, 더욱이 이를 일선 경제현장의 실무자 등에게 전달해야 한다. 따라서 학자들 나름의 아이디어를 짜내야 한다.

이 글은 북한의 경제분야 전문 계간잡지인 ≪경제연구≫를 어떻게 읽을 것인가 하는 문제를 다룬다. 공식문헌에 대한 정독을 통해 자료를 발굴하고 생산하는 방법을 찾아보고자 한다. 자료는 그 자체로 존재하기도 하지만 연구자의 노력으로 발굴, 생산될 수 있다. 그래서 자료를 읽어내는 능력이 필요하다. 해석이란 자료에 의미를 부여하는 과정이다.

다만 이 글에서는 지면의 제약 때문에 ≪경제연구≫의 모든 내용을 다루지는 않는다. 주로 전반적인 경제정책기조와 개혁개방 관련 움직임을 대상으로 한다. 이 글의 목적은 ≪경제연구≫의 내용을 분석하는 데 있는 것이 아니라 ≪경제연구≫ 정독을 통해 자료를 발굴하고 생산하는 방법을 제시하는 데 있기 때문이다.

≪경제연구≫를 간단히 소개하겠다. 북한은 ≪경제연구≫를 과학원 경제연구소 과학이론잡지라고 소개한다. 이 잡지는 "마르크스-레닌주의 경제이론의 일반적 원칙과 그를 우리나라의 구체적 현실에 창조적으로 적용한 우리 당의 현명한 경제정책과 그의 정당성을 과학적으로 이론화한 논문들을 게재"한다고 밝히고 있다. ≪경제연구≫는 국내에서 확인한 바로는 1950년대 초·중반에 창간되어 1967년까지 발간되다 19년간 휴간되었다. 그러다가 1986년에 복간되어 현재에 이르고 있다. 이 글에서는 ≪경제연구≫ 가운데

1986년 복간호부터 2008년 4호까지 총 23년분을 대상으로 한다. 아울러 북한 원전에 나오는 조선어 표기법 가운데 한글 표기법과 상이한 것은 되도록 한글 표기법으로 바꾸었음을 밝혀두는 바다.[2]

2. 자료발굴을 위한 몇 가지 지침

1) 당위적 표현에서 현실을 유추

북한 문헌들은 공식적인 제도와 괴리되는 현실의 모습, 특히 기존 시스템이 제대로 작동되지 않는 실태를 직접적으로 보여주는 경우가 거의 없다. 다만 당위적·명령적 표현의 경우, 조금만 주의를 기울이면 이에서 북한의 현실을 암시받을 수 있다. 때로는 실태에 대한 새터민의 증언을 간접적으로 확인할 수 있다. 아울러 경제관료들의 고민도 도출할 수 있다. 예를 들면 "… 하는 일이 없도록 해야 한다", "… 현상을 없애야 한다(통제해야 한다)", "… 현상을 막을 수 있다"라는 표현들에 주목할 필요가 있다.

> 인민경제 모든 부문의 기관, 기업소 들이 번 외화를 무역은행에 집중시키고 국가의 승인 밑에서만 쓰도록 하며 국가의 통제 밖에서 외화거래를 하거나 외화를 쓰는 일이 없도록 하며,[3] 특히 국내에서 외화를 유통시키거나 기관, 기업소 들 사이에 외화를 거래하는 일이 없도록 통제하는 것.[4]

---

2) 필자의 성명과 논문의 제목만 그대로 두고, 본문은 모두 다 바꾸었다.

3) ≪경제연구≫ 게재논문의 구절인용에서 고딕체로 표시한 것은 필자가 강조한 것이다.

4) 고재환, 「화폐류통을 공고화하는데서 나서는 중요 요구」, ≪경제연구≫, 제2호(1991), 45쪽.

이 문장은 국가가 외화를 관리·통제하기 매우 어려운 현실을 암시한다. 실제로 국내 자원이 고갈된 상태에서 모든 기관, 기업소, 개인 들은 외화벌이에 혈안이 되어 있고 국가는 이에 대한 통제력을 상실한 지 오래다. 특히 내각의 통제에서 벗어난 당 경제, 군 경제 등, 이른바 특권경제의 출현으로 국가의 중앙집중적 외화관리는 유명무실해졌다.[5] 다른 사례를 보자.

　개별적 부문과 단위 들이 제멋대로 계획의 조절이나 추가계획을 요구하는 현상을 없애야 한다.[6]

　국가경제지도기관들에서는 개별적 단위들에서 생산지표를 변동시켜 내려 보내는 무책임한 현상에 대해 엄격히 통제해야 한다.[7]

이들 문장은 계획작성에서 중앙의 통제권이 약화되고 기업의 사실상의 자율성이 확대된 현실을 암시하고 있다. 새터민들의 증언에 따르면, 1990년대 경제위기 이후 상부에서 내려온 계획에 대해 중간감독기관이나 해당 기업이 항의하거나 이의를 제기하고, 따라서 최초의 계획이 다시 수정(조절)되는 경우는 허다하다고 한다.[8] 다음에는 "어떠어떠한 제도를 강화해야 한다"라는 당위적 표현에서 실태를 유추하는 사례를 소개한다.

---

5) 자세한 것은 예를 들면, 김광진, 「북한의 외화관리시스템 변화 연구」(북한대학원대학교 석사학위논문, 2007), 80~89쪽 참조.
6) 리동구, 「경제를 국가의 통일적 지도 밑에 계획적으로 관리운영하는 것은 사회주의경제의 본성적 요구」, ≪경제연구≫, 제4호(1998), 12쪽.
7) 정영섭, 「생산의 전문화는 공장, 기업소조직의 중요한 원칙」, ≪경제연구≫, 제2호(2004), 18쪽.
8) 예컨대, 이석기, 「북한의 1990년대 경제위기와 기업 행태의 변화」(서울대학교 대학원 박사학위논문, 2003), 103~111쪽 참조.

외화를 절약하고 합리적으로 이용하자면 우선 수입허가제를 강화해야한다. 수입허가제는 사회주의 경제건설과 인민생활 향상에 필요한 설비, 물자만을 수입하도록 외화지출에 대해 국가적으로 통제하는 수단이다. 그러므로 다른 나라에서 어떤 물질을 수입하려 할 때는 국가에서 제정한 절차와 방법에 따라 수입허가를 받아야 한다.[9)]

외부세계의 관찰자 입장에서 보면 너무나 당연한 이야기를 왜 군이 강조하는 것인지 곱씹어 볼 필요가 있다. 이러한 강조는 경제위기 이후 무역의 분권화가 진전되고, 또한 합법적인 무역과 불법적인 무역이 뒤엉키게 되면서 국가가 무역, 특히 수입을 제대로 관리·통제하지 못하고 있는 현실을 암시한다. 다음은 농업부문의 사례를 소개한다.

농업부문에서 생산된 모든 양곡을 국가 수중에 장악해 수매받기 위한 사업체계를 강화해야 한다. 농업부문의 매 생산단위들에서 생산된 양곡 생산량을 구체적으로 조사장악한 데 기초해 국가에 수매해야 할 양곡량을 바로 정하고 그것이 철저히 국가 수중에 들어오도록 하기 위한 사업을 짜고 들어야 한다. 이와 함께 농업부문 밖의 기타 모든 단위들에서 생산되는 양곡과 수입양곡들을 모두 장악하고 그 소비를 철저히 통제하기 위한 양정체계를 강화해야 한다.[10)]

이 서술은 식량난이 만성화되고 국가 차원에서 식량문제를 제대로 해결해

---

9) 최영옥, 「대외무역에서 실리를 보장하기 위한 방도」, ≪경제연구≫, 제2호(2003), 41쪽.
10) 지정희, 「수매량정사업을 개선하는 것은 인민들의 식량문제, 먹는 문제해결의 중요 방도」, ≪경제연구≫, 제4호(2008), 35쪽.

주지 못함에 따라 식량의 공식적인 생산, 분배, 유통체계가 크게 흔들리고 있는 현실, 즉 농업부문도 국가가 제대로 장악하지 못하고 있는 현실을 암시한다. 협동농장에서 생산된 식량 가운데 일부가 공식적인 수매체계 밖으로 유출되고 있으며 이는 농업부문 이외의 기관, 기업소 등에서 생산된 식량, 그리고 수입된 식량 등과 함께 합법적·불법적 시장거래를 재생산하고 있다.

2) 모순성의 포착을 통한 올바른 해석

북한 문헌을 읽다 보면 다양한 차원의 모순성을 발견한다. 예컨대 제목과 본문내용의 불일치가 종종 눈에 띈다. 좀 더 엄밀히 말하면 필자가 주장하고 강조하고 싶은 것과 논문제목의 모순성이다. 아울러 개념과 내용 간 모순성, 표현과 내용 간 모순성, 서술내용 간 모순성 등을 발견할 수 있다. 그런데 이러한 모순성은 대개 표현상의 제약으로 인해 발생한다. 따라서 모순성을 포착하고 이러한 모순이 발생하게 된 원인을 짚어보아야만 정확하고 객관적인 해석이 가능하게 되고, 따라서 의미 있는 자료를 발굴할 수 있다.

우선 전자의 경우, 즉 제목과 내용의 모순성을 살펴보자. 1988년에 발표된 어느 논문[11]은 가격의 일원화를 적용하지 않는 것이 좀 더 합리적인 사례들을 자세히 소개하고 있다. 국가적 소유부문이 아니라 협동적 소유부문에서 수공업적으로 생산되는 제품, 계획 외 경제활동에서 생산되는 제품 등은 국가의 통제에서 벗어나 지방적 차원 혹은 개별 생산단위 차원에서 가격결정이 이루어져야 하고, 특히 수요와 공급의 상호관계에 의해 결정되는 사실상의 시장가격이어야 한다는 것이다. 하지만 이 논문의 제목은 「가격의 일원

---

11) 리동구, 「가격의 일원화와 그 실현에서 나서는 몇 가지 문제」, ≪경제연구≫, 제2호 (1988).

화와 그 실현에서 나서는 몇 가지 문제」로 되어 있다.

다음에는 후자를 살펴보자. 대표적인 것이 개념과 내용의 모순이다. 사실 북한 문헌을 읽다보면 문구, 특히 정책적 개념과 관련된 문구를 곧이곧대로, 액면 그대로 받아들여서는 안 되는 경우가 종종 있다. 예를 들면 새로운 정책·제도가 개혁 혹은 개혁적 조치임을 웬만해서는 인정하지 않는다. 개혁이라는 표현뿐 아니라 분권화라는 표현도 터부시되어 있다.

새로운 무역체계가 … 결코 무역의 자유화나 지방분권화를 의미하는 것이 아니며 또 그렇게 될 수도 없다.[12]

1991년 말 등장한 '새로운 무역체계'에 대해 상기와 같이 서술했다. 하지만 이는 강변에 지나지 않다. 이 논문의 다른 곳에서는 "새로운 무역체계는 생산자들이 대외무역을 직접 하게 하는 무역체계와 방법이며 … 자기 부문, 자기 지방에서 생산한 수출품들을 직접 내다 팔고 필요한 제품들을 직접 사다 쓰게 하는 무역체계와 방법"[13]이라 규정한다. 즉, 각 부문과 지방에 대외무역의 실질적인 권한을 위임한 무역의 분권화 조치임을 충분히 짐작할 수 있다.

개념과 내용의 불일치의 또 다른 예로 부동산사용료를 지적할 수 있다. 2006년부터 새롭게 도입된 이 제도에 대해 ≪경제연구≫는 "부동산사용료는 자본주의 사회의 세금과는 본질적으로 다르다"[14]라고 주장하고 있다. 그러나 이를 곧이곧대로 받아들이는 사람이 과연 몇 명이나 있을까? 같은 글에서

12) 리신효, 「새로운 무역체계의 본질적 특징과 그 우월성」, ≪경제연구≫, 제4호(1992), 31쪽.
13) 같은 글, 30쪽.
14) 리동구, 「부동산가격과 사용료를 바로 제정 적용하는 것은 부동산의 효과적 리용을 보장하기 위한 중요요구」, ≪경제연구≫, 제4호(2006), 31쪽.

부동산사용료에 대해 "기관, 기업소, 단체 들과 개인이 국가소유의 부동산을 이용한 대가로 국가예산에 납부하는 돈"이며 "국가예산수입의 보충적 형태" 라고 규정하고 있다. 더욱이 "부동산사용료를 납부하는 것은 공민의 응당한 의무"[15]라고 강조하고 있다.

부동산사용료는 '세금'이라고 이름을 붙이지 않았을 뿐 세금과 다르지 않다. 물론 북한은 1970년대에 세금을 공식폐지한 이후, 세금이라는 용어를 일체 사용하지 않았다. 대신 예산수입, 예산지출이라는 용어를 사용했는데, 이는 실제로 세입, 세출과 마찬가지다.

3) 용어들에 대한 북한적 맥락에서의 해석

몇몇 용어들은 남한 혹은 자본주의적 맥락에서 해석하면 그 의미를 놓칠 수 있다. 북한적 맥락, 북한의 상황 속에서 해석해야 그 의미를 제대로 파악할 수 있는 경우가 종종 있다. 달리 보면 용어에 대해 북한 당국 및 학자들이 자신들 고유의 의미를 부여한 경우다.

≪경제연구≫를 읽다 보면 눈에 띄는 단어 중 하나가 '예비'다. 예비를 동원하는 데 힘을 쏟아 생산을 늘려야 한다는 주장이다. 물론 예비가 단독으로 사용되는 것이 아니고 대개의 경우 'ㅇㅇ예비'라는 식으로 하나의 형용어가 예비 앞에 붙는다. 내부예비, 지방예비, 수출예비, 재정예비, 화폐예비, 생산예비 등과 같은 식이다.

내부예비는 잠재해있는 생산요소들을 동원 이용해 생산을 늘릴 수 있는 가능성으로써 그 이용형태에 따라 이미 이용되고 있는 생산요소들의

---

15) 같은 글, 31~32쪽.

보다 효과적이며 능률적인 이용을 통해 동원할 수 있는 것과 재생산과정에 쓰이지 않고 있던 원료, 자재, 노력 등을 새로 인입함으로써 동원할 수 있는 것으로 갈라볼 수 있다.16)

그런데 전자의 경우는 예비라기보다는 생산성 향상에 가깝다. 후자의 경우가 통상 상정할 수 있는 예비의 개념에 가깝다. 이 경우 의문이 하나 떠오른다. 극심한 부족의 상황에서 도대체 예비라는 것이 남아 있을까? 물론 사회주의 경제시스템이라는 것이 기본적으로 부족과 낭비의 공존상태이기 때문에 예비의 가능성이 전혀 없지 않다. 그렇다고 해도 예비를 동원하는 데는 한계가 있다. 그럼에도 북한 당국 및 학자들이 지속적으로 예비의 동원을 강조한다. 대체 그들은 무슨 생각을 하고 있는 것일까?

《경제연구》를 조금 꼼꼼하게 읽다 보면 하나의 흐름을 발견할 수 있다. 즉, 예비의 동원을 주장하는 논문들이 대부분 개별 경제주체에 대해 '자력갱생'을 요구하고 있다는 점이다.

> 경제건설 분야에서 **자력갱생**의 혁명정신은 중요하게 **내부예비**를 얼마나 남김없이 동원이용하는가 하는 데서 나타난다.17)

> 상업기업소 원료기지 조성의 중요한 목적의 하나가 국가에 부담을 주지 않고 **자력갱생**해 **내부예비**를 최대한 동원이용(하는 것).18)

---

16) 김균주, 「지방공업의 발전과 내부예비의 동원」, 《경제연구》, 제3호(1987), 25쪽.

17) 조원희, 「당의 혁명적 경제전략 관철에서 동원하여야 할 인민경제 내부예비의 내용」, 《경제연구》, 제2호(1995), 22쪽.

18) 리동현, 「상업기업소에서의 원료기지 조성과 그 중요 특성」, 《경제연구》, 제2호(1995), 41~42쪽.

요컨대 개별 기관, 기업소 등 개별 경제주체에 대해 국가에 의존하지 말고 스스로의 힘으로 생산에 필요한 원자재, 설비, 자금 등 생산의 제반조건(in-put)을 해결하라는 취지다. 그러한 조건의 취득과정 자체에 대해서는 문제시 하지 않겠다는 것도 포함되어 있다. 그런데 개별 기관, 기업소가 계획경제 내에서가 아니면 어디에서 원자재, 자금 등을 얻을 수 있는가? 이는 결국 여타의 기업소, 개인, 그리고 각종 불법적 공간 등 포괄적으로 보아 시장경제 영역밖에 없다. 하지만 국가입장에서는 명시적으로 '시장을 통해 해결하라' 하고 말할 수 없다. 그래서 결국 "예비"라는 명목으로 포장하는 것이다.

한편 예비, 자력갱생과 밀접한 관계가 있으면서 약간 상이한 범주로 주목해야 할 것이 '계획 외 경제활동(계획 외 생산·유통)'이다. 이는 계획경제 영역의 밖에서 이루어지는, 즉 국가 계획당국의 관리와 통제에서 벗어나서 개별 경제단위가 자율적으로 수행하는 경제활동, 즉 합법적으로 이루어지는 사실상의 시장경제활동을 지칭하는 표현이다.

> 직매점에서 판매되는 소비상품의 가격은 국가에서 유일적으로 제정하는 소비품의 소비가격과는 달리 생산자와 소비자의 합의에 의해 이루어진다. … 이는 수요와 공급의 호상관계에 의해 일정하게 조절될 수 있다는 것을 의미한다. … 직매점 가격 제정대상은 철저히 공장, 기업소의 … 부산물과 폐설물, 지방의 유휴자재를 이용해 계획 외에 생산한 소비품에 국한시켜야 한다.[19]

> 가내편의봉사의 본질적 내용의 하나는 국가의 추가적인 투자가 없이 내부예비를 동원하는 방법으로 … 인민소비품 생산과 편의봉사에 필요한

---

19) 리동구, 「가격의 일원화와 그 실현에서 나서는 몇 가지 문제」, 33쪽.

설비, 자재, 노력 등을 국가의 투자가 아니라 생산자와 봉사자 자신이 자체로 해결한다. … 국가계획 밖에서 이루어지는 생산 및 봉사.[20]

이러한 예에서도 알 수 있듯이 북한에서 종종 '계획 외 생산·유통' 활동으로 불리는 범주는 개별 경제주체들의 자력갱생원칙에 의해, 사실상 시장경제원리에 의해 움직이는 영역이다. 이미 1980년 말부터 등장한 이 범주에는 가내작업반, 부업반, 가내편의봉사, 직매점 등이 포함되어 있다.[21]

또 다른 예는 '사회주의 사회의 과도적 성격'을 들 수 있다. 북한이 경제개혁(혹은 개선)적 조치를 취할 때 그 정당성과 합리화의 근거로 내세우는 것이 바로 사회주의 사회의 과도적 성격이다. 따라서 어떤 특정 정책, 제도에 대해 설명하는 논문 내에 '사회주의 사회의 과도적 성격'이라는 표현이 들어 있으면 그 논문에서 필자가 주장·강조하고 싶은 것은 경제개혁적 기조라고 해석하면 별로 틀리지 않을 것이다.

반면 사회주의 사회의 과도적 성격과 대비되는 용어로는 사회주의 사회의 본성, 본성적 요구, 본질적 특성이라는 표현이 사용된다. 따라서 이러한 표현들이 포함되어 있는 논문은 반개혁적·보수적 정책기조를 주장하고 있다고 해석하면 크게 틀리지 않을 것이다.

> **독립채산제**는 기업소의 경영활동 결과에 대한 물질적 관심성의 원칙에 기초하며 경리운영에서 가치법칙의 형태적 이용을 전제로 하는 사회주의 국영 기업소의 계획적 관리운영방법으로써 사회주의 사회의 과도적 성격

---

20) 전숙영, 「가내편의봉사의 본질적 특성」, ≪경제연구≫, 제4호(1990), 12~14쪽.
21) 7·1경제관리개선조치 이후 기업경영실적 평가지표로 새롭게 등장한 '번 수입지표'는 기업의 계획 내 경제활동뿐 아니라 계획 외 경제활동까지 포함하고 있다는 점에서 주목을 받은 바 있다.

과 특성을 정확히 반영하고 있다.[22)

　협동경리에서 수공업적으로 생산하는 자유수매 식료품과 농부업 생산
물에 대해 일원화, 유일가격원칙을 적용하지 않고 지방자체로 정하게 하
는 것은 사회주의 사회의 과도적 성격에 부합되는 정당한 방침.[23)

　사회주의 사회에 있게 되는 개인부업과 같은 것은 사회주의 사회의 과
도적 성격을 반영하는 전형적인 노동형태다.[24)

　그럼 과도기, 과도적 성격이란 무엇인가? 문자 그대로 과도기, 즉 자본주
의에서 공산주의로 가는 과도기란 뜻이다. 북한 공식문헌의 설명에 의하면
자본주의 사회보다는 우월한 사회이지만 공산주의 사회에 비해서는 미숙성
을 가지고 있는 사회다. 사회주의 사회의 과도적 성격은 사람들의 사상의식
과 생산력의 발전수준, 계급적 관계와 노동의 성격 등 사회생활의 여러 측면
에서 표현된다.[25) 우선 사람들의 머릿속에 이기주의를 비롯한 낡은 사상 잔
재가 남아 있다. 또한 수요에 의한 분배를 실시할 수 있을 정도로 생산력이
발달되어 있지 않다. 결국 사회주의 사회가 이러한 측면도 가지고 있는 현실
을 인정해야 한다는 일종의 타협적·절충적 태도라고 할 수 있다. 경제개혁적
요소 도입의 근거로써 활용된다는 것은 충분히 있을 수 있는 일이다.

---

22) 유시영, 「련합기업소는 우리 식의 새로운 기업소조직형태」, ≪경제연구≫, 제1호
　　(1987), 27쪽.
23) 리동구, 「가격의 일원화와 그 실현에서 나서는 몇 가지 문제」, 31쪽.
24) 윤애순, 「사회주의 로동생활의 공산주의적 성격과 과도적 성격」, ≪경제연구≫, 제4
　　호(1993), 15쪽.
25) 『경제사전』, 1권(평양: 사회과학출판사, 1985), 733쪽.

3. 자료발굴 사례 1: 경제정책 기조

이제부터는 몇 가지 사례를 통해 자료를 직접 발굴, 생산하는 방법을 제시하고자 한다. 이 절에서의 기본적인 방향은 양적 분석과 질적 분석의 결합이다. 이를 통해 북한당국의 경제정책 기조, 경제운영에 대한 당국의 생각, 의도 등 경제분야의 시대적 흐름을 파악할 수 있다.

1) 국방공업

2000년대 《경제연구》를 순차적으로 읽다 보면 빈번하게 등장하는 주제를 쉽게 발견할 수 있다. 좁게는 국방공업 우선정책이고, 넓게는 선군시대의 경제정책 기조다. 《경제연구》가 국방공업을 본격적으로 다루기 시작한 것은 2003년부터이고[26] 그 흐름은 필자가 확인할 수 있었던 2008년까지 이어졌다. 국방공업이나 선군 혹은 선군시대가 포함된 논문은 2003년 1호부터 2008년 4호까지 두 차례(2007년 1호와 2008년 1호)를 제외하고는 매 호에 등장한다. 각 호마다 적을 때는 1편에서 많을 때는 4편까지, 평균적으로 보면 2편 정도로 지속적으로 등장한다. 결국 2003년 이후로 북한의 경제운영에서 국방공업 우선정책이 핵심적 지위를 차지하고 있음을 짐작할 수 있다.

사실 국방공업이라는 용어, 범주는 2000년대에 새로 등장한 것이다. 따라서 《경제연구》는 개념에 대한 설명부터 시작해서 이 범주의 의미, 역할 등에 대해 이론을 전개하고 심화발전시키는 임무를 부여받았음은 쉽게 짐작할 수 있다. 이론화 초기에는 대개 다음과 같은 논리였다.

---

26) 그 이전에 2001년 1호와 2호에 아주 간략하게 국방공업, 선군정치에 대해 언급한 적은 있다.

사회주의 경제건설에서 새로운 변혁을 이룩하자면 무엇보다도 국방공업을 중시하고 여기에 선차적인 힘을 넣어야 한다. 이것은 선군시대의 요구로부터 제기되는 중요한 과업이다.[27]

이론화가 조금 더 진전되게 되면 국방공업우선론은 '선군시대 사회주의 경제건설 노선'의 지위를 부여받게 된다. 특히 이는 김정일 위원장의 지시와 직접적인 관련이 있다는 데 주목할 필요가 있다.

군사는 국사 중의 제일국사이며 국방공업은 부강조국 건설의 생명선입니다. 군사와 국방공업을 떠나서는 경제강국도 건설할 수 없으며 나라와 인민의 안녕도 생각할 수 없습니다. 우리나라에서는 군사가 첫째이고 국방공업이 선차입니다.[28]

위대한 김정일 동지께서는 국방공업을 우선적으로 발전시키면서 경공업과 농업을 동시에 발전시키는 것을 선군시대 사회주의 경제건설 노선으로 천명하셨다. … 국방공업의 우선적 발전은 국방공업을 중시하는 원칙에서 국가의 경제투자에서 국방공업의 몫을 먼저 조성하고 노력, 설비, 자재, 전력 등 필요한 모든 것을 최우선 보장할 것을 요구한다.[29]

이러한 선군시대의 사회주의 경제노선은 북한이 1950년대 중·후반부터 내

---

27) 오선희, 「공화국의 위력을 떨치는 데서 올해 사회주의 경제건설의 주요과업」, ≪경제연구≫, 제1호(2003), 7쪽.

28) 김정일, 『김정일 선집』, 14권(평양:조선로동당출판사, 2000), 457쪽.

29) 리기성, 「위대한 령도자 김정일 동지께서 새롭게 정립하신 선군시대 사회주의경제건설로선」, ≪경제연구≫, 제2호(2003), 5쪽.

세우고 있는 '사회주의 경제건설의 기본노선', 나아가 기존의 중공업 우선전략과의 교통정리가 불가피하게 된다.

> 선군시대 사회주의 경제건설 노선은 중공업을 우선적으로 발전시키면
> 서 경공업과 농업을 동시에 발전시킬 데 대한 사회주의 경제건설의 기본노
> 선과 구별되는 별개의 노선이 아니며 그것을 배제한 것이 아니다. 선군시
> 대 경제건설의 노선은 사회주의 경제건설의 기본노선을 계승하고 있다.[30]

국방공업의 이론화 심화발전과정에서 북한은 기존 마르크스이론에 기초한 경제학이론까지 수정하기에 이르렀다. 기존에는 사회적 생산을 두 범주, 즉 생산수단 생산과 소비재 생산으로 구분했으나 이제는 국방공업부문도 별도의 범주로 파악해 사회적 생산은 세 범주로 파악하기에 이르렀다. 동시에 축적에 대한 이론도 새롭게 개편했다. 북한당국, 그리고 북한 학자들이 국방공업에 대해 부여하는 가치가 어느 정도인지 단적으로 나타나는 대목이다.

> 사회생산물의 현물형태에 관한 마르크스의 견해는 선군시대의 요구에
> 맞지 않는다. … 사회생산물의 현물형태를 두 가지가 아니라 세 가지로
> 구분하는 조건에서 사회적 생산도 세 가지 부류로, 즉 군수품을 생산하는
> 부문, 생산수단을 생산하는 부문, 소비재를 생산하는 부문으로 구분해야
> 하는 것이 옳을 것이다.[31]

---

30) 박명혁, 「사회주의기본경제법칙과 선군시대 경제건설에서 그의 구현」, ≪경제연구≫, 제3호(2003), 9쪽.
31) 심은심, 「선군시대 재생산의 몇 가지 리론 문제」, ≪경제연구≫, 제2호(2004), 11~12쪽.

군수생산물을 생산하는 부문을 독자적인 사회적 생산부류로 구분 …
이로부터 사회적 생산은 생산되는 최종생산물의 현물소재적 내용과 용도
에 따라 군수 생산부문, 생산수단 생산부문, 소비재 생산부문으로 구분할
수 있을 것이다.[32]

선군시대의 요구에 맞게 축적에 대한 개념은 나라의 방위력을 강화하
고 인민들의 장래행복을 위해 국민소득을 이용하는 것으로 규정되어야
한다. 그리고 축적의 형태에서 생산확대에 돌려지는 생산축적을 기본으
로 할 것이 아니라 군수물자의 저장과 전시에도 생산을 계속할 수 있게
설비, 자재, 식량 등의 예비를 조성하는 것을 우선시하고 기본으로 해야
한다.[33]

2) 화폐금융 및 재정

화폐금융 및 재정 분야는 1990년대 들어 지금까지 지속적으로 다루어지
고 있는 분야다. 처음으로 등장한 것은 1986년 ≪경제연구≫ 복간호였지만
이후 5년 정도 자취를 감추었다가 1991년에 다시 등장했고, 1993년부터는
거의 매년[34] 한두 편씩, 많을 때는 세 편이나 등장했다. 이는 북한 경제가 하
향추세가 뚜렷해진 1980년대 후반, 특히 1990년대 경제위기 이후 부각된 새
로운 경제적 고민이자 과제임을 시사한다. 즉, 이 문제에 대한 관심이 높아

---

32) 한규수, 「선군시대 경제건설로선의 기본요구에 맞게 사회적 생산 부류들 사이의 균
형설정에서 나서는 몇 가지 문제」, ≪경제연구≫, 제1호(2006), 22쪽.

33) 심은심, 「선군시대 재생산의 몇 가지 리론 문제」, 13쪽.

34) 1993년부터 2008년까지 화폐금융분야의 논문이 게재되지 않은 해는 1998, 2003년 정
도다.

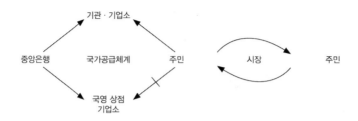

〈그림 4-1〉 북한의 화폐 유통과정

졌다는 것, 달리 보면 경제 구조가 변화했다는 것을 감지할 수 있다.

이 분야에 대한 ≪경제연구≫의 논문을 살펴보면 최소한 학자들 차원에서는 이 분야에서 무엇이 문제인지, 그 문제의 원인은 무엇인지, 그 문제에 어떻게 대처하면 되는지에 대해 비교적 명확하게 인식하고 있음을 파악할 수있다. 이는 화폐금융 및 재정 분야가 다른 경제분야와 구별되는 특성이기도하다. 다른 분야에서는 문제에 대한 인식의 수준이 그 정도는 아니다.

≪경제연구≫를 읽으면 이 분야에서 북한당국의 문제의식이 무엇인지 끄집어낼 수 있다. 대체로 다음의 두 가지인데, 물론 이 두 가지는 강한 연관성을 가지고 있으며 크게 보아 하나의 문제덩어리라고 볼 수도 있다. 첫째, 화폐구매력 저하, 즉 인플레이션 문제다. 둘째, 국가재정수입 감소문제다.

이러한 인플레이션은 왜 발생하는가? 여러 요인이 복합적으로 작용하고있다. 우선 유통화폐량이 필요화폐량보다 많다. 그리고 이는 화폐량과 상품량 사이, 주민의 화폐수입과 지불 사이의 불일치, 국가 전체적으로는 화폐방출과 화폐회수 간 불일치가 가장 큰 요인이다. 이는 주민수중에서의 현금침전을 수반한다. 국가공급체계가 붕괴되면서 주민들은 국영 상점망이 아니라 암시장(종합시장)을 통해 생필품을 구매하게 되고, 이에 따라 국가에 화폐가 환류

(회수)되지 않은 채 주민들 사이에 쌓여가게 되는 것이다(〈그림 4-1〉 참조).

아울러 국가의 원자재공급체계가 흔들리면서 기업소 간 비공식적인 원자재거래를 위한 현금거래, 현금보유 증가에 따른 것이다. 또한 기관, 기업소들이 국가통제를 벗어나 국내에서 외화를 유통하거나 기관, 기업소 들 간 외화를 거래하는 사례증가에 따른 것이다. 이와 함께 국가가 재정적자를 메우기 위해 돈을 찍어내면서 통화팽창을 부추긴 것도 무시할 수 없는 요인이다.

아래의 구절들은 이러한 메커니즘 및 〈그림 4-1〉에 대한 상상에 도움을 준다. 문제의 원인을 제대로 파악하고 있다는 사실이 놀랍기조차 하다.

> 현금유통 조직사업을 잘하지 못하게 되면 현금운동의 정체와 현금운동과 상품운동의 배리, 주민 수중에서의 현금의 침전과 현금의 지역적 편차와 같은 현상이 생길 수 있다.[35]

> 현실적인 화폐 유통과정을 들여다보면 일부 현금들이 개인 수중이나 기관, 기업소의 금고들에 머물러 있게 된다.[36]

> 주민 수중에서 늘어나는 현금량이 행정단위로 조직되어 있는 지역시장[37]에 흘러갈 수 있기 때문이다. … 지역시장 동태가 나라의 통화조절 상태에 적지 않은 영향을 미치고 있는 현실.[38]

---

35) 최경희, 「사회주의 사회에서 화폐류통 공고화의 기본방도」, ≪경제연구≫, 제3호(1993), 37~40쪽.

36) 리원경, 「사회주의 하에서의 화폐류통 법칙과 화폐류통」, ≪경제연구≫, 제1호(1986).

37) 2003년부터 합법화된 암시장을 한국에서는 종합시장이라고 부르고 있는데 북한에서는 이를 지역시장이라 칭하고 있다.

38) 리원경, 「현 시기 나라의 통화조절분야에서 제기되는 몇 가지 원칙적 문제에 대하여」,

문제의 원인에 대한 인식은 문제해결에 대한 처방으로 이어진다. ≪경제연구≫의 글들을 종합하면 북한당국 스스로 인식하고 있는 대책은 다음의 다섯 가지로 집약된다. 그리고 이러한 처방은 대체로 적절한 것으로 평가할 수 있다. 물론 해결방안을 제대로 실천·실행하는지 여부는 별개의 문제다.

첫째, 상품공급의 확대(공급의 정상화)다. 이는 7·1경제관리개선조치를 계기로 한 국영 상점망의 시장화정책의 배경이기도 하다. 즉, 비록 수입상품이지만 국영 상점에 물건을 채워 이를 주민에게 판매해 주민에게서 화폐를 환수, 인플레이션 압력을 줄임과 동시에 국가 재정수입을 늘리고자 하는 의도인 것이다.

> 화폐유통의 공고화를 위한 기본방도는 … 상품량을 끊임없이 늘이고 그 공급 사업을 개선하는 것이다. … (또한) 현금유통 조직사업을 잘 짜고 드는 것이다. … 현금방출과 현금회수 사이의 균형을 확고히 보장하는 것.[39]

> 상품유통은 화폐유통을 동반한다. … 상업망들에 상품을 집중시키면 국가상업망을 통한 화폐유통량이 증대되고 그에 따라 상업부가금 수입이 늘어나게 되며 더 많은 자금이 국가수중에 들어가게 된다. … 상업망을 통한 국가예산수입을 적극적으로 늘여나갈 수 있다.[40]

둘째, 은행 등을 이용해 주민들의 유휴자금을 흡수하는 것이다. 특히 이를

≪경제연구≫, 제2호(2006), 37쪽.
39) 최경희, 「사회주의 사회에서 화폐류통 공고화의 기본방도」, 37~40쪽.
40) 선우련희, 「사회주의적 상품공급질서를 확립하는 것은 인민생활향상의 중요방도」, ≪경제연구≫, 4호(2008), 26~31쪽.

위해 주민들에게 이자율을 인센티브로 제공해야 하고, 또한 은행이 신용을 지켜야 한다고 본다. 초보적이지만 상업개혁을 연상시키는 면이 있다.

재정금융기관들은 개인 수중에 있는 유휴화폐를 국가수중에로 최대한 동원하기 위해 저금, 보험 공간들의 역할을 결정적으로 높이도록 하는 한편.[41]

저금 및 예금사업을 개선하는 데서 중요한 것은 우선 예금 이자율을 합리적으로 설정하는 것이다. … 저금 또는 예금자들이 이 사업에 관심을 가지도록 해야 한다. … 저금 또는 예금사업에서 신용을 지키는 것은 저금 또는 예금수입을 늘이기 위한 중요한 방도다. 저금 또는 예금한 돈을 아무 때나 찾을 수 있게 하는 것.[42]

셋째, 기관, 기업소의 화폐거래를 은행에 집중시키는 것이다.

오늘 화폐유통을 원활히 하도록 하는 데서 제기되는 중요한 문제의 하나는 모든 기관, 기업소 들이 자기의 화폐자금을 은행에 집중시키고 은행을 통해서만 화폐거래를 진행하는 것이다. … 화폐자금을 은행에 집중시키기 위해서는 기관, 기업소 들의 현금 보유한도를 과학적으로 규정해 적당한 화폐량을 가지고 있도록 하는 것과 함께 불가피하게 보유한도를 초과해 가지고 있는 현금을 빨리 은행에 입금시키도록 대책을 세우는 것이 중요하다.[43]

---

41) 리원경, 「현 시기 나라의 통화조절분야에서 제기되는 몇 가지 원칙적 문제에 대하여」, 37쪽.

42) 홍영의, 「화폐자금을 은행에 집중시키는 것은 화폐류통을 원활히 하기 위한 중요담보」, ≪경제연구≫, 제4호(2006), 28쪽.

넷째, 외화를 국가가 통일적으로 관리하는 것이다. 즉, 외화를 다루는 모든 기관, 기업소 들이 국가의 통일적인 계획, 지도, 통제 아래 수입 및 지출 거래를 수행한다는 것이다.

인민경제 모든 부문의 기관, 기업소 들이 번 외화를 무역은행에 집중시키고 국가의 승인 밑에서만 쓰도록 하며 국가의 통제 밖에서 외화거래를 하거나 외화를 쓰는 일이 없도록 하며 특히 국내에서 외화를 유통시키거나 기관, 기업소 들 사이에 외화를 거래하는 일이 없도록 통제하는 것.[44]

다섯째, 국가예산적자를 통화팽창으로 메우려는 유혹을 뿌리쳐야 한다는 것이다.

국가예산지출이 유통화폐량의 증대로 이어지는 길을 최대한으로 막는 것은 통화조절을 원만히 진행하기 위한 중요한 조건으로 된다.[45]

발권 규모를 과학적으로 규정하지 않고서는 … 통화팽창의 결과를 초래할 수 있다.[46]

43) 같은 글, 26~27쪽.
44) 고재환, 「화폐류통을 공고화하는 데서 나서는 중요요구」, ≪경제연구≫, 제2호(1991), 45쪽.
45) 리원경, 「현 시기 나라의 통화조절분야에서 제기되는 몇 가지 원칙적 문제에 대하여」, 37쪽.
46) 양선희, 「사회주의 사회에서 은행권의 발행과 그 규모규정방법론」, ≪경제연구≫, 제1호(1995), 31쪽.

4. 자료발굴 사례 2: 이른바 변화

이 장에서는 주로 자료에 대한 질적 분석을 다룬다. 이를 통해, 이른바 '변화'와 관련된 자료를 발굴, 생산하는 방안을 제시한다. 즉, 북한당국의 전반적인 경제정책 기조, 경제운영방식 등에서 어떤 변화가 발생했는지를 실증적으로 뒷받침할 자료를 만들어내는 방안을 고민해보기로 한다.

1) 이윤

이윤의 사례는 ≪경제연구≫를 통해 장기간의 종단 분석을 시도, 이른바 '변화'의 문제를 도출하는 것이다. 즉, ≪경제연구≫ 내에서 이윤에 대한 북한당국의 인식과 태도가 어떻게 달라졌는지 추적해보는 것이다.

북한은 오랜 기간, 기업의 경영활동 결과를 평가하는 기준(혹은 지표)으로써의 이윤에 대해 매우 부정적인 견해를 가지고 있었다. ≪경제연구≫에서도 이윤에 대한 비판적 논조의 구절은 쉽게 찾아볼 수 있었다.

이윤본위제는 우선 사회주의 경제가 인민을 위해 복무하는 경제로 될 수 없게 한다. … 이윤본위제는 사람들에게 개인 이기주의를 조장시킨다.[47]

자본주의적 방법은 이윤지표를 '만능지표'로 삼으며 현물지표는 이윤지표에 종속된다. 이윤지표를 '만능지표'로 삼으면 인민들의 물질생활향상에 절실히 필요한 사용가치 증대에 기여할 수 없다. … 이윤지표를 '만

---

47) 박경옥, 「이윤본위를 배격하고 경제관리에 가치법칙을 옳게 리용하는 데서 나서는 중요한 문제」, ≪경제연구≫, 제2호(1996), 50쪽.

능지표'로 삼는 경제는 돈벌이를 목적으로 하게 되며.[48]

그런데 언제부터인가 변화가 보이기 시작했다. 한편으로는 지표로써의 이윤의 중요성을 언급하거나, 기업계획 수행실적을 평가하는 여러 지표에 자연스럽게 이윤을 포함시키는 것이다. 다른 한편으로는 지표로써의 이윤을 부정적으로 평가하는 글 자체가 자취를 감춘 것인데, 이는 ≪경제연구≫에서는 1999년부터로 보인다. 그리고 이윤을 긍정적으로 평가하고, 기업경영 실적평가지표로써의 이윤의 중요성을 논할 때 대개는 실리주의라는 포장을 씌웠다.

실리주의로 나가는 데서 다음으로 중요한 것은 일꾼들이 경제적 공간을 튼튼히 틀어쥐고 기업관리를 과학적으로 하는 것이다. 실리보장에서 일꾼들이 경제적 공간을 틀어쥔다는 것은 원가와 가격, 이윤 등을 정확히 따지면서 타산을 바로 하여 원가를 낮추고 이윤을 높일 수 있는 방도를 찾아 끊임없이 실현해나간다는 것을 의미한다.[49]

현 시기 강성대국 건설의 요구에 맞게 계획사업의 체계와 방법을 더욱 개선 완성해나가는 데서 나서는 중요한 문제는 다음으로, 질적 지표, 화폐지표의 계획을 중시하는 것이다. … 계획과제를 금액으로 표시하는 원가, 이윤 등과 같은 화폐지표를 홀시하게 되면 … 경제적 효과성이 높아지는 것이 아니라 낮아지고 나라와 인민에게 이익을 주는 것이 아니라 손실을 줄 수 있다.[50]

48) 리명호,「경제관리와 경제제도의 련관을 부인하는 기회주의적 견해의 반동성」, ≪경제연구≫, 제1호(1998), 50쪽.
49) 리상우,「상업의 최량성 규준과 그 리용」, ≪경제연구≫, 제4호(1999), 33쪽.
50) 강웅철,「주체적인 계획경제 관리원칙을 철저히 관철하는 것은 우리 제도제일주의를

물론 7·1경제관리개선조치 이후 기업계획 수행평가지표로서 '번 수입지표'가 새롭게 등장한 사실에서도 커다란 변화의 흐름을 감지할 수 있다. 번 수입지표는 이윤 + 임금이라고 볼 수 있기 때문이다.

더 큰 것은 이후에 다시 새롭게 등장한 '사회순소득'지표다. 일각에서는 북한이 이제는 더 이상 '번 수입지표'를 사용하지 않는다고 주장[51]하고 있으나 이는 아직 확인되지 않고 있다. 다만 ≪경제연구≫ 하나만 놓고 보면 2007년 이후부터는 사회순소득 및 순생산액, 특히 사회순소득을 가장 중요한 지표로 사용하고 있는 것으로 보인다. 개별 기업 차원에서의 사회순소득은 "판매수입에서 생산물의 원가를 공제한 나머지"로 규정되는데, 이는 사실상 이윤과 동일한 것으로 보아야 한다.

> "공장, 기업소 들에 계획을 줄 때 생산량만 주지 말고 이윤과제와 외화
> 과제도 주는 것이 좋을 것 같습니다"(『김정일선집』, 13권, 24쪽). 사회주의
> 원칙을 확고히 지키면서 가장 큰 실리를 얻기 위한 경제관리방법을 해결하
> 는 데서 중요한 것은 실리지표인 사회순소득지표를 잘 이용하는 것이다.[52]

이 글을 보면 김정일 위원장의 발언을 앞에 내세워 사회순소득지표의 중요성을 강조하고 있다. 이 구절에서도 사회순소득이 이윤과 동일함을 암시받을 수 있다. 사회순소득이 이윤이라는 사실을 직접적으로는 말하지 못하고, 이윤과제도 필요하다는 김정일 국방위원장의 발언을 내세워 사회순소득

구현해 나가기 위한 확고한 담보」, ≪경제연구≫, 제4호(2002), 12쪽.

51) ≪민족 21≫ 기자 출신인 이경수는 전 조선대학교 교수 강일천이 자신과의 인터뷰에서 "번 수입지표를 더 이상 사용하지 않는다"라고 밝혔다고 전하고 있다. 이경수, 「시장에 대한 북한의 정책 연구」(북한대학원대학교 석사학위논문, 2008), 22쪽.

52) 최송렬, 「사회순소득은 공업생산계획의 중요지표」, ≪경제연구≫, 제1호(2008), 28쪽.

이 무엇이고 왜 중요한지를 간접적으로 설명한 것이다. 더욱이 이 지표가 얼마나 중요한지에 대해서도 분명하게 제시하고 있다.

> 사회순소득계획을 현물생산계획과 같이 생산계획지표로 규정해야 공업생산기업소들이 현물생산계획과 함께 생산순소득계획을 어김없이 수행하는 엄격한 규율을 세울 수 있으며.[53]

화폐지표는 단순히 현물지표의 부속지표, 보조적 지표가 아니라 최소한 현물지표 정도의 중요성, 때로는 그 이상의 중요성을 가지게 되었다. 그리고 화폐지표 가운데 이윤이 가장 중요하게 되었다. 자신들이 불과 십여 년 전까지 그렇게 비난해 마지않던, 바로 그 이윤지표가 이제는 가장 중요한 지표가 되었다. 엄청난 변화임에 틀림없다.

2) 가격

≪경제연구≫에서 가격문제를 다룬 논문은 그리 많지 않다. 핵심적이지만 워낙 민감한 주제이기에 활발한 논의가 이루어지기 어렵다. 얼마 되지 않는 논문이지만 모아보면 이 문제에 대한 미묘한 변화를 감지할 수 있다.

1980년대 말에도 국가의 유일적 가격체계, 즉 가격의 일원화체계에서 벗어나 사실상의 시장가격이 적용되는 공간은 존재했다. 하지만 이는 기본적으로 계획 외 경제활동이거나 수공업적 생산품 등 주변부적 경제활동에 국한된 것이었다. 다음의 글에서 보듯이 1990년대까지만 해도 시장가격, 가격 자유화에 대해서는 거부감을 노골적으로 드러냈다.

---

53) 같은 글.

사회주의 배신자들은 '개혁', '개방'의 간판 밑에 … 시장경제의 이론적 독소가 짙게 내포되어 있는 '수요공급설'의 현대판인 '자유시장가격론'을 받아들여 가격의 자유화를 실현하고 시장경제를 추구했다.[54]

그러나 2000년대에 들어 특히 7·1경제관리개선조치 이후 시장가격에 대해 종전보다 훨씬 유연한 태도를 보이기 시작한다. 특히 가격결정에서 수요공급의 역할이 매우 크며, 가격은 수요공급을 조절하고, 나아가 국민경제 내 자원배분에 큰 영향을 미칠 수 있다고 인식하기에 이르렀다. 기존에 자신들이 부정했던 자유시장가격론을 상당 정도 수용했다. 동시에 기존의 노동가치설에서 크게 후퇴하는 태도조차 보인다는 점도 주목할 만하다. 물론 명시적으로 자유시장가격론을 수용한다고 말하진 않지만 '가격의 능동적 조절'이라는 표현으로 계획가격을 시장가격에 근접시키려는 노력을 암시하고 있다.

생산한 사람이 아무리 높은 값을 불러도 수요자의 요구에 맞지 않으면 그러한 소비품 가격은 생산물의 실현을 담보할 수 없다. … 아무리 많은 사회적 노동을 지출해 만든 생산물도 값이 맞지 않아 팔리지 않으면 쓸모 없는 것으로 된다.[55]

가격은 사회적 필요노동지출에 기초하면서도 제품의 쓸모와 인민경제적 의의, 수요와 공급 사이의 호상관계, 국가적 이익과 생산자들의 이해

54) 김순철, 「〈수요공급설〉의 비과학성과 반동성」, ≪경제연구≫, 제1호(1995), 51쪽; 수요공급설은 상품의 가치가 수요와 공급의 상호관계로 규정된다고 보는 견해이며, 자유시장가격론은 자유시장에서 상품의 가격은 오직 수요와 공급의 자연적인 관계로만 규정된다고 보는 견해다. 같은 글, 48~50쪽.
55) 최경희, 「소비상품가격제정의 출발점과 기준」, ≪경제연구≫, 제1호(2006), 33쪽.

관계를 비롯한 여러 가지 요인의 영향을 받게 된다. 가격 공간을 통해 수요와 공급을 조절하는 것은 가치법칙의 본래의 기능이다. 수요에 비해 공급이 부족한 상품의 값은 높아지며 반대로 수요에 비해 공급이 많은 상품의 값은 낮아지는 것이 가치법칙의 작용 밑에 이루어지는 가격의 운동법칙이다. 가격운동의 이러한 법칙은 가격을 능동적으로 조절해나갈 것을 요구한다.56)

5. 맺음말

≪경제연구≫ 정독을 통해 발굴·생산할 수 있는 자료는 기본적으로 북한 경제에 대한 북한 당국 및 학자들의 인식에 관한 것이다. 그러한 인식의 적절성, 현실성 여부는 차치하더라도 그들이 북한 경제를 어떻게 보고 있는지, 어떤 사안을 중시하는지, 어떤 문제에 많은 관심을 두고 있는지, 어떠한 주장과 논리를 펴고 있는지 등을 파악할 수 있다. 예컨대 개혁개방과 관련된 정책과 이론, 이른바 변화라고 한다면, 어디까지 어떤 식으로 변화했는지, 또 아직까지 변하지 않은 것은 무엇인지 파악할 수 있다. 그리고 그러한 변화에 대해 어떤 근거를 제시하고 있는지, 어떻게 정당화·합리화하고 있는지 그려볼 수 있다. 물론 북한 경제의 현실, 실태에 대해서도 부분적으로 파악 가능하다. 일부는 직접적으로, 또 일부는 간접적으로 경제 현실의 모습을 도출할 수 있다. 다만 여기에는 한계가 있다.

북한 경제 연구에서 공식문헌에 대한 정독은 기본 중의 기본이다. 하지만

---

56) 김원진, 「현실발전의 요구에 맞게 가격 공간을 합리적으로 리용하는 데서 나서는 원칙적 요구」, ≪경제연구≫, 제1호(2008), 40~41쪽.

공식문헌에 대한 접근은 그 중요성에 정비례해서 매우 어려운 과정이다. 얼핏 보아서는 자료로써의 가치가 없어 보이는 그 대상들을 향해 다시 한 번 달려들어 가치 있는 자료를 발견하고, 의미를 부여하는 해석의 과정을 통해 자료를 생산하는 것은 지루하고 힘들고 피곤한 과정일 것이다.

그래서 자료를 읽어내는 능력이 결정적으로 중요하다. 그러한 능력을 키우기 위해서는 기본적으로 북한 경제와 직간접적으로 관련이 있는 제반지식의 습득이 필수적이다. 특히 이 분야의 선행 연구, 즉 연구자들의 연구결과물에 대한 섭렵이 중요하다. 아울러 풍부하고 다양한 이론과 시각을 가지는 것이 좋다.[57] 이것은 마치 멋진 요리를 만들기 위해서 수집한 재료들을 잘 벼린 칼로 조리하는 것과 같다. 물론 재료도 중요하지만, 연구자가 결과물을 내는 데 잘 쓸 수 있는 칼(이론)을 가지고 있는지가 더 중요하다. 칼로 쓸 수 있는 이론이 많으면 많을수록 좋은 결과물을 낼 수 있다.[58]

공식문헌에 대한 정독을 통해 자료를 발굴하고 생산하는 것은 매우 중요한 작업이다. 북한 경제에 관한 자료는 너무나도 빈약해서 종종 연구자들을 좌절시키지만 약간의 학습과 훈련을 통해 자료를 발굴·생산해 연구를 진전시킬 여지가 전혀 없는 것은 아니다.

---

57) 북한 경제 연구의 이론, 분석틀, 시각에 대해서는 예컨대 양문수, 「북한 경제 연구방법론: 시각, 자료, 분석틀을 중심으로」, 경남대 북한대학원 엮음, 『북한연구방법론』(한울, 2003)을 참조.

58) 윤택림, 『문화와 역사 연구를 위한 질적 연구방법론』(아르케, 2004), 127~128쪽.

참고문헌

1. 국내 문헌

김광진. 2007. 「북한의 외화관리시스템 변화 연구」. 북한대학원대학교 석사학위논문.

양문수. 2003. 「북한 경제 연구방법론: 시각, 자료, 분석틀을 중심으로」. 경남대 북한 대학원 엮음. 『북한연구방법론』. 한울.

_____. 2005. 「북한에서의 시장의 형성과 발전: 생산물시장을 중심으로」. ≪비교경제 연구≫, 제12권 제2호.

윤택림. 2004. 『문화와 역사 연구를 위한 질적 연구방법론』. 아르케.

이경수. 2008. 「시장에 대한 북한의 정책 연구」. 북한대학원대학교 석사학위논문.

이석기. 2003. 「북한의 1990년대 경제위기와 기업 행태의 변화」. 서울대학교 대학원 박사학위논문.

이주철. 2003. 「북한 연구를 위한 문헌자료의 활용」. 경남대 북한대학원 엮음. 『북한 연구방법론』. 한울.

2. 북한 문헌

『경제사전』, 제1권. 1985. 평양: 사회과학출판사.

≪경제연구≫. 각 호.

김일성. 1970. 『사회주의경제관리문제에 대하여』, 제3권. 평양: 조선로동당출판사.

김정일. 2000. 『김정일 선집』, 14권. 평양:조선로동당출판사.

박영근 외. 1992. 『주체의 경제관리리론』. 평양: 사회과학출판사.

서재영 외. 2005. 『우리 당의 선군시대 경제사상 해설』. 평양: 조선로동당출판사.

제5장

북한 일상생활 연구의 방법론적 모색

박순성 | 동국대학교 북한학과 교수
고유환 | 동국대학교 북한학과 교수
홍민 | 통일연구원 북한연구실 연구위원

1. 머리말: 북한 연구와 방법론적 성찰

1990년대 이후 북한사회에서 나타난 다양한 변화들이 활발히 논의되었다. 경제생활 차원에서 주민들의 국가의존도 약화와 시장의존도 증대, 관료문화와 실천코드의 변화, 경제관념 및 심성의 변화, 노동 및 직장에 대한 태도변화, 정치생활과 집단적 도덕규율의 형식화 등과 같이 생활방식, 의식, 태도에서 나타난 다양한 변화는 '고난의 행군'이라는 극단적인 기아체험과 일상을 둘러싼 사회경제적 변화에서 주민들이 체득한 체험적 진실이 가져다 준 결과라고 할 수 있다. 이 밖에 '장터문화'의 형성, 시장을 중심으로 한 사회적 연결망 및 정보유통의 활성화, 빈부격차 확대와 사회계층화, 가족 구조 변화, 교육일상의 변화, 세대 간 가치 변화, 도시기능과 주거문화의 변화 등은 모두 이러한 주민생계 일상의 고달픔 및 어려움과 연관된 것들이라고 볼 수 있다.

그러나 현 시기 북한 연구가 이런 변화하는 북한사회의 실태와 본질, 그리고 예측에서 적절한 해석력과 방법론적 다양성을 보여주고 있는가 하는 물음에는 여전히 많은 의문이 있다. 그 원인으로 우선 북한 연구가 지금까지 보였던 연구시각, 연구방법의 문제점들을 생각할 수 있겠으나, 그보다 사회의 움직임을 섬세하게 감지하고 깊이 해석하려는 지적 상상력이 아직 다양하게 발휘되지 못하고 있는 점을 들 수 있다.

　이 글은 이러한 문제의식 속에서 북한사회의 지속과 변화, 다양한 면모들을 보는 창(窓)으로 북한 일상생활에 주목할 것을 제안한다. 이 글은 그간 북한 연구에서 그 중요성에도 불구하고 제대로 주목받지 못했던 일상영역을 북한이해의 중요한 연구 대상 또는 주제로 조명하는 한편, 이를 통해 사회에 대한 해석적 다양성을 부여하는 데 의미가 있다. 이는 일상생활을 관점과 주제로 설정하기 위한 개념화, 일상의 영역에 접근하기 위한 연구전략, 방법론, 분석틀 등을 고민하면서 북한사회를 좀 더 입체적이고 다면적으로 이해하기 위한 것이라고 할 수 있다. 나아가 가능한 수준에서 북한사회의 거시 구조적인 흐름과 일상의 미시적인 역동성을 분석적으로 연계해 이 둘의 상호작용을 통해 '변화'를 살펴보는 것도 중요한 연구목표가 될 수 있다.

　그러나 이러한 연구과정은 필연적으로 과거 수행되어온 북한 연구에 대한 방법론적 전회(前悔, self-reflection)를 수반할 수밖에 없다. 사실 일상생활은 주제 영역으로서의 의미도 있지만, 인식과 관점이라는 측면에서는 인식론적 성찰의 문제와도 직결된다. 다시 말해 일상생활 연구의 미덕은 새로운 주제의 발굴에서도 분명 찾을 수 있지만, 그보다는 기존에 익숙했던 인식과 관점, 주제들에 대한 일상 차원에서의 비판적 재해석에서 훨씬 더 많이 발견할 수 있다. 그런 점에서 북한 일상생활 연구는 일종의 이종학(異種學, heterologies)적 성격을 지닌다. 북한 '일상생활'연구는 북한 연구가 채택해온 인식과 관점을 비판적으로 성찰하면서, 동시에 그것을 넘어 북한이라는 타자에 관해 탐문하는 학문이다. 이 글은 이런 문제의식을 바탕으로 북한 연구에서 일상생활 연구가 갖는 의미와 접근방법, 중심문제 등을 살펴본다.

2. 북한 연구의 인식론적 특징과 한계

1) 북한의 폐쇄성과 '우리 안'의 열망

과거 북한 연구에서 북한사회는 종종 칠흑 같은 어둠으로 표현되었다. 폐쇄성으로 인해 그 안을 들여다보는 것이 어렵다는 점과 독재체제와 억압적인 사회질서를 지녔다는 점이 강조된 것이다. 이런 어둠을 들여다보기 위한 투과수단으로 전체주의적 항목들이 주로 동원되었다. 이들 항목들은 북한의 호전적 지도자와 억압적 정치체제를 '어둠의 핵심'으로 지목했다. 이로써 북한은 공공연하게 비합리적이고 폭압적인 타자로 간주되곤 했다. 여기에 이데올로기적 프리즘이 더해져 체제의 악마성과 폐쇄성이 더욱 풍부하게 외연을 갖춰왔다. 우리의 북한이해는 북한사회가 이후에도 어떻게 되어야 한다는 열망의 유형들을 직간접적으로 투영한 가운데 이루어져 온 측면이 있는 것이다.

사실 상대를 적대적으로 타자화하면서 자기강화의 자양분을 얻는 분단체제의 속성 때문에 북한에 대한 애증에 찬 열망들은 북한인식의 다양성을 제약했다. 최고 지도자, 이데올로기, 권력투쟁 등과 같은 낯익은 정치 중심적 연구주제들이 주로 채택되어왔고, 이들 주제들이 차지하는 양적인 연구비중만큼 주제들이 규정하는 북한사회의 억압적 이미지도 강화되어온 측면이 있다. 이러한 다양성의 부족은 사회과학 연구 일반의 상식적 전제인 연구자의 성찰성에도 영향을 미쳐, 몇 가지 익숙한 연구 표상과 주제에 안주하는 방식으로 연구의 긴장도를 높이지 못하는 원인이 되기도 했다.

이것은 인식과 관점에 대한 성찰이 충분히 이루어지지 않은 인상주의적 해석과 정책적 평가에 치우친 연구들이 양산되는 결과를 낳았다. 북한사회를 여타 사회과학이 주제로 삼는 대상만큼 '일반적 상품'으로 보지 않고 교정의 대상이나 예외적 정책대상, 즉 '기형적 상품'으로 대하는 태도가 나타나기도 했다. 이런 태도는 다양한 이론적 시도와 분석기법의 적용을 가로막는 방법론적 편견으로 작용했다. 기형성을 암묵적으로 전제한 시각은 여타 사회와 차별적인 특수성의 논리를 강화하는 연구결과를 가져온다. 더 나아가 풍부한 이론적 자원을 동원하는 상상력을 제약할 소지가 커진다.

이런 문제점은 1990년대 들어와 북한이라는 연구대상의 변화와 북한 연구 환경의 변화에 대한 방법론적 대응에서도 나타났다. 북한 연구에서 현지조사의 어려움은 여전하지만 탈북자 면접 등을 통한 직간접적인 질적 연구의 환경은 일정 정도 개선된 것이 사실이다. 또한 북한의 식량난 이후 우리 사회의 북한에 대한 관심이 좀 더 구체적인 실태를 요구하기 시작했을 뿐 아니라, 민주화 이후 냉전적 검열이 완화되면서 그간 억제되어 있던 북한에 대한 정보욕구도 높아졌다. 이런 환경적 변화는 대중의 북한이해욕구가 최고 지도자나 이데올로기, 정치체제, 사회경제체제를 넘어 좀 더 구체적이고 실질적인 북한현실까지 확장되었음을 보여준다. 그러나 북한 연구는 이러한 변화에 대해 다양한 응답을 하지 못한 측면이 있다.

2) '통치'의 관점과 아래로부터의 관점

기존 연구들이 주로 관심을 기울인 주제들을 살펴보면, 정치·군사적 주제에 대한 관심이 어느 것보다 높았다. 물론 정치-군사적 주제의 비중이 높다는 사실 자체가 문제는 아니다. 북한사회에서 정치-군사적 요인의 규정력이 크다는 현 실태를 반영한 자연스러운 연구경향이라고 볼 수 있다. 다만 지도자, 이데올로기, 정치체제 등에 대한 이해에 비해 그 통치의 대상, 즉 대다수 주민들에 대한 이해가 상대적으로 빈약했다는 점을 지적할 수 있다. 그것은 국가와 사회를 이분법적으로 구분해 어느 일방을 우위에 두는 시각을 통해 더욱 확대재생산되어왔다. 이런 접근은 정치체제에 대한 모델화를 그대로 사회에 투영하거나 사회의 현상을 정치체제의 특징으로 환원해 설명하는 방식으로 나타나곤 했다.

물론 이러한 정치체제에 관한 논의조차도 정치체제의 속성이나 메커니즘에 대한 함축성을 담기보다는 통치의 관점에서 통치행위의 현상적인 이미지를 묘사하는 개념화가 많았다. 더욱이 통치의 관점은 많은 것을 생략하게 한다. 권력이 어떻게 사회로 침투·관철되고 미시화되는지, 또는 어떻게 위로부터의 정치적 의도가 아래에서는 좌절 또는 변형되는지를 적절하게 고려하지 않는다. 또 개인이 일상에서 어떻게 국가와 권력을 경험하고 있는지에 대한 문제의식이 미약했다. 오히려 암묵적으로 사회를 정치체제에서 분리하거나 혹은 사회를 정치체제에 일방적으로 종속되는 위상으로 취급한 측면이 있다. 그 결과, 사회는 정치체제 모델로 규정되는 지위로 전락하거나 최고 지도자의 인격성으로 상징될 뿐이었고, 사회의 구체성과 재생산 구조, 자체의 변화동학에 대해서는 연구자의 관심이 미약했다.

최고 지도자, 정치체제, 이데올로기, 노선·정책 등 위로부터의 통치관점에서 채택된 연구주제는 당과 국가기구, 그것을 장악한 소수 지배집단에 의한 지배와 통제, 그리고 동원의 면모에만 집중할 뿐이며, 사회 및 일반 대중은 기껏해야 지배와 억압의 대상이나 탄압의 희생자로 취급되기 쉽다. '단일화된 사회(monolithic society)'의 이미지 속에서 국가의 광범위한 통제력과 권력의 강제성을 사회와의 이분법 속에서 보기 때문이다. 다시 말해 당-국가가 국가조직의 중·하위 층은 물론이고 지방, 노동현장에 이르기까지 일체의 사회조직과 그 대안들을 선점하고 있다는 것이며, 나아가 지배 이데올로기는 물리적 통제수단을 뛰어넘어 개인의 사고까지 지배하고 있다.

그러나 이런 접근방식은 대부분 경험적이기보다는 연역적이다. 사회를 국가의 통제질서와 행정망에 흡수된 원자화된 개인들의 집합체 정도로 전제한다는 점에서 그렇다. 여기에서 사회와 개인들의 경험적 공간은 존재하지 않거나 부차적인 것으로 취급되기 일쑤다. 나아가 북한사회의 재생산과정을 파악하는 데서 '위로부터'의 의도와 과정만을 일면적으로 조명할 위험성이 높다. 그러나 국가를 사회와 분리된 존재나 우월적 존재로 보는 시각은 한 사회의 재생산메커니즘을 총체적이고 동태적으로 이해하는 데서 한계를 갖는다. 거대한 존재로 나타나는 정치와 권력 기구의 근저에 그 어둠의 이미지와는 다른 질감으로 북한주민들의 삶이 존재했기 때문이다. 이런 삶들은 국가라는 억압성으로는 다 포괄하지 못하는 다양한 실천과 전략으로 이루어졌다. 바로 이것이 우리가 북한의 일상생활에 주목해야 하는 이유다.

3) 공식담론과 일상의 질서

북한이 생산하는 공식담론과 실제 현실을 분석적 여과 없이 동일시하는 시각도 검토해야 한다. 폭압적 권력에 길들여진 피동적 인간상이나 주체사상의 이데올로기로 주조된 인간상은 현실과 대비해서 여과되어야 한다. 북한 공식담론에 가려진 '예외적 정상(the exceptional normal)' 또는 '이례(異例, anomaly)'를 발견하려는 연구노력이 필요하다. 이런 이례들은 작은 부분이나 일회적으로 보이지만, 거대한 공식담론으로 가려져 있는 일상 차원에서의 정상적인 사회적 긴장관계를 엿볼 수 있는 계기를 제공할 수 있다. 따라서 주민들의 생생한 경험세계를 볼 수 있는 자료가 상대적으로 부족한 북한 연구의 경우, 이처럼 이례를 발견하면서 공식담론 이면에 존재하는 사회적 긴장을 발굴하는 분석적 혜안을 개발할 필요가 있다.

사실 공식담론은 북한지배집단이 기대하는 질서의 논리로서 그들의 통치의지를 확인하는 텍스트는 될 수 있지만, 그것이 주민들의 일상적 선택과 실천의 세계관이라고 단언할 수는 없다. 북한의 공식담론은 구체적인 노선이나 정책으로 표명되는 것을 통해 확인되고 설명될 수는 있지만, 주민들의 일상적 실천과 삶의 태도는 다양한 사례를 통해 지속적으로 해석되어야 하는 텍스트다. 이런 문제의식은 공식담론이 지배집단의 기대와 지향을 담아 실제로 사회질서를 정향하는 힘을 어느 정도 가질 수는 있으나, 주민들의 세계관마저 지배하는 일상의 질서로 기능하고 있는가 하는 물음에는 여러 분석적 여과가 필요하다. 이것은 대다수 주민들을 공식담론의 피동적인 수용자로 전제하는 발상보다는 오히려 역으로 주민들의 일상적 실천과 삶의 전략이 지배집단의 공식담론에 어떠한 영향을 미치는지를 살펴볼 필요가 있음을 의미한다.

이런 차원에서 북한 연구는 국가의 단성적 목소리뿐 아니라 주민들의 다양한 목소리를 채집하고 해석하는 방법론과 분석기법에서 좀 더 많은 상상력을 발휘할 필요가 있다. 개인의 울림도(sonority)를 높인다는 것은 사회를 움직이는 다양한 실천에 대한 하나의 횡단적인 독해(transversal reading)를 의미한다. 그런데 지금까지 북한 연구는 사회를 움직이는 실천들에 대해 천착하기보다는 주로 이데올로기와 공식담론의 '외침'을 통해 사회적 변화를 파악하는 경향이 있었다. 오히려 국가의 '외침'과 주민 일상의 '속삭임'을 상호 교차해서 보는 것이 더욱 의미 있는 북한이해의 방법이 될 것이다. 그것은 막스 베버(Max Weber)의 표현을 빌리자면 "유일신의 외양 아래에 존재하는 다신교적인 은밀한 관행과 사고방식"에 대한 좀 더 적극적인 관심을 의미한다.

4) '타자'의 구성과 성찰적 북한 연구

북한 연구를 위해서는 북한이라는 타자를 구성하는 북한 연구자의 존재론적 한계와 이에 대한 성찰을 필요로 한다. 분단역사를 살아왔고 살고 있는 학자로서의 존재, 그 존재의 시선은 결코 타자(북한)에서 객관화된 시선이 아니다. 그 시선 자체가 이미 분단의 구성요소라고 볼 수 있다. '다름'을 보고 있는 우리 자신의 시선, 그 시선이 재현하는 분단과 북한사회도 연구대상이 되어야 한다. 그래서 북한연구방법론은 북한을 대상으로 한 기능적 차원의 '관찰배율' 조절이나 이론적 세공이 아니라, 그것을 바라보고 있는 우리 시선의 문제를 비판적으로 성찰하는 것에서 재구성되어야 한다.

그런 차원에서 북한 연구자들은 남한의 학문체계 전반에 대한 성찰을 운명적으로 수행할 수밖에 없는 존재이다. 사실 한국의 본격적인 근대학문 형성은 대부분 분단사(分斷史)를 관통하며 형성되어왔다. 적대와 대립의 질서를 배경으로 형성되어온 것이다. 그만큼 남북 양 체제는 자기 편의 정당화를 위해 학문을 이용한 경험이 있으며, 서로의 존재를 무시하려고 하면서 실질적으로는 그 준거의 틀 안에 갇힌 학문에서 자유롭지 못한 측면이 있다. 그래서 북한 연구가 자신이 직면했던 학문적 굴레를 드러내는 일에서 시작되어야 한다는 지적은 중요하다.[1]

북한 연구의 인식론적 성찰은 크게 세 부분에서 이루어져야 한다고 본다. 그것은 '나'와 '너', 그리고 '우리'에 대한 인식이다. 이는 북한('너')을 바라보는 인식의 문제, 우리 내부('나')를 비판적으로 인식하는 문제, 그리고 미래의 공동체상('우리')에 대한 인식의 문제다. 이런 세 가지 차원의 인식이 필요한 것

---

1) 조한혜정, 「분단과 공존: 제3의 공간을 열어 가는 통일교육을 지향하며」, 조한혜정·이우영 엮음, 『탈분단 시대를 열며』(삼인, 2000), 345쪽.

은 북한 연구가 단순히 북한만을 바라보는 일방향적 연구도, 통일만을 기능적으로 사고하는 연구도 아님을 뜻한다. 그보다는 분단체제를 구성하는 모든 것에 대한 비판적·성찰적 학문이며, 이를 극복하기 위한 철학적·실천적 학문이기 때문이다.

우선 인식패러다임의 전환을 위해서 우리 내부의 문제, 즉 남한사회의 문제를 북한 연구의 범주에서 새롭게 문제적으로 인식할 필요가 있다. 인식론적 차원에서 우리 내부의 문제는 작은 범주로는 정부의 대북정책이나 외교정책의 접근시각이 되겠지만, 좀 더 근원적인 차원으로는 우리가 가지고 있는 분단 정체성에 대한 문제의식이다. 그것은 일반 국민이 가진 인식체계를 비롯해 북한 및 통일 연구자의 시각과 인식체계에 대한 문제, 그리고 우리 내부의 의사소통문제를 포괄하는 것이다.

그런 이유로 북한 연구는 항상 비판적·성찰적 자세를 견지해야 한다. 단지 연구 절차와 대상에 대한 주의 깊음만을 뜻하지 않는다. 그것은 북한 연구의 시각과 접근이 분단체제의 정치적 이념지형에 의해 일정하게 영향을 받을 수 있다는 것을 인식한다는 점, 또 연구과정이 늘 그것을 경계하는 긴장을 안고 진행되어야 한다는 점에서 비판적이고 성찰적이어야 함을 의미한다. 북한이란 연구대상과 연구자가 갖는 일종의 존재론적 관계에 대한 성찰을 의미한다. 다시 말해 북한에 대한 학문적 접근은 그 자체로 연구자 자신을 포함하는 인식주체와 연구대상인 객체와의 상호구성성을 자각하면서 이루어져야 한다.

3. 북한 일상생활 연구의 필요성과 가능성

1) 북한 일상생활 연구의 필요성

일상생활의 관점은 북한사회를 미시적으로 접근한다는 관찰배율의 문제만을 의미하지 않는다. 북한사회의 구체적 재생산 구조를 일상의 차원에서 발견·해석하고, 그것의 장기적 존재과정이 지닌 힘과 역동성을 인식한다는 것을 의미한다. 단순히 연구 대상이나 주제에 대한 세부적 묘사만으로 그치는 것이 아니라 거시적 배율이나 담론으로는 포착하거나 설명하기 힘든 일상의 구체적 실천들에 주목하고 이들에게 의미를 부여하고 그것이 어떻게 거시적 사회동학과 연동되는지를 살핀다.

이런 차원에서 지방, 공동체, 개인의 다양한 삶의 방식이 사소한 것들이 아니라 사회의 움직임, 변동에 지속적인 변수들로 작용했을 가능성에 대해 깊은 관심이 필요하다. 즉 '아래로부터의 역사(history from below)'라는 관점, 일상생활에 주목하는 접근은 단순히 아래층에서 사회를 보려는 태도를 의미하는 것이 아니라 아래층에서 이루어진 일들이 때로는 실제로 지도자, 중앙 관료의 힘보다 더 사회의 모습을 결정짓는 데 중요한 요소로 작용했음에 주목하는 것이다. 이런 시각은 북한사회가 외면적으로 보이는 억압, 고립, 단절, 동원의 격렬함 이면에 다양한 사회적 관계의 긴장을 함축하고 있는 세계임을 인정한다.

그러한 긴장의 사례들은 단순한 개인적 에피소드로 그치는 것이 아니라 우리가 알고 있는 것보다 훨씬 다양한 사회적 실천과 관계 들 속에서 북한사회가 움직이고 있음을 보여준다. 나아가 어떻게 국가와 권력이 의도하는 기대와 전략을 각 행위자들이 일상의 필터(filter)를 통해 여과하고 의도하지 않은 결과로 변형하는지를 보여준다. 그것은 위로부터의 통치담론질서 아래서 일상의 미시적 질서가 장기적 과정을 통해 어떻게 국가에 대해 압력을 행사했는지를 보는 것이기도 하다.

또한 개인과 집단은 은밀하게 또는 공공연하게 국가제재의 안팎에서 공식적인 규칙과 모순되는 일을 한 면모들을 가지고 있다. 이는 국가의 억압성과 계획경제의 불확실성에 대응한 개인 및 공동체의 은밀한 생존전략의 일환으로도 볼 수 있다. 이를 위해 지역 및 조직 내 사회관계에 내재된 규범과 가치 또는 위계를 통해 상호생존의 연결망과 사회자본을 구축하기도, 상급 당이나 기관으로부터 자신을 보호하는 협력, 공모, 관용의 수혜관계를 맺기도 했다. 또 개인과 공동체는 광범위한 수평적인 관계망을 통해서도 자신과 공동체의 보존을 위해 은밀한 연대의식을 공유하고 실천하기도 한다.

이러한 일상의 정치(everyday politics)는 계획경제의 불확실성과 억압적인 사회질서 내에서 자기보존과 생존의 조건을 마련했다. 은밀하지만 공공연하게 서로의 묵계와 유대를 통해 전개되어온 일상의 정치는 1990년대 들어와 악화된 경제난 속에서 좀 더 공개적이고 다양한 방식으로 발전하면서 일종의 생존일상을 확보하기 위한 차원에서 활발하게 전개되고 있다. 향후 북한 체제의 변화를 예측하고 이해하는 데서 이제 일상의 중장기적 힘과 압력을 무시할 수는 없게 되었다. 또한 과거 사회주의권이 체제전환 이후 지금까지 겪고 있는 사회적 갈등의 주제들 역시 모두 일상의 영역과 관련된 것들이란 점은 북한 연구에서 일상의 영역이 갖는 중요성을 웅변한다.

2) 일상생활 관련 선행 연구의 경향

사회주의체제의 일상생활과 관련한 해외 연구는 1990년대 초반부터 점차 활성화되어 역사학, 사회학, 정치학, 경제학 등의 다양한 전공분야에서 '일상'이란 관점과 개념화를 통해 다양한 연구성과를 생산하고 있다. 크게 주제와 접근방식에서는 과거 일상을 새롭게 발굴하고 해석하는 것과 체제전환 전후로 겪고 있는 다양한 사회적 문제를 일상생활의 차원에서 조명하고 대안을 찾는 접근이다. 또 연구방식에서는 분과학문별로 이루어지는 경우와 각 학문 분과가 협력해 공동의 연구성과를 지향하는 학제 간 연구로 대별할 수 있다.

분과학문별로 본다면, 연구가 활발히 이루어진 분과는 역사학이다. 역사학의 경우 구소련의 스탈린 시기를 중심으로 해제된 과거 기밀문서나 지방 및 하급 기관, 개인들의 일기나 증언들을 사료화해 주민들의 일상생활을 재조명하는 연구, 국가와 인민의 관계에 대한 연구 등이 두드러진다.[2] 한편 상징, 의례, 제의, 언어 등 인류학적 개념과 접근방식을 도입해 국가가 주민들의 일상을 제압하고 통제하고자 구사했던 각종 상징 및 의례, 그리고 주민들이 사적 영역을 통해 구사했던 다양한 일상적 제의를 살펴보는 연구들도 있다.[3] 현실의 사회적 문제와 관련해서는 부패나 연줄 문화의 역사적 기원과

2) S. Fitzpatrick, *Stalin's Peasant: Resistance and Survival in the Collectivization*(New York·Oxford: Oxford University Press, 1994); D. L. Hoffman, *Peasant Metropolis: Social Identities in Moscow 1929-1941*(Ithaca and London: Cornell University Press, 1994); D. Christian, *'Living Water': Vodka and Russian Society on the Eve of Emancipation* (Oxford: Clarendon Press, 1990); S. Fitzpatrick, *Everyday Stalinism: Ordinary Life in Extraordinary Time*(Oxford: Oxford University Press, 1999); L. Viola, *Peasant Revels under Stalin: Collectivization and the Culture of Peasant Resistance*(New York·Oxford: Oxford University Press, 1996); L. Viola, *Contending with Stalinism: Soviet Power and Popular Resistance in the 1930s*(Ithaca and London: Cornell University Press, 2002); E. A. Wood, *The Baba and the Comrade: Gender and Politics in Revolutionary Russia* (Bloomington & Indianapolis: Indiana University Press, 1997).

3) J. Brooks, *Thank You, Comrade Stalin!: Soviet Public Culture From Revolution to Cold War*(New Jersey: Princeton Univ. Press, 2000); C. Lane, *The Rites of Rulers: Ritual in Industrial Society The Soviet Case*(Cambridge·New York·New Rochelle·Melbour-

과정을 살피거나[4] 체제전환 전후 경제생활과 심성의 변화에 대한 연구[5] 등 과거와 현실을 연결하는 역사학적 분석이 진행되고 있다.

사회학, 정치학, 경제학의 경우 크게 체제전환 이전의 사회가 작동하던 방식을 위로부터의 지배와 아래로부터의 일상적 저항의 차원에서 분석하는 연구,[6] 그리고 1990년대 체제전환 이후 러시아 및 동유럽 사회에서 발생한 문제들을 주민 경제생활 및 경제심성 변화 차원에서 분석하는 일상생활 연구가 진행되었다.[7] 이들 연구 대부분은 인류학, 역사학, 사회학, 정치학, 경제학 등 다양한 전공분야에서 존재하는 분석 개념과 이론 등을 동원해 전방위적으로 일상생활세계를 학문적으로 개념화하고 있다는 점에서 공통적이다.

국내 북한 연구에서도 역시 주민들의 일상생활을 조명한 연구들이 이루어져 왔다. 일상에 대한 개념화 수준에 따라 분류하면 첫째, 북한 일상생활세계를 특정한 주제로 영역화해 개념화를 시도한 연구, 둘째, 특별한 개념화는 없지만 일상이란 용어를 사용해 북한주민실태를 보여주는 연구. 셋째, 주민

ne·Sydney: Cambridge University Press, 1981); K. Petrone, *Life Has Become More Joyous, Comrades: Celebrations in the Time of Stalin*(Bloomington & Indianapolis: Indiana University Press, 2000); M. G. Smith, *Language and Power in the Creation of the USSR, 1917~1953*(Berlin·New York: Mouton de Gruyter, 1998).

4) A. V. Ledeneva, *Russia's Economy of Favours: Blat, Networking and Informal Exchange*(Cambridge·New York: Cambridge University Press, 1998).

5) C. Humphrey, *The Unmaking of Soviet Life: Everyday Economies after Socialism* (Ithaca & London: Cornell University Press, 2002); Huang Shu-min, *The Spiral Road: Changes in a Chinese Village Though the Eyes of a Communist Party Leader* (2nd Ed.)(Boulder: Westview Press, 1998).

6) V. Shlapentokh, *Public and Private Life of the Soviet People: Changing Values in Post-Stalin Russia*(New York·Oxford: Oxford University Press, 1989).

7) Karl-Olov Arnstburg and T. Borén(ed.), *Everyday Economy in Russia, Poland and Latvia*(Stockholm: Södertörns högskola, 2003).

생활 및 일상적 측면을 다룬 연구물. 넷째, 북한체제동학과 일상생활세계를 연계한 연구물 등이 있다.

그러나 국내의 일상 관련 북한 연구들은 일상생활세계에 대한 독자적 개념화가 미흡한 상태에서 일상이란 용어를 주민생활이란 차원으로 사용하고 있는 경우가 대부분이다. 또한 일상생활에 대한 기존의 인문사회과학적인 논의와 연계한 개념화는 아직 미약한 실정이며, 인식과 방법의 차원에서 이론화 시도도 이렇다 할 성과로 나타나고 있지 않다. 그만큼 일상생활에 대한 연구의 관심이 최근 들어 강조되고 있는 측면이 있으나, 대체로 특정 거시적 주제를 설명하는 근거자료로 용어가 부분적으로 채택되고 있는 경우가 많다. 따라서 사실상 본격적인 일상생활 연구라기보다는 유사 선행 연구에 가깝다고 할 수 있다.

또한 기존 북한 일상생활주제의 연구들은 다양한 전공분야를 연계하는 인식론적·방법론적 시도 차원보다는, 주민생활에 대한 실태 분석 차원에서 주요 사례를 묘사하거나 설명하는 사회분야 연구의 일종으로 취급하고 있는 경향이 강하다. 따라서 인문 사회과학(인류학, 역사학, 사회학, 정치학, 경제학 등)에서 과거 축적한 다양한 개념 및 이론 들을 적용하고 원용해 개념화를 통한 방법론의 구축을 시도한 경우는 사실 극히 드물다. 그런 점에서 국내 북한 연구에서는 일상생활 연구를 위한 개념화, 인식론적·방법론적 논의가 아직 활성화되지 못한 실정이다.

연구 주제와 시기의 측면에서도 대체로 1990년대 이후 경제난과 시장화에 따른 주민경제생활의 변화와 사회적 일탈의 증가를 주로 일상생활 연구의 주제로 삼고 있는 경우가 많다. 따라서 시기적으로도 북한사회에서 일상생활세계의 변화와 지속을 1990년대 이전부터 중·장기적인 시공간의 관점에서 추적하고 분석하는 연구나, 일상생활이라는 공간을 제도, 사회통제, 규범, 질서 등의 사회 구조적 측면과 개인들의 다양한 실천과 행위 등이 교차하는 사회적 공간으로서 인식하고 이것을 이론화하는 연구는 아직 구체화되지 못했다.

자료의 활용에서도 일상생활 연구를 위한 새로운 자료발굴이나 생성, 그리고 해석의 기술에서는 이렇다 할 진전을 이루지 못한 실정이다. 1990년대 탈북자들의 인터뷰를 활용한 주민생활에 대한 실태 파악과 묘사는 많이 늘어났지만, 대체로 엄밀한 인터뷰 방식이나 구조화된 질문지, 해석적 고민 등을 통해 질적 연구의 차원에서 이루어지는 경우는 많지 않다. 이런 미진함은 일상생활에 대한 인식론적 개념화가 충분히 고민되지 않은 상황과 관련이 있다. 사실 인식론적 개념화는 일상생활의 자료를 어떻게 발굴하거나 생성할 것인지의 방법론과 직결된 문제다. 일상 또는 일상생활이 무엇인가라는 개념화가 없이 일상생활을 들여다보기 위한 방법론이 나올 수는 없기 때문이다. 또한 이것은 텍스트에 대한 해석 및 의미부여와도 직결되어 있다.

4. 일상생활 연구의 경향과 주요 쟁점

1) 일상생활에 대한 학문적 관심과 경향

사회과학 전반에서 일상생활은 1970년대 이전까지 그다지 주목을 받지 못했다. 사회과학에 깊게 각인된 합리주의와 실증주의는 과학이라는 엄밀성에 강하게 집착한 나머지, 인간 존재가 갖는 따뜻함과 분열, 감정적 복잡성을 차단했다.[8] 이로써 사회과학이 인간으로부터 분리된 추상성에 강하게 이

---

8) M. Maffesoli, "The Sociology of Everyday Life: Epistemological Elements," *The Sociology of Everyday Life, Current Sociology*, Vol. 37, No. 1(1989), p. 1.

합집산했다는 비판이 줄곧 제기되었다. 한편 마르크스주의, 구조기능주의와 같은 거대이론들이 현실과 갖는 괴리와 그로부터 야기된 무력감에서 벗어나고자 '피와 살'로 이루어진 평범한 사람들에 대한 관심이 고조된 측면도 있다. 그것은 계량적 조사 연구와 통계적 분석이 갖는 문제와 더불어 거대이론의 개념과 용어 들이 총체적인 사회적 삶의 핵심적 본질을 간과하거나 담아내지 못하고 있다는 비판과도 맞닿아 있다.

그 대안으로 미시이론이나 행위중심적 이론에 대한 관심이 자연스럽게 증대했다. 그간 나타났던 행위중심적 이론의 주요 내용적 특징은 ① 행위자들의 대면만남이 사회생활의 중심특징이라는 점, ② 사람은 창조적·지적이며, 식견이 있다고 보는 점, ③ 어떻게 사회가 작동하는지 연구하기 위해서 행위자의 상황정의를 포착하고자 하는 해석적 방법론이 필요하다고 본다는 점 등이다. 이런 특징들을 관통하는 것은 사회생활에 대한 이해는 실증성보다 행위의 의미를 통해서 좀 더 잘 이해할 수 있다고 보는 것이다. 이른바 질적 접근방법의 재발견, 특히 생애적 접근방법(biographical method) 등이 사회현상 분석에 중요한 방법으로 채택되어야 한다고 본다.[9]

일상생활에 대한 연구의 관심은 바로 이러한 거대이론의 퇴조와 인간행위에 대한 의미의 재발견이라는 학문적 전환을 배경으로 한다. 바로 인간행위의 의미라는 차원에서 일상생활이 주요한 관점과 연구주제로 등장하게 된다. 일상생활은 모든 사람에게 즉각적이고 비성찰적인 지식의 원천이면서도 주관적 체험이라는 측면에서 개별행위자들에게 복잡한 의미의 기초를 이룬다. 또한 일상생활이 자기보존과 삶을 꾸려가는 '인생이라는 연극(life-performance)'의 주요 무대라는 측면에서 행위자들의 상호작용이 구체적으로 이루

---

9) J. M. de Querioz, "The Sociology of Everyday Life as a Perspective," *The Sociology of Everyday Life, Current Sociology*, Vol. 37, No. 1(1989), p. 31.

어지는 공간이고, 일반적 규범과 가치를 정식화하기 위한 의사소통과 호혜적 이해의 계기가 마련되는 공간이다.[10]

사회과학적 이해라는 것이 하나의 현상을 현상으로 보고 그것을 경험하는 방법이 무엇인가를 출발로 삼는 것이라고 본다면, 행위와 의미에 대한 이해 없이는 우리가 실재를 보고 있다고 주장할 수 없다. 그런 점에서 일상생활 연구는 단순히 시야를 아래로 돌린다는 관심의 전환이 아니라 실제의 생활과 개인의 활동을 이론구성의 중심에 놓는다는 점에서 패러다임의 일정한 변화를 의미하며, 방법론적 전회로도 볼 수 있다. 그것은 구조적 강제와 기계적 법칙성, 추상적 담론 등에 압도된 채 생명을 잃어버린 기존의 추상적 이론과는 분명하게 다른 길을 지향하고 있다.

2) 일상생활 연구의 주요 쟁점

(1) 주요 행위자와 관심 대상

일상생활에 대한 학문적 접근은 하층계급을 대상으로 한다는 일반적인 통념이 있다. 가령 역사학의 일상사, 미시사, 생활사 등은 일상행위의 주체로 서민이나 일반 대중을 주로 삼고 있다. 그것은 역사의 기록과 해석에서 제외되었던 '침묵하는 다수'인 대중에 대한 관심 때문이다. 사회과학에서도 일상생활에 대한 접근은 물질문명, 자본주의, 산업화, 기계화, 권력, 이데올로기 등에 의해 일상적으로 소외당하는 존재이자 억압받는 대상인 일반 대중에 천착하는 경향이 있다. 이것은 일상생활을 주로 하찮거나 주목받지 못하는 '보통사람'의 생활이라고 보기 때문이다.

---

10) L. Bovone, "Theories of Everyday Life: a Search for Meaning or a Negation of Meaning?" *The Sociology of Everyday Life, Current Sociology*, Vol. 37, No.1(1989), p. 51.

그러나 이처럼 일상생활의 주요 행위자를 하층계급이나 일반 대중으로 한정할 경우 자칫 해석적 자기제약에 빠질 위험성이 높다. 단순히 사회나 국가를 일정한 계급적 위계, 지배 구조의 위계로 상정하고 여기에서 하층을 주목해야 한다는 입장에 서게 되기 때문이다. 이럴 경우 일상의 영역은 사회를 총체적으로 인식하는 창의 의미보다는 제한적인 계급적 틀에 한정될 가능성이 높다. 또한 실천이나 변혁이라는 목적의식적인 차원에서 일상을 해석할 가능성이 높다.

그렇다고 일상생활에 대한 비판과 일상생활에서의 실천이나 행위가 갖는 변혁의 가능성을 부정하는 것은 아니다. 다만 일상생활을 하층에만 국한할 것이 아니라 지도자, 관료, 인민 등 사회구성원 전체에게 해당되는 공통된 존재론적 근거로 보는 것이 사회를 총체적으로 파악하는 데 적절하다. 이렇게 볼 때 일상생활이라는 창을 통해 사회 각 수준에 접근할 수 있고 전체를 관통하는 일상이라는 공통된 관심의 영역을 갖게 된다. 개인은 개인대로, 지배계급은 지배계급대로, 하층민은 하층민대로, 집단은 집단대로, 국가는 국가대로 일상적 삶과 조직의 운영과 업무가 있다. 따라서 사회 전체의 평상 상태의 분석은 그대로 사회 전체의 총체적 파악이 된다.

(2) 연구의 분석수준

일상생활 연구에서 분석수준에 대한 문제는 연구의 눈높이를 어디에 둘 것인가와 밀접하게 관련된다. 구조적 분석수준에서 일상생활은 행위의 가능성에 초점을 맞추기보다 행위를 구조적 억압의 결과물로 해석하는 데 적합하다. 가령 제도, 규범, 가치 등 구조적 조건이 일상에 부여하는 제약의 차원에서 보는 것이다. 반면 행위자적 분석수준에서 일상생활은 아래로부터의 경험적 차원으로 구조적 억압의 그늘에서 행위자들이 펼치는 다양한 실천과 전략이 갖는 가능성의 공간이다. 이 경우 개개인의 주관적 세계가 좀 더 깊이 있게 고려된다. 한편, 구조와 행위자의 분석수준을 동시에 사용해 둘 사이의 상호작용적인 측면에 주목할 경우, 일상생활은 둘을 매개하는 중요한 실천영역의 의미를 갖는다.

이와 같이 일상생활을 어떠한 분석수준에서 볼 것인지에 따라 연구설계에서 이론틀, 자료취득, 해석 등에서 어느 정도 차이가 날 수밖에 없다. 다만 어느 분석수준을 선택하든지 일상생활은 기존의 인문 사회과학적 인식 구조(개인·사회, 지배·저항, 구조·행위, 객관·주관, 거시·미시 등)에 대한 성찰을 기본적으로 요구한다. 가령 지배와 대중의 관계를 일상생활의 차원에서 볼 경우 분석수준을 어떻게 설정할지의 문제가 도출된다. 일상생활은 개인의 행위를 전제했을 때 비로소 의미가 부여된다. 그렇지만 한편으로 그러한 개인의 실천이 구조적 제약에서 자유롭지 못하다는 점은 일상생활이 구조와 행위의 분석 수준 사이에서 갖는 존재론적 위상이다.

3) 일상생활 연구에 대한 일반적 비판과 반론

우선 구조에 관한 연구를 주관적인 경험에 관한 연구로 대체하려는 경향에 대한 비판이 가장 일반적이다. 이와 더불어 전체 사회에 대한 조망이 결여된 미시적 시각에 천착하고 있는 태도와 개념적 분석을 기피하는 반(反)분석적 태도 등에 대한 비판이 존재한다. 이러한 비판은 보통 일상생활 연구가 개인의 주관적 체험세계를 중요한 해석적 텍스트로 삼는 데서 나온 것이라고 볼 수 있다.

그러나 일상생활 연구는 분과학문별로 다양한 접근양상을 보였기 때문에 하나의 고정된 접근방식으로 특징화하기는 힘들다. 개인의 주관적 체험세계를 중요한 텍스트로 삼는다는 공통적 측면이 있지만, 다른 한편으로 구조와의 연계성은 물론 분석적 방식 역시 연구전략에 따라 얼마든지 결합시킬 수 있다. 따라서 일상생활 연구를 결코 주관에 함몰된 개인사에 대한 천착으로만 특징화할 수 없다. 오히려 거대추상이 방기한 개인에 대한 발견과 주목이며, 그 개인이 구체적으로 구조를 만드는 하나의 미시적 기초임을 강조한다는 데 의미를 둘 필요가 있다.

따라서 일상생활에 대한 연구를 구조를 중심에 놓거나 거시를 표방하는 연구의 결함을 드러내고 보완한다는 차원에서 볼 필요가 있다. 추상화 수준이 상대적으로 높은 구조나 사회변동, 거시사관이 대중의 일상생활을 간과하거나 왜소화한 부분을 좀 더 적극적으로 의미화하는 것에서 일상생활 연구의 장점이 발현된다. 그리고 거시적 변동이론이나 구조적 접근만이 분석적이고 사회적 현상에 대한 적절한 예측과 대안을 마련할 수 있는지도 재고해야 한다.

일상생활은 이성, 합리성, 근대성 등으로 포섭되지 않는 비이성이나 비합리성, 전근대적인 것들이 뒤섞여 있는 세계이기도 하다. 따라서 인과적인 과학주의 논법으로 설명할 수 없는 부분, 즉 주관적 세계를 해석하는 데 일상생활 연구의 미덕이 있다. 거시사관, 거대담론, 구조 등이 발전, 진보, 성장이라는 이름으로 특정가치 속에서 획일화했던 세계관에 대비해서, 일상생활연구는 인간에 대한 애정과 가능성을 발견하는 역할을 한다. 그것은 특정가치와 세계관으로 설명되는 개인들이 아니라 매일의 일상에서 자신이 직면하는 현실을 헤쳐나가는 개인들의 실천이 갖는 다양성을 해석하는 것이라고볼 수 있다.

마지막으로 일상생활 연구는 학문 영역들 사이에 존재하는 기존의 엄격한 경계를 넘어 철학, 심리학, 사회학, 역사학, 정치학, 경제학, 민속학, 문학 등 관련 학문과의 종합적 연구, 즉 탈학제적 연구가 필요하다는 점을 강조한다.[11] 이런 일상생활 연구가 제기하는 학제 간 연구의 필요성은 북한 연구가 종합학문 또는 지역학을 표방하며 탈학제적 연구를 나름의 연구전략으로 채택했음에도, 다양한 학제적 연구의 성과를 보여주지 못한 데서 성찰적 계기를 줄 수 있을 것이다. 그간 북한 연구가 보인 형식적이거나 느슨한 탈학제성을 실질적인 탈학제적 연구로 전환하는 것이 일상생활 연구의 과제다.

결국 일상생활을 바라보는 시각은 결코 하층 민중에 대한 특별한 관심을 획득하려는 것으로 협소하게 이해될 수 없다. 우선 '아래로부터'라는 의미는 그간 역사나 사회를 보는 시각이 목적의식적인 거시적 시각 속에서 엘리트, 지배계급, 남성 등의 주류 중심적 시각으로 조망된 데 대한 비판적·대안적 의미를 내포한다. 따라서 일상은 단순히 하층 민중에 주목한다는 것 이상으로 기존의 지배적·주류적 관점으로 구조화된 학문적 시각, 상징적 구분체계 등이 재생산하는 사회질서에 의문을 제기하는 과정으로 볼 필요가 있다. 그것은 비판과 이해를 결합하는 학술적 시도라는 측면에서도 의의가 있다.

이러한 일상생활 연구의 미덕과 개념화의 난제가 현 시기 북한 연구에 주는 함의는 크다. 우선 북한 연구가 현재 위치한 연구지평과 관련해 기존 연구 시각과 방법론에 대한 성찰과 보완의 기회를 제공하는 측면이다. 두 번째는 아직도 일정하게 온존하고 있는 냉전적 관점에 대해 일상생활 연구가 북한사회를 추상적 이념보다는 구체적 현실에 대한 이해의 관점에서 접근할 수 있는 기회를 제공할 수 있다. 그것은 한편으로 우리 자신은 물론 북한주민의 주관적 세계에 대한 이해 없이 민족이나 통일이라는 목적의식적 당위를 설정하고 접근하는 태도에 대한 성찰적 기회를 제공할 수 있을 것이다.

---

11) 강수택, 『일상생활의 패러다임』(민음사, 1998), 27쪽.

5. 북한 일상생활 연구의 의미와 방향성

1) 일상과 비일상의 구분을 넘어

일상생활이란 공적 생활에 대립되는 의미로서의 사생활이 아니다. 일상성이란 무엇보다 사람들의 개별적인 삶을 매일의 테두리 속에서 조직하려는 일상의 관성이다. 그것은 삶을 매일의 반복 가능성, 시간배분 속에서 배치하는 것이다. 그래서 일상성이란 개인의 역사를 지배하는 시간의 조직이며 리듬이다. 또한 일상생활에는 반복도 있지만 특별한 경우도 있고, 또 판에 박힌 일뿐 아니라 축제도 있다. 따라서 일상생활이란 비일상적인 것, 축제적인 것, 비범한 것에 대한 대립을 의미하지 않는다. 오직 모든 것은 일상성을 통해 일상생활에 수렴된다.

일상성이 사람들을 일과행위와 생활의 규칙적이고 반복적인 리듬으로 조직한다면, 일상생활은 사람들이 그 리듬 밖으로 쫓겨날 때 붕괴된다. 대표적으로 전쟁이나 혁명은 일상생활을 붕괴시킨다. 그러나 일상성은 곧바로 이러한 전쟁이나 혁명의 비일상조차 압도한다.[12] 흔히 '사람은 교수대에서조차도 익숙해질 수 있다'라는 말은 일상성의 성격을 단적으로 보여준다. 인간은 가장 예외적이며 부자연스럽고 비인간적인 환경에서조차 생활의 리듬을 만든다.[13]

가령 1990년대 중반 북한의 '고난의 행군'은 북한주민의 일상생활을 붕괴시켰다. 그러나 계획경제를 중심으로 영위되던 일상생활이 시장교환이 중심인 일상생활로 변하면서 곧바로 새로운 일상생활의 균형이 만들어졌다. 인

---

12) 이진경, 『근대적 시공간의 탄생』(푸른숲, 1997), 34쪽.
13) 카렐 코지크, 『구체성의 변증법』, 박정호 옮김(거름, 1985), 58~76쪽.

간은 어떠한 조건에서도 자기보존의 일상성을 회복하는 본능적 기술이 있다. 어떤 특별한 사건도 결코 일상의 진부함을 제거하거나 그 내용을 완전히 채우지 못한다. 단지 잠시 일상 위에서 번쩍일 뿐 이내 일상의 진부함에 묻히고 만다. 결국 모든 사건과 비일상은 일상으로 수렴된다. 그러한 수렴이 가능한 것은 모든 인간이 자기보존의 일상성을 갖기 때문일 것이다.

2) 구조와 행위의 연계로서 일상생활

일상생활 연구는 사회 현상이나 변화를 분석할 때 구조와 행위를 분석적으로 연계하는 것에서도 의미를 갖는다. 일상생활세계는 개인의 행위에 영향을 미치는 물질적 조건·제도·질서·규범·규칙 등 구조적 조건이 관철되는 공간이자 개인들이 관계를 통해 그러한 구조적 조건 등을 해석하고 그 나름의 방식대로 '재전유'하는 공간이기도 하다. 따라서 일상생활세계는 구조적 강제와 행위의 실천이라는 두 대립적 측면이 상호작용하는 공간이다. 그런 면에서 일상생활세계는 구조가 재생산되는 미시적 상황과 구조를 변화시키는 행위의 가능성이 공존하는 공간이라고 할 수 있다.

일상생활에 대한 연구는 객관적인 사회적 관계와 주관적인 경험세계가 분리된 것이 아니라 의미 있는 실천을 통해 매개되는 하나의 유기적 관계로 공존함을 보여준다. 이것은 일상생활의 세계가 개인과 개인, 집단과 집단 사이의 사회적 교환이 일어나는 가장 기본적인 공간임을 뜻한다. 일상생활은 사회의 지배적인 교환질서의 원리, 교환의 방식, 교환에 대한 문화적 태도 등이 실천되는 공간이다. 따라서 일상생활 연구는 구조와 행위의 관계를 추상적인 이론 차원에서 매개하는 데 그치지 않고 실제의 사회적 관계가 어떻게 개인들의 주관적 경험세계에서 체험·유지·재생산되는지를 볼 수 있다는 점에서 중요하다.

그런 측면에서 일상생활 연구는 사회를 구조화하는 다양한 일상적 계기들에 대한 하나의 횡단적인 독해를 가능하게 한다. 따라서 일상생활 연구는 결코 일부의 비판처럼 구조를 의도적으로 배제하는 연구전략이 아니다. 일상생활을 증발시킨 사회 구조의 분석이 전문적 용어의 나열에 그치거나 메마른 숫자의 조합에 그치기 쉬운 것과 마찬가지로, 전체 사회 구조에 대한 조망이 없는 일상생활의 분석은 잡다한 사실들의 모자이크에 불과할 수 있다. 결국 이 양자를 구체적으로 어떻게 연계시킬 것인가라는 연구전략이 좀 더 중요한 문제다.

3) 거시와 미시: 연구의 관찰배율

거시와 미시는 일종의 사회나 현상을 보는 연구의 관찰배율문제라고 할 수 있다. 거시적 접근이 추상화 수준을 높여 사회나 현상을 전체 맥락에서 조망하고 그 특징을 추출하는 방식이라면, 미시적 접근은 추상화 수준을 낮추고 전체를 이루는 각 부분에 관심을 집중시켜 제도·정책·노선·권력이 생활세계에서 실천되거나 관철·수용·굴절되는 방식을 일상의 차원에서 관찰한다.

따라서 이 둘은 연구대상이 동일하더라도 관찰배율의 차이에 따라 서로 다른 특징이 있다. 즉, 거시적 접근이 큰 조망의 전체적 윤곽의 특징을 포착하는 데 장점이 있다면, 미시적 접근은 그러한 전체적 윤곽을 현실의 삶에서 변화시키거나 전유하고 행위자들을 보여주는 데 장점이 있다. 그러나 이 둘은 이러한 장점의 측면에서 상호보완적이지 결코 대립적이거나 양립 불가능하지 않다. 가령 미시적 접근을 통한 일상생활 관찰이 없다면 거시적 접근을 위한 추상성을 확보하는 데는 한계가 따르기 마련이다. 개인들의 일상적 실천에 대한 이해가 없다면 거시적 관점에서 특징 포착도 설명력을 갖기 힘들기 때문이다.

북한의 일상생활을 연구하는 데도 이 거시와 미시를 관찰배율의 조절 차원에서 활용할 수 있다. 거시적 접근을 통해 일상생활을 둘러싼 주요 환경적 조건을 역사적·공간적·제도적 차원에서 살필 수 있고, 미시적 접근을 통해서는 그러한 역사적·공간적·제도적 차원의 환경적 조건들이 어떻게 주민들의 일상생활에 영향을 미치는지를 볼 수 있다. 결국 일상생활의 연구는 미시적 접근만을 전제하는 것이 아니라 바로 거시와 미시를 연계함으로써 더욱 입체적인 조명이 가능하다는 점에서 방법론적 매력을 지닌다.

4) 지배와 저항: 브리콜라주와 일상의 실천

우리는 한 사회의 지배관계나 지배질서, 지배체제를 지배-피지배 관계에 입각해서 지배와 저항(순응)이라는 도식을 통해 바라보는 데 익숙하다. 지배체제가 작동하는 방식을 지배의 전략을 구사하는 지배자와 이에 순응하는 피지배자들이라는 양자구도에서 파악하거나, 역으로 지배체제의 균열을 아래로부터의 저항이 전면화되었을 때로 보는 방식이다. 결국 지배체제의 변동을 위로부터의 의도와 실천이 보여주는 강제성이나 포섭력 그리고 민중 차원의 순응·동참 또는 저항 사이의 상호관계를 통해 보는 것이다.

그러나 실제로 행위 차원에서 지배와 저항(순응)의 행위를 확연하게 구분해 그것에 고정된 의미를 부여하기란 매우 힘들다. 지위의 상하관계나 위계질서에서는 특정의 사회적 관계가 지배와 순응의 관계로 해석될 수 있다. 그러나 지위나 위계 관계가 모든 행위의 성격을 지시하는 것만은 아니다. 엄밀하게 말하면, 우리가 실천하고 경험하는 일상에서도 지배(의 행위)와 저항(의 행위)이 그 자체로 명확히 구분되지 않고 고정적이지 않다. 직면하는 매일매일의 상황과 그 상황에서 임기응변적으로 채택되는 이해관계의 계산, 자기보존의 의식적·무의식적 선택들이 일상에는 언제나 뒤섞여 있기 때문이다. 다만 위계나 지위질서 내에서는 자신의 역할에 충실한 면모를 가질지 모르나, 일상에서는 충실함 속에서도 나름의 전략이 존재하기 마련이다.

대중은 언제나 이론적 틀과 이해를 넘는 현실이며 공식적 이데올로기로서 그 전부를 포용할 수 없는 대상이다. 오히려 대중은 언제나 정치적·종교적으로 이단적인 존재이며, 표면적으로 공식적 교의를 수용한다 하더라도 항상 그 교의에서 벗어나는 다양성을 갖는다. 어떤 종교도 대중을 하나의 윤리체계로 묶지 못했으며 어떠한 이념도 대중을 영원히 구속하지 못했다.[14] 그런 측면으로 일상에서 개인들의 행위는 '사회 드라마'의 전면과 후면을 오가며 '가면(persona)'을 바꿔 쓰는 행위이며, 그 가면 뒤의 얼굴은 지배와 저항의 이분법만으로 포착하기 힘든 모호성을 가질 수밖에 없다. 아마도 그것은 특정한 이해만으로는 포착할 수 없는 실존적 욕망, 즐거움, 괴로움, 좌절 등이 혼합된 얼굴일 것이다.

북한사회도 이 같은 맥락에서 바라볼 수 있다. 클로드 레비스트로스(Claude Levi-Strauss)나 미셸 드 세르토(Michel De Certau)의 비유를 빌리자면, 북한주민들은 일종의 브리콜뢰르(Bricoleur)로서 끊임없이 제한된 일상생활의 공간에서 행위의 창조성을 발휘하는 존재로 이해할 수 있다.[15] 브리콜라주(Bricolage)란 제한된 조건과 환경에서 "요소들의 새로운 배열"과 "동일한 재료들

---

14) 박재환, 「일상생활에 대한 사회학적 조명」, 미셸 마페졸리 외, 『일상생활의 사회학』, 박재환 외 옮김(한울, 1994), 37쪽.

15) M. de Certeau, *The Practice of Everyday Life*(Los Angeles: University of California, 1984), pp. xx~xxii. 프랑스어 브리콜뢰르란 잡다한 일을 하는 사람을 가리킨다. 브리콜뢰르는 손에 잡히는 것들을 이용해 집을 고치거나 물건을 정리하거나 고장 난 것을 수리하는 데 능숙한 사람을 말한다. 제한된 조건 아래에서 다양한 손재주를 부려 문제를 해결하는 임기응변가라고 볼 수 있다.

의 지속적인 재구성"을 통해 혁신적인 것을 고안해내듯이, 놀랄 정도의 복잡한 문화체계와 실천의 전술과 전략을 만들어낼 수 있는 일상적 실천의 가능성을 뜻한다. 평범한 실천들은 확립된 질서에 대해 말없이 집요하게 저항한다. 그러나 그 저항은 급격한 변화를 위한 계획이나 사회변동을 위한 어떤 교의와 같은 형태를 취하지는 않는다. 이처럼 공공연한 대결이 분명하게 존재하지 않는다는 것은 바로 일상적 실천 그 자체의 본질이기도 하다. 따라서 행위자 자신이 목적의식적으로 저항이라고 생각하지 않는 그 지점을 주목할 필요가 있다.

이러한 인식은 가시적으로 드러나는 태도의 문제, 즉 순응하고 수용하고 저항하는 민중의 드러난 행위와 현상에 초점을 맞추는 것이 그 내부에 은폐되어 있거나 은밀한 방식으로 표현되는 다양한 저항의 전술을 간과할 수 있음을 보여준다. 여기서 말하는 저항의 전술이란 표면적으로 드러나는 반대나 저항의 표시만을 얘기하는 것이 아니다. 그들이 의도하지 않았지만 일상에서 감행하는 다양한 실천들이 지배전략이 기대하고 의도한 대로 실천하는 것 같지만 사실은 그것을 다르게 해석하고 전유하는 문화적 태도를 의미한다는 점이다.

6. 맺음말: 북한 일상생활 연구의 주제 영역

북한주민 생계활동의 중요한 부분을 차지하고 있는 시장, 주민들에 대한 일상적 통제가 이루어지는 체계이자 주민들이 제도와 일상적인 대면관계를 갖는 통로인 관료, 공적인 조직문화를 통해 일상생활의 한 부분을 구성하는 노동, 주민들 대부분의 유년기와 청소년기의 일상생활을 통제하고 규율화하는 교육 등이 중요한 일상생활의 주제 영역이라고 볼 수 있다. 이와 함께 군

대조직의 일상생활도 중요한 주제 영역에 속한다. 북한주민들의 구체적인 일상적 실천이 이뤄지는 공간적 범주로 볼 경우, ① 지역(행정·관료 단위, 마을·도시 공동체 단위 등), ② 시장(장터, 소비 단위, 시장교환 및 유통경로 등), ③ 작업장(공장, 농장, 학교, 군대 등 생산 및 조직 단위)으로 분류할 수 있다.

다음으로 북한체제동학과 일상생활세계의 관계를 통해 주제들을 설정할 수 있다. ① 지배와 저항, ② 국가기구와 일상공동체, ③ 이데올로기와 일상담론, ④ 통치문화와 일상문화, ⑤ 국가상징체계와 일상적 상징제의 등이다. 이들은 공통적으로 국가가 부여하는 제도, 상징, 조직, 규율, 문화 등을 일상생활 차원에서 북한주민들이 어떻게 수용하고 전유하는가를 보여주는 구도라고 할 수 있다. 이 두 축은 상호 충돌과 갈등하기도 하지만 상호침투하면서 체제의 변화를 만들어가는 사회적 과정의 하나라고 볼 수 있다.

마지막으로 일상생활이 사회적 관계를 구성하는 기초이며 사회적 관계를 통해 영위된다는 차원에서 주제 영역을 설정할 수 있다. 사회적 관계를 구성하는 교환형태(호혜, 재분배, 시장)에 기초해 연결망을 구성하는 정보유통 수단 및 내용에 주목하는 것이다. ① 주민들 사이의 공식[공간(公刊) 등], 비공식(소문, 유비통신 등) 정보유통 경로와 내용, ② 시장유통 및 교환체계, 즉 생산·유통·소비 경로와 가격형성 메커니즘을 통한 정보유통, ③ 공동체연대와 사회자본, 즉 가족·친척, 동료집단, 관료체계 등을 통한 정보유통 등을 살피는 것이다.

한편, 수집된 자료를 분석하는 기법과 연구에 활용하는 방법을 설계할 필요가 있다. 하나는 문헌자료, 구술자료, 양적자료 등을 각각의 자료성격에 따라 분석 및 활용 방법을 모색하는 것이고, 다른 하나는 이들을 유기적으로 연계하는 분석모형을 설계하는 것이다. 우선 문헌자료들의 경우 대부분이 국가가 생산하는 담론에 속한다. 이들 공식문헌을 통해 주민일상을 파악하기 위해서는 심층적 내용독해나 '예외적 정상', '이례'를 찾는 기법이 필요하다. 일탈이나 비정상성으로 지목되는 부분들을 찾아 이를 주민들의 실천과 일상을 연결시켜 분석하는 방법을 고려할 수 있다. 구술자료 역시 구술내용의 사회적 맥락과 구술자의 간접경험이나 확인되지 않은 사실들을 분석적 여과를 통해 활용할 필요가 있다. 구술자의 직업, 계층, 지위, 지역, 성별 등에 따른 분석적 여과장치가 요구되며, 간접정보의 생성경로 및 사회적 맥락에 대한 분석적 고려가 요구된다.

생활세계의 공간인 지역, 장터, 작업장과 시장, 관료, 노동, 교육의 영역은 지배권력의 책략과 주민일상이 만나는 공간이며, 주민 대중의 지배 기획 재채용과 은유화 또는 침투 과정을 통해 또는 침투과정을 통해 새로운 변형을 일으키는 공간이라고 볼 수 있다. 일상생활 연구는 권력과 일상, 체제의 거시적 동학과 일상이 상호작용하는 역동성을 중시하며, 이 둘을 연계하는 이론이 필요하다고 본다. 그런 의미에서 일상생활세계에서 벌어지는 일상의 정치가 지배의도 및 강권과 어떻게 충돌했고, 어떤 변화를 일으켰는지에 대한 미시적 과정을 파악하는 것이 중요하다. 동시에 이러한 미시적 역동성이 체제변화에 어떻게 작용했는가에 대한 상관모델을 구축하는 것도 중요하다.

참고문헌

1. 국내 문헌

강수택. 1998. 『일상생활의 패러다임』. 민음사.

박재환. 1994. 「일상생활에 대한 사회학적 조명」. 미셀 마페졸리·앙리 르페브르. 『일
상생활의 사회학』. 박재환 외 옮김. 한울.

이진경. 1997. 『근대적 시공간의 탄생』. 푸른숲.

조한혜정. 2000. 「분단과 공존: 제3의 공간을 열어 가는 통일교육을 지향하며」. 조한혜
정·이우영 엮음. 『탈분단 시대를 열며』. 삼인.

2. 외국 문헌

Arnstburg, Karl-Olov and T. Borén(ed.). 2003. *Everyday Economy in Russia,
Poland and Latvia.* Stockholm: Södertörns högskola.

Bovone, L. 1989. "Theories of Everyday Life: a Search for Meaning or a Ne-
gation of Meaning?" *The Sociology of Everyday Life, Current Sociology,*
Vol. 37, No. 1.

Brooks, J. 2000. *Thank You, Comrade Stalin!: Soviet Public Culture From Re-
volution to Cold War.* New Jersey: Princeton Univ. Press.

Christian, D. 1990. *'Living Water': Vodka and Russian Society on the Eve of
Emancipation.* Oxford: Clarendon Press.

de Certeau, M. 1984. *The Practice of Everyday Life.* Los Angeles: Univ. of Ca-
lifornia.

Fitzpatrick, S. 1994. *Stalin's Peasant: Resistance and Survival in the Collectivi-*

zation. New York·Oxford: Oxford University Press.

_____. 1999. *Everyday Stalinism: Ordinary Life in Extraordinary Time*. Oxford: Oxford University Press.

Hoffman, D. L. 1994. *Peasant Metropolis: Social Identities in Moscow 1929-19 41*. Ithaca and London: Cornell University Press.

Huang, Shu-min. 1998. *The Spiral Road: Changes in a Chinese Village Though the Eyes of a Communist Party Leader*(2nd Ed.). Boulder: Westview Press.

Humphrey, C. 2002. *The Unmaking of Soviet Life: Everyday Economies after Socialism*. Ithaca & London: Cornell University Press.

Karen, P. 2000. *Life Has Become More Joyous, Comrades: Celebrations in the Time of Stalin*. Bloomington & Indianapolis: Indiana University Press.

Lane, C. 1981. *The Rites of Rulers: Ritual in Industrial Society The Soviet Case*. Cambridge·New York·New Rochelle·Melbourne·Sydney: Cambridge Univ. Press.

Ledeneva, A. V. 1998. *Russia's Economy of Favours: Blat, Networking and Informal Exchange*. Cambridge·New York: Cambridge University Press.

Maffesoli, M. 1989. "The Sociology of Everyday Life: Epistemological Elements." *The Sociology of Everyday Life, Current Sociology*, Vol. 37, No.1.

Querioz, J. M. de. 1989. "The Sociology of Everyday Life as a Perspective." *The Sociology of Everyday Life, Current Sociology*, Vol. 37, No. 1.

Shlapentokh, V. 1989. *Public and Private Life of the Soviet People: Changing Values in Post-Stalin Russia*. New York·Oxford: Oxford University Press.

Smith, M. G. 1998. *Language and Power in the Creation of the USSR, 1917-19 53*. Berlin·New York: Mouton de Gruyter.

Viola, L. 1996. *Peasant Revels under Stalin: Collectivization and the Culture of Peasant Resistance*. New York·Oxford: Oxford University Press.

_____. 2002. *Contending with Stalinism: Soviet Power and Popular Resistance in the 1930s.* Ithaca and London: Cornell University Press.

Wood, E. A. 1997. *The Baba and the Comrade: Gender and Politics in Revolutionary Russia.* Bloomington & Indianapolis: Indiana University Press.

제6장

구술자료를 활용한 북한도시 연구

_ 이론적 자원과 방법*

조정아 ㅣ 통일연구원 선임연구위원

1. 머리말

이 글은 탈북이주민들의 구술자료, 특히 생애사 구술자료를 활용해 어떻게 북한도시를 연구할 것인가에 관한 글이다. 이 글은 평성에서 나고 자라 순천, 혜산 등지에서도 생활한 한 탈북이주민[1]을 인터뷰한 후 필자가 들었던 일련의 의문에서 출발했다. 두 시간 동안 생애사 서술방식으로 진행된 인터뷰 내내 필자는 구술자가 나고 자란 평성이라는 도시의 구체적인 장소에 관

---

* 이 글은 조정아, 「구술자료를 활용한 북한 도시 연구」, 『사회주의 도시와 북한』(한울, 2013)을 정리한 것이다.
1) 김경숙(가명, 40대 여성, 평안남도 평성, 순천 등지 거주, 장사). 2009년 탈북(인터뷰 일: 2012.8.14).

한 추억, 생각, 이미지 들을 끌어내려고 했지만, 이야기는 번번이 필자의 의도에서 빗나갔다. 인터뷰의 말미에 던진 필자의 직접적인 질문에 대해서도 구술자는 다음과 같이 평성이라는 도시 대신에 아버지에 관한 추억을 얘기했다.

> 필자: 그런데 선생님은 고향생각하시면 (평성) ○○동이 고향이신데, 내 고향이 이랬지 하고 떠오르거나 그런 장면들이 있을 거 같은데.
> 구술자: 그게 철없는 어렸을 때 아버지가 배전부에서 일을 하셨거든요. 배전부에 철없을 때 따라가서 아버지가 스위치 이렇게 … 그 계기들 하얀 거, 바늘 막 떨리는 거, 큰 배전반 있잖아요. 그걸 앉아서 조종실에서 조종하고 지휘하던 생각이 나요. 그리고 여름에 막 덥잖아요. 그러면 그 이만한 둥그런 바께쯔에, 어디서 그 얼음이 났던지는 몰라요. 얼음덩어리 하나가 이만큼씩 해요. 빙산 깬 것처럼. 그런 거 하나씩 있는데 그걸 이런 망치, 쇳대망치로 딱딱 깨서 한덩어리씩 입에 넣던 생각나는데, 입에 넣으면 역한 냄새가 나던 생각이 나요.[2]

또한 구술자는 평성이라는 도시의 특성을 묻는 질문에 대해서도 평양의 위성도시, 상업도시, 교육도시 등 일반적으로 일컬어지는 평성의 정체성에 초점을 맞추는 대신에, 평성 인근에서 일어난 유명한 살인사건들을 구체적으로 언급한 후, 결론적으로 범죄의 도시, "노랭이, 깍쟁이"의 도시라는 부정적인 특성을 평성이라는 도시의 정체성으로 규정했다. 구술자는 평성에서 태어나서 삶의 대부분을 평성 또는 평성 인근에서 생활했음에도 불구하고 왜 도시의 상징적인 장소나 건축물이 아닌 아버지가 일하던 공장과 아버지

---

[2] 김경숙 녹취록, 36쪽.

일터에서 먹던 얼음조각과 그 냄새로 평성을 기억하는 것일까? 왜 구술자는 우리가 일반적으로 얘기하는 평성의 도시적 특성 대신에 부정적인 면을 평성의 이미지로 꼽는 것일까? 필자는 인터뷰를 마친 후 자료를 해석하는 과정에서 이러한 의문을 해결할 실마리를 찾을 수 있었다. 필자는 녹취록을 반복해 읽다가 다음과 같은 부분에 주목했다.

> 네, 계속 이 주변에서 맴돌았어요. 그래가지고 학교도 몇 참을 옮겼어요, 제가 다시 왔다 또 갔다, 다시 왔다 또 갔다 하면서. 그러던 찰나에 제가 열네 살에 아버지가 … 난 녹음 안 했으면 좋겠다.[3]

구술자는 인터뷰 초입 부분에서 자신의 어린 시절에 대해 말하다가 얘기가 열네 살 무렵에 이르자 돌연 녹음에 대한 거부의사를 밝힌다. 잠깐의 망설임 뒤에 구술자는 청소년기 궁핍의 경험, 열네 살에 아버지가 정치범으로 체포되어 정치범수용소로 끌려간 후 고향에서의 추방, 극심한 가난, 생계연명을 위한 결혼, 힘들었던 장삿길 등 평탄치 않았던 삶의 과정을 구술했다. 구술자의 삶은 아버지가 생존했던, 가난했지만 단란했던 유년기와 아버지가 체포된 이후 생계위협 속에서 평성 부근을 여기저기 떠돌았던 삶으로 이분된다. 이와 같은 생애사를 겪어왔기에, 구술자에게 있어 아버지와 행복했던 한때의 추억이 평성이라는 도시에 대한 기억을 대치(代置)한 것이고, 구술자는 평성이라는 도시의 정체성에 대해 부정적 관점으로 일관된 이야기를 할 수밖에 없었던 것이다.

이와 같은 인터뷰 경험은 필자로 하여금 특정한 도시에서 살아온 다양한 행위자들의 구술자료를 활용해 북한도시를 연구한다는 것이 어떤 의미를 갖

---

3) 김경숙 녹취록, 5쪽.

는 작업인지를 고민하도록 만들었다. 이에 이 글에서는 북한도시정체성 연구의 이론적 기반이 될 수 있는 사회학분야의 도시 연구이론과 관련 개념을 살펴보고, 도시 연구방법론으로서 생애사 자료를 활용한 질적 연구방법의 적용 가능성과 의미를 타진하고, 이에 기반을 둔 북한도시 연구의 주제 영역들을 탐색하고자 한다.

2. 공간, 장소, 지역정체성

우리의 인생은 시간과 공간을 씨실과 날실로 삼아 짜인다. 우리가 행하는 모든 행위는 시간과 공간 속에 자리 잡고 있으며, 공간을 가로지르며 행하는 낱낱의 행위에 의해 우리 인생 속의 시간은 구체적이고 현실적인 것이 된다. 인간의 기본적 존재양식이라고도 볼 수 있는 공간은 철학, 자연과학, 사회과학의 사유대상이 되어왔다. 사회과학영역에서는 오랫동안 시간은 역사학의 기본개념으로, 공간은 지리학의 기본개념으로 간주되어왔으며, 사회학 이론에서도 공간은 시간에 비해 부차적인 의미를 지니는 것으로 간주되어왔다. 그러나 최근 들어 사회학에서는 공간의 재발견이, 지리학에서는 공간의 상대화가 함께 일어나고 있다.[4]

사회학적 관점에서 보면, 사회 공간은 텅 빈 물리적 실체가 아니라 사회적 과정의 산물이며, 다양하고 중층적인 사회관계들이 교차하는 사회적 네트워크다. 동시에 사회 공간은 사회적 과정에 영향을 미치고 그것을 구조화하는 요인으로 작용한다. 피에르 부르디외(Pierre Bourdieu)에 따르면 사회적 공간

---

[4] 구체적인 관련 내용은 마르쿠스 슈뢰르, 『공간, 장소, 경계』, 배정희·정인모 옮김(에코리브르, 2010), 18~28쪽 참조.

이든 물리적 공간이든 동일한 구성조건을 따르며 같은 법칙으로 지배를 받는다. 두 공간의 결합은 너무나 밀접해서 "한 행위자에 의해 점거된 장소와, 획득된 물리적 공간 속에서의 그의 자리는 사회적 공간 속에서의 그 행위자의 위치에 대한 훌륭한 지표가 된다."[5]

마르쿠스 슈뢰르(Markus Scheroer)는 사회과학의 공간이해에 있어 물리적 공간개념과 사회적 공간개념 간 대립과 용기(容器)로서의 공간이해와 상대적 공간이해 간 대립이 나타난다고 분석한다. 용기로서의 공간개념은 공간적인 배치가 행위자에게 미치는 영향과 권력현상을 분석하는 데 유리한 반면, 상대적 공간개념을 취하면 공간의 유지나 구성에서 행위자의 창조적인 가능성과 기회, 공간을 생산하는 행위자들의 의미가 강조된다.[6] 슈뢰르는 사회적 공간의 분석에 있어 공간이 어떻게 사회적으로 생산되는지를 보는 것과 함께, 공간 스스로 무슨 일을 하는지도 함께 고려하는 것이 중요하다고 지적한다.

지리학자 데이비드 하비(David Harvey)는 공간을 그 성격에 따라 절대적 공간, 상대적 공간, 관련적 공간 세 유형으로 구분하는 시도를 했다. 절대적 공간은 사물과 분리된 공간 그 자체, 상대적 공간은 사물의 개체들이 위치 지어져 있는 공간, 관련적 공간은 사물들이 단순한 개체가 아니라 이들 간 관련성으로 존재하며 이러한 관련성으로 인해 형성된 공간을 의미한다. 하비에 따르면 공간을 적절하게 개념화하는 문제는 공간에 투영되는 인간실천을 통해 해결된다.[7]

---

5) P. Bourdieu, "Physischer, sozialer und angeeigneter physischer Raum," in M. Wentz (ed.), *Stadt-Räume*(Frankfurt am Main: Campus Verl., 1991), p. 25. 같은 책, 100쪽에서 재인용.

6) 같은 책, pp. 198~200.

7) 데이비드 하비, 『사회정의와 도시』, 최병두 옮김(종로서적, 1983), 5쪽. 최병두, 「데이비드 하비의 역사·지리유물론」, ≪경제와 사회≫, 제31호(1996), 210쪽에서 재인용.

한편, 가치를 내포하지 않는 객관적이고 추상적 개념인 '공간(space)'과 달리 '장소(place)'는 가치를 내재한 주관적이고 구체적인 개념이다. 공간은 그것을 체험하는 주체의 의미형성과정을 통해 장소로 전환된다. 공간이 과학적이고 열려 있으며 분리된 개념이라면, 장소는 인간적이고 감정적이며 애정이 담긴 개념이다.[8] 인간은 경험을 통해 '공간'을 자신에게 의미 있는 '장소'로 만든다. 장소는 단순한 지리적 위치가 아니라 인간의 삶의 흔적이 묻어 있는 자리, 추억이 깃들어 있는 곳이다. 앞의 인터뷰 사례에서 구술자에게 의미 있는 것은 지도상에서 특정한 지리적 위치를 점하는 평성이라는 물리적 '도시 공간'이 아니라 구술자가 어린 시절 아버지와 함께 했던 아버지의 직장이라는 구체적이고 경험적인 '장소'와 그곳에 결부된 기억이었다. '공간'으로서의 평성은 구술자의 기억이라는 창을 통과하면서 특정한 의미를 지닌 '장소'로 탈바꿈한다.

개별적인 인간의 경험을 매개하는 개념인 장소개념을 물리적·영토적 준거가 중요시되는 공간개념과 구분함으로써 공간을 경험하는 개별주체 간 차이와 타자성의 문제가 명료해진다. 그런데도 장소의 특수성과 공간의 일반성을 결합시키는 문제, 정체성과 장소의 재현 및 상상에 관해 담론적으로 구성된 공간과 구체적인 사회적 실천을 통해 물질적으로 구축된 공간을 개념적으로 결합시키는 문제[9]는 공간이론의 중요한 과제로 남는다.

한편, 경험을 내재한 공간이라는 의미에서 장소는 정체성 형성과 밀접하게 연결되어 있다. 하비는 1970년대 이래 세계자본의 급격한 재구조화로 인해 시공간 압축이 가속화되고 공간장벽이 붕괴되어감에 따라, 과거의 물적·영토적 조건에 비추어 장소를 정의하던 방식이 사라지고, 은유적·심리적 의

---

8) 존 앤더슨, 『문화·장소·흔적』, 이영민·이종희 옮김(한울, 2013), 74쪽.

9) 최병두, 「데이비드 하비의 역사·지리유물론」, 214쪽.

미의 탐구에 새롭게 관심을 기울이게 됨을 지적한다. 하비에 의하면 영토 위주의 장소에 바탕을 두고 형성된 정체성이 민족, 인종, 사회적 성, 종교, 계급 등의 차별화와 서로 겹치면서 장소정체성은 다중적으로 형성된다.[10] 해럴드 프로샨스키(Harold M. Proshansky)에 의하면, 인간은 정주 공간에 대해 정체성을 부여할 뿐 아니라 그 장소에서 인간의 정체성을 끌어내는데, 그는 그것을 '장소정체성(place identity)'이라고 했다.[11] 즉, 특정한 장소 혹은 지역을 공동으로 점유하면서 그곳을 생활무대로 삼고 살아가고 있는 사람들이 그 특정 장소 혹은 지역을 매개로 다른 지역사회집단과 구분되는 공동의 정체성을 형성하게 될 때, 그것을 장소정체성 혹은 지역정체성이라 할 수 있을 것이다. 지역정체성은 '상상의 정체성'이라고 일컬어지는 추상적인 민족정체성(national identity)과 달리 일상의 삶이 이루어지는 장소와 구체적으로 연관된다. 지역정체성 형성의 기반이 되는 장소는 단순한 물리적 공간이 아니라 일상의 삶이 이루어지는 곳인 만큼, 정체성의 형성과 변화를 둘러싼, 이른바 정체성의 정치가 작동하는 방식 또한 매우 구체적이고 현실적이다.[12]

공간과 장소, 지역정체성의 개념과 성격에 관한 이상의 논의를 종합하면, 필자가 탐구하고자 하는 북한도시의 지역정체성의 특성에 대해 다음과 같은 이론적 가정을 할 수 있다. 첫째, '평성의 정체성', '함흥의 정체성' 등으로 이름 붙일 수 있는 북한도시의 정체성은 그곳에 뿌리내리고 살아온 거주민들이 그 공간에서 경험한 것, 그들이 그 공간을 무대로 행한 행동, 그곳에 대한

---

10) 이무용, 『공간의 문화정치학』(논형, 2005), 52쪽.

11) H. M. Proshansky et al., "Place-Identity: Physical World Socialization of Self," *Journal of Environmental Psychology*, Vol. 3(1983), pp. 57~83. 박소영, 『개성 각쟁이의 사회주의 적응사: 북한 신해방지구 개성의 변화』(선인, 2012), 36쪽에서 재인용.

12) 문재원·이상봉, 「마산의 지역성을 둘러싼 정체성의 정치: '가고파' 이미지의 전유와 기획을 중심으로」, ≪石堂論叢≫, 제47집(2010), 60쪽.

생각과 감정과 기억 들을 반영한다.

둘째, 같은 공간에서 살고 있는 사람들이 겪는 공간경험은 결코 동질적이지 않다. 따라서 거주민의 경험에 뿌리를 둔 지역정체성이란 단일하고 동질적인 결을 갖는다기보다는 특정한 의미들로 가득 찬 이질적이고 불균등한 복수의 정체성이다. 또한 도시 공간은 인간의 삶을 담아내는 불변의 용기가 아니라 시공간을 통해 이루어지는 인간의 행위와 상호작용으로 형성되고 변화되는 역동적인 공간이다. 따라서 지역정체성 역시 고정된 것이 아니라 그 지역에서 살고 있는 사람들 간 끊임없는 상호작용 과정을 통해 지속적으로 생성·유동·분열하는 것이다. 또한 이질적인 역사적 시간의 축적물인 공간은 언제나 중첩된 장소성을 띠기 마련이다. 특정 공간의 지배적 장소성은 언제나 복수적 담론 간 경합의 소산이자 동시대 지역사회의 정치적·사회적 선택의 산물이라고 할 수 있다.[13] 중요한 것은 장소는 여러 상이한 집단의 상호작용, 경험, 이야기, 이미지와 표현을 통해서 적극적으로 생산되고 또 변화되는 과정이지 유일한 단 하나의 변경불가한 정체성을 가지고 있지 않다는 것이다.[14]

---

13) 김백영, 『지배와 공간』(문학과지성사, 2009), 527쪽.

14) M. Fratherstone, "Globale Stadt, Informationstechnologie und öffentlichkeit," in C. Rademacher, M. Scheroer and P. Wiechens(eds.), *Spiel ohne Grenzen?*(VS Verlag für Sozialwissenschaften, 1999) p.182. 슈뢰르, 『공간, 장소, 경계』, 284쪽에서 재인용.

3. 도시 공간에 대한 사회학적 탐구

이 장에서는 도시적 생활양식과 도시성을 탐색했던 게오르그 지멜(Georg Simmel), 루이스 워스(Louis Wirth) 등의 초기 도시사회학이론에서 시간지리학의 영향 아래 사회 분석을 위한 시공간 개념을 제시한 앤서니 기든스(Anthony Giddens), 일상생활 연구와 공간에 대한 정치경제학적 관점에서 공간 문제를 접근한 앙리 르페브르(Henri Lefebvre)와 하비 등의 논의를 검토하고, 이들의 논의가 북한도시 공간 연구에 주는 시사점을 살펴본다.15)

지멜은 사회적 작용이 어떻게 공간으로 투영되는지를 분석하고, 이것들이 다시 사회집단의 삶이나 형식에 영향을 주는 방식을 분석하고 있다. 지멜에 따르면 상호작용과 공간은 하나의 상호적인 조건관계 속에 있다. 상호작용 자체가 공간이 없으면 형식적 조건으로 존재할 수 없는 반면, 이 상호작용이 공간의 사회적 중요성을 만들어낸다. 인간활동을 통한 공간의 생산, 그리고 공간적 배치가 인간활동에 미치는 영향, 이 둘을 다 분석하려는 두 개의 철로 방식의 공간이론에 따라 지멜은 공간성질과 공간구성물을 구분한다. 공간의 독점성이 존재하는 공간성질이 상호작용의 양태와 방법에 영향을 미친다면, 공간구성물은 도시나 집처럼 상호작용의 과정을 통해서 비로소 탄생한 공간 구조를 말한다.16) 지멜은 자신의 글 「대도시와 정신적 삶(The Metropolis and Mental life)」을 통해 대도시라는 공간이 도시인들에게 새로운 정체성을 형성하는 장소임을 분석한다. 지멜에 의하면 복잡한 현대적 삶이 등

---

15) 이 장에서 사용하는 '공간'개념은 전 장에서 검토한 바와 같은 인간경험의 내재성을 강조하는 장소와 대비되는 개념이라기보다는 시간과 짝을 이루는 만물의 존재조건이자 행위자들의 상호작용의 장을 의미하는 좀 더 포괄적인 개념으로, 좁은 의미의 '공간'과 '장소'를 모두 내포하는 개념이다.

16) 슈뢰르, 『공간, 장소, 경계』, 72~74쪽.

장함으로써 전통의 해체가 일어나는 현장 속에 살고 있는 도시인은 전근대적 인간과는 달리 새로운 인성과 정체성을 가진 주체로 등장한다. 도시 속에서 개인은 전통과 친족 구조, 전통적 종교에서 해방되지만, 도시는 익명성과 소외로 내몰리는 장소이다.[17] 한편, 촌락이나 소도시와 달리 대도시 거주자 집단의 규모가 커지면 커질수록 "인격의 내적·외적 자유"가 증가한다.[18]

지멜의 이론을 토대로 도시사회학 분야를 정립하는 데 핵심적인 역할을 했던 워스는 도시사회학이 독자적인 학문으로 성립하기 위해서는 도시라는 정주 공간을 고유하게 분석할 수 있는 특정한 변수들을 발견해야 한다고 보았다. 워스는 도시화와 근대화가 낳은 사회화 과정과 문화변동양식을 도시의 생활양식을 통해 규명하고자 했다. 그에게 도시는 사회적으로 이질적인 개체들이 대규모로 밀집해 거주하는 공간이며, 따라서 도시사회의 여러 현상은 "도시의 규모, 밀도, 기능적 유형의 차이에 따라 변화"한다.[19] 도시에서 개인들은 공동체가 주는 밀도효과를 통해 사회 구조의 복잡성을 증가시킨다. 워스는 "도시의 독특한 생활양식을 구성하는 집합적인 속성들"을 도시성(urbanism)으로 규정한다.[20] 지멜과 워스의 논의에서 주목할 점은 도시 공간의 구조적 특성뿐 아니라 도시에 거주하는 사람들의 상호작용과 행위양식의 특성으로 도시의 특성이 만들어지며, 도시의 특정한 양상들이 도시에 거주하는 사람들의 사회관계, 행태, 인성에 영향을 미친다는 것이다.

---

17) 홍준기, 「글로벌 시대의 대도시인의 정체성에 관한 연구: 도시인문학 방법론 논의의 맥락에서-조나단 프리드먼과 짐멜의 이론을 중심으로」, ≪철학탐구≫, 제29집(2011), 72~74쪽.

18) 같은 글, 75~76쪽.

19) L. Wirth, "Urbanism as a way of life," *American Journal of Sociology*, Vol. 44(1938), pp. 1~24. 민유기, 『도시이론과 프랑스 도시사 연구』(심산출판사, 2007), 77쪽에서 재인용.

20) 같은 책, 78~79쪽.

기든스는 시간지리학의 방법론을 활용해 개인의 시간-공간 경로를 통시적인 관점에서 추적하거나, 다양한 사람들이나 집단의 서로 다른 시간-공간 경로를 공시적인 관점에서 서로 비교할 수 있다고 보았다. 스웨덴의 지리학자 토르스텐 헤거스트란트(Torsten Hägerstrand)의 시간지리학에서는 시공간 속에 펼쳐지는 일상적 행위들의 경로와 시공간의 제약관계를 논의함으로써 시공간을 좀 더 구체적인 사회행위 차원에 결부시켰다.[21] 헤거스트란트는 사람이 사회 안에서 활동할 때 받는 다양한 제약을 '능력의 제약', '결합의 제약', '권위의 제약' 세 가지로 분류하고 있다.[22] 기든스는 헤거스트란트의 개념에 기초하는 한편, 시간지리학에서는 '개인들'을 매일 생활에서 직면하는 사회적 무대와는 무관하게 구성되는 존재로 다루는 경향이 있으며, 행위와 구조의 이원론을 되풀이한다고 비판한다. 또한 시공간을 통한 신체의 제약적 성격에만 집중하는 경향이 있고, 권력이론 측면에서의 고찰이 취약하다고 본다.[23] 기든스는 상호행위에 의해 사회체계의 재생산이 이루어지는 집단들의 장소인 '현장(locale)'이라는 개념을 사용해 시공간에서 이루어지는 행위자들의 상호작용을 분석한다.

또한 기든스에 의하면, 시간지리학에서 매일의 시공간 경로를 파악하는 것과 마찬가지로 공간과 시간을 통해 이루어지는 완결된 인생이력, 즉 '전기(life biographies)'를 파악하는 것도 중요하다. 공간체험은 각각의 이력이 가지고 있는 개인적 조건에 따라 차별화되며, 그래서 그러한 이력을 기술하고자 하는 사람은 이력과 결부되어 있는 공간도 기술해야 한다. 전기는 그러한 한에서는 언제나 지형학이기도 하다.[24]

---

21) 김왕배, 『도시, 공간, 생활세계』(한울, 2000), 21쪽.
22) 황정랑웅 외, 『도시의 공간과 시간』, 김송미 외 옮김(대우출판사, 2000), 15~16쪽.
23) 앤서니 기든스, 『사회구성론』, 황명주 외 옮김(자작아카데미, 1998), 182~183쪽.

르페브르는 공간에 대한 지배가 일상생활에서, 그리고 일상생활을 넘어 근본적이면서 널리 퍼져 있는 사회적 권력의 원천이라고 보았다. 르페브르에게 있어 일상생활의 공간인 도시는 자본주의 시스템의 원인이자 결과이며 사회적 상호작용의 공간이다.[25] 르페브르에 따르면 공간생산방식은 다음과 같은 세 가지 요소로 구성된다. 첫째, 생산과 재생산, 특화된 장소, 상대적인 응집력을 유지시켜주는 데 필요한 각각의 사회적 훈련이 필요로 하는 고유한 공간의 총체를 모두 아우르는 공간적 실천이다. 둘째, 생산관계, 그 관계가 부여하는 질서, 지식과 기호, 코드, 정면적인 관계 등과 연결되는 공간의 재현이다. 셋째, 사회생활의 이면, 예술과 관련되어 있는 상징을 포함하는 재현 공간이다.[26] 공간적 실천, 공간재현, 재현 공간은 각기 다른 방식으로 공간의 생산에 개입하며, 각각이 지닌 고유한 성격에 따라, 사회에 따라, 혹은 시대에 따라 그 방식은 달라진다. 르페브르는 이와 같은 분석틀을 통해 지각되고 인지되고 체험된 곳으로서의 도시 공간과, 그 세 가지 층위 사이에 존재하는 변증법적 관계를 종합적으로 분석하는 길을 제시한다. 그는 또한 도시 공간이 단순히 지배의 공간이거나 권력에 의해 전면적으로 통제될 수 있는 곳이 아니며, 연대와 소통, 차이와 횡단의 가능성이 구현되는 장소이기도 하다는 점을 밝혔다. 즉, 그의 공간이론은 도시 공간이 사회적 상호작용에 의한 생산물임과 동시에 과정 자체임을 파악함으로써 공간이 지닌 중층성, 복합성, 역동성을 보는 안목을 제공한다.

하비는 르페브르의 삼차원 공간개념을 세로축으로 두면서, 여기에 '접근성과 거리화', '공간의 전유와 활용', '공간의 지배와 통제', '공간의 생산'이라

24) 슈뢰르, 『공간, 장소, 경계』, 124~127쪽.
25) 앙리 르페브르, 『현대세계의 일상성』, 박정자 옮김(기파랑, 2005), 66쪽.
26) 앙리 르페브르, 『공간의 생산』, 양영란 옮김(에코리브르, 2011), 80~87쪽.

는 공간적 실천의 네 가지 측면을 가로축으로 삼아 공간개념을 재구성한다. 하비는 이러한 공간개념에 근거해 공간에 대한 지배가 실질적인 사회적 권력관계를 형성한다고 주장한다.[27] 하비의 이론틀 역시 공간의 생산, 지배, 통제만을 분석하는 데 그치지 않고, 공간에 작용하는 권력관계를 고려하는 가운데 행위자에 의한 공간의 소비, 전유, 활용 등의 측면을 분석할 가능성을 제공한다. 사회학적 접근 이외에 인류학적 도시 연구나 지리학의 경관 연구 등이 제시하는 이론과 방법론도 북한도시의 정체성 탐구에 있어 연구관점과 시사점을 제공한다.

이상으로 살핀 도시 공간에 관한 다양한 사회학적 접근들은 북한의 도시 공간을 연구하는 데 몇 가지 시사점을 제공한다. 첫째, 도시라는 공간은 특정위치를 점하고 있는 물리적 공간일 뿐 아니라, 그 공간 내 인간의 행위와 상호작용을 통해 생산되는 사회적 공간이다. 따라서 공간은 그 안에 내포된 사회적 관계를 드러내는 방식으로 분석되어야 한다.[28] 북한의 도시 공간을 탐구한다는 것 역시 북한의 도시 공간 내의 행위자들의 행위와 상호작용에 의해 어떻게 특정한 사회적 공간이 생산되는지를 밝히는 작업이어야 한다.

둘째, 행위자들의 사회적 상호작용에 의한 도시 공간의 생산 혹은 재현에 있어 사회적 공간생산의 방식과 양태를 결정짓는 권력관계가 존재한다. 따라서 다양한 행위자들과 사회세력들 간에 일어나는 공간의 생산을 둘러싼 경합과 갈등, 권력관계에 착목할 필요가 있다.

셋째, 주체들의 상호작용 속에서 공간이 생산될 뿐 아니라 공간이 인간 행위를 규제하고 물질들의 공간적 배치가 인간의 활동에 영향을 미치는 측면이 존재한다. 행위자들에 의한 공간의 소비와 체험, 공간에 대한 행위자들의

---

27) 데이비드 하비, 『포스트모더니티의 조건』, 박영민·구동회 옮김(한울, 1994), 261~266쪽.
28) 르페브르, 『공간의 생산』, 157쪽.

해석과 의미부여를 밝히는 작업이 필요하다.

넷째, 앞서 제시된 논의와 관련해 공간을 통해 이루어지는 권력의 지배에 초점을 둘 것인가, 공간을 점유하는 다양한 행위자들의 저항과 갈등, 공간의 전유에 초점을 둘 것인가라는 쟁점이 존재한다.[29] 예를 들어 미셸 푸코(Michel Foucault)는 감옥, 학교, 병원과 같은 공간 속에서 이루어지는 권력에 의한 통제와 규율화를 분석의 초점으로 삼는다. 반면 미셸 드 세르토(Michel de Certeau)는 거리에서의 도보를 '발화 공간'으로 정의하고, 행위자들이 도보행위를 통해 도시의 특정한 공간을 창조하는 측면에 관심을 둔다. 드 세르토의 목적은 "폭력적 질서가 어떻게 규율적 기술로 변질되는지를 명확히 하는 것이 아니라, 오히려 이미 규율의 올가미에 걸려든 집단 혹은 개인들의 분산적이고 전술적이며 임기응변적인 창조성이 보여주는 은밀한 형식들을 밝히는 것이다".[30] 북한도시 연구에서도 도시 공간이 갖는 이러한 두 가지 측면을 모두 고려한 접근이 필요하다.

4. 북한도시 연구에서 구술자료의 활용

동시대의 도시를 연구하는 데 있어 그 도시에 직접 가서 도시의 경관을 눈으로 확인하고 거리를 걷고 그 도시에 살고 있는 사람들을 만나볼 수 없다는 것은 크나큰 제약이 아닐 수 없다. 직접 보고 듣고 만질 수 없는 북한의 도시를 연구하는 것은 문헌 속에만 그 흔적을 찾을 수 있는 고대도시를 연구하는

---

29) M. de Certeau, *The Practice of Everyday Life*(Berkeley·LA: University of California Press, 1984). 김백영, 『지배와 공간』(문학과 지성사, 2009), 542쪽에서 재인용.

30) 하비, 『포스트모더니티의 조건』, 254쪽에서 재인용.

것만큼이나 어려운 일일지도 모르겠다. 이와 같은 연구의 근본적인 제한을 극복하기 위해 위성촬영사진 분석과 같은 첨단기술의 도움을 받을 수도 있고, 각지에 흩어져 있는 북한도시 관련 문헌자료나 지도 등을 활용하기도 한다. 이 글에서는 북한에서 생활했던 탈북이주민들의 구술자료, 특히 내러티브 형식의 생애사 구술자료가 북한도시 연구, 특히 전술한 사회학적 도시탐구의 관점에서 북한도시를 연구하는 데 중요한 자료로 활용될 수 있음에 주목하고, 그 의의와 활용 가능성을 살펴보려 한다.

탈북이주민에게서 채록한 구술자료는 문헌자료를 통해 확보하기 어려운 특정 도시에 관한 구체적이고 사실적인 정보를 제공한다. 또한 북한 문헌자료의 일방성을 극복하고 다양한 시각을 확보하게 함으로써 연구의 폭과 관점을 넓히는 데 도움이 될 수 있다. 그러나 북한도시 연구에서 탈북이주민의 구술자료가 갖는 의의는 단순히 현장에 직접 가거나 문서자료를 통해 확인하기 어려운 사실적 정보를 증언을 통해 확인할 수 있다는 실증적 자료로서의 활용 가능성이 크다는 점만이 아니다. 북한도시 연구에서 탈북이주민 구술자료의 의의와 중요성은 역설적이게도 구술자료가 갖는 '주관성'과 관련이 있다. 구술자료는 구술자의 기억을 경유해 '생산'되는 자료다. 개인의 기억은 사실이나 정보의 요소와 함께 구술자가 자신의 경험에 부여한 의미와 감정, 무의식과 욕망을 담고 있다. 또한 기억의 재구성은 인간 정체성의 재구성과도 긴밀하게 연결되어 있다. 탈북이주민의 구술자료는 도시에 관한 객관적인 정보와 함께 구술자의 주관적인 경험, 생각, 신념, 자신의 경험에 부여하는 의미와 스스로 그것을 해석하는 방식, 정체성 등의 주관적인 요소들을 담고 있다. 그래서 앞에서 살펴본 도시에 관한 사회학적 질문인 북한의 도시공간에 대한 행위자의 해석과 의미부여 또는 공간을 생산하거나 공간 속에서 이루어지는 행위와 상호작용, 저항과 갈등, 공간의 전유와 활용, 공간을 통한 정체성의 문제에 관심을 갖는다면, 우리는 탈북이주민들의 구술자료를 통해 해답의 실마리를 찾게 되리라 기대해도 좋을 것이다.

도시에 거주하는 사람들이 경험하는 도시의 장소들은 그들의 삶의 무대이고 정체성이 형성되는 공간이다. 인간은 태어나고 살아가는 구체적인 장소에서 자신의 정체성을 만든다. 고향의 산과 들, 소꿉동무들과 뛰어놀았던 골목길과 놀이터, 친구들과 함께 공부했던 교실과 운동장, 삶의 수단이자 동력인 일터의 공간, 시장과 상점, 거리 속에 우리의 삶이 있다. 우리 삶의 모든 사건은 우리가 체험한 구체적인 장소에서 일어난다. 그곳에서 우리는 다른 사람들과 상호작용하며, 그를 통해 자신의 정체성을 형성한다. 우리가 살면서 체험하는 장소와 공간경험은 우리 생애사의 모든 장면 속에 깃들어 있다.

그렇기 때문에 도시에 관한 구체적 정보의 확인보다는 도시 공간 속에서 행위자의 반응과 경험에 초점을 맞춘 질적인 자료의 확보가 연구자의 목적이라면, 구조화된 인터뷰보다 비구조화된 인터뷰나 생애사이야기(life history narrative) 형식의 자료를 수집하는 것이 더욱 적절할 것이다. 생애사이야기 속에서 우리는 구술자의 공간경험과 그를 통해 형성되는 지역정체성을 발견할 수 있다. 생애사 관점에서 도시 연구란 개개인이 자신의 생애를 통해 도시의 공간을 어떻게 체험해 자신에게 의미 있는 공간으로 만들어내는가, 그것을 어떻게 기억하는가, 그러한 과정이 개인의 정체성 형성과 어떻게 관계되는가를 밝히는 것이다.

생애사 구술을 통해 재현되는 구술자의 생애경험이 다양한 구체적 삶의 공간을 배경으로 만들어지고 기억되는 것임에도 불구하고 대부분의 생애사 연구에서 주요한 분석 기준과 단위가 되어왔던 것은 공간보다는 시간이었다. 그것은 생애사가 재현되는 형식이 내러티브, 즉 시간을 주요한 축으로 진행되는 이야기[31]라는 점과 관련된다. 그러나 시간 내 운동은 언제나 공간

---

31) S. E. Chase, "Narrative Inquiry: Multiple Lenses, Approaches, Voices," N. K. Denzin

내 운동이기도 하다. 구술자의 생애사이야기 속에서 생애사건이 펼쳐지는 도시의 구체적 장소와 그 장소성의 인식, 특정 장소와 결부되어 형성되는 정체성의 측면에 좀 더 주목한다면, 우리는 생애사 연구에서 시간경험과 공간경험의 관련성을 회복하고 도시와 관련된 인간의 경험을 총체적·입체적으로 분석하는 데 한걸음 다가갈 수 있을 것이다.

생애사자료가 특히 도시와 도시거주자들의 정체성을 탐구하기 위한 자료로 유용한 것은 구술자들이 자신의 생애를 회고하고 이야기하는 행위 자체가 자신의 정체성을 재구성하는 과정이라는 구술작업의 특성 때문이다. 기든스는 일관된 현상으로서의 자아정체성은 내러티브를 전제한다고 본다. 개인이 생산한 해석적 자기역사는 현대사회에서 자아정체성의 중심에 위치한다는 것이다.[32] 마찬가지로 스튜어트 홀(Stuart Hall)은 "정체성은 담론과 재현 속에 있다. 그것은 부분적으로 재현에 의해 구성된다. 정체성은 자신에 관한 이야기다. 그것은 우리가 스스로 누구인지 알기 위해 자신에 관해 말하는 이야기다"라고 했다.[33] 구술자가 구술의 과정에서 이전에 자신이 경험한 것을 기억할 때, 또한 자기의 경험을 다른 사람에게 이야기할 때 의미는 다시 만들어진다.[34] 개인이 자신의 생애이야기를 서술하는 과정은 곧 자신의 생애경험에 대한 성찰의 과정이자 현재 자신의 삶의 맥락 속에서 자신의 과거 경험을 재구성하는 과정이며, 이는 곧 자신의 정체성을 스스로 구성하는

& Y. S. Lincoln(eds.), *The Sage Handbook of Qualitative Research*(CA: Sage Publications, Inc., 2005), p. 652.

32) 앤서니 기든스, 『현대성과 자아정체성』, 권기돈 옮김(새물결, 2010), 145쪽.

33) S. Hall, "Ethnicity: Identity and Difference," G. Eley and R. G. Suny(eds.), *Becoming National*(NY: Oxford University Press, 1996), p. 364.

34) 유인철, 「구술된 경험읽기」, 이재경·윤택림·이나영 외 지음, 『여성주의 역사쓰기』(아르케, 2010), 215쪽.

과정이다. 폴 리쾨르(Paul Ricoeur)에 의하면 인간은 과거를 정돈하고, 있었던 일을 반복 혹은 새롭게 이야기함으로써 정체성을 획득한다. 리쾨르에 의하면 "누가"라는 물음에 답한다는 것은 삶의 스토리를 이야기하는 것이며, 따라서 '누구'의 정체성은 '서술적 정체성'이다.[35]

그런데 개인의 구술생애사를 통해 도시의 정체성을 탐구할 수 있다고 주장하기 위해서는 몇 가지 중요한 질문에 답해야만 한다. 우선 특정한 장소와 관련된 개인의 정체성과 그것의 형성과정을 밝히는 작업과 한 도시의 정체성을 밝히는 작업은 동일한 작업이 될 수 있는가? 이 질문은 곧 지구화와 탈근대가 진행되는 현 시기에 도시정체성의 특성은 무엇인가라는 질문에 다름 아니다. 우리는 앞서 지역정체성이 그 지역을 특징짓는 몇 가지 추상적인 요소로 환원될 수 없는, 개개인의 일상적 삶이 이루어지는 장소와 구체적으로 연관되는 정체성임을 살펴보았다. 또한 도시에 관한 사회학적 탐구들 속에서 오늘날 특정 공간의 지배적 정체성은 복수적 담론 간 경합의 소산이고 그때그때의 정치·사회적 역동에 따라 중첩되고 변화하는 것이라는 점, 그 지역에서 살고 있는 사람들 간 끊임없는 상호작용과정을 통해 지속적으로 생성·유동분열하는 것임을 알게 되었다. 특정한 도시나 지역과 관련된 단일하고 고정된 정체성을 찾을 수 없다면, 도시정체성이 다중적이고 중첩되고 때로는 상반된 정체성의 경합을 통해 현재진행형으로 구성되는 것이라면, 우리가 해야 하는 작업은 우선 특정한 도시의 정체성을 구성하는 다양한 층위와 색깔을 드러내는 것이다.

북한이라는 연구대상의 물리적 접근 불가능성과 공식문서자료가 갖는 제한성을 생각하면, 이와 같은 작업을 수행하는 데 가장 큰 활용성을 갖는 자

---

35) 폴 리쾨르, 『시간과 이야기 3: 이야기된 시간』, 김한식 옮김(문학과 지성사, 2004), 471~472쪽.

료는 탈북이주민들에게서 채록한 구술자료라고 할 수 있다. 다양한 행위자들의 구술자료는 특정 도시 공간에서 수행되는 그들의 행동과 상호작용을 보여줄 뿐 아니라, 그들의 다양한 공간체험과 공간에 대해 부여하는 의미, 일상생활을 통해 공간을 전유하는 방식들을 보여준다는 점에서 북한의 도시 공간 속에서 다층적으로 형성되는 정체성과 그러한 정체성의 '집합들'로서의 특정 도시의 정체성에 접근할 수 있게 만드는 유일한 자료다.

여기서 탈북이주민의 구술자료를 활용한 북한도시 연구에서 구술사례의 대표성과 전형성을 어떻게 확보할 것인가라는 질문을 제기할 수 있다. 자료원의 대표성 문제는 구술자료를 활용한 모든 질적 연구에서 비판의 초점이 되는 문제인데, 특히 북한 연구의 경우에는 국내에 입국한 탈북이주민의 출신성분이 편중되어 있어 이들이 '표준적인' 북한주민을 '대표'할 수 없다는 지적이[36] 이에 더해 제기된다. 그런데 이러한 점은 탈북이주민의 구술자료를 과거 사건에 대한 정보수집과 통계처리를 목적으로 수집하거나 북한의 객관적 실태를 진단하고 평가하기 위한 자료로 활용하는 경우에는 중요한 문제가 될 수 있겠지만, 질적 연구의 경우에는 적용하기 어려운 비판이라고 볼 수 있다. 질적 연구에서 중요한 것은 사례의 '대표성'이나 '전형성'은 아니기 때문이다.

질적 연구에서 사례의 대표성, 전형성이 사례선택의 주요 준거가 되는 것이 아니라면 무엇이 중요한가? 질적 연구에서는 예외적인 사례라고 할지라도 그 사례가 전체 연구대상, 이 경우에는 특정한 북한의 도시 공간과의 관계에서 무엇을 말해줄 수 있는가가 중요하다. 즉, 질적 연구에서 다루는 개별 사례는 그것이 보편적이기 때문이 아니라 그것을 통해 그 사회에 관한 모종의 징후를 읽어낼 수 있기 때문에 의미가 있다.[37] 특히 대표성과는 거리가

---

36) 최봉대, 「탈북자 면접조사 방법」, 최완규 외 지음, 『북한연구방법론』(한울, 2003), 332쪽.

멀 수도 있는 개인의 개별 생애사 사례를 통한 사회적 징후읽기가 가능한 것은 사회 속에서 살아가는 모든 사람들의 생애사는 사적인 동시에 사회적 성격을 띠기 때문이다. 생애사를 매개로 드러나는 경험의 특별한 유형들은 그 자체로 개인과 사회의 상호작용의 특정 조건에서 포착되는 생활세계의 '구체적 일반성'을 재현하고 있다. 특정한 사회의 개인과 해당 사회적 질서가 만들어낸 창발적 구성물인 생애사는 개인과 사회, 혹은 내부와 외부를 통합하는 매개물이며, 생의 과정에서 특정 개인의 변화하는 사회적 경험, 역할, 지위, 신분 등은 개인화의 표현이자 동시에 사회 구조적인 사회화의 내용들을 보여준다.[38] 정리하자면, 구술자료에서 중요한 것은 정보의 정확성보다 의미의 충실성이다.[39] 문제의 초점은 대표적이고 표준적인 사례를 선택하는 것이 아니라 연구대상이 되는 도시 내 행위자들의 공간경험의 다양한 결을 보여줄 수 있는 사례들 속에서 의미 있는 이야기를 이끌어내고 설득력 있는 해석을 하는 것이다.

사례를 기술하고 해석하는 과정에서는 구술자의 경험을 맥락, 의도, 의미와 함께 서술하는 클리퍼드 기어츠(Clifford Geertz)의 '두터운 기술(thick description)'이나, 다양한 방법론적 실천과 경험적 자료와 관점, 관찰자의 조합을 시도하는 삼각검증(triangulation) 등의 방법을 활용할 수 있다. 생애사 구술자료를 활용한 연구의 경우에는 개인의 제도적·조직적 환경의 범위를 조명함으로써 개인경험을 '탈개인화(deprivatizaion)'하는 전략을 활용하거나, 개별사례를 재구성하고 유사성과 차이점을 비교 분석하는 방법을 활용할 수

---

37) 조정아, 「북한의 교육 일상 연구: 과제와 접근방법」, ≪현대북한연구≫, 제11권 제3호(2008).

38) 이희영, 「사회학 방법론으로서의 생애사 재구성」, ≪한국사회학≫, 제39집 제3호(2005), 124~133쪽.

39) L. Abrams, *Oral History Theory*(NY: Routhledge, 2010), pp. 46~47.

있다.[40] 자료해석과정에서 공동 연구자들 간에 집단적 토론과 검증을 거치는 것도 해석의 '간주관성'을 확보하는 좋은 방법이다.

질적 구술자료의 해석에 있어 중요한 점은 구술증언의 '맥락성'을 고려하는 것이다. 구술자료는 다층적 의미를 내포하는 복합적인 사료이며, 이야기된 내용과 관련된 구술자의 경험이 생성·기억·재현되는 사회적 맥락을 고려해 해석되어야 한다. 구술자들은 그 사회에서 문화적으로 인정된 가치에 기초해 자신의 이야기를 구성한다. 사회적으로 통용되는 담론은 구술자의 이야기에서 무엇이 중요하고 무엇을 숨겨야 하는지에 대한 정보를 준다. 인터뷰를 통해 연구자에게 이야기되는 것은 발화 가능한 이야기의 수많은 판본 중하나로, 연구자와의 조우와 사회에 현존하는 담론과의 조우로 만들어진다.[41] 또한 구술자들의 이야기는 구술이 이루어지는 상황 및 연구자와 구술자 간권력관계와도 밀접하게 관련된다. 연구자의 연구목적과 태도, 인터뷰가 이루어지는 구체적인 상황, 연구자와 구술자 간 신뢰관계(rapport) 형성 정도등은 구술자가 무엇을 말하고 말하지 않을 것인가, 어떠한 태도로 말할 것인가에 영향을 준다. 구술자의 이야기는 때로는 비밀, 거짓, 은폐를 내포한다. 구술자 이야기 속의 거짓과 비밀은 연구자를 포함한 특정 청중과의 협상의결과로 만들어지는 과거에 대한 설명이다.[42] 따라서 구술자의 경험은 단순히 정보나 사실로 취급되어서는 안 되고 맥락적으로 이해되고 의미화되어야하며, 그 해석은 반드시 구술자뿐 아니라 연구자가 처해 있는 상황맥락과 특

---

40) 이에 관한 방법론적 고찰은 이희영, 「사회학 방법론으로서의 생애사 재구성」; 이희영, 「텍스트의 '세계' 해석과 비판사회학적 함의: 구술자료의 채록에서 텍스트의 해석으로」, ≪경제와 사회≫, 제91호(2011) 참조.

41) L. Abrams, *Oral History Theory*, pp. 65~70.

42) L. White, "Telling More: Lies, Secrets, and History," *History and Theory*, Vol. 39(Wesleyan University, 2000), pp. 11~15.

정한 사회 내에서 이들의 위치성을 드러내는 것이 되어야 한다.

특히 지리적 공간이동, 즉 이주의 경험을 한 탈북이주민의 구술자료를 활용하는 북한도시 연구인 경우에는 구술자의 경험이 이루어지고 기억되고 변형되며 재현되는 사회·정치적 맥락과 시공간적 변화에 관한 각별한 감수성이 필요하다. 북한의 정치·사회적 환경 자체가 입 밖으로 꺼내는 이야기에 대한 감시와 통제가 일상화되어 있기 때문에, 탈북이주민들에게서는 특정한 기억의 생성이 억압되거나 활성화될 수 있다. 또한 자신의 정체성을 숨겨야만 생명의 안전을 도모할 수 있는 탈북과정과 남한사회에서의 이질적인 공간경험에 의해, 북한에서 체험하고 형성된 도시 공간경험과 지역정체성의 변형과 재해석이 이루어진다. 질적 해석과정에서 이와 같은 문제는 기억의 부정확성으로 인한 왜곡으로, 제거되어야 할 기억의 오류로 다루어져서는 안 된다. 오히려 기억의 변동성 자체에 주목하고, 구술자가 현재의 프리즘을 통해 과거의 주관적 경험을 어떻게 굴절시키고 자신의 삶에 접합시키는지를 밝히는 것이 구술자료의 해석에 있어 핵심적인 문제다. 기억은 수동적인 사실의 보관소가 아니라 의미를 창조하는 적극적인 과정이며, 따라서 구술자료의 고유한 활용성은 과거를 보존하는 능력이라기보다는 바로 기억의 변화에 있다.[43] 경험의 구성적 특성[44]과 구술자의 기억과 재현과정, 구술작업 자체의 사회적 맥락을 고려하면서, 각 사례가 보여주는 개별성과 고유성을 관통하는 집합적 속성을 어떻게 이론적으로 재구성해야 하는가라는 문제는 여전히 해결해야 할 과제로 남아있다.

---

43) A. Portelli, *The Death of Luigi Trastulli and Other Stories: Form and Meaning in Oral History*(Albany: SUNY Press, 1991), p. 52.

44) 이는 경험의 주체가 어떻게 다르게 구성되었고, 사람의 시각이 어떻게 구조화되었는가에 대한 질문을 의미한다. 윤택림, 「기억에서 역사로-구술사의 이론적·방법론적 쟁점들에 대한 고찰」, 한국문화인류학회 엮음, ≪한국문화인류학≫, 제25집(1994), 282쪽.

5. 맺음말: 북한도시 연구의 주제 영역

　이상에서 사회학 분야의 도시 연구이론과 그것이 북한도시 연구에 주는 시사점을 개괄하고, 도시 연구에서 구술자료활용의 의의와 몇 가지 방법론적 쟁점을 살펴보았다. 결론을 대신해 향후 북한도시를 연구함에 있어 이와 같은 이론적 관점과 자료를 활용해 어떠한 주제의 연구를 진행해야 할 것인지를 제시하고자 한다.

　첫째, 북한도시의 일상적 공간을 통한 주체의 형성과, 이에 대한 행위자들의 반응과 대응에 관한 탐구가 필요하다. 북한도시의 공간이 어떻게 주체를 형성하는가라는 측면에 초점을 맞춰 푸코가 '규율 공간'이라고 명명한, 또는 기든스가 '권력용기'라는 개념으로 분석한 학교, 군대, 공장, 감옥, 각종 상징 공간, 광장 등의 공간에서 북한 인민이라는 주체를 형성하기 위해 어떠한 공간적·물질적 장치가 배치되고 그것들이 행위주체들에게 어떻게 부과되고 작동하는지를 탐구하는 것이다.

　둘째, 북한도시 공간의 전유와 활용에 대한 연구도 시도할 수 있을 것이다. 이는 공간의 생산작용에 반응하고 상호작용하는 행위자들을 주어로 삼는 연구다. 즉, 탈북이주민들의 구술자료를 활용해 북한도시의 거주자들이 주체형성의 공간적 기제에 어떻게 반응하고 무엇을 경험하며 자신에게 부과된 규율권력을 어떻게 수용 또는 대응하는지, 규율권력의 의도와 다르게 도시 공간을 어떻게 활용하고 전유하는지, 그 결과로 어떠한 내면세계와 정체성을 형성하는지를 분석할 수 있다. 특히 최근의 사회적 변화와 더불어 북한사회에 등장한 시장과 같은 새로운 공적 공간을 북한주민들이 어떻게 활용하고 전유하는지를 살펴볼 필요가 있다. 북한의 시장은 상품이 유통되는 공간일 뿐 아니라 상인들을 통해 전국 각지 또는 해외에서 흘러들어오는 각종 정보가 모이고 유통되는 공간이다. 북한주민들에게 시장의 중요성은 무엇보다 국가권력에 대항해 자기 공간의 형성을 상징적으로 체험하는 데 있다. 시장이라는 공적 공간에서 주민들은 일상에서는 접할 수 없는 정보의 유통에 참여하게 되고 세속적인 권력과 규칙의 강제성에 대한 저항과 도전을 시도한다. 장터와 장터 바깥의 공간은 공권에 의한 질서와 규범을 두고 판이한 경계선으로 나뉜다. 즉, 장터 안에서는 일상세계를 지배하는 국가권력과 법규와 규범문화가 무시된다. 일상을 지배하던 규범과 비일상적 세계의 엄격한 경계선은 모호해진다.[45] 시장이라는 공간은 권력의 지배와 통제가 상존하는 곳이지만 그 힘에 맞서는 다양한 행위주체들의 공간의 전유와 힘겨루기가 일어나는 곳이기도 하다. 아파트 등의 집단주거 공간과 학교 역시 북한의 주요 '규율 공간'이지만, 때로는 이와 같은 규율 공간이 일상적인 작은 불법행위들을 도모하는 연대의 장이 되기도 한다. 예를 들어 이러한 공간에서는 법적으로 시청이 금지되어 있는 남한 영상물에 대한 검열과 단속이 이루어지지만, 이와 동시에 감시의 시선을 피해 남한 영상물이 활발하게 유통되고 교환·확산된다.

셋째, 최근 시장화로 인해 급속하게 진행되고 있는 일상 공간 및 지역정체성의 특성과 변화양상에 대한 탐구가 필요하다. 1990년대 경제난과 뒤이은 자생적 시장화의 진행이라는 사회·경제적 변화 속에서 대부분의 북한도시에서 주민들이 일상생활을 영위하는 삶의 공간은 파괴되고 변형되며 재구성되는 과정을 겪었다. 기존에는 자신이 나고 자란 작은 마을이나 도시에 국한되어 있었던 북한주민들의 공간경험은 생존을 위해 떠나는 장삿길을 따라 다른 도시, 전국, 때로는 국경을 넘어 확장되었다. 전국적인 시장 네트워크의 연결과 시장의 진화는 전에 없던 새로운 특성의 공간을 창출했을 뿐 아니라

---

45) 김광억, 「중국 연구를 위한 인류학적 패러다임 시론: 문화접점론과 국가-사회의 관계를 중심으로」, ≪국제·지역연구≫, 제11권 제3호(2002), 39~40쪽.

도시 공간 간 연계를 만들었다. 지역 간 이동성이 증가함에 따라 주민들의 지역정체성은 지리적 귀속성만이 아닌 다른 요인으로 결정되기도 한다.[46] 한 도시 내에서도 공간의 재분화가 일어나고 있다.[47] 르페브르에 따르면 각각의 생산양식은 전유된 고유한 공간을 갖고 있으며, 하나의 방식에서 다른 방식으로 넘어가는 이행기에는 새로운 공간이 생산된다.[48] 사회주의체제의 전환기에 접어들었다고 볼 수 있는 북한도시에서도 '사회주의적 공간'이라 명명할 수 있는 공간은 또 다른 특성을 갖는 공간과 공존하며, 서로 간섭하고 침투한다. 국지적인 지역정체성은 좀 더 넓은 지역을 포괄하는 광역의 지역정체성이나 국가정체성과 중첩되는 동시에 충돌한다. 르페브르의 말처럼 "분석을 위해 채취된 공간의 각 파편은 단 하나의 사회적 관계만을 드러내는 것이 아니라 무수히 다양한 관계를 보여준다".[49] 탈북이주민의 구술자료를 분석시료로 삼아 북한도시 공간의 역동성을 분석하는 작업이 필요하다.

---

46) 예를 들어 제1장에서 인용한 구술자 사례를 보면, 순천이었다가 행정구역 개편으로 인해 평성으로 편입된 농촌지역에서 태어난 구술자는 순천, 평성, 맹산, 혜산 등지로 잦은 이주를 했다. 그는 자신의 내러티브 전체를 통해 '촌' 사람과 '시내' 사람을 구분하면서, 공간적으로는 '촌'에 위치한 자신을 스스로 '시내' 사람으로 규정하고 있다.

47) 예를 들어 청진, 신의주, 혜산의 경우, 경제난 이후 사회계층 구조 변동에 따라 주거지의 차등화, 위계화, 중층적 분화가 진행되면서 균질적 주거 공간 건설이라는 사회주의적 도시화의 대원칙이 전면적으로 무너지고 있다. 장세훈, 「체제전환기 북한의 도시화 추이와 전망」, 최완규 엮음, 『북한 '도시정치'의 발전과 체제 변화』(한울, 2007), 340~345쪽.

48) 르페브르, 『공간의 생산』, 98쪽.

49) 같은 책, 155쪽.

참고문헌

1. 국내 문헌

김광억. 2002. 「중국 연구를 위한 인류학적 패러다임 시론: 문화접점론과 국가-사회의 관계를 중심으로」. ≪국제·지역연구≫, 제11권 제3호.

기든스, 앤서니(Anthony Giddens). 1998. 『사회구성론』. 황명주 외 옮김. 자작아카데미.

김백영. 2009. 『지배와 공간』. 문학과지성사.

김왕배. 2000. 『도시, 공간, 생활세계』. 한울.

르페브르, 앙리(Henri Lefebre). 2005. 『현대세계의 일상성』. 박정자 옮김. 기파랑.

_____. 2011. 『공간의 생산』. 양영란 옮김. 에코리브르.

리쾨르, 폴(Paul Ricoeur). 2004. 『시간과 이야기 3: 이야기된 시간』. 김한식 옮김. 문학과 지성사.

문재원·이상봉. 2010. 「마산의 지역성을 둘러싼 정체성의 정치: '가고파' 이미지의 전유와 기획을 중심으로」. ≪石堂論叢≫, 제47집.

민유기. 2007. 『도시이론과 프랑스 도시사 연구』. 심산출판사.

박소영. 2012. 『개성 각쟁이의 사회주의 적응사: 북한 신해방지구 개성의 변화』. 선인.

유인철. 2010. 「구술된 경험읽기」. 이재경·윤택림·이나영 외 지음. 『여성주의 역사쓰기』. 아르케.

윤택림. 1994. 「기억에서 역사로-구술사의 이론적·방법론적 쟁점들에 대한 고찰」. ≪한국문화인류학≫, 제25집. 한국문화인류학회.

이무용. 2005. 『공간의 문화정치학』. 논형.

이희영. 2005. 「사회학 방법론으로서의 생애사 재구성」. ≪한국사회학≫, 제39집 제3호.

_____. 2011. 「텍스트의 '세계' 해석과 비판사회학적 함의: 구술자료의 채록에서 텍스

트의 해석으로」. ≪경제와 사회≫, 제91호.

앤더슨, 존(Jon Anderson). 2013. 『문화·장소·흔적』. 이영민·이종희 옮김. 한울.

슈뢰르, 마르쿠스(Markus Scheroer). 2010. 『공간, 장소, 경계』. 배정희·정인모 옮김. 에코리브르.

조정아. 2008. 「북한의 교육 일상 연구: 과제와 접근방법」. ≪현대북한연구≫, 제11권 제3호.

장세훈. 2007. 「체제전환기 북한의 도시화 추이와 전망」. 최완규 외. 『북한 '도시정치'의 발전과 체제 변화』. 한울.

최병두. 1996. 「데이비드 하비의 역사·지리유물론」. ≪경제와 사회≫, 제31호.

최봉대. 2003. 「탈북자 면접조사 방법」. 최완규 외 지음. 『북한연구방법론』. 한울.

하비, 데이비드(David Harvey). 1983. 『사회정의와 도시』. 최병두 옮김. 종로서적.

홍준기. 2011. 「글로벌 시대의 대도시인의 정체성에 관한 연구: 도시인문학 방법론 논의의 맥락에서: 조나단 프리드먼과 짐멜의 이론을 중심으로」. ≪철학탐구≫, 제29집.

황정랑웅 외. 2000. 『도시의 공간과 시간』. 김송미 외 옮김. 대우출판사.

2. 외국 문헌

Abrams, L. 2010. *Oral History Theory*. NY: Routhledge.

Anderson, J. 2013. *Understanding Cultural Geography: Places and Trace*. London and New York: Routledge.

Chase, S. E. 2005. "Narrative Inquiry: Multiple Lenses, Approaches, Voices." N. K. Denzin and Y. S. Lincoln(eds.). *The Sage Handbook of Qualitative Research*. CA: Sage Publications, Inc.

Giddens, A. 1986. *The Constitution of Society: Outline of the Theory of Structuration*. University of California Press.

_____. 1991. *Modernity and Self-Identity*. Stanford University Press.

Hall, S. 1996. "Ethnicity: Identity and Difference." G. Eley and R. G. Suny (eds.). *Becoming National*. NY: Oxford University Press.

Harvey, D. 1989. *The Condition of Postmordernity: An Enquiry into Origins of Cultural Change*. London: Blackwell.

Lefebre, H. 1968. *La vie quotidienne dans le monde moderne*. Paris: Editions Gallimard.

_____. 1974. *La Production de l'espace*. Paris: Anthropos.

Portelli, A. 1991. *The Death of Luigi Trastulli and Other Stories: Form and Meaning in Oral History*. Albany: SUNY Press.

Ricoeur, P. 1985. *Temps et Récit III, Le temps raconté*. Paris: Le Seuil.

Scheroer, M. 2006. *Räume, Orte, Grenzen*. Frankfurt am Main: Suhramp Verlag.

Thompson, P. 1978. *The Voice of the Past: Oral History*. London: Oxford University Press.

White, L. 2000. "Telling More: Lies, Secrets, and History." *History and Theory*, Vol. 39. Wesleyan University.

제7장

야간 위성사진을 이용한 북한 경제 관찰방법론 연구*
_1992~2009년 불빛 개수 증감으로 본 상황추이를 중심으로

황일도 ㅣ (주)동아일보사 기자

1. 머리말

　주지하다시피 북한의 경제규모나 경제상황 변화에 대한 분석은 그간 학계에서 논란을 거듭해온 주제다. 이 주제가 가진 함의나 현실적 중요성에도 불구하고, 공식통계가 전무하다시피 한 북한 경제의 현실과 실증적 연구가 불

---

* 필자는 해당 주제와 관련해 ≪신동아≫ 2011년 4월호의 「美 NOAA 야간 위성사진으로 분석한 북한의 경제상황」을 비롯한 몇 편의 기사를 출고한 바 있으며, 이후 학술 논의의 분석틀과 접근방식으로 해당 기사의 문제의식을 학문 연구의 범주로 발전시켜 「야간 위성사진을 이용한 북한 경제 관찰방법론 연구: 1992~2009년 불빛 개수 증감으로 본 상황추이를 중심으로」, ≪현대북한연구≫, 제14권 제3호(2011), 142~174쪽에 같은 제목으로 발표했다. 이 글은 총서 수록을 위해 이후 진행된 해외학계 논의를 반영해 부분 수정한 결과물이다.

가능하다는 한계가 존재하기 때문이다. 특정한 경제 관련 사건의 파급효과나 그에 따른 상황변화와 관련해서도 다양한 가설이 경합을 벌이며 논쟁이 진행되다가, 한참이 지난 후에야 사후적으로 보완이 이뤄지는 식의 접근이 대부분이었다. 대표적인 예로 한국은행이 1992년 이후 명목 국민총소득(Gross National Income: GNI) 통계치를 발표하고 있고, 유엔통계국이나 세계은행(World Bank), 미국 중앙정보국(CIA) 등에서도 관련 수치를 제시하고 있으나, 기관 간에 차이가 클뿐더러 추정방법의 신뢰성을 놓고 다양한 비판이 공식·비공식적으로 이어져 온 것이 사실이다.

특히 정부 차원의 대북지원이 중단되고 국제사회의 경제제재가 본격화된 이후에는 북한 경제가 체제붕괴 직전에 이른 위기라는 분석이 정부 당국자들이나 일부 대북 인터넷매체들을 중심으로 반복적으로 제시되었다. 그러나 이를 객관적인 데이터를 통해 검증하거나 결론내릴 방법은 전혀 없다고 해도 과언이 아니다. 이러한 관측이 단순한 논란의 영역에 계속 남아 있을 수밖에 없는 배경이다. 따라서 북한의 경제상황을 데이터 차원에서 접근할 수 있는 새로운 논의의 필요성은 아무리 강조해도 지나침이 없을 것이라고 믿는다. 이를 통해 북한 경제의 추이가 과연 어떠했는지를 더욱 설득력 있는 방법론으로 유추하는 데 활용할 수 있다면 최선의 결론이 될 수 있을 것이다.

이를 위해 이 연구는 미국 해양대기청(NOAA) 산하 지구물리자료센터의 위성관측데이터를 활용하는 새로운 방법론을 검토하고자 한다. 1992년부터 최근까지 매일 저녁 북한을 촬영한 야간 위성사진의 연도별 합성본과 그에 등장하는 불빛 개수의 증감추이가 그것이다. 도널드 럼즈펠드(Donald Rumsfeld) 전 미국 국방장관이 집무실 벽에 붙여놓았다고 해서 유명해진 이들 사진은, 총 다섯 개의 미국 기상관측위성이 매일 전 세계를 돌며 촬영한 것 가운데 구름 등의 방해물이 없는 것만 모아놓은 방대한 분량의 자료다.

이 연구에서는 NOAA 위성사진에 나타난 야간 불빛 개수의 변화 추이와 각 국가의 경제상황 사이에 면밀한 상관관계가 있음을 입증한 미국 측 관련 연구를 살펴보고, 이 데이터를 경제통계가 부실한 제3세계 국가의 상황을 가늠하는 도구로 활용할 수 있다는 선행 연구의 결론을 소개한다. 또한 이러한 방법론을 1992년부터 2009년까지 수집된 북한의 야간 불빛 개수 통계치에 적용했을 경우 해당기간 북한 경제의 변화에 관해 어떤 단서를 얻을 수 있는지 따져본 뒤, 그 결과를 한국은행의 GNI 통계치 추이나 세계은행의 통계치 추이와 비교검토하는 작업까지 진행하겠다.

2. 북한 경제총량 분석 선행 연구

북한의 거시경제에 관한 공식통계는 1960년대 중반 이후 서서히 사라져 현재는 거의 찾아볼 수 없다. 예컨대 북한의 대표적인 공표자료인 『조선중앙년감』은 1965년판을 끝으로 경제통계의 게재를 중지했고, 이후 일부 재정 관련 통계만이 사실상 유일한 공표자료가 되었다. 때때로 '신년사'나 외국언론과의 인터뷰, 장기경제계획의 목표 및 실적 발표에서 단편적인 수치가 공개되었지만 대부분 증가율의 통계만이었고, 그것도 기준년도가 명확하지 않거나 기준년도가 있더라도 해당 연도의 수치는 발표되지 않은 경우가 상당수다. 더욱이 발표된 숫자 사이에도 앞뒤가 안 맞는 것이 적지 않은 등 신뢰성이 결여된 것이 많다.[1]

이 때문에 북한의 거시경제 추이에 대해서는 국내외 여러 기관과 연구자가 제시한 추정치가 분석의 기초자료로 쓰이고 있는데, 이 가운데 가장 공신력이 높은 것으로 평가받는 것은 대한민국 정부의 추정치다. 1980~1989년은

---

1) 양문수, 『북한 경제의 구조』(서울대학교 출판부, 2001), 7~8쪽.

통일부가 펴낸『남북한 경제현황 비교』(각 연도)에서, 1990년부터는 한국은 행의『북한 GDP 추정결과』(각 연도)가 대표적이다. 1980년 이전에 대해서는 대한민국 정부의 추정치가 존재하지 않는다. 이와 함께 미국 중앙정보국도 1960년대에서 1980년대 초반까지의 성장률(5년 단위의 연평균 성장률) 추정치 를 제시하고 있다. 그러나 이들 추정치는 서로 차이가 커서 과연 북한의 성 장실적이 어떠했는지를 평가하기 위한 객관적인 기준은 제공하지 못한다는 것이 중론이다.[2]

공식경제뿐 아니라 지하경제를 포함해 북한 경제의 전체적인 규모와 추이 를 추적한 연구들은 주로 북한이 최악의 경제위기를 경험하고 있다는 사실 이 알려진 1990년대 후반에 집중적으로 이뤄졌다. 1980년대 이후 국가 차원 의 배급시스템이 붕괴되면서 지하경제의 중요성이 새삼 강조되는 과정에서 나타난 현상이다. 이 시기의 대표적인 관련 연구로는 김연철(1997)과 김영윤 (1998, 1999), 남성욱·문성민(2000) 등이 있다. 이들 연구의 방법론을 살펴보 면 대부분 탈북자들의 증언을 기반으로 구소련이나 동유럽 국가들에 관한 연 구에서 발달한 방법을 원용하는 방식을 채택하고 있음을 확인할 수 있다.

먼저 김영윤의 경우, 북한의 지하경제를 크게 생산, 유통, 금융, 기타(횡령 및 절취)의 네 부문으로 나누고 각 부문의 규모를 산술적으로 계산해 취합하 는 방법으로 지하경제의 규모를 산출했다. 우선 국제식량기구(FAO) 통계에 근거해 추산한 1996년의 북한의 농업생산량과 국제원조량을 더한 뒤 이를 전체 식량수요 추정치와 비교해 그 차이를 농업부문 지하경제로 판단하는 방식이다. 또한 탈북자들의 증언을 바탕으로 소득-지출 간 차이를 이용한 추정방법을 통해 405만 가구가 월평균 80원의 지하경제활동을 하고 있다는 결과를 내놓았다.[3]

---

2) 김석진, 「북한 경제의 성장과 위기」(서울대학교 대학원 박사학위논문, 2002), 24~26쪽.

김연철 또한 탈북자 10여 명에 대한 밀착조사를 통해 북한거주 당시 소득과 지출 사이의 격차를 추산함으로써 이를 공식경제에 적용해 경제총량을 유추하는 방법론을 택했다. 이를 통해 면접조사 결과 북한주민들이 대체로 가구당 6960원 정도의 생계비 부족을 겪고 있는 것으로 분석함으로써 부족분만큼의 지하경제규모를 가정하는 방식이었다.[4]

남성욱·문성민의 연구는 북한의 지하경제가 계획경제영역을 벗어나 독자적인 가격 메커니즘으로 움직인다는 가정을 바탕으로 거식경제 분석에 임했다. 한국은행의 북한 GDP 추정결과 추정치와 통일부가 발표한 농민시장 이용비중 등의 자료를 사용해 북한주민들이 농민시장을 통해 소비하는 최종소비 규모를 추정함으로써 지하경제의 규모를 가늠하고 이를 공식경제와 합산하는 방식이다.[5]

그러나 1990년대 후반부터 이루어진 이러한 연구들은 탈북자 증언의 신뢰성 문제로 인해 많은 비판을 받아온 것이 사실이다. 기본적으로 연구작업물의 양이 많지 않은 데다 탈북자 증언의 신뢰성이나 대표성에 대해 의문을 제기하는 연구자도 적지 않다. 또한 연구자에게 탈북자 인터뷰가 자유롭게 이루어질 수 있는 상황에까지 이르지 못하고 있다는 점도 지적할 필요가 있다.[6] 북한 거시경제와 관련해 가장 공신력 있는 데이터로 받아들여지고 있는 한국은행의 GDP 추정치도 이러한 한계에서 자유롭지 못한 것은 마찬가지다. GDP를 추산하는 데 가장 필수적인 주요 소비품목의 가격과 부가가치

---

3) 김영윤, 「북한 암시장의 경제사회적 영향」, ≪통일연구논총≫, 제6권 제1호(1997), 189~220쪽.
4) 김연철, 『북한의 배급제 위기와 시장개혁 전망』(삼성경제연구소, 1997), 20~22쪽.
5) 남성욱·문성민, 「북한의 시장경제 부문 추정에 관한 연구」, ≪현대북한연구≫, 제3권 제1호(2000), 149~215쪽.
6) 양문수, 『북한 경제의 구조』, 20쪽.

율을 추정함에 있어, 1960~1970년대 남한의 수치를 기반으로 탈북자들의 증언을 통해 수정, 적용하는 방식을 택하고 있는 까닭이다.[7]

탈북자 증언의 신뢰성 문제라는 비판에서 상대적으로 벗어나 있는 연구로는 한상진(2000)의 접근방식이 있다. 전력소비량과 경제성장률 사이에 일반적인 추세가 존재한다는 서구의 선행 연구 결과를 원용해 지하경제를 포함한 북한의 경제총량 추이를 들여다보는 작업이다. 이는 자료의 한계로 인해 직접적인 규모추정이 어려운 이행경제국가들이나 사회주의 국가들의 지하경제규모 추정에 사용되는 접근방식이기도 하다.[8] 이를 북한에 적용하기 위해 국제에너지기구(IEA)가 추정하는 북한의 발전량 통계치와 영국 전략문제연구소(IISS)의 GDP 수치를 비교한 결과, 경제규모의 등락에 있어 유의미한 패턴의 일치가 발견된다는 것이다.

한상진의 이러한 접근방식은 외부에서 관측 가능한 데이터를 통해 북한의 경제상황 추이를 유추한다는 측면에서 이 연구의 접근방식과 사뭇 유사한 측면이 있다. 다만 IEA의 발전량 통계치 역시 북한의 공식통계에 자체 수정, 가중치를 적용한 추정치라는 점에서 완전히 기계화된 방식으로 추출된 데이터로 보기는 어렵다는 점을 지적할 필요가 있을 것이다.

비교적 최근의 연구로는 북한의 제한된 경제변수를 주성분(principal components) 분석해 GNI를 추정한 정갑영·강전은(2007)의 연구가 있다. 인구, 경제활동인구, 수출, 수입, 예산규모, 대외부채, 석탄생산량 등 통일부나 한국은행 등에서 비교적 용이하게 확보할 수 있는 20개의 데이터와 전년도 GNI의 상관성을 검증한 다음, 여기서 추출된 주성분 지표를 적용해 해당년

---

7) 한상진, 「북한 지하경제의 규모 추정과 경제변수들과의 관계 분석」(연세대학교 대학원 석사학위논문, 2000), 19~20쪽.
8) 같은 글, 43쪽.

도의 GNI를 추출하는 방식이다. 그러나 해당 연구는 북한 GNI의 실제량을 추정하려는 연구라기보다는 이를 위해 효율적인 방법론을 만들고자 하는 연구에 가까운 데다, 적용된 20개 경제지표와 전년도 한국은행 GNI의 신뢰성 문제를 해결하지 못하는 한 그 결과물 수치의 신뢰성 역시 낮아지는 한계를 피하기 어렵다. "가격과 환율 등 자료의 정확성이 제고되어야만 경제발전의 수준을 정확히 반영하는 지표를 구할 수 있다"라는 논문초록의 언급 역시 이 때문으로 보인다.[9]

3. 방법론

1) 개요

이 연구에서 활용하고자 하는 데이터는 1992년 이후 NOAA의 관측위성들이 18년간 촬영한 북한지역의 야간 위성사진이다. NOAA는 매일 촬영된 위성사진 가운데 구름 등으로 분석이 불가능한 자료를 제외하고 매년 200~300 개의 사진을 연 단위로 합성해 세계 디지털사진 지도형태로 구축하고 있다. 달이나 별이 지상에 반사되어 나타나는 자연광이나 화재로 인한 섬광 등 불규칙적으로 나타나는 불빛은 이러한 합성과정에서 모두 제외되므로, 1년 내내 상시적으로 나타나는 불빛만이 합성본에 남게 되는 것이다.

이렇게 촬영된 1992~2009년의 연 단위 합성본에서 국가별 영상을 따로 떼어내면 해당 디지털사진에는 밝기가 구분되는 인공조명의 개수가 픽셀형태

---

9) 정갑영·강전은, 「주성분 분석을 이용한 북한의 총국민소득(GNI) 추정」, ≪비교경제연구≫, 제14권 제2호(2007).

로 나타난다. 이들 각각의 픽셀을 빛의 세기에 따라 총 63단계로 나누어 가중치를 매긴 뒤 모두 합산한 수치 데이터를 NOAA측은 해당 국가의 야간 불빛 총합(Sum of Lights: SOL)으로 집계하고 있다. 2기 이상의 위성이 동시에 촬영한 기간에는 위성별로 도출된 SOL의 척도(calibration)를 일치시키는 보정과정을 거쳐 그 평균을 최종 데이터로 채택하고 있다.[10]

다음에 다시 살펴보겠지만, 미국 브라운대 연구진(2009)과 콜로라도주립대 연구진(2006) 등의 다양한 선행 연구는 NOAA의 야간 위성사진에서 추출한 데이터와 해당 국가의 해당년도 GDP가 매우 긴밀한 상관관계를 보인다고 분석한다. 이들 연구에는 저개발 제3세계 국가에서 이러한 상관관계가 더욱 분명하다는 점에서 GDP 통계가 부실하거나 접근이 어려운 폐쇄국가의 경제상황을 유추하는 데 매우 긴요하다는 결론도 공통적으로 포함되어 있다. 그간 이러한 선행 연구는 주로 아프리카나 서남아시아 등에 초점을 맞추고 있어 북한만을 따로 분석한 연구는 국내외를 막론하고 아직까지 활발하지 않다.

2) 해당 방법론의 해외 연구사례

NOAA의 위성사진자료를 이용한 연구는 주로 미국을 중심으로 진행되었다. 지리학, 경제학, 지구과학 분야의 저널을 중심으로 총 90여 편의 논문이 관련 데이터베이스와 NOAA 홈페이지를 통해 확인되는바, 야간 위성사진을 통해 본 대형화재 진행과정 및 결과 분석과 이산화탄소 배출량, 도시규모 연구 등 다양한 주제를 다루고 있다. 이 가운데 이 연구가 그 방법론을 참고할

---

10) 미 NOAA 국방기상위성프로그램(Defense Meteorological Satellite Program) 공식 홈페이지 참조. http://ngdc.noaa.gov/eog/(검색일: 2014.9.1)

수 있는 국가경제상황 분석 관련 논문으로는 총 여섯 편을 확인할 수 있었다.

먼저 살펴볼 것은 브라운대의 헨더슨(Henderson) 연구팀이 2009년 발표한 논문이다.[11] 위성사진에서 판독되는 야간 불빛 개수와 국가소득추이 데이터를 연결해 분석한 이 연구는 특히 GDP 등의 통계가 상대적으로 부실한 국가의 경제상황을 분석하는 작업에서 야간 불빛 개수가 어떻게 활용될 수 있는지를 중점적으로 살펴보았다. 아프리카 국가 주요 도시에 대한 관련 분석에서 야간 불빛 개수는 통상의 추측과 달리 농업생산량과도 밀접한 상관관계를 맺고 있는 것으로 확인되었다고 논문은 밝히고 있다. 특히 이 연구는 국제통화기금(IMF)이나 미국 연방준비제도이사회(FRB)가 해당 국가의 경제규모를 추산하는 과정에서 추정치로 남겨두었던 비공식(informal) 경제의 크기와 변동규모를 추적하는 작업에서 야간 위성사진 데이터가 어떻게 활용될 수 있는지를 관심 깊게 추적했다.

총 541개 아프리카 도시에서 경제상황 변화와 야간 불빛 개수의 상관관계를 분석한 연구진은 강우량이 풍족해 농업생산성이 높았던 특정년도에 이러한 농업부문 생산량의 증가가 도시지역을 포함한 국가 전체의 경제생산활동에 충격(shocks)을 미침으로써 야간 불빛 개수도 증가하게 되는 일련의 과정을 통계적으로 함수화하고 있다. 야간 불빛 개수의 증감추이가 직관적으로도 연관성이 분명해 보이는 공업생산량이나 전력에너지상황뿐 아니라 농업부문을 포함한 국가 전체의 경제활동 활성화와 깊은 상관관계를 맺고 있다는 결론이다. 이는 GDP의 상당부분이 농업분야에서 이뤄지는 북한의 경우에도 야간 불빛 개수 분석을 통해 전체 경제의 상황을 들여다볼 수 있는 방

---

11) J. V. Henderson, A. Storeygard and D. N. Weil, "Measuring Economic Growth From Outer Space," *NBER WORKING PAPER SERIES 15199*(National Bureau of Economic Research, Brown University, 2009).

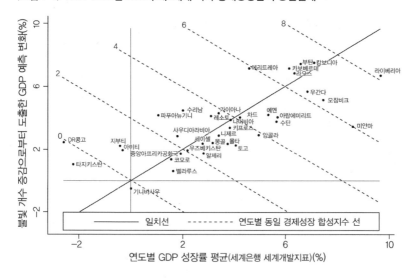

〈그림 7-1〉 1992~2003년 SOL과 제3세계 국가 경제성장률의 상관관계[12]

법론이 적용될 수 있음을 시사하는 대목이라 할 수 있다.

　이렇게 해서 추출된 1992년부터 2003년 사이 세계은행의 해당 통화지역 (Local Currency Unit)의 경제성장률과 야간 불빛 개수로 예측한 GDP 증감의 상관관계는 〈그림 7-1〉과 같다. 정밀하다고 말하기는 어려우나 뚜렷한 상관관계가 존재한다는 사실은 명확히 입증된다.

　한 가지 짚고 넘어가야 할 것은 핸더슨 팀의 연구가 각국 경제상황의 '추이'를 추적한 것이지 그 절대량을 계측하는 작업이 아니었다는 사실이다. 다시 말해 불빛 개수의 증감에 따라 예년에 비해 특정년도의 경제상황이 개선되었는지 악화되었는지를 따져보는 작업일 뿐, 불빛의 개수를 통해 경제총량을 가늠하는 연구는 아니라는 의미다. 물론 신뢰할 만한 통계치가 존재하

---

12) 같은 책.

는 연도가 있을 경우 이를 기준점으로 삼아 다른 해의 경제총량 추정치까지 유추하는 작업을 생각할 수 있지만, 핸더슨 팀의 연구는 이 지점까지 나아가지는 않았다.

개별국가를 넘어 불빛 개수와 경제상황의 상관관계를 전 지구적인 차원에서 분석한 연구로는 미국 콜로라도주립대 고시(Ghosh) 연구팀이 2010년 발표한 논문이 있다.[13] 각국의 2006년 불빛 개수와 인구통계를 합성해 국가경제 총량 데이터를 지도 형태로 제시하고 있는 이 논문은 특히 공식 경제통계에서 제외되는 비공식경제를 포함해 경제활동 전체의 규모를 추정하는 작업에서 야간 불빛 개수가 대안적인 수단으로 활용될 수 있다고 결론 내리고 있다.

특히 눈여겨볼 대목은 각국의 불빛 개수와 경제활동이라는 두 개의 변수를 선형회귀 분석해 찾아낸 상관관계의 정도가 매우 높다는 해당 연구의 결론이다. 〈그림 7-2〉 그래프에서 확인되는 것처럼 경제규모에 따라 각각의 국가를 총 36개 그룹으로 나눠 살펴본바 결정계수(R2) 0.96에서 0.99에 이르는 매우 뚜렷한 연관성을 갖고 있다. 이는 국가소득 수준의 높고 낮음에 상관없이 야간 불빛 개수가 유용한 지표로 활용될 수 있음을 확인하는 논증이라 하겠다. 경제규모로 가늠할 때 북한이 속해 있는 것으로 추정되는 36번째 그룹에서 결정계수는 0.99였다.

13) T. Ghosh, R. Powell, C. D. Elvidge, K. E. Baugh, P. C. Sutton and S. Anderson, "Shedding light on the global distribution of economic activity," *The Open Geography Journal*, No. 3(2010), pp. 148~161.

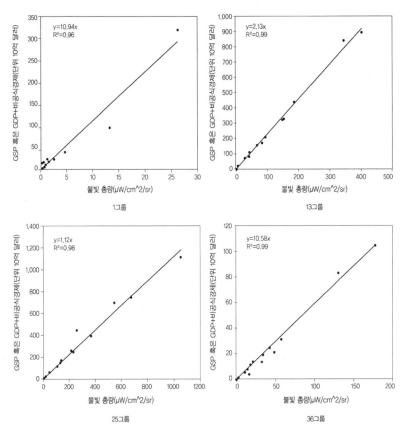

〈그림 7-2〉 경제규모로 분류한 국가별 SOL과 GDP의 상관관계[14]

이 연구보다 4년 앞선 2006년 NOAA의 크리스토퍼 엘빗지(Christoper D. Elvidge)의 연구팀과 콜로라도주립대 고시 연구진이 공동으로 발표한 논문의 경우, 같은 방법론을 활용하면서도 그 접근방식이 사뭇 다르다는 점에서 흥미롭다.[15] 마찬가지로 야간 불빛 개수와 인구통계를 합성해 세계지도 형태

---

14) 같은 글.

로 경제상황을 유추하는 작업이지만, 이 연구는 특히 총 232개 국가의 빈곤층 규모를 도출하는 데 주력하고 있다. 전체 인구를 야간 불빛 개수로 나누어 상호비교가 가능한 중립화된 지수로 만든 뒤, 여기에서 만들어진 함수를 거꾸로 적용해 하루 수입 2달러 미만의 절대빈곤층이 국가별로 총인구의 얼마나 차지하는지 도출한 다음, 끝으로 국가전체인구를 다시 적용해 그 숫자까지 확인한 작업이다. 이렇게 나타난 국가별 규모를 총 합산한 결과, 전 세계 절대빈곤층의 규모가 23억 명에 달한다는 것이 해당 연구의 결론이다.

시선을 끄는 것은 해당 연구의 결론을 갈음하는 표에 등장하는 북한 관련 데이터다. 해당함수를 통해 분석한 결과, 전체 인구의 64.94%, 총 1436만 여 명이 절대빈곤층에 해당한다. 이는 짐바브웨, 잠비아, 카메룬, 수단 등과 같은 위치라는 설명이지만, 다른 국가들과 함께 한 줄의 데이터로 정리된 것일 뿐 야간 불빛 개수를 통해 본 북한의 경제상황에 대한 별도의 분석이나 해설은 찾아볼 수 없다.

이러한 과정을 통해 위성사진에서 추출된 특정 국가의 야간 불빛 개수와 경제변화의 상관관계가 규명됨에 따라, 이후에는 특정 국가의 경제상황을 야간 불빛 개수에서 유추하는 연구들이 등장하기 시작한다. 멕시코와 인도의 비공식경제를 포함한 경제총량을 추적한 고시의 2009년,[16] 2010년[17] 연

---

15) C. D. Elvidge, P. C. Sutton, T. Ghosh, B. T. Tuttle, K. E. Baugh, B. Bhaduri and E. Bright, "A Global Poverty Map Derived from Satellite Data," *Computers and Geosciences*, No. 35(2006), pp. 1652~1660.

16) T. Ghosh, S. Anderson, R. L. Powell, P. C. Sutton and C. D. Elvidge, "Estimation of Mexico's Informal Economy and Remittances Using Nighttime Imagery," *Remote Sensing*, Vol. 1, No. 3(2009), pp. 418~444.

17) T. Ghosh, R. L. Powell, S. Anderson, P. C. Sutton and C. D. Elvdige, "Informal Economy And Remittance Estimates of India Using Nighttime Imagery," *International Journal of Ecological Economics & Statisitics*, No. 17(2010).

구가 대표적이다. 특히 2009년의 연구는 국가투명성이 상대적으로 높은 미국의 각 주에서 야간 불빛 개수와 GSP(Gross State Product, 주별 총생산) 사이의 상관관계 함수를 찾아낸 뒤, 이 함수에 멕시코의 야간 불빛 개수를 적용해 비공식경제를 포함하는 멕시코 전체 경제규모를 유추하는 방법론을 사용하고 있다는 점에서 흥미롭다.

인도의 사례를 통해 야간 불빛 개수를 통한 인구 센서스 결과 보정방법을 연구한 오스트레일리아 로열멜버른공과대학교(Royal Melbourne Institute of Technology: RMIT) 로이초두리(Roychowdhury) 팀의 2010년 연구[18]도 같은 맥락을 담고 있다. 인도정부가 10년 단위로 진행하고 있는 센서스가 워낙 많은 인구로 인해 시의성이 떨어진다는 비판을 받고 있는 바, 2001년 센서스 주요 항목의 결과가 해당지역의 야간 불빛 개수와 뚜렷한 상관관계가 있음을 확인할 수 있었다는 것이다. 이 연구에서 인구밀도와 단위면적당 주택 수, 운송수단 보유가구 수, 도시인구밀집도 등의 주요 지표는 결정계수(R^2) 0.8에서 0.97, 신뢰도 구간 95%의 높은 연관성이 있는 것으로 나타났다. 뒤집어 말하자면 매년 추출되는 야간 불빛 개수를 이용해 10년 단위로 이뤄지는 센서스의 한계를 보정하고 중간단계 데이터를 채워나감으로써 시의성 부족의 한계를 극복할 수 있다는 것이 해당 연구의 결론이다.

이렇듯 SOL 데이터를 활용한 연구는 주로 아프리카나 서남아시아 등에 초점을 맞추고 있어 북한만을 따로 분석한 연구는 아직 걸음마 수준이다. 해외 학계의 경우, 2014년 들어 미국 피터슨국제경제연구소에서 운영하는 북한 관련 블로그에 이 데이터를 북한에 적용하는 문제에 대한 논의가 일부 진

---

18) K. Roychowdhury, S. Jones, C. Arrowsmith, K. Reinke and A. Bedford, "The role of satellite data in census: Case study of an Indian State," Proceedings of the 30th Asia-Pacific Advanced Network Meeting, 2010.

행되었고,[19] 미국 윌리엄스대 이용석 교수가 이 데이터를 활용해 대북경제
제재가 북한의 도시지역과 지방에 차별화된 효과를 일으켰다고 분석한 논문
을 미국에서 열린 경제학 학술대회에서 발표한 바 있으나,[20] 2014년 9월 현
재 양쪽 모두 학술저널을 통해 공개되지는 않은 상태다.

이상에서 살펴본 바와 같이 야간 불빛 개수를 경제상황을 확인하는 수단
으로 활용한 일련의 연구들은 우선 전 지구 차원이나 대륙 차원에서 들여다
봄으로써 두 개의 변수가 상관관계에 놓여 있음을 일반론 차원에서 입증하
는 작업에서 출발해, 최근에는 특정 국가에 이를 적용하는 작업 역시 가능하
다는 사실을 논증하는 단계로 접어들고 있다. 엘빗지(2006), 헨더슨(2009),
고시(2010)의 연구가 전자에 해당한다면, 고시(2009), 로이초두리(2010), 이용
석(2014)의 경우는 후자에 속한다.

이와 함께 해당 방법론을 이용했던 해외의 선행 연구들이 공통적으로 편
견이 작용될 여지가 없는 불빛 개수 데이터의 특성을 가장 큰 장점으로 거론
하고 있다는 사실을 주목할 필요가 있다. 경제통계가 부실하거나 존재하지
않는 국가의 경제상황을 추정하자면 통상 연구자의 선입견이나 무수한 전제
와 가정 설정으로 인한 신뢰성 저하가 약점으로 거론되곤 하지만, NOAA의

---

19) North Korea: Witness to Transformation 블로그의 2104.4.8, 24, 29. 포스트 참조.
http://blogs.piie.com/nk/?p=13031; http://blogs.piie.com/nk/?p=13066;
http://blogs.piie.com/nk/?p=13070. NOAA 데이터를 이용해 북한의 지역별로 경제
상황 추이가 어떻게 차별화되어 나타나는지를 설명하는 데 주력한 이들 블로그는 UC
샌디에이고 소속 트래비스 포프(Travis Pope)의 미발표 연구작업에 기반을 둔 것으로
보인다.

20) Y. S. Lee, "Countering Sanctions: The Unequal Geographic Impact of Economic San-
ctions in North Korea," 11th Midwest International Economic Development Confe-
rence(May 2-3, 2014) 발표자료. http://faculty.apec.umn.edu/pglewwe/Minnconf/pa
pers_by_presenters_last_name/Lee%20Yong_5.3.14_NKsanctions_v2.pdf

야간 불빛 개수 데이터는 그 추출과정이 완전히 디지털화되어 있는 까닭에 이러한 한계에서 상대적으로 자유롭다.

덧붙일 사실은 지금까지 살펴본 선행 연구들이 대부분 불빛 개수와 GDP 같은 공식통계치를 비교하니 이러한 상관관계가 드러난다는 사실을 밝힌 연구일 뿐, 경험적으로 왜 이러한 상관관계가 발생하는지 그 메커니즘에 대해서는 규명하지 않고 있다는 점이다. 다시 말해 지금까지 살펴본 상관관계는 귀납적 분석의 결과이며 연역적 해석은 생략되어 있는 셈이다. 따라서 이들 선행 연구의 방법론을 특정 국가에 적용하는 경우 불빛 개수의 추이를 통해 해당국 경제상황이 이전에 비해 개선되었는지 악화되었는지를 상대적으로 가늠할 수 있을 뿐, 이러한 수치변화가 어떤 구체적인 사건이나 상황변화 때문에 촉발된 것인지를 따져보는 작업에는 한계가 있을 수밖에 없다.

4. 북한에 대한 적용

이제부터는 앞서 소개한 브라운대 등의 선행 연구들을 원용해 NOAA가 홈페이지를 통해 공개하고 있는 각종 데이터 가운데 북한 부분을 따로 살펴보기로 하겠다. 그 핵심 분석대상으로는 필자가 NOAA의 협조를 받아 언론 기사[21]를 통해 공개한 바 있는 북한의 연도별 SOL을 활용하고자 한다. 우선 이 데이터를 통해 확인되는 북한 야간 불빛 개수의 일반적인 특징과 1992~2009년 사이의 변화를 분석하고, 이를 해당시기 북한의 주요 경제사건과 연결선상에서 거칠게나마 해석하기로 한다. 마지막으로는 해당 데이터 추이를

---

21) 황일도, 「美 NOAA 야간 위성사진으로 분석한 북한의 경제상황」, ≪신동아≫ 2011년 4월호 참조.

기존의 북한 거시경제 추정치와 비교하는 작업까지 진행하겠다.

이에 앞서 몇 가지 사실을 짚고 넘어가기로 한다. 우선 분석대상이 되는 시기 문제다. NOAA의 홈페이지에는 2012년 데이터까지 집계를 완료해 공개하고 있으나,[22] 2010년 이후의 데이터는 그 이전과 직접적으로 비교하기 어렵다는 한계가 있다. NOAA는 그간 이 프로젝트에 총 6개의 위성을 순차적으로 투입했는데, 2009년 이전까지는 앞뒤 두 개의 위성이 3~4년에 걸쳐 동시에 임무를 수행했고, 따라서 이들 위성에서 생산한 같은 해 사진을 비교, 보정함으로써 시간 순으로 데이터를 연결하는 작업의 가능성이 열려 있었다. 그러나 유감스럽게도 2010년부터 가동을 시작한 위성(F18)은 이전 위성(F16)과 활동기간이 겹치지 않으며 따라서 데이터를 비교, 보정할 방법이 없다.[23] 이에 따라 NOAA는 2010년부터 아예 척도를 달리 적용하고 있는바, 이후 데이터가 추가로 축적되면 2010년 이후부터의 경제상황 추이를 별도로

---

22) http://ngdc.noaa.gov/eog/dmsp/downloadV4composites.html

23) 위성별로 수집된 다른 연도의 데이터를 시계열적으로 비교 분석하는 문제는 SOL 데이터를 활용한 연구에서 가장 논쟁적인 주제 가운데 하나다. 같은 시기, 같은 위성에서 수집한 데이터를 지역별로 비교하는 문제는 상대적으로 문제가 없지만, 다른 시기에 다른 위성에서 수집된 데이터를 수치화해 직접 비교하는 것은 사실상 무의미하다. 앞뒤 위성이 함께 촬영한 같은 시기 데이터를 비교해 보정작업을 거친 뒤에야 이전과 이후를 연결하는 시계열 통계작업이 가능한 이유다. 헨더슨 팀(2009)의 연구방법론을 차용한 이 논문은, 한 위성에서 수집한 복수 연도의 데이터가 있다면 특정 년도에서 그 전년도에 비해 경제가 성장했는지 쇠퇴했는지를 확인할 수 있고, 이를 앞뒤 연도로 이어 확장하면 전체적인 경제상황 시계열 추이를 추정하는 일이 가능하다는 전제에 따라 작성된 것이다. 반면 일부 해외 연구자들은 심지어 같은 위성에서 수집된 것이라 해도 위성의 성능이나 인접지역의 불빛변화로 인한 오차의 가능성으로 인해 보정작업을 거쳐야 하고, 따라서 SOL 데이터의 효용은 동일시기의 지역별 비교작업에만 유효할 뿐 동일지역의 시기별 비교에는 부적절하다고 주장한다. SOL 데이터를 북한 경제상황 분석에 활용하려는 연구자들이 가장 염두에 두어야 할 부분 중 하나다.

분석해야 하는 셈이다. 이 글이 분석대상을 2009년까지로 한정할 수밖에 없는 이유다.

또한 앞서 핸더슨 팀(2009)의 연구에서 살펴보았듯이 SOL의 증감은 해당 국가 경제상황이 개선되었는지 혹은 악화되었는지를 가늠할 수 있게 해줄 뿐이므로, 이제부터의 분석내용 또한 SOL 데이터에서 북한 경제총량의 절대치를 도출하려는 것은 아니다. 신뢰할 만한 복수의 기준년도 데이터가 있다면 이를 해당년도 SOL과 비교해 함수화함으로써 데이터가 없는 연도의 경제총량 절대치를 추정하는 작업이 가능하겠지만, 북한의 경우 이 작업이 불가능하다는 점은 부연할 필요가 없을 것이다. 다른 국가에서 나타난 상관관계를 함수화해 북한의 SOL을 대입함으로써 GDP 등의 구체적인 수치를 계산하는 방식 역시 생각할 수 있으나 이는 이 연구의 범위를 넘어서는 수준의 작업일뿐더러, 비공식경제가 차지하는 비중이 워낙 크고 군수산업의 상당부분이 인공위성에서 감지할 수 없는 지하시설에서 이뤄지는 등 북한 경제가 폭넓게 갖고 있는 이례적 특성들 때문에 상대적으로 유용성도 높지 않을 것으로 판단된다.

또한 SOL과 경제상황의 상관관계가 어떤 메커니즘을 통해 발생하는지에 대한 선행 연구가 없으므로, 이제부터 거론될 SOL 증감추이와 해당시기 특정사건의 관계는 말 그대로 해석의 영역일 뿐이라는 점도 밝혀두고자 한다. 예를 들어 2002년 이후의 SOL 증가가 7·1경제관리개선조치로 북한의 비공식경제가 활성화되었기 때문이라고 '해석'할 수는 있지만, 반드시 그 때문이었다고 '단정'할 수는 없다는 의미다. 해외에서의 지원 증감이나 공식 혹은 비공식 경제의 활성화가 각각 SOL과 어떤 함수관계를 갖는지도 규명되지 않았으므로, 우리가 알고 있는 북한 경제의 주요 사건이 구체적으로 얼마만큼 해당년도 SOL에 영향을 미쳤는지 요소별로 분석하는 작업 또한 현재로서는 불가능하다고 봐야 할 것이다.[24]

1) 일반적 특징

1992~2009년 중 북한의 SOL을 살펴보면 먼저 눈에 띄는 특징은 일단 그 숫자가 매우 적다는 점이다. 3만~5만 개 수준에 불과한 수치는 170만~250만 개에 이르는 남한 SOL의 2% 내외에 지나지 않다. 육안으로 비교하면 남한이 온통 빛으로 뒤덮여 있는 데 비해 북한은 몇몇 대도시에 불빛이 국한되어 있을 뿐 지방에서는 밝은 픽셀을 찾기가 쉽지 않을 정도다(〈그림 7-3〉 참조). 럼즈펠드 전 장관이 집무실에 붙여놓았다는 사진이 '흑과 백'의 명확한 대조를

〈그림 7-3〉 1992년(왼쪽)과 2008년 남북의 SOL 집계 결과 도판

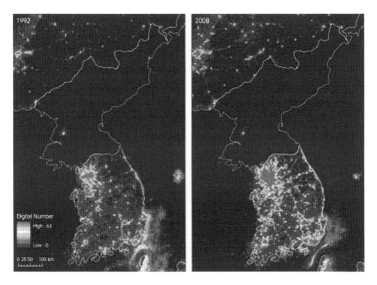

---

24) 이를 위해서는 외부에서의 대규모 지원 등 주요 경제사건이 SOL 증감에 미치는 구체적인 효과를 다른 제3세계 국가의 사례에서 함수화해 일반화한 다음, 북한에 적용해야 하겠지만 이는 다음 단계의 후속과제로 남겨두고자 한다.

〈그림 7-4〉 1992~2009년 북한 SOL 추이

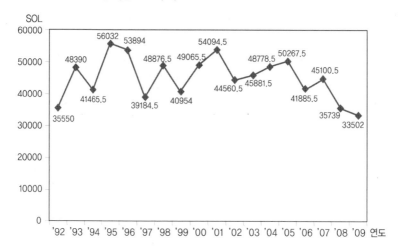

통해 남북의 경제격차를 한눈에 보여줄 수 있었던 이유다.

북한 측 수치를 시기 순으로 늘어놓고 살펴보면 또 다른 특징이 눈에 들어온다. SOL의 변동폭이 매우 심하다는 사실이다. 총 18년 치 데이터 가운데 최저치가 최고치의 60%에 불과할 정도로 편차가 크고, 그나마 일관된 상승 혹은 하락세가 아니라 엎치락뒤치락하는 형태다. 사회주의권 붕괴 이후 최근까지 북한의 불안정한 경제상황을 반영하는 것으로 보이는 이러한 급등락은 다른 나라의 SOL 데이터에서는 유사한 사례를 찾기 쉽지 않을 정도로 특이한 패턴이다. 야간 위성사진을 분석한 NOAA의 엘빗지 박사는 필자와 이메일 교신에서 "케냐, 방글라데시, 미얀마, 브룬디 정도만이 북한처럼 극심한 변화를 보인다"라고 말했다.

2) 시기별 증감추이

이제부터는 1992년부터 2009년까지의 수치를 하나하나 살펴볼 차례다.

사회주의권이 붕괴된 직후였던 1992년 3만 5550 수준이었던 수치는 1990년 대 중반 최고 5만 6000을 넘어서는 등 등락이 반복되는 가운데서도 점진적인 성장세를 보인다. 소련과 경제단절 이후 중국의 경제지원이 안정적으로 진행되던 시기와 대체적으로 일치하는 부분이다. 그러나 이러한 수치는 북한의 대량기근사태, 이른바 '고난의 행군'이 정점에 이르렀던 1997년 기록적인 하락세를 나타냈다.

매년 3억 달러에 달하는 국제사회의 지원이 이어진 후인 1998년에는 5만 수준으로 회복했고, 이후 2000년대 초반까지 4만 5000 이상을 안정적으로 유지하는 고른 패턴이 확인되었다. 김대중·노무현 정부 시기 꾸준히 유지되었던 남북경제교류와 상관관계를 유추할 수 있는 대목이다. 특히 2002년 이후 4년간 지속적으로 상승한 수치는 북한이, 이른바 7·1경제관리개선조치로 주민들의 사적인 시장경제활동을 상당 부분 허용하고 대외개방방안을 모색하던 시점과 맞아떨어진다. 증가세가 멈추고 4만 수준으로 급락한 2005년이 경제관리개선조치의 주요 정책이 후퇴하고 배급제가 부활했던 해였다는 것도 공교롭다.

눈여겨볼 것은 2008년 이후 이보다 훨씬 급격한 변화가 확인된다는 사실이다. 2007년 4만 5000 수준이었던 수치가 2008년 들어 갑자기 1만 이상 떨어졌다. 이듬해는 더 떨어져서 현재까지 분석된 가운데는 최신 데이터인 2009년의 SOL은 3만 3502에 지나지 않다. 야간위성촬영이 시작된 1992년 이래 수치가 4만 밑으로 떨어진 것은 사회주의권 붕괴 직후와 1997년 대량기근 시점 이후로 이번이 세 번째이며, 특히 2년 연속으로 4만 이하를 기록한 것은 이때가 처음이다.

급격한 변화를 몰고 온 원인이 무엇인지는 여러 가지로 유추할 수 있다. 우선 이명박 정부 출범 이후 남한의 대북경제지원이 급속도로 줄었다는 점을 주목할 필요가 있다. 2002년 이후 매해 30만~40만 톤가량 지원되던 쌀과

30만 톤가량 지원되던 비료 등 남한 정부의 대북지원이 중단되고 금강산관광 등 주요 교류사업이 멈춰선 것이 대표적이다. 2009년 4월 장거리미사일 발사실험과 5월 2차 핵실험으로 한층 강화된 주요 국가들의 대북경제제재와의 관계도 생각할 수 있다. 2007년 6자회담에서 10·3합의 이후 재개되었던 국제사회의 중유공급이 2009년 4월 중단된 일이 그에 해당할 수 있다.

결론적으로 말하자면, 1992년 사회주의권 붕괴 이후 등락이 반복되는 가운데서도 점진적인 성장세를 보이던 SOL 수치는 '고난의 행군'이 정점에 이르렀던 1997년 전년대비 20% 이상 하락한다. 이후 국제사회의 지원과 남북교류 증가, 7·1경제관리개선조치 등이 이뤄진 2000년대 중반까지 안정적으로 성장했던 SOL은 두 차례에 걸친 핵실험으로 국제사회의 지원이 사실상 단절되고, 남한과 경제교류 역시 대부분 차단되었던 2008년과 2009년에 기록적인 하락세를 기록하게 된다. 비록 추정에 지나지 않지만, 이전 시기 제한적으로나마 존재했던 외부세계와의 교류가 중국을 제외하고는 사실상 사라지면서 북한 전체가 극단적인 폐쇄형 경제체제로 돌입했고, 이에 따라 불빛 개수도 급속도로 감소했다고 해석할 수 있을 듯하다.

3) 기존 경제상황 추정치와의 비교

짚어봐야 할 대목은 이러한 SOL 증감추이가 한국은행의 북한 경제규모 추정치를 비롯한 기존의 경제상황 추이와 차이가 있다는 사실이다. 1990년대 후반의 경제쇠퇴와 2000년대 중반의 꾸준한 성장 등 큰 틀에서는 맞아 떨어지지만 등락의 주요 변곡점이 1~2년씩 다르기 때문이다. 예를 들어 앞서 말한 대로 2008년 SOL은 급감했으나, 한국은행은 북한의 실질 GDP가 2007년에 비해 3.7% 증가해 3년 만에 플러스로 돌아섰다고 분석했다.[25]

실제로 1992~2009년 사이의 SOL과 한국은행의 명목 GNI 추정치를 시계

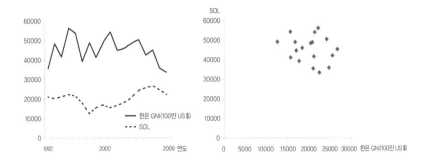

〈그림 7-5〉 1992~2009년 한은의 연도별 GNI 추정치와 SOL 비교(왼쪽) 및 상관관계[26]

열적으로 비교해도 유의미한 상관관계를 찾기 어렵다. 두 자료를 선형회귀 분석하면 〈그림 7-5〉에서 나타나듯 상관계수가 -0.20848에 불과해 전혀 별개로 나타나고 있음을 확인할 수 있다.

그간 한은 통계치에 대한 비판이 주로 가격과 환율을 어떻게 적용하느냐에 따라 경제총량 추정치 결과물이 큰 편차를 보일 수밖에 없다는 점에 집중되어온 것에 비해,[27] SOL 데이터가 제기하는 의문은 상대적으로 유용하다는 추세부분에 대한 것임을 주목할 필요가 있다. 한국은행의 GNI 통계 추정치는 정부의 관련 전문기관이 수집한 석탄생산량, 기계생산량, 발전량 등의 추정치 기초자료를 취합해 경제성장률을 잠정 도출한 뒤, 이를 전년도 통계

25) "北 경제 작년 3.7% 성장", ≪매일경제≫, 2009년 6월 28일 자.

26) 한국은행 홈페이지 경제통계시스템(ECOS) 가운데 '17.3 북한 GDP 관련 통계' 항목에서 인용. http://ecos.bok.go.kr(검색일: 2011.3.4)

27) 2007년 4월 북한대학원대학교에서 열린 관련 세미나의 경우, 논의는 주로 배급가격과 시장가격, 공식 환율과 시장 환율 등의 차이를 어떻게 가중 평균하느냐에 따라 엄청난 편차를 보인다는 비판에 초점이 맞춰졌다. 「韓銀통계는 변칙 … 새 방법 찾아야' … 北 GNI 통계 세미나」, ≪한국경제≫, 2007년 4월 6일 자.

〈그림 7-6〉 세계은행의 북한 GDP PPP 추정치와 불빛 개수의 상관관계[28]

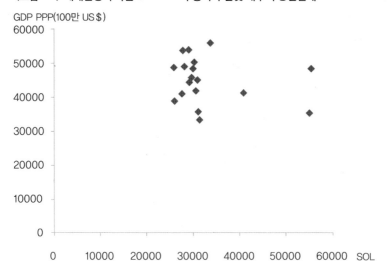

GDP PPP(100만 US$)

치에 적용하는 방식으로 만들어지는 것으로 알려져 있다.[29] 이렇게 형성, 축적된 GNI 추정치의 시계열적 추이가 선행 연구에서 분석된 다른 제3세계 국가와는 달리 북한의 SOL 증감 추이와 상관관계를 보이지 않는 것이다.

이러한 특성은 한국은행 추정치만의 문제는 아니어서, 세계은행의 통계치도 마찬가지다. 북한의 연도별 GDP 구매력지수(달러화)의 추이가 SOL 데이터와 상관계수 -0.20834로 나타나 별다른 관계를 찾아보기 어렵다.

물론 이러한 불일치는 관련 기관의 추정치가 현실을 반영하지 못하기 때

28) World Bank, *World Development Indicators 2010*(Washington: World Bank, 2010),
  각국 GDP PPP 항목에서 북한 부분 추출, 엘빗지 박사와의 이메일 교신자료에서 재인용.
29) 한국은행 경제통계국 국민소득총괄팀 보도자료, 「2009년 북한 경제성장률 추정 결과」
  (한국은행, 2010); "북한 경제성장률 믿거나 말거나?", ≪한국경제≫, 2011년 11월 13
  일자.

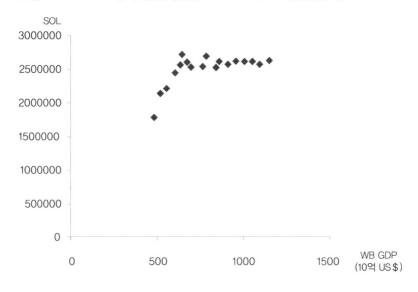

〈그림 7-7〉 1992~2009년 세계은행의 남한 GDP PPP[30]와 SOL 상관관계 비교

문이라고 단정할 수 없으며, 거꾸로 SOL 데이터가 북한 경제상황 변화와 관련이 적기 때문일 가능성도 배제할 수는 없다. 다만 해외 선행 연구를 통해 확인된 국가들뿐 아니라 한국의 경우에도 경제상황 추이와 SOL 데이터의 증감추이 사이에는 상관관계가 나타난다는 사실을 지적해두고자 한다. 세계은행의 한국 구매력평가 기준 국내총생산(GDP PPP)과 같은 기간 NOAA가 추출한 한국의 SOL 데이터를 선형회귀 분석하면 〈그림 7-7〉과 같이 상관계수 0.612로 북한의 경우와는 사뭇 다른 상관관계가 나타난다.

마지막으로 살펴볼 것은 한국은행의 데이터 가운데 GNI가 아닌 다른 항목이다. 한국은행은 북한의 주요산업현황과 관련해 총 17개의 데이터를 추

---

30) 같은 책. 각국 GDP PPP 항목 가운데 한국 부분 추출, 엘빗지 박사와의 이메일 교신자료에서 재인용.

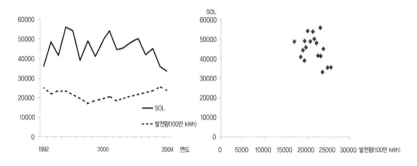

출해 이를 홈페이지 경제통계시스템에서 공개하고 있다. 한국은행은 이들 항목을 통합해 북한의 GNI 총량을 유추하는 만큼 그 기본 자료에 해당한다. 곡물생산량과 철광석생산량, 시멘트생산량, 항만하역능력 등의 항목이 대표적이다.

이 가운데 발전량 통계추이의 경우, 논리적으로 SOL 데이터와 높은 상관관계를 갖는 것이 타당해 보인다. 북한의 여러 가지 특성 때문에 다른 제3세계 국가와 달리 북한의 SOL이 경제상황추이를 반영하지 못한다고 가정해도, 열악한 전기사정상 생산된 전기의 총량이 잉여분 없이 활용되는 북한의 에너지 형편상 발전량과는 긴밀한 관계를 가질 수밖에 없기 때문이다. 그러나 해당 시기 한국은행의 북한발전량 변화와 SOL 데이터를 선형회귀 분석하면 역시 <그림 7-8>에서 보듯 상관계수가 -0.376에 해당해 별다른 관계를 발견하기 어렵다. 상식적으로 반비례 성향일 수 없는 두 변수 사이에 마이너스 계수가 등장한다는 사실은 한국은행 통계치의 신뢰성과 관련해 특기할 만한 일일 것이다.

---

31) 한국은행 홈페이지 경제통계시스템(ECOS) 가운데 '17.2.1 남북 주요 지표 비교(총량)'

5. 맺음말

앞에서 살펴본 것처럼 SOL 추이와 한국은행 추정치 추이의 불일치는 특히 그 주요 변곡점에서 가장 극명하게 드러난다. 한국은행 추정치에서 등락의 추세가 전환하는 시점이 SOL에 비해 1~2년 늦게 나타나기 때문이다. 예를 들어 '고난의 행군' 시기의 GNI와 관련해 한국은행 추정치는 1998년에 최저점을 기록한 것으로 나타나지만, SOL은 한 해 앞선 1997년에 최저치를 기록하고 1998년에는 상당 부분 회복된 것으로 나타난다. 2000년대 이후에는 SOL이 2006년 큰 폭으로 하락한 것과 달리 한국은행 추정치는 그보다 2년 후인 2008년 들어서야 하락세를 보이는 것으로 나타난다.

만약 SOL이 북한의 경제상황을 정확히 반영한다고 가정한다면, 이러한 차이가 발생하는 이유는 한국은행의 GNI 추정치가 북한의 경제상황 변화에 대한 징후가 충분히 확인된 후에야 반영되기 때문이라고 추론할 수 있다. 정보가 제한된 북한 경제의 특성상 그 변화의 흐름이나 성격이 외부에 알려지는 데 일정한 시간적 지연이 발생하므로, 이를 반영한 한국은행의 추정치는 그만큼 지연되어 통계에 반영된 것으로 생각할 수 있다. 다시 말해 주요 경제 사건이나 상황변화에 관한 정보가 수집되고 취합되는 데 걸리는 시간이 이러한 1~2년의 변곡점 차이로 나타난다는 의미다.

물론 이러한 불일치가 한국은행 데이터의 오류를 입증한다고 단정하기는 이르지만, 한국은행 추정치의 신뢰성에 대해 그간 제기된 다양한 문제의식에 힘을 실어주는 것이라고 할 수 있다. 이는 또한 SOL 데이터가 앞으로 북한의 경제상황 변화를 추적하는 데 도움을 줄 새로운 분석방법으로 활용될 수 있는 가능성을 시사하는 것이기도 하다. 북한 경제의 변화와 관련해 세부

항목에서 인용. http://ecos.bok.go.kr(검색일: 2011.3.4)

정보를 수집하고 이를 분석·추론·집계하는 지난한 과정을 거치는 대신, 인공위성 야간사진 분석을 통해 더욱 시의성 높게 접근할 수 있다는 것이다.

북한 거시경제를 분석하는 기존의 연구가 적지 않은 부분에서 전제와 가설, 계량화하기 어려운 인상평가를 포함하고 있다면, 이런 한계에서 상대적으로 자유로운 수치 데이터를 통해 북한 경제상황의 개선과 악화를 손쉽게 가늠할 수 있다는 것 또한 SOL의 장점이다. 반대로 말하자면 이는 '휴전선 너머의 상황을 정확히 아는 일'이 누구보다 중요한 한국의 정부와 전문가들이 앞으로도 NOAA의 야간 위성사진과 SOL 데이터를 주목하고 활용해야 할 이유다.

참고문헌

1. 국내 문헌

김석진. 2002. 「북한 경제의 성장과 위기」. 서울대학교 대학원 박사학위논문.

김영윤. 1997. 「북한 암시장의 경제사회적 영향」. ≪통일연구논총≫, 제6권 제1호.

김연철. 1997. 『북한의 배급제 위기와 시장개혁 전망』. 삼성경제연구소.

남성욱·문성민. 2000. 「북한의 시장경제 부문 추정에 관한 연구」. ≪현대북한연구≫, 제3권 제1호.

박진. 1994. 「북한재정의 현황과 추이」. 한국개발연구원 정책보고서.

양문수. 2001. 『북한 경제의 구조』. 서울대학교 출판부.

이원기·이대기. 1998. 『북한 통화량 규모의 추정과 남북한 통화 통합시 교환비율 시산』. 한국은행.

정갑영·강전은. 2007. 「주성분 분석을 이용한 북한의 총국민소득(GNI) 추정」. ≪비교경제연구≫, 제14권 제2호.

한국은행. 1995~2010. "북한 GDP·GNI·경제성장률 추정결과". 보도자료.

한국은행 홈페이지 경제통계시스템(ECOS). http://ecos.bok.or.kr/

한상진. 2000. 「북한 지하경제의 규모 추정과 경제변수들과의 관계 분석」. 연세대학교 대학원 석사학위논문.

≪신동아≫. 2011.4월호. 「美 NOAA 야간 위성사진으로 분석한 북한의 경제상황」.

≪매일경제≫. 2009.6.28. "北 경제 작년 3.7% 성장".

≪한국경제≫. 2007.4.6. "'韓銀통계는 변칙 … 새 방법 찾아야 … 北 GNI 통계 세미나".

_____. 2011.11.13. "북한 경제성장률 믿거나 말거나?".

2. 외국 문헌

Elvidge, C. D., P. C. Sutton, T. Ghosh, B. T. Tuttle, K. E. Baugh, B. Bhaduri and E. Bright. 2006. "A Global Poverty Map Derived from Satellite Data." *Computers and Geosciences*, No. 35.

Ghosh, T., S. Anderson, R. L. Powell, P. C. Sutton and C. D. Elvidge. 2009. "Estimation of Mexico's Informal Economy and Remittances Using Nighttime Imagery." *Remote Sensing*, Vol. 1, No. 3, pp. 418~444.

Ghosh, T., R. Powell, C. D. Elvidge, K. E. Baugh, P. C. Sutton and Anderson, S. 2010. "Shedding light on the global distribution of economic activity." *The Open Geography Journal*, No. 3, pp. 148~161.

Ghosh, T., R. L. Powell, S. Anderson, P. C. Sutton and C. D. Elvdige. 2010. "Informal Economy And Remittance Estimates of India Using Nighttime Imagery." *International Journal of Ecological Economics & Statisitics*, No. 17.

Henderson, J. V., Adam S. and David N. W. 2009. "Measuring Economic Growth from Outer Space." NBER WORKING PAPER SERIES 15199, National Bureau of Economic Research, Brown University.

Lee, Y. S. 2014. "Countering Sanctions: The Unequal Geographic Impact of Economic Sanctions in North Korea." 11th Midwest International Economic Development Conference(2~3 May) 발표자료.

Roychowdhury, K., S. Jones, C. Arrowsmith, K. Reinke and A. Bedford. 2010. "The role of satellite data in census: Case study of an Indian State." Proceedings of the 30th Asia-Pacific Advanced Network Meeting, pp. 208~219.

미 피터슨국제경제연구소 북한 블로그 North Korea: Witness to Transformation의 관련 포스트. http://blogs.piie.com/nk/?p=13031; http://blogs.piie.com/nk/?p=13066; http://blogs.piie.com/nk/?p=13070

미 해양대기청(NOAA) 국방기상위성프로그램(Defense Meteorological Satellite Program) 공식 홈페이지. http://ngdc.noaa.gov/eog

제3부

북한 연구의
도전과
새로운 지평

제8장

북한시장에 대한 정치학적 분석*

박형중 | 통일연구원 선임연구위원

1. 머리말

북한시장은 1990년대 중반 이래 매우 빠른 속도로 팽창했다. 그 후 북한시장을 이해하고자 하는 많은 노력이 있었다. 경제학자들이 시장 및 그와 관련된 현상에 대한 연구를 가장 많이 수행했다. 경제학이 북한시장 연구를 주도하게 된 이유는 시장이 본질적으로 경제현상으로 인식되었기 때문이다. 통상적으로 경제학적 분석은 '아래로부터의 시장화'론에 입각해 시장의 확대가 계획 및 정권안보에 위협을 주는 것으로 평가한다. 이러한 관점은 시장확대에서 권력과 정치의 역할을 도외시하지 않는 경향을 보인다. 이와 같은 명제

---

* 이 글은 2011년도 정부재원(교육과학기술부 사회과학연구지원사업비)으로 한국연구재단의 지원을 받아 연구되었음(NRF-2011-330-B00020).

는 북한에서 시장확대에 대한 세간의 평가의 주축을 이루고 있다.

그런데 일부 정치학적 분석은 앞의 경제학적 분석과 대조적 관점을 발전시켰다. 일반적으로 시장에 대한 정치학적 분석은 시장을 기본적으로 정치적 단위로 간주하고 분석한다. 즉, 시장의 구조와 작동은 권력과 권력관계에 의해 다양한 방식으로 영향을 받는다는 것이다.[1] 이러한 정치학적 분석은 북한시장 분석에도 응용될 수 있다. 이러한 분석은 북한시장확대에서 정권기관의 역할을 중시한다. 이 분석은 시장확대와 관련된 현상이 정치 및 국가권력의 심대한 관여로 조직화·구조화되어 있다는 것을 보여주고자 한다.

이 글의 목적은 경제학적 분석과 비교하면서 북한시장에 대한 정치학적 분석의 가능성과 특징을 보여주는 것이다. 제2절은 시장 연구에서 정치학적 분석이란 무엇인지 설명한다. 여기서는 정치제도가 경제제도를 결정하며, 이에 따라 경제실적 및 시장의 성격이 규정됨을 서술한다. 제3절은 북한시장에 대한 경제학적 분석의 주요 명제와 특징을 서술한다. 제4절은 정치학적 분석을 중심으로 시장 연구의 주요 논점을 제시한다. 북한시장의 정치적 특징의 여러 측면을 부각시키며, 북한정치체제의 특징, 즉 권력 구조가 개인 지도자에 초집중된 성격이 경제제도와 시장의 구조와 작동에 반영되어 나타나고 있다는 점을 밝힌다. 제5절은 이상의 연구성과를 요약정리한다.

---

1) G. White, "Towards a Political Analysis of Markets," *IDS Bulletin*, Vol. 24, No. 3(1993), p. 2.

2. 시장 연구에서 정치학적 분석이란 무엇인가

시장 연구에서 정치학적 분석은 '권력과 권력관계가 현실시장의 구조와 작동에 어떠한 방식으로 다양하게 영향을 미치는가'에 관심을 둔다. 이러한 관심은 경제학적 시장 분석이 통상적으로 (북한의) 현실시장에서 권력의 존재를 무시하거나 주변적 현상으로 치부하는 경향을 가지는 것에 대한 비판이자 대안이다.

일반적으로 시장에 대한 정치학적 분석에서 핵심 출발점은 두 가지다. 첫째, 정치제도의 핵심적 중요성이다. 즉, 정치제도가 경제제도를 결정지으며, 또한 정책선택과 경제실적에 영향을 미치고, 또한 여기서의 관심주제인 시장의 성격을 결정한다. 둘째, 겉보기에는 동일한 제도(여기서는 시장)라고 할지라도 나라마다 매우 다르게 작동한다. 나라마다 그 제도가 기능해야 하는 정치적 맥락이 다르기 때문이다.

첫째 사항을 보자. 일반적으로 정치제도가 경제제도를 결정한다는 '제도의 위계성'이 존재한다.[2] 즉, 게임의 규칙을 정하고 집행하는 정치체가 경제적 실적을 결정하는 일차적 원천이다.[3] 이와 관련해 한 사회의 권력 구조는 경제제도에 반영되어 나타나야 한다. 그 이유는 경제제도가 뒷받침하는 이득의 분배가 사회 내의 권력분배와 일치해야 하기 때문이다. 다시 말해 "만약 강력한 그룹이 이득의 분배에서 자신의 상대적 권력에 비해 너무 적은 이

---

2) D. Acemoglu, S. Johnson and J. Robinson, "Institutions as the fundamental Cause of Long-run Growth," *NBER Working Paper 10481*(National Bureau of Economic Research, 2004), p. 6.

3) D. C. North, *The Role of Economic Institutions in Economic Development*(UNECE Discussion Paper Series(Feb.), 2003). p. 7; D. C. North, *Understanding the Process of Economic Change*(Princeton: Princeton University Press, 2005), p. 57.

득을 얻을 경우, 이 그룹은 자신이 만족할 때까지 또는 포기할 때까지 갈등을 포함해 다른 수단을 통해 제도를 바꾸고자 노력할 것"[4]이기 때문이다. 따라서 대체로 안정적 사회질서에서는 그 사회가 기반을 둔 권력분배 상태에 조응하는 경제이득 분배상태가 성립한다. 즉, 권력분배의 차이에 부합하게 일련의 사회행위자가 다른 행위자보다 더 많은 분배상의 이득을 획득하는 재산권, 지원수취자격(entitlements)의 구조 그리고 국가의 규제 구조가 성립한다.[5] 마찬가지 맥락에서 시장 역시 정치 및 권력과 독립적으로 존재하는, 단지 순수한 경제적 기구(mechanism)가 아니라 권력에 의해 패턴화된다. 시장의 구조와 교환관계는 권력관계가 관여하고 있으며, 경쟁하는 이익들 간에 갈등과 협력, 지배와 종속의 정치적 관계라는 정치적 과정을 내장하며 표현한다.[6] 시장가격 역시 정치적 형세에서 도출된다.

이러한 '제도의 위계성'에 대한 통찰은 북한 또는 독재국가에 국한된 것이 아니라, 민주적 시장경제국가에도 적용되는 일반적 통찰이다. 이와 관련해 대런 애쓰모글루(Daron Acemoglu)와 제임스 로빈슨(James Robinson)은 경제번영을 초래하는 포용적(정치·경제) 제도와 경제침체를 초래하는 추출적(정치·경제) 제도를 구별한다. 그들은 "어떤 나라는 가난하고 어떤 나라는 번영하는지를 결정하는 것은 경제제도이지만, 정치와 정치 제도가 어떤 나라가 어떤 경제제도를 가지게 되었는가를 결정한다"[7]라고 말한다.

---

4) M. H. Khan, "Political Settlements and the Governance of Growth Enhancing Institutions," *Working Paper(unpublished)*, p. 4. Electronic copy available at: http://eprints.soas.ac.uk/9968/

5) J. Di John and J. Putzel, "Political Settlements," *Issues Paper*(GSDRC Emerging Issues Research Service(June), 2000), p. 4; G. Lenski, *Power and Privilege*(New York: McGraw-Hill).

6) White, "Towards a Political Analysis of Markets," p. 3.

그러면 추출적(정치·경제) 제도와 포용적(정치·경제) 제도는 어떻게 구별되는가? 애쓰모글루와 로빈슨의 논지를 요약하면 이렇다.[8] 추출적 정치제도에서는 소수 엘리트의 손에 권력이 집중되어 있고 권력행사에 제한이 거의 없다. 여기서 추출적이라는 것은 그러한 제도가 사회의 일부에서 소득과 재부(財富)를 추출해 다른 일부에게 이득을 주도록 고안되어 있기 때문이다.[9] 여기서 정치가는 사회적 복지를 극대화하는 것이 아니라 자신들의 이기적 목적을 추구하며, 이러한 정치가가 움직이는 정부는 '약탈하는 손'[10]의 기능을 한다. 권력집중으로 엘리트는 사회의 여타 부분에서 자원을 추출할 목적으로 경제제도를 구조화하더라도 제한이나 반대를 받지 않는다. 추출적 경제제도는 엘리트를 부자로 만들며, 그들의 경제적 재부와 권력은 그들의 정치적 지배를 공고화하는 데 기여한다.

이에 대해 포용적 정치제도는 권력을 사회 내에 광범하게 분산하며 자의적 권력행사를 제한한다. 이러한 정치제도는 어떤 사람들이 권력을 찬탈해 포용적 제도의 기반을 붕괴시키는 것을 어렵게 한다. 포용적 경제제도에서

---

7) D. Acemoglu, S. Johnson and J. Robinson, *Why Nations Fail: The Origins of Power, Prosperity, and Poverty*(New York: Crown Publishers, 2012), p. 43.

8) 같은 책, pp. 73~76, 80~82. 월리스(Wallis), 노스(North), 와인개스트(Weingast)는 '접근이 열려 있는 질서'와 '접근이 제한된 질서(또는 '자연국가')'라는 두 개의 개념을 구별하고 서술한다. '열린 접근질서'는 여기서 말하는 포용적 제도와 거의 동일하다. '자연국가'는 '열린 접근질서' 등장 이전에 역사적으로 존재했던 거의 모든 국가형태를 포괄한다. 이와 관련해서는 D. C. North, J. J. Wallis and B. R. Weingast, *Violence and Social Orders: A Conceptual Framework for Interpreting Recorded Human History* (Cambridge: Cambridge University Press, 2009) 참고.

9) Acemoglu, Johnson and Robinson, *Why Nations Fail: The Origins of Power, Prosperity, and Poverty*, p. 76.

10) A. Shleifer and R. W. Vishny, *The Grabbing Hand: Government Pathologies and Their Curse*(Cambridge: Harvard University Press, 2002), p. 3.

국가는 안전한 사적 재산, 공정한 법체계, 사람들이 교환하고 거래하는 데서 균등한 경기장을 제공하는 공공 서비스를 공급하는 '도우는 손'[11]의 역할을 한다. 여기서 안전한 재산권이 핵심인데, 이러한 권리가 존재해야 사람들이 투자하고 생산성을 높이고자 하기 때문이다. 포용적 경제제도는 포용적 시장을 창출한다. 포용적 시장은 진입장벽이 없고 경쟁을 보장하며, 재산권과 계약준수를 보장함으로써 거래비용을 낮추고 지대추구를 방지하며 투자와 노력의 증대를 조장하고 생산성을 향상시킨다.

추출적 제도에도 포용적 제도에 존재하는 시장, 선거, 정당, 언론매체가 존재하지만 그 기능은 매우 다르다.[12] 여기서의 주된 관심은 시장이다. 시장 역시 추출적 제도와 포용적 제도에 공히 존재한다. 그런데 포용적 제도에서 경제조직은 통상 시장에 현저하게 집중해 정치에는 부수적으로만 관여한 다.[13] 기업이 경제에만 집중할 수 있는 능력을 가지고 있기 때문에 표면상 시장과 정치제도(민주주의)가 분리된다. 그러나 추출적 제도에서 정치와 경제는 한층 더 밀접하게 통합되어 있다. 또한 포용적 제도의 시장에서는 진입과 경쟁의 개방, 공간과 시간을 초월해 재화와 개인의 자유이동, 경제적 기회를 추구하는 조직을 창조할 능력, 자원과 재화를 획득하기 위해 폭력을 사용하거나 타인을 강제하는 것의 금지가 보장된다.[14] 그러나 추출적 제도에서의 시장은 접근이 현저하게 제한되어 있고, 명백한 특권과 지대 창출에 종

---

11) 같은 책.

12) North, Wallis and Weingast, *Violence and Social Orders: A Conceptual Framework for Interpreting Recorded Human History*; H. Albrecht, "Political Opposition and Authoritarian Rule in Egypt"(Doctoral dissertation, University of Tübingen, 2008).

13) North, Wallis and Weingast, *Violence and Social Orders: A Conceptual Framework for Interpreting Recorded Human History*, p. 146.

14) 같은 책, p. 2.

속되어 있는 덜 경쟁적인 시장이다.[15] 경제 구조는 1차 산품 수출을 통한 외화획득 및 특권과 지대 창출에 적합하게 되어 있고, 그리하여 정권 및 특권 집단의 재부를 증가시킨다. 그러나 이러한 경제에서 국가는 국내고용의 증가, 주민생활 개선, 제조업 발전을 위한 공공재 공급과 관련해서 적절한 기능을 하지 않는다.[16] 다른 구성요소와 상호 연계 및 작용하는 가운데, 포용적 제도에서 (포용적) 시장은 정치영역에서 상대적으로 독립해 존재하면서 경제성장과 번영의 추동력으로 역할한다. 그러나 추출적 제도에서 (추출적) 시장은 정치와 경제가 밀접히 결합된 추출적 제도체계의 일부로서, 정치권력에 의해 특권과 지대 창출에 기여하도록 관리된다. 이러한 상황은 정권은 안정시키지만 경제침체와 빈곤을 촉진한다.[17]

북한은 앞에서 언급한 추출적 제도에 입각한 나라다. 그런데 일반적으로 우리가 '시장'이라고 하면, 포용적 제도에서의 시장을 떠올린다. 이러한 시장은 국가의 '도우는 손' 역할로 안전한 사적 재산권, 공정한 법체계, 교환과 거래의 균등한 경기장이 보장되는 것에 기초해 성립한다. 그러나 북한에서의 시장은 사적 재산권 보장 및 법치 부재, (국가에 의한 대내외 교역에서의 각종

---

15) 같은 책, p. 139.

16) T. Callaghy, "The State and the Development of Capitalism in Africa: Theoretical, Historical, and Comparative Reflections," D. Rothchild and N. Chazan(eds.), *The Precarious Balance: State-Society Relations in Africa*(Boulder: Westview Press, 1988); P. D. Hutchcroft, *Booty Capitalism: The Politics of Banking in the Philippines* (Ithaca: Cornell University Press, 1998); R. M. Auty, "The political economy of resource-driven growth," *European Economic Review*, Vol. 45, Iss. 4~6(2001).

17) 추출적 제도에 기반을 둔 나라에서 경제성장이 발생하기도 한다. 그 이유와 한계에 대해서는 Acemoglu and Robinson, *Why Nations Fail: The Origins of Power, Prosperity and Poverty*, pp. 437~445; M. Olson, *Power and Prosperity: Outgrowing Communist and Capitalist Dictatorships*(New York: Basic Books, 2000) 참조.

장애설치와 편파적 인허가 때문에 발생하는) 교환과 거래에서 기회불균등과 함께 국가가 '약탈하는 손'으로 기능하는 데 기초하고 있다. 이러한 의미에서 북한의 시장은 '유사시장'[18]이라고 하는 것이 더 적절할 것이다. 그것은 마치 북한의 최고인민회의와 한국의 국회가 편의상 흔히 동일선상에서 '입법부'라고 하지만 양 기관의 배경과 기능이 전혀 다른 것과 마찬가지다.

이처럼 북한의 시장은 추출적 제도에 존재하는 시장이 갖는 기본특징을 공유한다. 그럼에도 북한의 시장이 다른 추출적 제도 국가와 완전히 동일한 것은 아니다. 그 이유는 권력분배 상황이 나라마다 다르고 이에 따라 그 나라의 추출적 제도의 양태가 형성되기 때문이다. 권력분배 상황과 사회 내의 이익분배 상황은 시장을 포함한 경제제도를 매개로 일치를 지향해야 한다.[19] 따라서 각 나라의 시장은 그 나라에 독특한 권력분배 상황을 반영하도록 다르게 형성될 수밖에 없다. 이러한 의미에서 모든 시장은 "특정한 자체적 권력형세를 포함하는 사회적 관계 패턴의 집합체"[20]다.

3. 북한시장 연구에서 경제학적 분석

그간 한국에서 북한시장 연구는 경제학적 분석이 주류를 이뤘다. 경제학적 분석이 대세를 이루게 된 것은 시장은 일차적으로 경제학적 분석주제로 인식되었기 때문이다. 그간 많은 성과가 있었고, 경제학적 분석이 제기한 명

---

18) V. Nee and D. Stark(eds.), *Remaking the Economic Institutions of Socialism: China and Eastern Europe*(Stadford University Press, 1989), p. 664.

19) Khan, "Political Settlements and the Governance of Growth Enhancing Institutions"; John and Putzel, "Political Settlements".

20) White, "Towards a Political Analysis of Markets".

제는 북한시장에 대한 일반적 인식의 중요 구성부분이 되었다. 경제학적 분석은 주제별로 다양화되고 심화되는 경향을 보이면서, 시장규모 추정, 시장 성숙도, 가계와 시장의 관계, 분야별 시장의 특성, 시장확대와 계획침식 및 정권저항 잠재력증가 등 다양한 주제에 대한 연구를 진행했다.[21] 경제학적 분석은 다음과 같은 특징이 있다.

첫째, 계획경제와 시장경제, 공식경제와 비공식경제라는 식으로 북한의 경제 구조를 이분법적으로 판단한다. 김병연은 시장활동을 비공식경제활동과 동일시하면서, (농작물 자가소비를 제외하고) '중앙계획 밖에 존재하거나 법적인 보호를 받기 어려운 소득창출 경제활동'으로 정의한다.[22] 양문수는 2002년 7·1경제관리개선조치 이후, 계획경제와 시장경제의 이중 구조가 공식화되었다고 한다. 국가가 책임지는 계획경제는 엘리트경제(당 경제), 군 경제, 내각경제를 포괄하는 한편, 주민경제와 일부 내각경제는 국가가 책임을 방기하고 시장경제의 영역으로 허용했다고 한다.[23] 한편 임강택은 공식적인 계획경제와 다른 편에서 국가의 통제와 규제를 받지 않는 경제활동, 즉 비공식부문을 구분한다. 그는 시장화는 비공식부문에서 지배적이지만 공식적인 계획부문에서도 시장화현상이 증가하고 있는 것으로 판단한다.[24]

둘째, 계획경제 및 배급제의 붕괴에 따라 '기업과 가계 등 말단 경제주체

---

21) 한국에서 경제학적 분석에 대한 기존 연구의 포괄적 소개와 검토는 김병연·양문수, 「북한 외화관리시스템의 변화와 외화의존도의 증대」, ≪수은경제≫, 봄호(2008), 4~5, 19~22쪽; S. Haggard and M. Noland, *Witness to Transformation: Refugee Insights into North Korea*(Washington D. C.: Peter G. Peterson Institution for International Economics, 2011); Joo Hyung-min, "Visualizing Invisible Hands: The Shadow Economy in North Korea," *Economy and Society*, Vol. 39. No. 1(2010) 참조.
22) 김병연·양문수,『북한 경제에서의 시장과 정부』(서울대학교출판문화원, 2012), 16쪽.
23) 같은 책, 67쪽.
24) 임강택,『북한 경제의 시장화 실태에 관한 연구』(통일연구원, 2009), 93~98쪽; 같은 책.

들의 자력갱생 차원에서'[25] 추진된 계획 외적 활동의 확산이 시장확산을 주로 추동했다는 '아래로부터의 시장화'론을 견지한다.[26] 대표적으로 김병연에 따르면, 시장활동은 두 가지 유형으로 이루어져 있다. 첫째, '등록되어 있거나 조세를 부담하는 시장활동(예: 매대, 기업소 자산을 임차해 영업)', 둘째, '등록되지 않고 조세를 부담하지 않는 시장활동(예: 텃밭, 뙈기밭 경작물의 시장판매, 메뚜기장, 밀수)'[27]이다. 다시 말해 시장의 개념 자체가 말단 소규모 경제주체의 활동으로 정의되고 있으며, 연구 역시 그에 초점을 맞추고 있다.

경제학적 분석의 이러한 첫째와 둘째 명제에서 북한에서 '시장'을('기업과 가계 등 말단 경제주체들이 자력갱생 차원에서 벌이는') "개인 간 교환의 수많은 사례로 구성된 것"으로 인식한다고 볼 수 있다. 이렇게 시장을 인식하면 시장은 정치제도의 상이성과 상관없이 어디서나 동일한 내용과 법칙으로 작동되는 것으로 인식하게 된다. 이러한 '시장'은 국가의 통제와 관리를 받는 공식경제 또는 계획경제와 상대적으로 분리된 영역으로, 또한 사회 내의 권력관계와는 분리된 영역으로 발생하고 전개하는 것으로 인식된다. 따라서 비공식부문 또는 시장은 국가의 통제와 관리에서 상대적으로 자유로운 영역으로 수요와 공급의 법칙과 같은 (정치에서 자유로운 순수 경제적인) '시장법칙'이 관철되는 영역으로 상정된다.

셋째, 시장의 확대 또는 비공식경제의 확대가 계획경제를 침식하며, 또한 정권에 대해 위험과 위협을 제기하는 것으로 판단하는 경향이 있다.[28] 비공식부문의 규모는 시간이 흐를수록 증가해 계획경제를 침식하며, 계획경제의

---

25) 양문수, 『북한 경제의 시장화』(한울, 2010), 269쪽.
26) 임강택, 『북한 경제의 시장화 실태에 관한 연구』, 93쪽; 김병연·양문수, 『북한 경제에서의 시장과 정부』, 98쪽.
27) 김병연·양문수, 『북한 경제에서의 시장과 정부』, 15쪽.
28) 임강택, 『북한 경제의 시장화 실태에 관한 연구』, 115쪽; 같은 책, 17쪽.

시장경제의존도가 높아지고 있어 시장화가 불가역적이며, 북한정권의 시장
통제능력이 훼손되고 있다는 것이다.[29] 또한 시장확대는 정경유착형 부익
부빈익빈 구조를 심화시키고, 부정부패와 범죄를 증가시켜 정치사회적 불안
을 증대하고 국가시스템의 기능을 저하시킨다고 한다.[30]

이와 같은 주요 명제는 앞서 지적했듯이 시장에 대한 정치학적 이해의 출
발점이 되는 두 가지 사항과 상반된다. 첫째, 경제학적 분석은 북한의 시장
은 북한의 정치권력과 독자적으로 존재한다고 보지만, 정치학적 분석은 시
장을 포함한 북한의 경제제도가 정치적 권력양상을 반영한다고 주장한다.
둘째, 경제학적 분석에서는 북한을 비롯해 어느 곳에서든지 시장이 존재하
면 그 시장이 작동하는 방식은 대체로 동일하다는 관념에 입각하고 있지만,
정치학적 분석은 나라마다 배경이 되는 권력관계가 다르기 때문에 겉보기에
동일한 제도라 할지라도 나라마다 작동이 상이하다고 주장한다.

---

29) 김병연·양문수, 『북한 경제에서의 시장과 정부』, 24~25, 51~52쪽.
30) 양문수, 『북한 경제의 시장화』, 97쪽. 중국과 관련해서도 시장체제이행 논쟁이 존재
한다. 빅터 니(Victor Nee)는 시장이 궁극적으로 국가의 권력을 감소시킬 것이며, 시
장교환에서의 개인의 자유가 중국에서 변화의 핵심이라고 주장한다. 그의 이러한 명
제는 중국의 변화가 발전된 서방 자본주의로 수렴될 것이라는 의미를 내포한다고 비
판받는다. 니는 앤드루 왈더(Andrew Walder)가 대표하는 국가 중심적 시각을 비판하
고 거시사회 중심적 접근을 강조하며 중국의 시장경제이행을 '아래로부터'의 자본주
의화라고 분석한다. V. Nee, "A Theory of Market Transition: From Redistribution to
Markets in State Socialism," *American Sociological Review*, Vol. 54. No. 5(1996), pp.
663~681; V. Nee and R. Matthews, "Market Transition and Societal Transformation in
Reforming State Socialism," *Annual Review of Sociology*, Vol. 22(1996), pp. 401~435;
V. Nee, "Bottom-Up Economic Development and the Role of the State: A Focus on
China," *Sociologica*, No. 1(2010); D. Guthrie, "Understanding China's Transition to
Capitalism: The Contributions of Victor Nee and Walder," *Sociological Forum*, Vol.
15, No. 4(2000).

4. 북한시장 연구에서 정치학적 분석의 주요 명제

시장 연구에서 정치학적 분석은 '시장의 구조와 작동은 권력과 권력관계에 의해 다양한 방식으로 영향을 받으며, 이러한 의미에서 시장은 정치적 단위'라는 관점에서 출발한 연구다. 북한시장에 대해서도 정치학적 분석이라고 분류할 수 있는 일련의 연구가 존재하며 이들 연구는 앞서 서술한 경제학적 분석과는 다양한 측면에서 상이한 결론을 내리고 있다. 여기서 북한시장 연구에서 경제학적 분석과 비교하는 가운데 정치학적 분석을 구사하는 연구의 주요명제가 무엇인지를 살핀다.

1) 시장확대의 주역은 주요 정권기관

시장확대 추동세력에 대한 인식을 보자. 경제학적 분석은 시장확대의 주요 원동력을 대체로 '기업과 가계와 같은 말단 경제주체의 자력갱생적 차원에서 추진된 계획 외적 활동의 확산', 즉 '아래로부터의 (자생적) 시장화'론에 입각한다. 이에 대해 정치학적 분석은 이러한 측면이 존재하는 것을 긍정하지만 공통적으로 시장확대의 주요 원동력을 정권기관의 상업적 활동, 다시 말해 상층 권력기관이 주도했던 상업적 활동의 확대에서 찾는다. 그 기원은 1970년대 중반 김정일 후계체제 확보를 위한 자금마련을 목적으로 당 기관이 외화벌이 활동을 시작한 것이다.[31] 이러한 활동은 송이, 사금 등 외화벌이 원천을 확보하는 노동력의 동원과 보상의 과정, 그리고 외화 원천의 수집과 외화상품 판매의 과정에서 장마당경제를 활성화시켰다.[32] 이는 1980년

---

31) 김광진, 「북한 외화관리시스템의 변화와 외화의존도의 증대」, ≪수은경제≫, 봄호(2008); 차문석, 「북한 경제의 동학과 잉여의 동선」, ≪통일문제연구≫(2009).

대 후반 다른 권력기관으로 확대되었으며, 1990년대 중반 전체 정권기관으로 확대했다.[33]

이러한 인식을 배경으로 박형중은 북한시장전개에서 주역은 "권력의 비호와 특혜를 배경으로 시장확대과정에서 지배자적 지위를 누렸던 정권기관들 및 정권과 결탁한 개인상인들"[34]이라고 주장한다. 최봉대는 "시장화를 추동하는 주된 힘은 중앙당 38, 39호실과 주요 부서들, 제2경제, 그리고 중앙당의 특수부서들, 호위사령부, 무력부의 국 단위 조직들, 보위부, 보안부 등 '특수단위'들에 의한 수출입 외화벌이 사업의 전방위적 전개에서 나온다"라고 주장한다.[35] 홍민도 "시장의 활성화는 … 당, 정, 군 기관과 회사의 개입과 활동, 이해관계를 통해 그 동력을 만들어 왔다고 볼 수 있다"[36]라고 주장한다.

2) 북한시장의 위계적 독과점적 구조

정치학적 분석은 북한시장이 정치권력의 배분과 구조를 반영해 시장지배력이 상이한 참여자로 구성되는 위계적 독과점적 구조임에 주목한다. 이는 경제학적 분석이 '시장화가 기업과 가계 등 말단 경제주체들의 자력갱생 차원에서 추진되는 것'으로, 다시 말해 권력이나 시장지배력에서 별 차이가 없

---

32) 최진이, 「경제난 이후 북한 내부변화」, 이대우 엮음, 『탈북자와 함께 본 북한사회: 북한문제의 딜레마와 해법』(서울: 오름, 2012), 146~148쪽.

33) 림근오, 「2000년 혜산 비사검열과 그 잘못」, ≪임진강≫, 7호(2010), 22쪽.

34) 박형중, 「북한에서 1990년대 정권 기관의 상업적 활동과 시장 확대」, ≪통일정책연구≫, 20권 1호(2011), 215쪽.

35) 최봉대, 「북한의 시장활성화와 시장세력 형성 문제를 어떻게 보아야 하나」. ≪한반도 포커스≫, 14호(2011), 13쪽.

36) 홍민, 「북한 경제 연구에 대한 위상학적 검토: 수령경제와 시장세력을 중심으로」. ≪KDI 북한 경제리뷰≫, 1월호(2012), 50쪽.

는 '(대체로) 평등한 개인 간 교환의 수많은 사례'로 간주하는 것과 대비된다. 경제학적 분석에서 북한시장의 위계적·독과점적 구조는 거의 언급되지 않는 다. 예를 들어, 한 경제학적 분석은 '북한의 시장화 진전에 무역회사의 역할이 매우 중요하다'라고 서술한다. 그런데 여기서 '무역회사'는 단순 유통매개자 로 수출입 업무를 사무적으로 수행하는 기능적 측면에서만 이해되고 있다.[37]

경제학적 이해와 달리 북한에서 '무역회사'는 권력기관의 자회사로, 정치 권력의 배려로 독과점의 특혜와 초과이윤을 보장받고, 정권유지에 필요한 다양한 사업에 궁극적으로 자금을 제공하는 정치경제단위다. 즉, '무역회사' 의 존재와 작동은 권력의 개입과 정치적 목적을 배제하고 이해될 수 없다. 무역회사는 정치권력이 정치적 목적에 봉사할 목적으로 설립되어 북한시장 의 독과점 위계의 최상층에 군림하면서 초과이윤을 보장받고 있다는 점에서 다른 시장참여자와 비교할 때 월등한 우세를 태생적으로 보상받고 있다.

이러한 인식에서 박형중은 북한의 시장전개에서 시장 지배자적 지위를 차 지해온 "정권기관의 무역회사들은 시장의 상층 구조를 형성했고, 상업적 하 부 구조를 직접 지배하거나 또는 자생적으로 발생한 시장적 활동과 행위자 를 포섭해 하부 구성요소로 종사시켰다"[38]라고 주장한다. 최봉대는 국가기 관들의 외화벌이 관련 부서들이 시장의 상품유통 피라미드의 꼭대기에 위치 해 있고, 그 밑에 큰 돈주들이 있고, 그 아래 몇 단계를 거쳐 밑바닥에 소매장 사와 원천 생산자가 있다는 것을 밝히고 있다.[39] 홍민은 최상층에 당·정·군 기관들의 외화벌이 사업회사, 그 아래 이 회사에 소속되어 자금과 인원을 동 원하고 현장에서 무역활동을 하는 돈주, 그 아래 도당, 시·군당 인민위원회,

---

37) 김병연·양문수, 『북한 경제에서의 시장과 정부』, 116쪽.
38) 박형중, 「북한에서 1990년대 정권 기관의 상업적 활동과 시장 확대」, 215쪽.
39) 최봉대, 「북한의 시장활성화와 시장세력 형성 문제를 어떻게 보아야 하나」, 13쪽.

보안서 등 지역 권력기관들과 현장 일군, 마지막으로 생계 차원으로 시장에서 활동하는 다수 주민이라는 위계적 구조가 존재함을 구별한다.[40]

3) 시장 구조의 위계성과 구조화된 약탈

정치권력과 시장지배력이 상이한 주체들에 의한 독과점의 위계적 피라미드 구조로 구성된 북한시장은 강자의 지대수취 및 약자에 대한 수탈관계를 특징으로 한다. 다시 말해 부익부빈익빈 경향은 시장 구조 자체에 제도적으로 내장되어 있다고 간주할 수 있다. 물론 경제학적 분석도 북한에서 '정경유착형 부익부빈익빈 구조'가 만들어졌음을 확인한다.[41] 그러나 그 원인인식에서는 북한시장 구조 자체가 아니라 시장전개에서의 상황적 요인을 강조한다. 다시 말해 2007년 이후 시장단속 강화가 돈과 권력의 결탁을 현저히 강화시켰고 이에 따라 '정경유착형 부익부빈익빈 구조'가 발생했다. 다시 말해 결국 시장단속 강화라는 상황적 요인이 북한시장을 구조적으로 변화시켰다는 것이다.

이에 대해 정치학적 분석은 시장참여 주체들 사이에 존재하는 권력과 시장지배력의 불평등, 그리고 이 때문에 성립한 시장 구조 자체의 위계성에 주목한다. 북한에서 시장확대 추동의 주역으로 간주되는 권력기관은 수출입 분야별로 무역독점권('와크')을 김정일에게서 배정받고 있다.[42] 김정일은 주요 기관에 대해 수출입권을 정치적 기준에 따라 배정하고 있는데, 이는 허가

---

40) 홍민, 「북한 경제 연구에 대한 위상학적 검토: 수령경제와 시장세력을 중심으로」, 59~61쪽.

41) 김병연·양문수, 『북한 경제에서의 시장과 정부』, 101~103쪽.

42) 임강택·양문수·이석기, 『통일 비용·편익 추계를 위한 북한 공식경제부문의 실태 연구』(통일연구원, 2011), 83~110쪽.

된 기관 이외에 해당 무역업무에 대한 종사를 금지하는 것이다. 최고 권력자가 이처럼 독과점권을 선별적으로 부여하는 것은 정치적 개입을 통해 해당 기관에게 초과이윤 획득을 보장하는 것에 다름없다. 이를 통해 김정일은 정권의 입장에서 배려해야 할 기관과 집단에게 개별적이고 사적인 물질특혜를 선사하는 대신 충성을 보장받는다.[43]

권력기관이 운영하는 무역회사는 독과점 구매업자와 독과점 판매업자라는 시장지위를 향유하면서, 이중의 독과점 초과이윤을 보장받고 있다. 권력기관이 설립한 회사들은 수출업무에서 대부분 수산물, 임산물, 광산물, 기타 동식물과 같은 자연자원의 수출권에 대한 분야별 독과점 구매권자라는 시장지위를 차지하고 있다. 또한 이들은 이와 같은 상품의 생산, 수집, 수출과 관련한 생산과 유통의 수직과정을 장악하고 있는데, 경제적 접근이 말하는 '아래로부터의 시장확대'라는 것의 근간 또는 주요 내용은 이와 같은 채취 일차상품의 생산과 수집과 관련한 상업적 활동의 확대에 다름 아니다. 이들은 해당 물품의 국내가격과 국제가격의 현격한 격차를 활용해 막대한 초과이윤을 올리고 있다. 또한 이렇게 획득한 외화의 일부는 김정일에게 상납되고 다른 일부는 독과점 수입에 사용된다. 권력기관이 설립한 회사들은 독과점 수입업자라는 시장지위를 활용해 국제가격과 국내 판매가격의 현격한 격차를 통해 초과이윤을 올리고 있다.

---

43) 독재자가 주요 권력집단에게 특권을 배분하고 충성을 받는 것은 일반적으로 독재권력 유지를 위한 주요한 수단 중의 하나다. G. Tullock, "Industrial Organization and Rent Seeking in Dictatorships," *Journal of Institutional and Theoretical Economics*, Vol. 142, No. 1(1986); B. B. de Mesquita and A. Smith, *The Dictator's Handbook: Why Bad Behavior is Almost Always Good Politics*(New York: Public Affairs, 2011); A. Wedeman, *Double Paradox: Rapid Growth and Rising Corruption in China* (Ithaca: Cornell University Press, 2012).

이처럼 위계적 시장 구조를 바탕으로 권력기관의 무역회사들은 '아래'의 생산자 및 유통업자에 대한 시장지배적 독과점력을 누리고 있다. 이러한 비대칭적 힘의 관계는 양측이 상업적 활동을 통해 거둘 수 있는 이윤수준의 비대칭에 반영된다. 따라서 박형중은 "이러한 체계는 김정일/김정은과 특수기관들이 국유재산과 일반 주민의 희생을 바탕으로 독과점 초과수익을 올리도록 안전하게 보장한다"라고 주장한다.[44] 홍민은 다양한 권력기관은 자신들의 권한을 이용해 시장의 잉여를 전유하면서 공생하고 있고, 각 기관별로 위계적·수평적 관계를 통해 시장을 약탈적으로 이용하는 협력적인 체계를 공식 또는 비공식으로 구축해왔다고[45] 주장한다.

4) 공식과 비공식의 혼합경제로서 북한 경제

이상의 서술에서 보면, 경제학적 분석이 북한 경제를 이중 구조로 보고 있는 관점은 성립하기 어렵다. 이중 구조란 북한 경제를 한편은 '계획경제' 또는 '공식부문'으로, 다른 한편은 '비공식부문' 또는 '시장부문'의 두 개의 상대적으로 독립한 영역으로 구별하는 것이다. 그러나 이러한 구별은 현실에서 지탱되기 매우 어려우며, 북한 경제는 오히려 공식과 비공식의 '혼합경제'[46]로 파악해야 한다.

---

44) 박형중, 「북한의 '6·28방침'은 새로운 '개혁개방'의 서막인가?」, KINU Online Series Co. 12~31(2012.7.24), 3쪽.

45) 홍민, 「북한 경제 연구에 대한 위상학적 검토: 수령경제와 시장세력을 중심으로」, 62쪽.

46) 개혁과정의 중국경제를 혼합경제로 파악하는 논의는 V. Nee, "Organizational Dynamics of Market Transition: Hybrid Forms, Property Rights, and Mixed Economy in China," *Administrative Science Quarterly*, Vol. 37. No. 1(1992), pp. 1~27; V. Nee and Y. Cao, "Path dependent societal transformation: Stratification in hybrid mixed economies," *Theory and Society*, Vol. 28(1999), pp. 799~834. 참조.

그 이유는 무엇인가? 첫째, 각종 당-군-정의 권력기관이 자체 예산벌이를 위해 계획체계 바깥에서 설립했고 계획명령달성이 아니라, 상업적 이윤추구를 통해 생존하는 '(무역)회사'가 북한 경제와 시장의 중추로 등장했다.[47] 다시 말해 당-군-정 권력기관의 활동과 생존 자체가 국가예산과 계획에 의거하는 것이 아니라 특권적인 상업적 활동을 통한 자력갱생형 재원조달에 의존하고 있다. 이렇게 되면 경제학적 분석의 구분, 즉 '국가가 책임지는 계획경제(공식경제)는 엘리트 경제(당 경제), 군 경제, 내각경제를 포괄하고, 가계와 기업과 같은 말단 경제주체의 계획 외적 자력갱생활동이 시장활동이자 비공식경제'라는 구분은 성립할 수 없다. 둘째, '계획경제' 또는 '공식부문' 자체에 시장적 상업활동이 침투해 있기 때문에 '공식'과 '비공식'이 섞여 있어 별개로 구분하기 어렵다. 셋째, '공식부문'은 원래 의미의 '계획' 관련 활동만 내포하는 것인지 아니면, 각종 권력기관이 설립한 회사와 각종 기관·기업소가 벌이는, 다시 말해 공적 기관이 벌이는 독자적·상업적 활동까지 모두 포함해 '공식'이라 하는 것인지 불분명하다.

이상의 세 가지 사항을 좀 더 자세히 보자. 먼저 권력기관이 설립한 '(무역)회사'에 관한 것이다. 정치학적 분석에서 '회사'는 북한 경제의 핵심기업으로 인지되고 있는 데 비해, 경제학적 분석에는 개념상 아예 등장하지 않는다. 당과 군의 각종 권력기관이 설립한 '회사'는 북한의 대표급 간판기업체를 망라하고 있으며, 북한 수출입업무의 대부분을 수행하는 가운데, 수출원천의 발굴, 채취, 수집 과정 그리고 수입물자의 유통과정을 장악하고 있다. '회사'는 국가계획의 지배를 받지 않지만 공기업의 성격을 띠고 있으며, 그 기본 업무형태는 정치적으로 보장되는 독과점권에 바탕을 둔 민간업자를 활용한

47) 박형중, 「과거와 미래의 혼합물로서의 북한 경제: 잉여 점유 및 경제조정기제의 다양화와 7개 구획구조」, ≪북한연구학회보≫, 13권 1호(2009), 48~50쪽.

상업적 활동이다. 다시 말해 북한시장 전개의 주체는 (경제학적 분석에서 말하듯이) '말단 경제주체'가 아니며, 북한 경제의 핵심기업은 계획의 지배를 받는 국영기업이 아니라 각종 권력기관이 설립한 '(상업적 무역)회사'다. '회사'는 권력기관이 자체예산을 또는 액상계획을 독자적·상업적 활동을 통해 조달하거나 달성할 목적으로 상부기관의 허가받은 것을 기초로 권력기관의 공적 권한 및 국가자산과 인원을 민간업자의 사적 자본과 경영능력을 혼합한 것이다. 권력기관은 달리 투자할 곳이 없는 민간업자에게 투자기회와 정치적 보호를 제공하며, 역으로 권력기관은 민간업자에게 공적 직책을 부여해 그의 상업적 활동이 공무의 일환이 되도록 만든다. 이러한 활동을 통해 얻은 수입은 권력기관과 민간업자에게 분배됨으로써 기관유지자금과 함께 민간업자의 사적 축적자금이 된다. 이와 같은 과정에서 자본을 축적한 준-민간업자 그룹이 등장하더라도, 이들의 생존은 시장적 경쟁력보다는 정치권력으로 보장받기 때문에, 정권에 대항하는 세력이기보다는 친권력 세력일 가능성이 높다.[48]

다음으로 '계획경제' 또는 '공식부문' 자체에 시장적 상업활동이 침투해 있기 때문에 '공식'과 '비공식'이 섞여 있어 별개로 구분하기 어렵다는 측면을 보자. 형식상 계획을 수행하고 있는 국영기업도 명목상 계획달성을 위해서 앞서 언급한 '회사'와 크게 다르지 않은 활동을 전개한다. 다시 말해 국영기업은 형식상 계획의 지배를 받지만 이미 계획원칙(계획 지시하달과 함께 생산 원천을 제공하는 대신 생산물을 국가가 일괄 수매 및 처분)은 깨져 있으며, 단지

---

48) 이와 같은 논리에서 급속한 경제성장 및 사회변화에도 불구하고 중국정치가 안정적이라고 설명하는 것으로 E. Bellin, *Stalled Democracy: Capital, Labor, and the Paradox of State-Sponsored Development*(Ithaca: Cornell University Press, 2011); R. McGregor, *The Party: The Secret World of China's Communist Rulers*(London: Harper Collins Publishers, 2010) 참조.

일방적인 국가납부금 납부의 측면에서만 계획상의 의무를 지고 있다. 따라서 국영기업은 형식상 '공식부문'이지만 실질상 '비공식적' 활동을 통해서만 '공식'업무를 충족한다. 예를 들어 형식상 계획의 지배를 받고 있는 크고 작은 생산기업의 경우 계획 외적 방법으로 액상계획을 달성하는 경우가 많다. 형식상 국영기업은 민간업자의 자본투자를 수용해 생산활동을 진행하거나, 기업시설의 일부를 민간업자에게 임대해 소득을 올리고 이를 액상계획 달성에 포함시켜 상부에 보고한다.[49] 또는 소속 노동자들이 기업 외부의 돈벌이 기회에 참여할 수 있는 것을 허가하는 대가로 일정한 수수료를 납부하도록 하고('8·3입금제'), 이를 기업의 액상계획 달성보고에 활용한다. 협동농장의 경우는 휴경지를 다른 국유기업에게 대여하고 그 임대소득을 자신의 액상계획 수행 일부로 보고하고 있다.[50] 또는 생산기업은 기업운영을 위해 계획달성용 국가납품 제품과 시장판매용 제품을 구별해 생산한다.[51] 국가납품용 제품은 품질을 낮추고 개수를 늘려 형식상 수량과 금액을 맞추지만, 시장판매용은 시장에서 실제로 판매될 수 있는 수준을 고려해 제작한다.

다음으로 '공식'과 '비공식'의 구분이 애매모호하다는 것을 보자. 경제학적 분석은 '비공식부문' 또는 '시장활동'이라는 것을 '가계와 기업과 같은 말단 경제주체의 자력갱생형 활동'으로 국한해서 정의하고, 그 이외 부문을 '공식부문' 또는 '계획경제'로 정의하고 있다. 그러나 '말단 경제주체'뿐 아니라 권력기관이 설립한 훨씬 규모가 큰 '회사'도 '자력갱생'을 위한 상업적 활동을 벌이고 있다. 즉, 경제학적 분석이 '공식부문'이라고 이해하고 있는 상층 경제주체들도 시장활동을 통해 '자력갱생'하고 있는 것이다. 그러면 여기서 '공

---

49) 양문수, 『남북한 경제 통합의 인프라 확장방안』(통일연구원, 2005), 1~53쪽.
50) 최진이, 「경제난 이후 북한 내부변화」, 137~145쪽.
51) 탈북자 면담(2012.7.12).

식'이라는 것은 무엇을 의미해야 하는가? '공식부문'이라는 것을 각종 권력
기관의 '회사'와 국영기업의 활동을 포함하는 공공기관의 활동을 모두 포함
하는 것으로 이해해야 하는가라는 질문이다. 이 경우 이들 기관은 계획 외적
으로 자체 상업적 활동을 전개해 스스로 예산을 벌고 있는데, 다시 말해 국
가 차원이 아니라 기관 차원에서 기관의 이익을 위한 계획 외적 활동을 벌이
고 있는데, 이것이 '공적 기관'의 활동이기 때문에 '공식부문'에 포함시켜야
하는가라는 의문이 제기된다. 즉, 공식과 비공식이 섞여 있고, 계획과 시장
은 분리할 수 없는 것이 북한의 현실이다.

5) 정권안보와 시장에 대한 정치적 개입과 조절

정치학적 분석에서 보면, 시장확대와 정권안보가 반드시 상호갈등하지는
않는다. 물론 시장확대는 정권에게 어려운 도전을 제기하기도 하지만, 전체
적으로 볼 때 오히려 시장확대는 정권안보에 기여하는 차원에서 활용되고
있다. 이와 반대로 경제학적 분석은 "북한의 시장을 전통적 국가권력에 맞설
수 있는 신흥권력"[52]으로 인식하는 경향이 강하다. 좀 더 구체적으로 보면,
비공식경제는 공식경제를 약화시키며, 시장적 가치관의 확대에 따라 사회주
의의 이념적 토대가 훼손되며, 궁극적으로 사회주의 계획경제를 붕괴시킨다
는 것이다.[53]

그렇다면 정치학적 분석에서 시장확대가 정권안보에 기여한다는 것은 어
떻게 설명되고 있는가? 그것은 기본적으로 정권유지 또는 각 정권기관 유지
를 위한 자금조달이 '계획경제'보다는 앞서 언급한 (무역)회사를 앞세운 권력

---

52) 김병연·양문수, 『북한 경제에서의 시장과 정부』, 145쪽.
53) 같은 책.

기관의 특권적 상업활동을 통해 이루어지고 있기 때문이다. 박형중에 따르면, 북한정권은 정권유지에 긴요한 기관과 협조적인 세력에게 상업적 특혜와 보호를 정치적으로 배분하며, 당-군-정의 각종 기관은 이를 활용해 자체 예산을 충당한다.[54] 최봉대는 "특권적 국가기관들의 외화벌이는 독재자에 의한 지대할당과 재분배라는 틀 안에서 이루어지고, 시장은 수출입을 통한 이런 지대실현을 매개하는 경제적 공간의 일부를 구성한다"[55]라고 주장한다. 다시 말해 "외화벌이가 주도하는 시장 활성화의 핵심이 정권안보와 결합된 체제안보를 위해 복무하는 특권적 국가기관들의 지대실현에 있다"[56]라고 본다.

시장확대가 이처럼 정권안보에 기여한다면, 왜 북한정권은 시장 전반에 대해 또는 개별 시장주체들에 대해 주기적으로 억제와 통제 정책을 취하고 있는가? 그 이유는 다음과 같이 설명할 수 있다. 북한정권이 시장확대를 허용해 활용하는 이유는 기본적으로 시장기구를 통해 국가경제에서 지대추출을 극대화한 다음, 이를 정치적으로 재분배해 핵심지지집단을 유지시킬 수 있기 때문이다. 그런데 시장이 이러한 방향으로 지속적으로 기능하게 만들려면, 정권은 시장전개에 대해 끊임없이 개입하고 간섭해 시장확대가 정권이 의도하는 방향으로 흘러가도록 조작해야 한다. 북한정권은 내부적으로 거의 도전받지 않고 있기 때문에 시장확대의 성격과 방향을 정권친화적으로 만들기 위해 필요한 정책 및 강압 조치를 취하는 데 정치적으로 거의 거리낌이 없었다. 이와 관련해 세 가지를 지적할 수 있다.

먼저 정권이 시장활동을 억제하는 정책을 강화하면, 이와 같은 업무를 수

---

54) 박형중, 「북한에서 1990년대 정권 기관의 상업적 활동과 시장 확대」, 214쪽.
55) 최봉대, 「북한의 시장활성화와 시장세력 형성 문제를 어떻게 보아야 하나」, 13쪽.
56) 같은 글, 14쪽.

행하는 정권기관과 관료의 뇌물수입이 증가할 수 있다. 일반적으로 시장이 규제되고 간섭되면, 경제적 장사능력보다 정치적 연줄이 더욱 중요해지기 때문이다.[57] 따라서 시장억제책은 권력친화적 기관과 관료의 시장활동적 개인에 대한 협상력을 현저히 증가시키며, 권력친화적 기관과 관료의 뇌물수입이 증가할 수 있는 여건을 조성한다. 결국 시장억제책은 시장참여자 중에서 정권친화적 세력에 유리한 자원분배상황을 만들기 위한 것이다. 실제로 2007년 중반 이후 북한에서 시장억제책이 본격적으로 강화된 이후로, 가장 부유해진 직업은 '법 기관' 사람들이며 또한 단속을 피하기 위한 권력과 돈의 결탁이 증가했다는 사실이 이를 보여준다.[58] 또한 이 시기는 장성택이 행정부장으로 임명되고(2007. 10), 이후 장성택의 득세 및 김정은 후계체제 과정에서 각종 국내 보안기관의 위세가 강해진 것과 무관하지 않을 것이다. 이러한 개입활동은 주민 측의 재부증가를 억제하는 한편, 권력 측 기관으로 재부를 재분배하는 효과가 있다.

두 번째로 시장확대 과정에서 기관, 지방, 개인의 경제력이 비대해져 정권에서 자립성을 보일 수 있는 잠재력이 생기는 것을 방지하며, 또한 정권이 주민들이 축적한 재부를 추가적 개입을 통해 약탈하고자 하는 목적이 있다. 북한의 경제 및 시장 구조가 매우 수탈적임에도 불구하고, 정권의 탐욕스러운 지출수요가 소득을 항상 초과한다. 이 때문에 정권과 개별 기관이 끊임없이 극심한 재정위기에 봉착하게 된다. 이와 같은 상황이 지속되는 경우, 정권에 비해 상대적으로 주민이 부유해지는 상황이 도래될 수 있다. 또한 일부

---

57) V. Nee and S. Opper, "Political Capital in a Market Economy," *Social Forces,* Vol. 88, No. 5(2010), pp. 2105~2132.

58) 김병연·양문수, 『북한 경제에서의 시장과 정부』, 55~104쪽; 최대석·박영자·박희진, 「북한 내 '비사회주의 요소'의 확산실태 및 주민의식 변화」, 통일부 용역 보고서(2010), 35~48쪽.

외화벌이 정권기관, 개인 거상(巨商) 또는 일부 지방의 경제력이 지나치게 비대해져 정권에 대한 자립현상이 강화될 수 있다. 이 모든 것은 정권에 대한 도전잠재력을 증가시킬 것이다. 따라서 정권은 정치적 예방 차원에서 해당 단위에 대해 주기적으로 '비사검열'을 실시하는 한편, 때때로 추가지출 재원 확보를 위해 주민의 재부를 대대적으로 강탈하고자 시도할 수 있다. 기관, 지방, 개인이 재부를 축적해 중앙에 자립성을 가질 것을 방지하는 개입사례는 1996년 6군단 사건, 2000년 혜산에 대한 비사검열,[59] 군부 무역회사에 대한 주기적 억제 및 통폐합 조치가 있다. 주민재부에 대한 대규모 강탈사례는 2009년 11월에 시행했던 화폐교환조치다.

셋째, 특권집단 내에서 지대배분 상태를 바꾸기 위한 것이다. 이는 김정일 주도로 각 기관별로 특권(지대)배분의 주기적 변화, 각종 무역회사의 주기적 통폐합에서 나타난다. 기관들 사이에 독점적 특권을 서로 차지하려는 경쟁을 치열하게 만들수록, 특권배분자(북한의 경우 김정일)의 수입은 증가한다.[60] 김정일 또는 김정은은 어떤 특정 시점에 정권유지를 위해 가장 긴요하다고 간주되는 정권기관에 외화벌이 특권배분을 증대시키는 경향이 발견된다.[61]

---

59) 림근오, 「2000년 혜산 비사검열과 그 잘못」; 박형중, 「북한에서 1990년대 정권 기관의 상업적 활동과 시장 확대」, 231~232쪽.

60) R. D. Congleton and S. Lee, "Efficient mercantilism? Revenue-maximizing monopoly policies as Ramsey taxation," *European Journal of Political Economy*, Vol. 25, No. 1 (2008), pp. 102~114.

61) 박형중·조한범·장용석, 『북한 '변화'의 재평가와 대북정책 방향』(통일연구원, 2009), 23~72쪽; 좋은 벗들, 「무역성 간부들, 사실상 전원교체」, ≪오늘의 북한소식≫, 420호 (2011); 이영종, "군 돈벌이 주도권 이관하고 세대교체 … 이영호, 김정은 조치에 반발하다 숙청", ≪중앙일보≫, 2012년 7월 27일 자.

6) 개인독재의 정치 구조와 경제제도 및 시장의 특성

북한시장에 대한 정치학적 분석은 북한시장이 보여주는 특성을 북한의 정치 구조에서 도출하고 있다. 최봉대에 따르면, 북한정치체제는 '사인독재 신가산제(personal dictatorship with neopatrimonial characteristics)'라고 할 수 있는데, 독재자는 산하 특권기관에게 무역특권, 다시 말해 지대를 자의적으로 할당할 수 있는 배타적이고 독점적 시스템을 구축해 산하 특권기관과 주요 엘리트에 대한 지배력을 유지한다. 이를 위해서는 사인독재의 경제적 토대가 되는 지대추출원천에 대한 배타적이고 독점적 통제권의 확보가 핵심적이다.[62] 홍민은 기존에 다른 뜻으로 사용되던 '수령경제'라는 용어를 새롭게 정의해 북한에 존재하는 "모든 경제관계의 총체성을 담는 개념"으로 사용할 것을 제안한다.[63] 또한 수령경제는 "정치와 경제가 결합된 절대적 독점력을 가능하게 하는 체계의 모든 것이 결합된 메커니즘에 해당된다"[64]라고 한다. 박형중도 "정치권력 구조에서 권력이 개인독재자에 극도로 집중되어 있는 것과 하부 권력체계가 '유일적'·위계적 성격을 갖고 있는 것이 경제 및 시장 구조에 그대로 반영되어 나타난다"[65]라고 주장한다.

---

[62] 최봉대, 「북한의 지역협력 접근 방식의 특징: 신가산제 사인독재정권의 '혁명자금 관리제도'와 대외경제협력의 제약」, ≪현대북한연구≫, 14권 1호(2011), 209쪽.

[63] 홍민, 「북한 경제 연구에 대한 위상학적 검토: 수령경제와 시장세력을 중심으로」, 57쪽.

[64] 같은 글.

[65] 박형중, 「북한의 '6·28방침'은 새로운 '개혁개방'의 서막인가?」, 3쪽.

5. 맺음말

북한에서도 시장이란 경제적 현상으로 간주되었다. 따라서 북한시장에 대한 연구는 경제학이 주도했으며, 많은 생산적 성과도 창출했다. 이와 같은 경제학적 연구는 북한시장에 관한 일반적 인식에서 주류를 이룬다. 그런데 이러한 분석에는 일련의 약점이 존재했다. 시장에 대한 정치학적 연구는 경제학적 연구와 대비되는 분석과 시각을 제공한다.

정치학적 연구가 경제학적 연구와 다른 핵심이유는 네 가지로 볼 수 있다. 첫째, 경제학적 분석은 북한시장이 독자적으로 존재하는 것으로 보는 데 비해, 정치학적 분석은 북한에서도 시장은 권력현실과 경제 구조를 반영하는 내생적인 것이며, 그 바깥에 독자적으로 존재하는 외생적인 것은 아니게 된다. 시장을 포함한 경제 구조 및 경제자원 배분상황은 기본적으로 해당 사회의 정치권력 분배상황을 반영한다. 권력배분이 불평등한 만큼 경제 구조 또는 시장의 구조 및 그에 의한 자원배분도 불평등해진다.

둘째, 경제학적 분석은 어느 곳이든지 시장이 존재하면 그 작동방식이 대동소이한 것으로 파악하는 경향이 있다. 즉, 북한에서 시장이 작동하는 방식이 한국에서 시장이 작동하는 방식과 다르지 않다고 인식하는 경향에 있다. 하지만 정치학적 분석은 나라마다 배경이 되는 권력관계가 다르기 때문에 겉보기에 동일한 제도(여기서는 시장)라고 할지라도 나라마다 그 방식이 상이하다. 예를 들어 한국의 시장은 포용적 제도의 일부를 이루고 있다면, 북한의 시장은 추출적체계의 일부를 이루면서 정치적 진입장벽을 토대로 기본적으로 특권과 지대창출에 기여한다.

셋째, 경제학적 분석에서는 시장활동의 주체가 (가계와 기업과 같은) "말단경제주체"로 상정되어 있고, 시장활동이란 이들이 벌이는 생계형 유통 및 생산활동을 의미한다. 그러나 정치학적 분석에서는 시장확대의 주역은 가계와 기업과 "말단 경제주체"라기보다는 권력기관이 자체 예산확보를 위한 상업적 활동을 도모하기 위해 설립한 특권적 회사들이다. 북한시장은 수출입을 독과점하는 이들 특권적 회사가 몇 단계의 위계를 통해 밑바닥의 수출원천 생산자와 소매장사를 장악하는 구조로 되어 있다. 이러한 독과점 위계시장은 강자의 약자에 대한 수탈관계, 다시 말해 부익부빈익빈 경향은 시장 구조 자체에 제도적으로 내장하고 있다.

넷째, 경제학적 분석이 시장을 정권과 계획경제에 대한 위협으로 인식하는 경향이 강한 데 비해, 정치학적 분석은 시장확대가 정권유지 및 정권의 경제장악에 기여하는 측면에 주목한다. 이러한 견해를 따르면, 북한의 지도자와 정권기관은 자신이 가지고 있는 압도적 권력과 권능을 활용해 북한의 경제 구조, 특히 시장확대를 정권유지와 권력특권층에 봉사하도록 구조화하고 간섭하며 조작했다. 이러한 조건과 이유로 북한에서 시장(확대)은 결국 독재자의 이익에 봉사하고 특수기관에 우호적일 수밖에 없는 위계적 구조로 형성되며, 시장확대 과정에서 이를 교란할 수 있는 경향이 등장하는 것을 방지하는 끊임없는 정치적 간섭을 통해 시장 구조는 지속적으로 수정되고 재편성된다.

마지막으로, 북한시장에 대한 경제학적 분석과 정치학적 분석이 상호배제하지는 않을 것이다. 다만 지금까지는 양 분석이 별개로 발전했기 때문에 일련의 주제에 대해 상반된 명제가 제시되었거나, 상대방 분석이 발전시켜놓은 성과가 제대로 활용되지 못했다. 일반적으로 볼 때, 경제학적 분석에도 정치적 요소를 고려해 시장을 연구하는 시각이 존재한다. 만약 북한시장에 대한 분석이 이러한 시각을 좀 더 적극적으로 수용한다면, 한국에서 정치적·경제적 양 시장 분석 간에 상호 토론 및 비판과 생산적 협력이 가능할 것이다.

참고문헌

1. 국내 문헌

김광진. 2008. 「북한 외화관리시스템의 변화와 외화의존도의 증대」. ≪수은경제≫, 봄호.

김병연·양문수. 2012. 『북한 경제에서의 시장과 정부』. 서울대학교출판문화원.

림근오. 2010. 「2000년 혜산 비사검열과 그 잘못」. ≪임진강≫, 제7호.

박형중. 2009. 「과거와 미래의 혼합물로서의 북한 경제: 잉여 점유 및 경제조정기제의 다양화와 7개 구획 구조」. ≪북한연구학회보≫, 제13권 제1호.

박형중·조한범·장용석. 2009. 『북한 '변화'의 재평가와 대북정책 방향』. 통일연구원.

_____. 2011. 「북한에서 1990년대 정권 기관의 상업적 활동과 시장 확대」. ≪통일정책연구≫, 제20권 제1호.

_____. 2012. 「북한의 '6.28방침'은 새로운 '개혁개방'의 서막인가?」. KINU Online Series Co. 12~31(7.24).

양문수. 2005. 『남북한 경제 통합의 인프라 확장방안』. 통일연구원.

_____. 2010. 『북한 경제의 시장화』. 한울.

이영종. 2012. 7. 27. "군 돈벌이 주도권 이관하고 세대교체 … 이영호, 김정은 조치에 반발하다 숙청." ≪중앙일보≫.

임강택. 2009. 『북한 경제의 시장화 실태에 관한 연구』. 통일연구원.

임강택·양문수·이석기. 2011. 『통일 비용·편익 추계를 위한 북한 공식경제부문의 실태 연구』. 통일연구원.

좋은 벗들. 2011. 「무역성 간부들, 사실상 전원교체」. ≪오늘의 북한소식≫, 제420호.

차문석. 2009. 「북한 경제의 동학과 잉여의 동선」. ≪통일문제연구≫(상반기).

최대석·박영자·박희진. 2010. 「북한 내 '비사회주의 요소'의 확산실태 및 주민의식 변화」. 통일부 용역 보고서.

최봉대. 2011. 「북한의 시장활성화와 시장세력 형성 문제를 어떻게 보아야 하나」. ≪한반도 포커스≫, 제14호.

_____. 2011. 「북한의 지역협력 접근 방식의 특징: 신가산제 사인독재정권의 '혁명자 금 관리제도'와 대외경제협력의 제약」. ≪현대북한연구≫, 제14권 제1호.

최진이. 2012. 「경제난 이후 북한 내부변화」. 이대우 엮음. 『탈북자와 함께 본 북한사 회: 북한문제의 딜레마와 해법』. 오름.

홍민. 2012. 「북한 경제 연구에 대한 위상학적 검토: 수령경제와 시장세력을 중심으로」. ≪KDI 북한 경제리뷰≫, 1월호.

2. 외국 문헌

Acemoglu, D. and J. Robinson. 2006. "Economic Backwardness in Political Perspective." *American Political Science Review*, Vol. 100, No. 1(Feb.).

_____. 2012. *Why Nations Fail: The Origins of Power, Prosperity, and Poverty*. New York: Crown Publishers.

Acemoglu, D. and J. Robinson and J. Robinson. 2004. "Institutions as the fundamental Cause of Long-run Growth." *NBER Working Paper* 10481, National Bureau of Economic Research.

Albrecht, H. 2008. "Political Opposition and Authoritarian Rule in Egypt." Doctoral dissertation, University of Tübingen.

Auty, R. M. 2001. "The political economy of resource-driven growth." *European Economic Review*, Vol. 45, Iss. 4~6, pp. 839~884.

Bellin, E. 2011. *Stalled Democracy: Capital, Labor, and the Paradox of State Sponsored Development*. Ithaca: Cornell University Press.

Callaghy, T. 1988. "The State and the Development of Capitalism in Africa: Theoretical, Historical, and Comparative Reflections." D. Rothchild and N. Chazan(eds.). *The Precarious Balance: State-Society Relations in Africa*.

Boulder: Westview Press, pp. 67~99.

Congleton, R. D. and S. Lee. 2008. "Efficient mercantilism? Revenue-maximizing monopoly policies as Ramsey taxation." *European Journal of Political Economy*, Vol. 25, No. 1, pp. 102~114.

Guthrie, D. 2000. "Understanding China's Transition to Capitalism: The Contributions of Victor Nee and Walder." *Sociological Forum*, Vol. 15, No. 4.

Haggard, S. and M. Noland. 2011. *Witness to Transformation: Refugee Insights into North Korea*. Washington D. C.: Peter G. Peterson Institution for International Economics.

Hutchcroft, P. D. 1998. *Booty Capitalism: The Politics of Banking in the Philippines*. Ithaca: Cornell University Press.

John, J. D. and J. Putzel. 2000. "Political Settlements." Issues Paper, GSDRC Emerging Issues Research Service(June).

Joo, H. M. 2010. "Visualizing Invisible Hands: The Shadow Economy in North Korea." *Economy and Society*, Vol. 39, No. 1.

Khan, M. H. 2010. "Political Settlements and the Governance of Growth Enhancing Institutions." Working Paper(unpublished). Electronic copy available at: http://eprints.soas.ac.uk/9968/

Lenski, G. 1966. *Power and Privilege*. New York: McGraw-Hill.

McGregor, R. 2010. *The Party: The Secret World of China's Communist Rulers*. London: Harper Collins Publishers.

Mesquita, B. B. de and A. Smith. 2011. *The Dictator's Handbook: Why Bad Behavior Is Almost Always Good Politics*. New York: Public Affairs.

Nee, V. 1992. "Organizational Dynamics of Market Transition: Hybrid Forms, Property Rights, and Mixed Economy in China." *Administrative Science Quarterly*, Vol. 37, No. 1, pp. 1~27.

_____. 1996. "A Theory of Market Transition: From Redistribution to Markets in State Socialism." *American Sociological Review*, Vol. 54, No. 5, pp. 663~681.

_____. 2010. "Bottom-Up Economic Development and the Role of the State: A Focus on China." *Sociologica*, No. 1.

Nee, V. and D. Stark(eds.). 1989. *Remaking the Economic Institutions of Socialism: China and Eastern Europe*. Stadford University Press.

Nee, V. and R. Matthews. 1996. "Market Transition and Societal Transformation in Reforming State Socialism." *Annual Review of Sociology*, Vol. 22, pp. 401~435.

Nee, V. and Yang C. 1999. "Path dependent societal transformation: Stratification in hybrid mixed economies." *Theory and Society*, Vol. 28, pp. 799~834.

Nee, V. and S. Opper. 2010. "Political Capital in a Market Economy." *Social Forces*, Vol. 88, No. 5, pp. 2105~2132.

North, D. C. 2003. *The Role of Economic Institutions in Economic Development*, UNECE Discussion Paper Series(Feb.).

_____. 2005. *Understanding the Process of Economic Change*. Princeton: Princeton University Press.

North, D. C., J. J. Wallis and B. R. Weingast. 2009. *Violence and Social Orders: A Conceptual Framework for Interpreting Recorded Human History*. Cambridge: Cambridge University Press.

Olson, M. 2000. *Power and Prosperity: Outgrowing Communist and Capitalist Dictatorships*. New York: Basic Books.

Shleifer, A. and R. W. Vishny. 2002. *The Grabbing Hand: Government Pathologies and Their Curse*. Cambridge: Harvard University Press.

Tullock, G. 1986. "Industrial Organization and Rent Seeking in Dictatorships." *Journal of Institutional and Theoretical Economics*, Vol. 142, No. 1.

Wedeman, A. 2012. *Double Paradox: Rapid Growth and Rising Corruption in China*. Ithaca: Cornell University Press.

White, G. 1993. "Towards a Political Analysis of Markets." *IDS Bulletin*, Vol. 24, No. 3(July).

제9장

행위자-네트워크 이론과 북한 연구

_방법론적 성찰과 가능성

홍민 ｜ 통일연구원 북한연구실 연구위원

1. 머리말

행위자-네트워크 이론(Actor-Network Theory: ANT)은 1980년대 초반 등장 이후 최근 사회과학, 인문학, 과학기술학(Science and Technology Studies: STS) 분야에서 가장 주목받고 있는 학술적 논의다. ANT를 언급하거나 활용하는 책과 논문은 최근 기하급수적으로 늘어나고 있다. 과학철학 및 STS, 사회학, 인류학, 정치학, 경영학, 조직이론, 리더십 연구, 미디어 연구, 시장 연구, 금융이론, 정보기술론, 지리학 및 도시 연구, 위험 연구, 여성 연구, 환경생태학, 예술이론, 의학, 심리학, 관광 연구 등 사실상 거의 모든 전공분야에 영향을 미치고 있다고 해도 과언이 아니다. 이렇게 짧은 기간에 다양한 전공분야에서 ANT가 수용되고 있는 이유는 무엇일까?

그것은 세계를 인식함에 있어 ANT가 기존 시각과 갖는 차별성과 독창성 때문일 것이다. ANT는 근대의 인식세계에 대한 위상학적 검토를 수행하며 세계를 새로운 방식으로 사고할 것을 주문한다. 그것은 세계를 인식함에 있어 '실재(reality)'란 무엇인가, '사회'는 무엇이고 '권력'은 무엇인가에 대한 되물음 또는 성찰적 재구성이다. 세계인식의 근본적 토대를 의심한다는 점에서 ANT는 단순한 하나의 이론적 주장을 넘어서는 일종의 '사고방식' 또는 패러다임의 전환을 의미한다. 핵심은 인간 이외의 비인간을 포함하는 행위자의 발상, 그리고 사회를 인간과 비인간 사이의 네트워크로 구성된 집합체 (collective)로 보는 발상이 다양한 분과학문에서 논쟁의 새로운 지평을 열고 있다. ANT는 단순히 자기 완결적 이론 또는 분석도구가 아니다. 오히려 그렇게 자기 완결적이라고 주장하는 이론, 분석도구에 대한 번역(translation)을 행하는 하나의 '블랙박스(black box)'로 보고 오히려 그 자체를 분석대상으로 삼기를 주저하지 않는다. 이 세계를 특정하게 구분·경계 짓고 격자화해서 보도록 하는 모든 것에 대해 근본적 의문을 제기한다.[1] 중요한 것은 ANT는 현상을 자기 완결적이고 체계적으로 분석하는 정교한 '이론' 또는 '방법론적 도구'를 지향하지 않는다는 점이다.[2]

이 글은 이러한 ANT의 문제의식과 주장이 북한 연구에 주는 인식론적·방법론적 함의를 고민하는 데 있다. 따라서 ANT를 통해 거창하거나 새로운 북한 연구의 방법론을 제시하는 글은 아니다. 그보다는 ANT가 제기하는 문제의식이 사회과학 전반에 주는 성찰은 무엇인가에 대한 고민을 통해 북한 연

---

1) STS나 ANT는 단지 과학이나 기술에 대한 성찰적 문제제기에 그치는 것이 아니라, '사회적(social)', '사회(society)', '행위성(agency)' 등과 같은 사회학의 핵심개념들을 재구성하는 시도와 결부되어 있다. 이 외의 여러 분과학문에서도 기존에 당연히 전제되거나 의문시되지 않던 개념들에 대한 성찰이 ANT를 통해 이루어지는 경우가 많아지고 있다.

2) J. Law, "Actor Network Theory and Material Semiotics," version of 25th April 2007, p. 2. http://www.heterogeneities.net/publications/Law2007ANTandMaterialSemiotics.pdf

구에 주는 방법론적 함의를 시론적으로 고민하는 것에 가깝다. 이를 위해 우선 ANT의 지적 발상과 주요 문제의식에 대한 소개를 통해 ANT가 사회과학적 인식과 방법에서 갖는 의미를 고찰하고, 둘째, 그런 연속선상에서 ANT가 북한 연구에 주는 방법론적 함의를 고민하며, 셋째, ANT를 통해 새로운 인식과 재구성이 가능한 북한 연구의 주제들을 고민하고자 한다.

2. ANT의 지적 발상과 문제의식

ANT는 주로 1980년대 초반 과학기술사나 STS[3]를 연구하던 브뤼노 라투르(Bruno Latour), 미셸 칼롱(Michel Callon), 존 로(John Law) 등을 중심으로 시작되었다. 그들은 주로 장 가브리엘 타르드(Jean Gabriel Tarde)의 사회학, 미셸 세르(Michel Serres)의 과학철학과 알기르다스 쥘리앵 그레마스(Algirdas-Julien Greimas)의 기호학, 알프레드 화이트헤드(Alfred Whitehead)의 과정철학, 토머스 휴스(Thomas P. Hughes)의 '기술시스템'이론, 아날학파의 유물론적 역사관 등에 강하게 영감 받아 독특한 모델과 방법론을 제시하고 있다.

1) 세계는 무엇인가: 다중적 실재론

ANT는 정신과 세계는 원래부터 분리되어 있지도 않았고 분리되어 따로 존재할 수도 없다고 본다. 세계는 우리의 몸을 비롯한 수많은 행위자들의 실천으로 매개(mediation)되어 있다. 이 매개적 실천은 인간을 비롯해 수많은

---

3) STS는 과학기술에 대한 철학적·역사학적·사회학적·인류학적 접근들을 통해 연구하는 학제적 분야다.

비인간에 의해 수행된다. 따라서 인간이라는 주체와 비인간이라는 객체를 기준으로 하는 이분법에 의한 세계인식은 성립될 수 없다고 본다. 세계는 인간과 비인간의 매개적 실천 속에서 생성·유지·변화하는 것이다. 따라서 ANT의 목표는 바로 현실에서 이런 매개와 실천을 포착하고 지식과 권력을 포함해 이 세계가 어떻게 이들 행위자들의 결합을 통해 만들어지고 유지되는지 또는 변화하거나 사라져 가는지를 보여주는 데 있다.

우선 ANT는 실재 또는 세계라는 것이 원래 스스로 존재하는 것이 아니라 인간과 비인간의 실천을 통해 '수행됨(performed)'으로써 존재한다고 본다. 즉, 이들의 실재는 수행에 의해 구성되고 변형되는 것이다. 이들 행위자들 사이의 수행됨이 없이 고정된 본질로만 이 세상이 구성될 수 없다고 본다.

둘째, ANT는 실재가 이질적(heterogenous) 요소들로 구성된 집합체의 성격을 갖는다고 본다. 우리가 구분한 '자연', '사회', '인공물(artifacts)' 등 모든 실재는 인간-비인간의 연합(association)으로 구성된다.

셋째, ANT는 인간과 비인간 행위자 중 그 어느 것도 다른 것으로 '환원'될 수 없다고 본다. 어떤 행위자의 행위나 존재 이유가 다른 행위자의 행위나 존재로 환원되어 설명될 수 없다는 것이다. 크고 작든, 인간이든 비인간이든 모든 행위자들은 같은 지위에 있다. 따라서 세계는 인간을 비롯한 비인간들 사이의 일련의 협상이고 이들 간에는 '힘겨루기', 즉 상호 네트워크의 가능성을 타진하는 협상과정을 통한 연합과 상호 속성을 교환하는 번역, 그리고 네트워크의 강도를 시험하는 과정(trials of strength)만이 있을 뿐이다.[4]

넷째, ANT는 실재란 유무 차원이 아닌 정도의 문제라고 본다. 보통 우리는 '실재(존재 有)'가 아니면 '허구(존재 無)' 두 가지만을 생각한다. 그러나

---

4) G. Harman, *Prince of Networks: Bruno Latour and Metaphysics*(Melbourne: Re. Press, 2009), p. 13.

ANT는 실재란 유무로 드러나는 것이 아니라, 이질적 행위자들 간 연결과 저항의 세기에 따라 존재의 정도가 구성된다고 본다. 어떤 것들은 제휴관계를 늘림으로써 더 강해지며, 어떤 것들은 단절됨에 따라 더 약해지고 고립된다.5) 즉, 세상에는 강한 네트워크(stronger network)와 약한 네트워크(weaker network)라는 강도의 차이만 있을 뿐 실재는 유와 무라는 이분법으로 드러나는 것이 아니라고 본다.

결론적으로 ANT는 실재는 다중적이라고 본다. (인간-비인간) 행위자들은 연결망에 따라 정체성이 변화하고 다중적으로 구성된다. 하나의 행위자는 다른 행위자들과의 결합을 통해 다양한 연결망에 가입하게 된다. 연결에 따른 속성교환을 통해 여러 개 정체성을 갖게 되며, 실재란 다중적(multiple)·복합적(complex)·부분적(fractional)인 성격을 갖게 된다. 결국 실재란 행위자들의 끊임없는 실천 또는 수행을 통해 구성되는 '실천 속의 실재(reality-in-practice)' 또는 '수행되는 실재(reality-enacted)'인 것이다.6)

2) '사회적인 것'의 재조립: 결합체의 사회학

'사회적인 것(the Social)'의 개념이 사회학이나 사회과학에서 확고하게 자리 잡은 것은 20세기 초라고 할 수 있다. 에밀 뒤르켐(Émile Durkheim)은 『사

---

5) 같은 책, pp. 15~16.
6) 후기 ANT를 대표하는 학자 중 한 명인 아네마리 몰(Annemarie Mol)은 이를 '다중적 실재(multiple realities)'라고 표현한다. A. Mol, *The Body Multiple: Ontology in Medical Practice*(Duke Univ. Press, 2003). "만일 실재가 (관찰되는 것이 아니라) 수행되는 것이고, 만일 그것이 역사적으로, 문화적으로, 또 물질적으로 '위치 지어진' 것이라면, 그것은 또한 '다중적'인 것이다. 실재들은 다중적이 된 것이다." A. Mol, "Ontological politics," *Actor Network Theory and after*(Oxford: Blackwell Publishing, 1999), p. 75.

회학적 방법의 규칙들(The Rules of Sociological Method)』(1985)이란 책을 통해 생물학, 심리학, 철학에서 구분되는 독자적 학문으로서의 사회학은 과학적인 연구대상으로써 '사회적 사실'을 다룬다고 주장했다.[7] 뒤르켐이 규정했던 독자적 실재로서의 '사회적인 것'은 자연과학의 연구대상이라고 본 '자연적인 것(the natural)'이나 심리학의 대상이라고 본 '개인적인 것(the individual 또는 the psychological)'과 구분되는 것으로 호명되었다. 이런 구분은 철저하게 자연/사회 그리고 개인/사회의 이분법에 근거한 것이다.

여기서 뒤르켐이 주장한 '사회적인 것'과 그것을 담는 그릇인 '사회'는 오로지 인간들이 집합적으로 만들어내는 현상을 가리키는 개념이다. 결국 '사회적인 것'은 인간들로만 구성된 독자적인 차원을 이루는 실재가 된 것이다. 여기서 자연 또는 비인간은 사회현상의 배경을 이루는 제약요인 또는 외생적 변수가 될 수는 있지만, 결코 '사회적인 것' 자체를 구성하는 요소는 아니다. 뒤르켐의 이 정의가 사회학의 주류 패러다임이 되면서 사회학의 내용과 연구대상에서 자연 또는 비인간이 철저하게 배제된다. 오늘날에도 '사회적인 것'이란 오직 인간들의 관계, 제도, 구조, 체계를 가리키는 말로 쓰이고 있다. 이것은 사회학의 인간중심주의이자 '사회적인 것의 사회학(sociology of the social)'을 의미한다.

반면 ANT는 이런 이원적 존재론을 거부하고, 인간과 비인간의 행위성을 구분하지 않는 새로운 존재론을 주장한다. 즉, '관계적 존재론(relational onto-logy)'이다. 이는 모든 실재가 고정된 본질을 지닌 것이 아니라 행위자들 사이의 관계적 실천들에서 창발(emergence)된다는 것, 따라서 항상 복합적인 성격을 갖고 불확실성과 가변성을 지니는 다중체(multiplicity)라는 것이다.[8]

---

7) 에밀 뒤르켐, 『사회학적 방법의 규칙들』, 윤병철 옮김(새물결, 2001) 참조.
8) 김환석, 「두 문화, 과학기술학, 그리고 관계적 존재론」, 《문화과학》, 제57호(2009년

ANT는 기원적 의미로 돌아가 다시 연계를 추적할 수 있도록 하여 사회의 개념을 재정의할 것을 주장한다. 실재를 왜곡하고 적절하게 분석하는 것을 방해함에도 불구하고 학습과 훈련을 통해 '사회적인 것'이 상식적으로 수용되어왔다면, 그것을 재정의해야만 하는 것이다. 그래서 라투르는 사회의 우산 아래 '모아진' 것의 구체적인 내용을 더욱 면밀히 검토하는 것의 필요성을 제기한다.[9] 자체적으로 고유한 사회적인 것이 아닌 다양한 것들의 결합유형이라는 뜻으로, 사회학을 이런 결합체들(associations)의 자취를 좇는 작업[결합체의 사회학(the sociology of associations)]으로 규정해야 함을 주장한다.

그 일환으로 ANT 학자들은 뒤르켐과 동시대의 학자였던 가브리엘 타르드라는 사회학자를 재발굴한다. 뒤르켐이 선도했던 '사회적인 것의 사회학'이 아닌 '결합체의 사회학'을 개척했던 타르드에 주목한 것이다.[10] 타르드는 그 당시 뒤르켐이 사회연결(social link)에 대한 이해를 사회공학(social engineering)에 목적을 둔 정치 프로젝트로 대체해 원인과 결과를 혼동함으로써 사회를 설명하는 임무를 포기했다고 불평하곤 했다.[11] 타르드는 당시 젊은 뒤르켐과는 다르게 사회적인 것은 특수한 실재의 영역이 아니라 결합의 원칙(a principle of connections)이라고 주장한 바 있다.[12]

봄), 17쪽.

9) 라투르는 'Social'의 어원인 라틴어 'Socius'가 지금과 같이 인간에 국한된 어떤 현상을 가리키는 것이 아니라, 인간과 비인간을 가리지 않고 '동반(companion)' 또는 '결합(association)'하는 모든 것을 뜻했음을 강조한다. B. Latour, *Reassembling the Social: An Introduction to Actor-Network Theory*(Oxford University Press, 2005), p. 16.

10) 들뢰즈는 그의 주저들을 통해서 타르드의 미시사회학을 새롭게 발굴한 바 있다. 질 들뢰즈, 『차이와 반복』, 김상환 옮김(민음사, 2004), 182~183쪽; 질 들뢰즈·펠릭스 가타리, 『천개의 고원』, 김재인 옮김(새물결, 2001), 416~417쪽.

11) B. Latour, *Reassembling the Social: An Introduction to Actor-Network Theory*, p. 13.

12) 들뢰즈, 『차이와 반복』, 183쪽.

ANT의 주창자들은 이런 타르드의 문제의식을 기초로 '사회적인 것'을 어떻게 '재조립'할 것인가를 고민한다. 첫째, '사회적인 것'을 특수한 영역으로 미리 제한하지 않고 보는 것이다. 둘째, 어떻게 행위자들을 추적 가능한 수단들(traceable the means)로 표현할 수 있을 것인가. 셋째, 어떤 절차를 거쳐야 사회적인 것을 사회(society) 안에서가 아니라 집합체 안에서 재조립하는 것이 가능할 것인가를 고민한다.13) 모든 행위자와 현상을 특정한 거대개념으로 환원해 설명하는 것이 아니라 행위자들이 세계를 표현하도록 하는 것이다. 그런 행위자들에 대한 추적을 통해 그 행위자들의 결합이 어떻게 세계를 안정시켰는지 설명해 달라고 부탁하는 것이다.14) 결국 ANT에서 사회란 인간-비인간의 결합으로 이루어진 집합체이며 특정 구조와 체계로 환원 불가능한 국지적 독특성을 가지고 있는 가변적인 것이다.

3) 행위자의 행위성과 네트워크의 강도

ANT는 행위자에 대한 안정된 이론에 기초하지 않고 행위자의 '급진적 비결정성(radical indeterminacy)'을 가정한다. 예를 들어 행위자의 능력, 규모, 행위 저변의 동기 등이 미리 결정되어 있지 않다고 본다. 인간의 특정 능력을 통해 행위성 여부를 판단하는 것은 비인간의 기호생산 및 의사소통능력을 무시하는 인간중심주의일 뿐 아니라, 인간 실체에 대한 내재적 본질주의에 해당한다고 본다. 인간과 인간이 만나면 서로에게 영향을 미치고 상호 행위성이 달라지듯, 인간과 비인간이 만나도 서로의 행위성에 영향을 미친다. 다시 말해 인간과 비인간 행위자들은 대면하면 서로의 정체성을 규정하려

---

13) B. Latour, *Reassembling the Social*, p. 16.

14) 같은 책, p. 23.

하고 동시에 연결망 구성과정에서 서로의 속성을 교환하게 된다. 모든 (인간/비인간) 행위자들은 만나서 서로의 속성을 교환하며 정체성을 변형시킨다. 이처럼 네트워크는 인간을 비롯해 인공물, 제도, 기술, 과학, 자연적 요소들을 사용해 함께 꿰매어지는데, 이때 행위자들 사이에 속성의 교환이 일어난다. 이것은 하나의 '사건'이다.15) 그 이유는 그들이 그렇게 연결되고 속성을 교환하며 '정체성' — 행위자를 구성하는 속성들 — 이 변하기 때문이다.16)

요약하면 ANT에서의 행위자는 이질적인 인간-비인간 행위자들 간 연결망에 따라 자신의 속성 또는 정체성이 계속 변화하는 역동적 실체다. 가령 루이 파스퇴르(Louis Pasteur)가 실험을 하기 전과 후의 '탄저균'은 동일한 사물이지만, 실험실로 옮겨진 후 각종 실험기구와 기록, 인간의 관찰 및 손길과 결합해 실험실 밖 세상의 탄저병을 치료할 수 있는 행위자로 번역이 되면서 그 정체성이 변화된다. 결국 실험 후 연결망이 변화되었고 정체성이 달라졌기 때문에 서로 다른 실재라고 보는 것이다. 마찬가지로 어떤 사람에게 총이 주어지기 전후, 군복을 입기 전후, 술을 마시기 전후 그들의 속성, 행위성(agency), 목표에는 변화가 온다.

다시 말해 행위자의 행위성은 다양한 행위자들 사이의 결합을 통해 속성을 교환함으로써 획득된다. 독자적으로 그 자체로 행위성을 갖는 행위자는 존재하지 않으며 다른 행위자와 결합되고 속성을 교환하는 것을 통해 행위

---

15) 화이트헤드는 그것을 '사건'이라고 보는 견해를 이미 제시한 바 있다. B. Latour, *Pandora's Hope: Essays on the Reality of Science Studies*(Harvard Univ. Press, 1999), p. 155.
16) 인간과 비인간이 서로 만나 네트워크를 구축하는 인간과 비인간의 관계 맺기, 즉 기술적 매개(technical mediation)의 네 가지 유형은, 첫째, '목표의 번역(goal translation)' 혹은 '교란(interference)', 둘째, '복합(composition)', 셋째, '시간과 공간의 접힘(the folding of time and space)' 혹은 '가역적인 블랙박스화(reversible blackboxing)', 넷째, '상징과 사물의 경계 교차하기(crossing the boundary sign and things)' 등이 있다. 이와 관련해서는 B. Latour, *Pandora's Hope*, pp. 176~177 참조.

270 제3부 북한 연구의 도전과 새로운 지평

성을 갖게 된다. 이 속성의 교환을 통해 상호 결합하는 것이 네트워크다. '행위자-네트워크' 사이에 보통 ' - '을 넣는 이유는 행위자와 네트워크가 별개가 아니라 하나일 수 있음을 의미한다. 행위자 A는 행위자 B와 속성교환(결합)을 통해 새로운 속성을 지닌 행위자 C가 되고 이 C는 또 다른 행위자와의 연결 가능성을 갖게 된다. 행위자는 네트워크와 분리된 것이 아니라 행위자 자체가 네트워크인 것이다.

ANT는 근대사회는 지위, 계층, 영역, 범주, 구조, 체계라는 면(面), 원, 수직적 층위 등을 표현하는 개념을 사용해서 결코 이해될 수 없으며, 섬유 모양의 실, 철사, 끈, 밧줄, 모세관 같은 성격을 갖는다고 인식해야만 근대사회를 충분히 기술할 수 있다고 본다.[17] 오히려 ANT는 계층, 구조 같은 전통적인 단어들에 수반하는 존재론, 위상학, 정치학은 받아들이지 않은 채로 그러한 전통적인 단어들이 만들어내는 효과를 설명하고자 한다. 한마디로 어떻게 그런 용어와 개념이 하나의 사회적 실재로서 '블랙박스'처럼 상식이 되었는가를 묻는다.

이렇게 ANT는 사회를 설명하는 용어에도 변화를 주고 있다. 즉, 기존에 사회를 설명하면서 동원하던 지위, 계층, 영역, 범주, 구조, 체계 등이 주로 인간 행위자가 놓인 높낮이(위계), 규모(범주), 넓이(영역), 면 또는 원과 같은 덩어리(구조), 격자(체계) 등을 표현하는 용어로 사용되었다면, ANT는 연결의 강도(strength)를 표현하는 용어의 중요성을 강조한다. 사실 높낮이, 규모, 넓이, 덩어리, 격자 등은 행위자(인간)를 설명하는 것이 아니라 행위자들이 담겨져 있는 그릇(용기)을 주로 표현하는 것으로, 행위자는 그들 그릇의 모양

---

17) 라투르는 '네트워크'란 단어를 만든 사람은 드니 디드로(Denis Diderot)라고 주장한다. '네트워크(프랑스어 résau)'라는 단어는 디드로가 데카르트적인 물질과 영혼의 구분을 피하기 위해 물체 등을 기술하는 데 처음 사용했다고 한다. 그것은 처음부터 강한 존재론적 구성성분이었던 것이다.

에 따라 영향을 받거나 그것들에 의해 갇혀진 존재들에 불과했다. 그리고 그러한 그릇들은 대체로 2차원 또는 3차원적인 것이다.

그러나 ANT는 인간 행위자를 그런 그릇에서 풀려나도록 할 뿐 아니라 이들 풀려난 인간 행위자들이 비인간 행위자들과 어떻게 힘겨루기를 통해 연결되고 결합되는지, 그리고 그러한 연결과 결합의 강도가 어떠한지가 중요하다고 본다. 즉, 네트워크의 강도가 중요하다. 네트워크의 강도는 집중력, 순수성, 통일성에서 나오는 것이 아니라 확산, 혼성, 약한 연결들의 엮임에서 비롯된다고 본다. 저항, 완고함, 강함은 약한 결합들의 엮임, 짜임, 누빔, 꼬임을 통해 더 쉽게 얻어진다고 보며, 각 연결이 비록 강하다 해도 그 자체는 여전히 더 약한 실들로 엮여 있다는 생각을 한다. 이것은 미셸 푸코(Michel Foucault)의 미시권력 논의와도 맞닿아 있다.[18]

4) 배경과 전경 뒤집기: 거시/미시를 횡단하는 국지성의 추적

ANT는 사회이론이 생겨난 이래 유행해온 거시/미시 구분을 새로운 방식으로 사고할 것을 주문한다. 기존 사회이론에서 사용되어온 거시/미시 구분은 개인에서 가족을 거쳐 친족, 그룹, 기관 등으로 확장되어 국민국가로 이어지는 단계적인 위계를 은유하거나 전제하게 한다.[19] ANT는 이런 거시/미시 구분이 사회이론을 망치게 하는 세 가지 특징을 지적한다. 첫째, 사회가 마치 실제로 상층부와 하층부를 가지고 있기라도 한 것처럼 상향식 혹은 하

---

18) J. Law, "Power, discretion and strategy," *A Sociology of Monsters: Essays on Power, Technology and Domination*(London & New York: Routledge, 1991), pp. 165~191.

19) 브루노 라투르, 「행위자네트워크 이론에 관하여: 약간의 해명, 그리고 문제를 더 복잡하게 만들기」, 브루노 라투르 외, 『인간·사물·동맹: 행위자네트워크 이론과 테크노사이언스』, 홍성욱 엮음(이음, 2010), 103쪽.

향식 위계관계에 얽매여 있다는 것이다. 어떤 것들 사이를 크고 작음으로 볼 때 생기는 문제점은 그 둘 사이를 설명할 때 작은 것을 큰 것으로 환원해 설명하려는 유혹이다. 즉, 크고 작음을 설명의 인과관계로 보게 되는 것이다. 둘째, 거시규모를 가진 요소가 다른 성질을 가지므로 미시규모의 요소와는 다른 방식으로 연구되어야 한다고 공공연하게 전제하거나 그렇게 실제 연구를 수행하게 한다는 점이다. 셋째, 개인이 개별적인 존재와 집합적 존재를 어떻게 오가는지 추적하기란 전적으로 불가능하다는 점이다. 즉, 개인이 어떻게 거시적인 구조, 체계, 국가 등으로 오가는지 추적이 불가능하다.

반면 ANT는 거시/미시 구분을 '네트워크'라는 하나의 메타포로 대체한다. 한 네트워크는 더 크거나 작은 것이 아니라, 단지 더 길거나 강하게 연결되어 있는 것뿐이다. ANT에서의 네트워크는 선험적인 위계관계를 갖지 않는다. 사회의 상층부와 하층부라는 가치론적 신화와도 연결되어 있지 않다. 또한 특정한 장소가 거시적인지 미시적인지에 관한 가정을 만들지 않는다. 오히려 반대로 행위자들의 네트워크 추적을 통해 사회를 표현하는 수직적 공간, 위계, 층위, 거시적 규모, 전체성 등이 어떻게 얻어지고 또 무엇을 재료로 해서 만들어지는지를 알 수 있게 한다. 다시 말해 개인과 대중을 상반된 것으로 파악하고 구조와 행위를 상반된 것으로 파악하는 대신에 하나의 요인이 연결을 통해서 어떻게 그 요인이 전략적으로 중요해지는지와 그 요인이 연결을 잃었을 때 어떻게 그 중요성을 잃게 되는지를 추적할 뿐이다.[20]

한편 ANT는 공간적 차원의 경계 역시도 제거한다. 주로 사용되는 위계, 구조, 체계, 범주 등은 표현상에서 공간적 표면에 경계를 긋고 구분하는 방식이다. 이를 통해 보통 내부와 외부의 경계를 갖게 된다. 위계의 내부와 외

---

20) 라투르, 「행위자네트워크 이론에 관하여: 약간의 해명, 그리고 문제를 더 복잡하게 만들기」, 104~105쪽.

부, 계층의 구분선, 구조의 안과 밖, 체계의 안과 밖 등등 기존의 사회이론은 이런 공간적으로 특정한 면과 내부/외부의 경계짓기를 통해 사회를 설명하는 경향이 강했다. 그리고 개인들은 바로 이런 내부/외부의 안과 밖에서 존재론적 지위를 부여 받았다. 반면에 네트워크라는 표현을 쓰게 되면 내부와 외부의 경계는 불필요해진다. 특정한 공간적 제약을 주지 않는다면 네트워크는 외부가 없다. 다만 연결 여부와 연결 정도가 중요할 뿐이다. 행위자들이 어떤 선험적 경계에 의해 존재를 부여받는 것이 아니라 모든 (인간/비인간) 행위자들은 연결되어 있는 위치와 연결 정도에 따라 공평하게 대접받는다. 오로지 두 요소 사이에 연결이 만들어 졌는지 아닌지, 그 연결이 어떤 강도를 가지고 있는지 등이 중요하다. 만약 경계가 꼭 필요하다면 그것은 최종적인 결과로 제시될 수 있을 뿐이다.

5) 블랙박스와 원격작용: 매끄러운 상식과 표준의 세계

ANT에서 '블랙박스'는 무엇이든 매우 확고하게 확립되어 우리가 그것의 내부를 당연히, 매끄러운 상식으로 여길 수 있는 행위소(actant)[21]를 뜻한다. 가령 기술 시스템들이 사회조직 속으로 완전히 통합된 뒤에는 '자연적인 것'이 되어 경관과 상식 속으로 사라진다는 점을 생각하면 된다. 대부분 일상에서 지나치는 사물과 기술, 제도들은 그 내부의 네트워크들을 속속들이 인지할 필요 없이 이미 우리의 상식과 경관 속에 묻혀 당연하게 받아들여지는 것이 되었기 때문이다. 따라서 ANT의 블랙박스는 전통적인 실체를 대체한다. 전통적인 실체들은 일자인데, 그것들이 단단한 하나의 상식이나 사물로 남

---

21) 기호학에서 빌려온 행위소 개념은 '행위자가 인간에만 국한되는 것으로 인식되기 때문에 인간과 비인간을 함께 가리키기 위해 ANT에서 사용하는 개념이다.

아 있는 한, 우리는 그것들을 일자로 취급할 뿐이다. 블랙박스는 그것이 매끈하게 작동하는 한, 그것을 구성하는 동맹들의 방대한 네트워크를 잊어버리게 만든다. 사실 행위소들은 상호 이질적인 행위자들의 결합이기 때문에 갈등과 논쟁 가운데서 태어나는데, 그럼에도 그것들은 결국 안정된 배치로 고정화된다. 그러나 논쟁을 재개해 블랙박스를 다시 열면 행위소가 매끈한 통일된 어떤 본질도 지니고 있지 않다는 점을 알게 된다.[22]

따라서 모든 행위소는 상황에 따라 블랙박스 또는 다중적 네트워크로 간주될 수 있다. 행위소는 맥락에 따라 질료 또는 형상이 될 수 있는데, 더 큰 조립체에 대해서는 질료(matter), 자신의 우산 아래 있는 더 작은 구성 행위소들에 대해서는 형상(form)이 되기 때문이다.[23] 행위소는 항상 위기와 논쟁에서 태어나는데, 그것이 세계 속에 발판을 확립하는 데 성공할 때만 우리는 그것의 탄생 고난을 잊고 결국 그것을 이음새 없는 블랙박스로 취급한다.[24] 즉, 노골적 사실, 상식, 사물로 단순히 제시될 때 진정한 블랙박스가 된다.

어떤 의미에서 모든 인간활동의 목적은 블랙박스를 만드는 것이다. 우정을 형성할 때, 결혼을 결심할 때 또는 원고를 작성할 때, 우리의 희망은 끊임없이 닳거나 파괴되지 않는 지속가능한 무언가를 확립하는 것이다. 그런 측면에서 블랙박스는 유지비가 적게 든다. 어떤 것이 상식이나 표준이 될 때, 우리가 그것이 어떻게 될지 결코 걱정하지 않으며 의지하기 때문이다.[25] 그래서 성공한 블랙박스는 시공간을 압축한다. 그래서 블랙박스는 모든 시공간의 궤적을 지우고 현재의 사실, 당연한 것으로 자신의 다중적 네트워크를

---

22) B. Latour, *Science in Action: How to follow scientists and engineers through society* (Cambridge·Massachusetts: Harvard University Press, 1987), p. 131.

23) G. Harman, *Prince of Networks: Bruno Latour and Metaphysics*, p. 34.

24) 같은 책, p. 36.

25) 같은 책, p. 37.

상식 속에 숨긴다. 그러나 블랙박스는 고정 불변한 것이 아니다. 블랙박스는 결코 완전히 닫혀 있지 않으며, 결코 모든 도전에 대해 안전하지 않다. 블랙박스는 수많은 인간-비인간 행위자 사이의 연결의 '접힘(folding)' 또는 '압축'인데, 그 상태가 믿어 의심치 않는 상식이나 사실로 받아들여지는 것이다.

그러나 블랙박스는 크게 두 가지 주요 위험에 직면할 수 있다. 하나는 블랙박스가 상식과 표준으로 적게 주목받고 무시될 때다. 블랙박스는 다른 행위자들의 필수적인 통과지점(Obligatory Passage Point: OPP)이 못 되면 아무 짝에도 쓸모없다. 다른 행위자들이 블랙박스(상식, 표준, 경관)를 경유할 때 그것은 블랙박스로서 존재의의와 생명력을 갖는다. 상식이나 표준이 되어 모든 사람이 그 상식을 믿어 의심치 않고 받아들이고 필수적인 통과지점으로 여길 때, 블랙박스는 하나의 행위소로서 의미를 갖는다. 그러나 무시된다는 것은 필수적인 통과지점의 역할을 못하거나 다른 것으로 대체가 가능해졌다는 것을 뜻한다. 이런 행위소는 곧 네트워크의 힘을 잃고 소멸되기 마련이다. 다른 하나는 너무 많은 관심을 받는 것이다. 이런 관심이 믿어 의심치 않았던 상식을 의심하게 되는 관심일 경우, 그런 관심 덕분에 블랙박스는 의심을 품은 사람들에 의해 찢기고 개봉되어 초토화될 위험을 안게 된다. 가령 우리는 자신의 연애편지가 무시당하지 않기를 바라지만, 이의가 제기되거나 비판받거나 문법에 대해 빨간 펜으로 지적받는 것도 바라지 않는다.[26]

6) 번역과 권력: 누가 세상을 대변하는가

ANT에게 있어 '번역'은 권력을 이해하는 핵심개념이다. 하나의 언어를 다른 언어로 풀이하는 것이며, 한 행위자의 이해나 의도를 다른 행위자의 이해

---

26) 같은 책, p. 38.

나 의도에 맞게 그의 언어로 치환하기 위한 프레임을 만드는 행위다. 즉, '번역'은 한 행위자가 다른 행위자와 결합해서 네트워크를 건설하는 과정이다. 성공적인 번역과정은 권력을 획득하는 과정이다. 즉, 어떻게 행위자와 조직이 그들을 이루는 부분과 조각들을 동원하고 배열하며 하나로 유지할 수 있는지, 또한 해체와 소멸에서 스스로를 방어하는지 그 과정에 주목한다. 따라서 어떻게 번역의 과정을 숨기고, 다양한 부분들과 조직들로 구성되어 있는 이질적인 네트워크 대신 규칙화된 행위자로 보이게 할 수 있는지가 ANT의 주요 연구 관심사다.[27]

칼롱은 다소 거친 도식이지만 번역이 어떤 행위자가 다른 행위자들 또는 블랙박스가 갖는 문제를 발견하고 그것을 세상에 드러냄으로써 기존 네트워크를 교란시키는 '문제제기(problematization)', 이해관계를 갖는 수많은 다른 행위자에게 자신이 문제를 해결할 수 있음을 주장하며 관심을 끌고 새로운 협상을 진행하는 '관심끌기(interessement)', 문제해결을 위해 여러 행위자에게 역할을 부여하는 '등록하기(enrollment)', 이들을 자신의 네트워크로 연결시키는 '동원하기(mobilization)' 등의 과정으로 이루어진다고 설명한다.[28] 이 번역 과정을 단순화하면, 여러 행위자를 끌어모아 그들을 특정 이해관계의 네트워크로 가입시킴으로써 이들을 대신해 세상을 대변할 수 있는 능력을 갖게 되었다는 것을 뜻한다. 가령 파스퇴르의 탄저균 실험이 탄저균으로 인한 공포와 피해에 관련된 수많은 사람들의 서로 다른 이해관계를 탄저균 실험실로 끌어 모으고 백신의 개발을 통해 세상을 대변하게 되는 것과 같다.

---

27) 라투르 외, 『인간·사물·동맹』, 50쪽.

28) M. Callon, "Some Elements of a Sociology of Translation: Domestication of the Sca-llops and the Fisherman of St. Brieu's Bay," J. Law(ed.) *Power, Action and Belief: A New Sociology of Knowledge.*(Sociological Review Monograph 32)(London: Routledge, 1986).

결국 권력이란 다양한 이해관계를 협상할 수 있는 번역의 능력 또는 그 번역의 효과다. 가령 연구소, 기업, 정부조직, 군대 등 권력을 수반하는 조직들은 네트워크의 건설을 방해하는 저항세력을 무력화하고, 이를 장기적으로 지속시키며, 필요에 따라 권력이 공간을 가로질러 작동하는 기제를 만들고, 네트워크에 복속된 다수의 행위자를 잘 대변하며, 미래의 네트워크 변화 가능성을 예측해서 권력을 유지·강화한다. ANT와 그 사례들을 잘 살펴보면 성공적인 권력자가 어떻게 힘을 획득했는가에 대한 통찰을 얻을 수 있다.[29] 이처럼 번역을 통해 나타나는 권력은 하나의 블랙박스가 행하는 번역부터 여러 블랙박스의 연결을 통해 행하는 번역까지 이들 행위자(블랙박스) 간 네트워크를 통해 작동한다. 이들은 여러 이질적인 행위자의 배치(arrangement), 조립(assemblage) 그리고 결합 또는 속성교환을 통해 생성되고 구성되는 아장스망(agencement)이자 사회 - 기술적 연결망(socio - technical network) 또는 장치(device; apparatus; dispositif)라고 볼 수 있다.[30]

3. 북한 연구에 주는 방법론적 가능성

1) 행위자-네트워크 국가와 국가의 행위성: 다중성·수행성·물질성

ANT가 사회과학 일반에 제기하듯, '북한적인 것'으로 명명되는 개념들과

---

29) 미셸 푸코, 『권력과 지식: 미셸 푸코와의 대담』, 홍성민 옮김(나남, 1991), 235~236쪽.
30) 이질적 행위자들의 배치, 배열, 조립을 통해 생성되는 '아장스망'을 '사회 - 기술적 연결망'과 '장치'라는 개념 속에서 설명하고 있는 연구로는 F. Muniesa, Y. Millo and M. Callon, "An introduction to market devices," M. Callon, Y. Millo and F. Muniesa (eds.), *Market Devices*(Oxford: Blackwell, 2007), pp. 1~12.

환원적 설명체계에 대한 성찰이 필요하다. 이와 관련해서 특히 기존 북한의 '국가성격'이나 '체제모델' 관련 논의에 대한 비판적 검토가 필요하다. 가령 전체주의, 당-국가체제, 신정체제, 유격대국가, 유일체제, 수령제, 군사국가, 술탄체제 등 기본에 제시된 설명모델들이다. 이들 모델들을 ANT의 문제의식 아래 다중성, 가독성(legibility), 수행성(performativity), 물질성(materiality)의 차원에서 비판적으로 검토하고 어떻게 국가의 행위성(agency)이 구성되고 변화하는지를 고민할 필요가 있다.

(1) 국가의 다중성

ANT는 국가를 결코 하나의 행위자로 보지 않는다. 국가 최고 지도자의 행위를 국가 자체의 행위로 볼 때, 그것은 국가 또는 정치적 리얼리티를 그만큼 묘사하지 못할 가능성이 높다고 본다.31) 그것은 국가라는 다중적 구성체를 보는 것이 아니라 최고 지도자라는 일자(一者)의 최종행위만을 보는 것에 지나지 않다. 대신 국가는 이념과 재현, 수많은 관료적 행위자들, 영토성과 인민 등의 매우 복잡한 매트릭스(matrix) 속에서 구성된다.32) 네트워크 모델로 푸코식 국가론에 주목한다면, 국가는 권력을 잡은 어떤 사람의 '능력'이나 권력을 가진 어떤 사람의 '소유' 둘 다 아니다. 그것은 드러난 결과에 지나지 않다. 그 대신 국가는 개인 또는 정치기구의 소유가 아니라 '영향력의 네트워크'로서 대상화된 주체들을 훈육하는 기구와 메커니즘이며, 권력은 도처에

---

31) P. Carroll, *Science, Culture, and Modern State Formation*(Berkeley, CA: University of California Press, 2006), pp. 19~20.

32) P. Carroll, *Colonial Discipline*(Dublin: Four Courts Press, 2000), p. 15; J. W. Mayer, "The changing cultural content of the nation-state: A world society perspective," in G. Steinmetz(ed.) *State/Culture: State Formation after th Culture turn*(Ithaca, NY: Cornell University Press, 1999), pp. 123~143.

존재하는 '밀접하게 연계된 힘들의 네트워크'다. 이는 인구 또는 집합체들(co-llectives)이라는 주체의 무리를 감시하고 훈육하는 실천들의 배열들(the sets of practices), '통치의 기술(art of government)'[33]로 다중적으로 구성되는 것이다. 따라서 필요한 질문은 '국가는 무엇인가'가 아닌 '어떻게 국가라는 이름으로 행해지는가'다. 따라서 국가는 단일한 행위자로 의인화되는 행위체나 최고 지도자와 동일시될 수 있는 것이 아니며, 만약 어떤 고정된 단일체로 표상된다면 이것 또한 네트워크의 힘든 창조의 결과다. 국가는 추상적 완결체가 아닌 '사회적'으로 펼쳐진 네트워크로서 우리가 방문해야 하는 구체적인 장소들 또는 국지성들(localities)이다. 따라서 북한 연구에서 중요한 것은 이런 다중체로서 북한이라는 국가를 어떻게 묘사하고 개념화할 것인가다.

결론적으로 국가는 지도자나 정치체제의 몇몇 특징적이고 일면적인 양상으로 환원될 수 없는 다양한 행위자의 결합과 네트워크를 통해 이해되어야 하는 다중적인 네트워크의 '번역'과정을 동반하는 매우 가변적이고 유동적인 하나의 질서다. 그것은 북한 연구에서 당연시 여기는 지도자나 엘리트, 기구의 지위나 권한, 상징성으로 환원될 수 있는 것이 아니라 그것조차도 어떤 이질적 행위자들의 결합과 네트워크를 통해 획득되거나 변화되고 있는지 설명되어야 하는 것이다. 또한 국가를 하나의 행위자로 간주한다고 해도 그러한 국가의 행위성이 총체적으로 발현 가능한 것 역시 다양한 이질적 행위자들의 결합이 가져온 '효과'로 볼 수 있다. 국가를 지도자나 엘리트, 기구의 지위나 권한, 상징성으로 환원하는 권력의 이해에서 무수한 행위자가 네트워크화되는 권력의 수많은 국지성으로부터 권력이 이해되어야 한다.

---

33) B. Jessop, "Bringing the state back in (yet again): Reviews, revisions, rejections, and Redirections," *International Review of Sociology*, Vol. 11(2001), pp. 149~153.

(2) 국가의 수행성

ANT에서 보았을 때, 국가는 고정된 인물, 기구, 제도, 담론으로 존재하는 것이 아니라 다양한 행위자들을 통해 끊임없이 수행되는 것이다. 그래서 칼롱과 라투르는 묻는다. 어떻게 '미시-행위자들이 성공적으로 거시-규모로 성장하는가?' 또는 '거시적 행위자로 보이게 되는가?' 그들은 어떻게 개인들이 하나의 거대한 상식적 목소리와 현수막 — 국가라는 이름과 상식 — 아래 모여 있게 되는지를 묻는다.[34] 본질적이고 고유하고 고정된 것처럼 보이는 거시-행위자들 — 국가 또는 지도자, 기구, 제도, 담론 — 은 본래부터 그렇게 존재하는 것이 아니라 다양하게 결합되어진 미시-행위자의 실천으로 구성되어진 것인데, 미시와 거시 행위자들 사이의 사이즈 차이는 선험적으로 실제 존재하는 것이 아니라 그렇게 보이는 것이다. 행위자의 사이즈는 단지 길고 강한 행위자-네트워크를 만드는 '번역들'의 결과일 뿐이다.

다시 말해 단수의 이름으로 말하는 것, 하나로 통합된 것처럼 보이는 국가는 네트워크가 깨어지지 않게 점차 차단함으로써 네트워크를 길게 하고 강해지게 하는 과정, 즉 네트워크의 연결을 통한 번역의 행위다.[35] 그것은 다른 행위자 또는 세력을 대신해 말하거나 행하는 권위가 주어지게 하는 사회-기술적 '번역'의 과정이며 이것을 가능하게 하는 다양한 인간-비인간 행위자를 통해 수행되는 것이다. 따라서 국가는 추상적·초월적인 것 또는 주어지는

---

34) M. Callon and B. Latour, "Unscrewing the big Leviathan: How actors macro-structure reality and how sociologists help them do so," in K. K. Cerina and A. V. Cicourel(eds.), *Advances in Social Theory and Methodology*(Boston, MA: Routledge, 1981), p. 277.

35) M. Callon, "Four models of the dynamics of science," in S. Jasanoff, G. E. Markle, J. C. Peterson and R. J. Pinch(eds.), *Handbook of Science and Technology Studies* (Thousand Oaks, CA: Sage, 1995), p. 59.

것이 아니라 일상적인 정치적 실천들과 절차들, 담론, 제도, 기구, 기술, 과학 등과 같은 무수히 많은 사회-기술적 연결망의 단순화, 압축, 접힘(folding)을 통해 세상을 국가라는 이름으로 번역하는 수행의 결과로 드러나는 것이다.

따라서 우리는 북한체제 또는 국가를 특정 인물, 기구, 제도, 담론의 존재와 군림으로 환원해 설명할 것이 아니라 그것이 어떻게 수행되는가, 즉 그것이 수많은 사회-기술적 연결망으로 결합되고 단순화되어 세상을 번역하는가 하는 '수행성'36)의 차원에서 볼 필요가 있다. '수행적 국가(performative state)'37)라는 관점은 국가가 어떤 것이 된 것(is)이 아니라 행하는(do) 것, 일련의 행위들이며, 명사가 아니라 동사, '존재(being)'가 아니라 '행하기(doing)'라고 보는 것이다.38) 따라서 국가는 국가라는 존재의 상식적 요소 및 외양을 생산하기 위해 반복되는 행위들이며, 다양한 힘들의 관계가 만들어낸 강제적인 틀, 일종의 사회-기술적 연결망 또는 장치들을 통해 만들어지는 실재

---

36) '수행성' 개념은 존 랭쇼 오스틴(John Langshaw Austin)이 『말과 행동(How to do things with words)』(1955)을 통해 발화행위이론의 차원에서 개념화한 바 있으며, 자크 데리다(Jacques Derrida)가 「기호, 사건, 맥락(Signature Event Context)」에서 오스틴의 수행성 개념을 해체적으로 재구성한 바 있다. 본격적으로 수행성 개념을 재개념화해 젠더 연구에 사용한 것은 주디스 버틀러(Judith Butler)의 『젠더 트러블(Gender Trouble)』에서다. 버틀러는 젠더 연구를 통해 젠더는 무대 위에서 배우가 행하는 퍼포먼스처럼 언제나 행위로 나타난다고 주장한다. 수행성은 행동을 유발하는 언어를 뜻하는 수행문과 같은 것이다. J. L. Austin, *How to do Things with Words*(Cambridge, Mass: Harvard University Press, 1962); J. Derrida, "Signature Event Context," trans. A. Bass, in P. Kamuf(ed.) *A Derrida Reader: Between the Blinds*(New York: Columbia University Press, 1991); 주디스 버틀러, 『젠더 트러블』, 조현준 옮김(문학동네, 2008).

37) '수행적 국가(performative state)' 개념은 필자가 버틀러의 수행성 개념을 원용하고 재구성해 국가이론 차원에서 새롭게 만든 개념이다.

38) 사라 실리, 『주디스 버틀러의 철학과 우울』, 김정경 옮김(앨피, 2007), 113쪽.

다. 실체로 보이는 국가를 구성적인 행위들로 해체해볼 필요가 있는 것이다.

(3) 국가의 물질성

지금까지 북한체제 또는 국가에 대한 논의에서 많은 인물, 기구, 제도, 정책 등이 인간화되어 주인공으로 등장했지만, 그것들의 구성과 작동, 외현화에 참여하는 비인간 또는 물질들이 갖는 행위성, 인간과 결합해서 갖게 되는 행위성에 대해서는 주목하지 않았다. 가령 '수령'을 단순히 특정 인물의 권위, 상징, 능력의 차원에서 보았지만, 수령이 정치적·상징적·담론적으로 하나의 행위성을 갖게 되는 데는 이질적인 다양한 인간과 비인간 행위자들의 결합과정을 통해서다. 이 과정에 비인간 행위자로서 물질들은 수령이라는 사회-기술적 장치를 만들어내는 주요한 행위자이자 접착제 역할을 한다. 국가도 마찬가지로 물질성을 갖는다. 가령 핸드폰 없이 사회적 관계가 힘들듯이 국제공항, 입국심사대, 입국승인 도장, 수하물 검사대, 여권과 비자, 관공서 건물, 국기, 도로, 통신망, 국가코드, 공문, 주민등록증 등이 없으면 개인도 국가도 구성되기 힘들다. '국민됨'과 '국가됨'은 이 거대한 물질적 접합, 연결을 통해 가능한 것이다.

이런 측면에서, 이른바 국가를 구성하는 인간, 기구, 제도, 정책, 상징, 담론, 치안, 군대 등 모든 것도 물질성을 가지며, 인간과 물질성의 결합을 통해 구현된다. 사실 국가의 외양과 외관은 물론 그것의 내적 동학 역시 물질적으로 구성됨에도 불구하고 기존 북한 연구에서 물질성은 중요하게 부각되거나 주목받지 못했다. 물질성은 국가 통치술의 핵심이자 일종의 통치를 위한 인구와 사회에 대한 가독성의 문제와 밀접하게 관련된다.[39] 지속적이고 효율

---

39) 인구와 사회에 대한 가독성을 통치술의 핵심문제로 보는 논의는, 제임스 C. 스콧, 『국가처럼 보기: 왜 국가는 계획에 실패하는가』, 전상인 옮김(에코리브르, 2010) 참조.

적인 통치에 대한 욕망을 위해 구축되는 사회-기술적 연결망이자 통치대상인 인구를 적절히 배치하고 사회에 대한 가독성을 높이기 위한 다양한 사회-기술적 장치 모두가 인간 행위자와 이 비인간의 물질성을 통해 구현된다.

　ANT는 인간과 마찬가지로 비인간도 하나의 행위자로 간주한다는 점에서 여러 연구에서 물질성을 강조하고 있으며 국가 관련 연구에서도 중요하게 이 문제를 다룬다. 그것은 국가가 다양하고 이질적인 인간-비인간 행위자들이 배치되고 연결된 사회-기술적 연결망[40] 또는 장치,[41] 아상블라주 또는 아장스망을 통해 수행되어지는 실재 속에서 강조된다.[42] 다시 말해 ANT는 국가를 연결되고 가입된 구체적 행위자들을 통해 존재를 드러내는 사회-기술적 아상블라주(연결·조립)로 다룬다는 점에서 물질이 갖는 행위능력을 무엇보다 중요하게 간주한다.[43] 가령, 국가는 '구축된 환경, 공간, 기술 들'을

---

40) W. N. Kaghan and G. C. Bowker, "Out of machine age?: Complexity, sociotechnical system and actor network theory," *Journal of Engineering and Technology Management* 18(2001), pp. 258~259.

41) '장치(dispositif)'란 푸코가 1970년대부터 '통치성'을 사유하며 제시한 개념으로, 여러 이질적인 요소 ― 제도, 기구, 법, 치안, 행정조치, 과학적 언표, 철학적 명제 등 담론적이거나 담론적이지 않은 거의 모든 것 ― 사이에서 세워지는 네트워크이고 이들의 느슨한 집합이며 지식의 여러 유형을 지탱하는 힘 관계를 뜻한다. 푸코, 『권력과 지식: 미셸 푸코와의 대담』, 235~236쪽. 푸코의 장치개념에 대한 들뢰즈의 해석은, 질 들뢰즈, "장치란 무엇인가?," 질 들뢰즈, 『들뢰즈가 만든 철학사』, 박정태 옮김(이학사, 2007), 470~485쪽. ANT에서는 푸코의 장치개념을 사회-기술적 장치(socio-technical device), 기구, 아장스망, 아상블라주 등의 용어를 통해 계승하면서, 일종의 이질적인 것들(인간/비인간)의 배열, 배치, 결합을 통해 만들어지는 행위성, 행위성의 분배 등을 설명하고 있다.

42) J. Allen and A. Cochrane, "Assemblages of State Power: Topological Shifts in the Organization of Government and Politics," *Antipode,* Vol. 42, No. 5(2010), pp. 1071~1073.

43) ANT는 푸코의 장치 또는 들뢰즈의 아장스망과 유사하게 네트워크들에 연결되고 등록

포함하는 물질성으로 구성되어 있으며, 그것은 하나의 세력(forces)으로서 행위성을 갖고 있다고 본다.[44] 더 나아가 국가가 갖는 물질성은 담론 ― 즉, 상징적 의미, 재현, 인지 구조 ― 과 실천 ― 즉, 다양하게 조직된 사회적 활동 ― 의 행위와 관련이 있다고 본다.

북한체제를 이해하기 위해 주목해야 하는 것은 바로 이런 무수한 배치와 연결의 사회-기술적 네트워크 또는 장치가 갖는 물질성 그리고 행위능력이다. 가령 최고 지도자의 영광을 반영하고 태양왕처럼 그를 고취하고 중심이 되게 하는 인공물, 도시, 영토처럼 어떻게 국가를 다양한 물질적 요소들을 통해 공간 속에서 드러내 보이는지 주목할 필요가 있다. 공간을 조직화하는 데는 군대와 같은 정확한 건설동원절차와 매뉴얼, 혁명전통과 승리, 건설과 같은 국가성취의 기호화, 통치를 물질적으로 구현하는 도시계획 설계도면, 지도제작법, 수력학의 엔지니어링, 이국적인 식물학, 회계와 재정까지 제의적인 국가 디스플레이를 위해 다양한 행위자들이 동원, 배열, 조립된다. 영토는 국가의 성취를 디스플레이하는 하나의 장소, 사회-기술적 물질의 구현 공간이 되는 것이다.[45] 결국 ANT를 통해 얻을 수 있는 통찰 중 하나는 바로 국가는 표면적으로 드러나는 이념과 인물, 제도와 담론, 기구와 관료로만 구성되는 것처럼 보이지만 이들조차도 이런 물질, 과학, 기술을 통해 접합되고 응고되어 하나의 국가성(stateness)을 구성하게 된다는 것이다. 국가는 인간의 정치적 행동만이 이루어지는 컨테이너 박스가 아니라 통치를 가능하게

된 다양한 기호학적이고 물질적인 요소의 이질적인 결합과 갈등에 주목한다. 그런 측면에서 ANT는 어떤 과정의 기저를 이루는 리좀적(rhyzome) 구조를 드러내는 데 관심을 갖는다.

44) P. Carroll, *Science, Culture, and Modern State Formation*, pp. 14~15.

45) 이와 관련된 연구로는 E. A. Nordlinger, *On the Autonomy of the Democratic State* (Cambridge: Harvard University Press, 1981) 참조.

하는 사회-기술적 연결망의 물질성으로 구성되는 것이다.

2) 사회-기술적 연결망의 추적과 기술

ANT의 문제의식이 북한 연구에 주는 방법론적 시사점은 무엇일까? 다양한 적용과 성찰이 가능하겠지만, 아마도 ANT가 제시하는 '사회적인 것'의 재조립이 주는 울림이 클 것이다. 거대 규정용어나 개념에 괄호를 치고 거기에서 내려와 인간-비인간의 행위자들의 목소리를 듣고, 아래로부터 행위자들을 관찰·추적하고, 그대로 기술하는 것을 통해 네트워크가 어떻게 연결되고 강화 또는 약화되는지를 통해 세상을 이해하는 것이다. 물론 '아래로부터'라는 표현은 미시와 거시의 위계적 구분을 하고 미시적이어야 한다는 것이 아니다. 다양한 행위자의 네트워크 궤적을 추적하고 따라간다는 뜻이다. 또한 현상을 발굴한다는 것은 다양한 행위자의 네트워크를 추적한 결과, 발견하게 되는 네트워크와 번역행위를 그 자체로 명명(naming)하는 것이다. 그것은 거대하고 고정된 무엇으로 환원될 수 없는 다양성과 국지성을 갖는 것이다. 이렇게 국지적 차원에서 이루어진 네트워크 특성과 번역행위에 대한 명명을 관찰배율을 높여가며 축적해 나아감으로써 강하게 연결되어 있는 또는 연결되어 있던 사회-기술적 연결망이 어떻게 생성과 지속·변형·소멸하는지를 규명할 필요가 있다.

그러나 기존의 연구방식들은 주로 거의 이념형에 가까운 거대 규정용어나 개념, 모델, 보편성, 법칙성을 실재하는 것으로 보고, 그것에 개별국지적 네트워크와 현상을 환원해 설명하는 방식을 채택하는 경향이 강했다. 특히 두드러진 창발현상을 보이는 시장, 도덕체계, 언어, 법질서, 공간 등은 이런 방식의 연구로는 온전히 설명하기 힘들다. '사회적인 것'으로 환원해 설명할 것이 아니라 아래로부터 연계를 추적해 설명할 필요가 있다.

북한 연구 역시 시장, 도덕체계, 제도 및 법질서, 언어, 공간 변화 등 창발적 현상에 대한 이해를 위와 같은 ANT의 문제의식에 입각한 방식으로 접근할 필요가 있다. 국지적으로 이루어지는 행위자들의 네트워크들이 어떻게 사회-기술적 과정과 결합하면서 하나의 경관화된 상식, 제도, 사물, 기구 등으로 자연화되는지에 대한 추적이 필요하다. 가령 북한에서 시장은 단순히 계획경제와 분리된 '장터'의 소란스러움이 아닌 수많은 인간-비인간 행위자들이 결합되고 네트워크화되는 과정이며, 그것은 여러 행위자가 수없이 직면하는 다양한 생존의 어려움에 대해 수많은 우회(detour)와 목표 번역, 접합을 통해 구성하는 세계에 대한 새로운 번역의 운동과정이다. 이런 우회와 목표 번역의 과정은 인간뿐 아니라 사물, 기술, 과학, 제도, 기구, 관습, 여론 등이 동원되고 결합되면서 시장의 사회-기술적 연결망 또는 장치가 만들어지는 과정이다. 중요한 것은 바로 이런 과정을 추적하면서 그 네트워크의 양상, 결합, 번역과정을 명명하고 의미화하는 것이다.

4. 맺음말

ANT는 그 문제의식이 지니는 성찰성만으로도 사회과학 일반뿐 아니라 북한 연구에서도 여러모로 방법론적으로 함의하는 바가 크다고 할 수 있다. 첫 번째로, 연구사적 측면에서 북한 연구가 지녔던 인식과 방법에 대한 성찰의 측면이다. 사실 분단체제의 속성 때문에 북한에 대한 애증에 찬 열망들은 북한 인식의 다양성을 제약했다. 최고 지도자, 이데올로기, 권력투쟁 등 몇 가지 익숙한 연구 표상과 주제에 안주하거나 인상주의적 해석과 정책적 평가에 치우친 연구들이 주류를 이루거나, 북한사회를 여타 사회과학에서 주제로 삼는 대상만큼 일반적 연구대상으로 보기보다는 교정대상이나 예외적 정책대상으로 보는 태도 등이 다양한 이론적 시도와 분석기법의 적용을 가로막는 방법론적 편견으로 작용했다.[46) 그런 측면에서 ANT를 잘 활용한다면 북한 연구가 행했던 연구주제 설정과 인식 및 방법론 구사에 대한 성찰과 메타비평의 계기를 줄 수 있다.

두 번째로, 분단역사 속에서 살고 있는 북한 연구자의 존재론적 상황에 대한 환기와 성찰에 기여할 수 있는 부분이다. 분단역사 속에서 살고 있는 북한 연구자의 시선은 북한이라는 연구대상에게서 객관화된 시선이 아니라, 그 존재와 시선 자체가 이미 분단의 구성요소임을 성찰적으로 인식할 필요가 있다. 따라서 분단사회의 인식체계와 세계관, 분단의 사회적 진실 등을 끊임없이 의심하고 탐문하는 자세가 필요하다. ANT는 그런 분단사회의 인식과 북한 연구가 분리된 것이 아니라 하나의 과정 속에 있다는 것을 환기시키는 데 유용한 부분이 있다.

그러나 이런 문제의식 이상으로 ANT가 방법적 도구로서 북한 연구에 직접적으로 뚜렷하게 기여할 수 있는 부분은 어떻게 보면 당장에 많지 않아 보일 수 있다. 우선 ANT가 방법적 측면에서 인류학적 조사, 민속방법론적 접근과 현지관찰을 통한 행위자 추적과 기술을 중요하게 보기 때문이다. 북한 연구는 그것이 현실적으로 불가능하기 때문에 주제와 소재의 제약이 따를 수밖에 없다. 그런 측면에서 ANT는 북한만을 주제로 한 연구에서는 아직 구체적인 적용이 힘들다. 그보다는 국가 연구, 남북관계, 군사외교문제, 분단현상에 대한 고찰 등에서 새로운 가능성을 갖는다. 그럼에도 불구하고 ANT가 사회과학 전반에 던지는 문제의식은 여러모로 지금까지의 북한 연구를 성찰할 수 있는 기회를 줄 수 있다고 본다.

---

46) 박순성·고유환·홍민, 「북한 일상생활 연구의 방법론적 모색」, 『북한의 일상생활세계: 외침과 속삭임』(한울, 2010), 162쪽.

참고문헌

1. 국내 문헌

김환석. 2009.「두 문화, 과학기술학, 그리고 관계적 존재론」. ≪문화과학≫, 제57호 (봄), 1~21쪽.

들뢰즈, 질(Gilles Deleuze). 2004.『차이와 반복』. 김상환 옮김. 민음사.

_____. 2007.『들뢰즈가 만든 철학사』. 박정태 옮김. 이학사.

들뢰즈·가타리(Félix Guattari). 2001.『천개의 고원』. 김재인 옮김. 새물결.

뒤르켐, 에밀(Émile Durkheim). 2001.『사회학적 방법의 규칙들』. 윤병철 옮김. 새물결.

라투르, 브루노(Bruno Latour). 2010.『인간·사물·동맹: 행위자네트워크 이론과 테크노사이언스』. 홍성욱 옮김. 이음.

박순성·고유환·홍민. 2010.「북한 일상생활 연구의 방법론적 모색」. 박순성·홍민 엮음.『북한의 일상생활세계: 외침과 속삭임』. 한울.

버틀러, 주디스(Judith Butler). 2008.『젠더 트러블: 페미니즘과 정체성의 전복』. 조현준 옮김. 문학동네.

살리, 사라(Sara Salih). 2007.『주디스 버틀러의 철학과 우울』. 김정경 옮김. 앨피.

스콧, 제임스 C.(Jame C. Scott). 2010.『국가처럼 보기: 왜 국가는 계획에 실패하는가』. 전상인 옮김. 에코리브르.

푸코, 미셸(Michel Foucault). 1991.『권력과 지식: 미셸 푸코와의 대담』. 홍성민 옮김. 나남.

2. 외국 문헌

Allen, J. and A. Cochrane. 2010. "Assemblages of State Power: Topological Shifts in the Organization of Government and Politics." *Antipode*, Vol. 42, No. 5.

Austin, J. L. 1962. *How to do Things with Words*. Cambridge·Massachusetts: Harvard University Press.

_____. 1986. "Some Elements of a Sociology of Translation: Domestication of the Scallops and the Fisherman of St. Brieu's Bay." J. Law (ed.). *Power, Action and Belief: A New Sociology of Knowledge?*(Sociological Review, Monograph 32). London: Routledge.

Callon, M. and B. Latour. 1981. "Unscrewing the big Leviathan: How actors macro-structure reality and how sociologists help them do so." in K. K. Cerina and A. V. Cicourel(eds.). *Advances in Social Theory and Methodology*. Boston, MA: Routledge.

_____. 1995. "Four models of the dynamics of science." in S. Jasanoff, G. E. Markle, J. C. Peterson and R. J. Pinch(eds.). *Handbook of Science and Technology Studies*. Thousand Oaks, CA: Sage.

Carroll, P. 2006. *Science, Culture, and Modern State Formation*. Berkeley, CA: University of California Press.

Derrida, J. 1991. "Signature Event Context." trans. A. Bass, in Peggy Kamuf (ed.). *A Derrida Reader: Between the Blinds*. New York: Columbia University Press.

Harman, G. 2009. *Prince of Networks: Bruno Latour and Metaphysics*. Re. Press.

Jessop, B. 2001. "Bringing the state back in (yet again): Reviews, revisions, rejections, and Redirections." *International Review of Sociology*, Vol. 11,

Iss. 2, pp. 149~153.

Kaghan, W. N. and G. C. Bowker. 2001. "Out of machine age?: Complexity, sociotechnical system and actor network theory." *Journal of Engineering and Technology Management*, Vol. 18, Iss. 3-4, pp. 253~269.

Latour, B. 1987. *Science in Action: How to follow scientists and engineers through society.* Cambridge·Massachusetts: Harvard University Press.

_____. 1999. *Pandora's Hope: Essays on the Reality of Science Studies.* Harvard University Press.

_____. 2005. *Reassembling the Social: An Introduction to Actor-Network Theory.* Oxford University Press.

Law, J. 1991. "Power, discretion and strategy." *A Sociology of Monsters: Essays on Power, Technology and Domination.* London & New York: Routledge, pp. 165~191.

_____. 2007. "Actor Network Theory and Material Semiotics." version of 25th April, p. 2. http://www.heterogeneities.net/publications/Law2007ANTandMaterialSemiotics.pdf

Mayer, J. W. 1999. "The changing cultural content of the nation-state: A world society perspective." in G. Steinmetz(ed.) *State/Culture: State Formation after the Culture turn.* Ithaca, NY: Cornell University Press, pp. 123~143.

Mol, A. 1999. "Ontological politics." Law. J and Hassard J. *Actor Network Theory and after.* Oxford: Blackwell Publishing, 1999.

Nordlinger, E. 1981. *On the Autonomy of the Democratic State.* Cambridge: Harvard University Press.

북한 연구의 미시적 접근과 남북 접촉지대 연구*_마음체계 통합 연구를 위한 시론

윤철기 | 서울교육대학교 윤리교육과 교수

1. 머리말: 남북 관계의 중층성

분단 이래 남북은 '동족상잔'이라고 일컬어지는 한국전쟁이 상징하듯이 끊임없이 적대적 갈등을 겪어왔다. 서해상에서의 수차례에 걸친 충돌과 같은 소규모의 무력 충돌을 포함해 인명이 살상되는 갈등도 지속되었고, 국제무대에서의 외교적 경쟁부터 스포츠에 이르기까지 남북의 긴장관계는 오늘날에도 여전하다고 할 수 있다. 이와 같이 갈등이 남북관계의 키워드였지만 두 번에 걸친 남북정상회담이 대표하듯이 화해와 협력의 관계가 없었던 것

* 이 글은 2011년도 정부재원(교육과학기술부 사회과학연구지원사업비)으로 한국연구재단의 지원을 받아 연구되었음(NRF-2011-330-B00138). ≪현대북한연구≫ 제16권 제2호(2013)에 동일한 제목으로 게재된 글을 부분적으로 수정한 것임.

도 아니다. 한때는 남북 간 운동경기가 전쟁과 다름없이 진행되기도 했지만 단일팀을 이루어 세계를 제패한 경험도 있었다. 마찬가지 맥락에서 '아웅산 테러'로 최고 지도자와 정부 고위관계자들에 대한 공격이 있었음에도 불구하고 1985년에는 전쟁 이후 최초의 남북 이산가족 상봉이 이루어진 것이 이러한 이율배반적인 남북관계의 역사를 잘 보여준다.

갈등과 화해가 변주되는 남북관계가 분단사의 주요 특징인 것은 분명하고, 통일을 지향하는 관점에서 적대적 관계를 넘어 평화공존을 지향해야 한다는 것이 일종의 당위적 명제이기는 하지만 이와 같은 시각 자체는 남북관계를 체제 간 관계로, 그리고 그 관계마저도 좋거나 나쁘거나 하는 식의 이분법적으로 환원시키는 경향의 토대가 되었다는 점에서 문제가 있다.[1] 그러나 다른 시각에서 본다면 남북은 두 체제로 나뉘어 독자적으로 존재했지만 동시에 끊임없이 상호작용했다고 할 수 있다. 전쟁을 포함해 적대적인 관계를 유지했든, 협력사업으로 화해적 관계를 유지했든 혹은 외양적으로 직접적인 접촉 자체가 없었든 간에 양 체제의 상호작용은 항상 지속되었기에 적대적 혹은 협력적이라고 단정해서 관계를 규정하는 것은 한계가 있다.

남북 간 상호작용이 지속되었다는 것은 단순히 각 체제가 분단으로 영향을 받았다는 것을 의미하지는 않는다.[2] 체제와 아울러 체제를 구성하고 있는 남북 주민들의 의식은 물론이고 일상생활도 지속적으로 분단상황과 관련되어 있다. 학업생활이나 컴퓨터 게임에서와 같이 일상적인 폭력부터 국가

---

1) 남북관계를 대한민국과 조선민주주의공화국 간 관계, 즉 국가 간 관계로 생각한다는 것이다. 또한 가치판단이라고 할 수 있는 적대관계(긍정)와 협력관계(부정)의 단순한 범주로 나눈다. 이 경우 자연스럽게 사건이나 상황이 발생하는 특정 시점이나 기간만이 관계의 고려 대상이 된다.

2) 이러한 주장의 대표적인 경우가 백낙청의 분단체제론이다. 백낙청, 『분단체제 변혁의 공부길』(창작과 비평사, 1994) 참조.

주의와 민족주의가 과잉인 사회의식수준까지 이러한 것들은 분단 및 남북관계와 무관하지 않다. 나아가 남북관계의 변화, 그리고 상호작용의 변화는 사회 구조적 특성이나 사회구성원의 성격과 연결되어 변화를 유인하고 있다고 볼 수 있다.

남북 간에 이루어지고 있는 상호작용은 사회 구조에서 일상의 수준에 이르며 상호작용의 주체가 다차원적이면서 그 양상이 다양하다는 특징이 있다. 남북이 상호작용하면서 일방적으로 영향을 받는 경우도 있고, 경우에 따라 상호타협하거나 혹은 긴장과 충돌이 생길 수도 있다. 아울러 다양한 상호작용은 복합적으로 이루어지는 경우가 적지 않은데, 타협과 충돌이 동시에 일어나거나 시간의 흐름에 따라 상호작용의 양상이 변하기도 한다.

따라서 남북관계는 거시적 차원이나 외적인 관점에서 보는 것과 달리 대단히 복잡하다. 이와 같은 상황은 남북체제를 독자적으로 분석하는 데도 적지 않은 어려움을 초래하지만,[3] 남북 사회 통합(social integration)과 같이 상호작용과 직접적으로 영향을 받는 주제에는 좀 더 정교한 분석이 필요한 이유다. 다시 말해 남북의 사회 통합을 고민한다면 먼저 남북의 상호작용이 구조의 차원부터 일상의 차원까지 어떤 효과가 있고, 구체적으로 어떻게 영향을 받는가를 살피는 것이 전제되어야 한다. 제도의 통합과 달리 사회 통합은 사회구성원들이 주체가 되는 것이고 이들의 일상이 남북관계의 변화과정에 지속적으로 영향을 받고 있기 때문이다. 이러한 맥락에서 이 글이 주목하는 것은 남북 상호작용이 두드러지게 나타나는 공간으로서 '접촉지대(contact zone)'와 상호작용의 유형으로 '마음체계'의 통합이다.

---

3) 예를 들어서 남한 사람들의 의식 구조를 연구한다고 하더라도 분단체제는 물론이고 연구대상 시점의 남북관계의 영향도 동시에 고려할 필요가 있다.

2. 접촉지대와 마음체계의 통합

접촉지대에서 발생하는 마음체계의 상호작용에 대한 연구는 무엇이 사회 구성원을 하나로 묶어주는가라는 고전적 사회 통합 논의를 '미시적 수준'에서 고찰한다. 사회 통합을 거시적 수준에서 체제의 지배정당성이 사회구성원에 의해 인정되고 수용되는 '체제 통합(system integration)'과 개인 및 집단의 상호작용을 통한 관계성의 증가인 '사회활동의 통합(societal integration)'으로 구분할 수 있다면, 마음체계의 상호작용에 대한 연구는 거시적 사회 통합의 미시적 기초를 밝히는 연구다.[4] 미시적 수준의 사회 통합과 관련해 통합을 바라보는 시각에 따라 방향성을 둘러싸고 세 가지의 관점이 있다.[5] 첫째, 사회 통합을 구성원들의 기회·권리의 평등성 확대와 소통의 확대에 기초한 연대성의 확장으로 보는 긍정적 시각이다. 둘째, 통합을 통제에 기초한 획일성의 증가로 보는 부정적 입장이다. 셋째, 사회적 관계의 조직화된 패턴을 기술하는 가치중립적 개념으로 생각할 수 있다. 사회 통합 논의에 탈근대성(post-modernity)을 도입할 경우, 서로의 차이를 인정하고 존중하면서도 공동의 가치와 연대성을 형성하는 과정으로 사회 통합을 바라볼 수도 있다.

접촉지대에서 남북 마음체계의 만남은, 예를 들어 사고방식에서 남한 사람의 업적주의·개인주의·다원주의와 북한 사람의 평등주의·집단주의·일원주의의 충돌로 특징지어질 수 있다. 남한 사람들이 북한 사람들에게 가지는 우월감이나 승자의 관용과 같은 정서가 북한 사람의 동경심이나 자존심과

---

4) A. Giddens, *Profiles and Critiques in Social Theory*(Berkeley: University of California Press, 1982), pp. 92~93.

5) L. Mayhew(ed.), *Talcott Parsons: On Institutions and Social Evolution*(Chicago: The University of Chicago Press, 1982), pp. 12~13, 20.

만나기도 한다. 서로 다른 도덕적 기준 — 결과윤리와 동기윤리의 대립 — 과 규범, 남북 관계의 미래에 대한 가치판단도 충돌할 수 있다. '민족'을 둘러싸고도 남북 사람들은 서로 다른 생각을 가질 수 있다. 남북 사람들의 마음체계의 만남은 다양한 상호작용을 산출할 수 있다. 또 하나 유의할 점은, 사람들이 자신의 사회적 '위치(position)'에 따라 서로 다른 마음체계를 가질 수 있다는 것이다. '지배적' 또는 '헤게모니적' 마음체계가 존재할 수 있고 따라서 남한 사람 및 북한 사람 내부에도 서로 다른 마음체계가 형성될 수 있다.

접촉지대에서 만나는 남북 사람들의 마음체계는 분석적으로 '세 층위'를 가진다. 첫째 층위는 자신들이 살아가는 공간에서 만들어진 마음체계다. 둘째 층위는 접촉지대로 진입하기 전 서로에 대한 인식이 만드는 마음체계로 첫째 층위와 밀접한 관련이 있다. 셋째 층위는 접촉지대라는 사회적 공간에서 남북 사람들의 상호작용으로 만들어지는 마음체계다. 이 상호작용에 영향을 미치는 변수들로는 첫째, 접촉지대의 공간적 효과 — 접촉기간, 접촉목적, 접촉형태, 접촉빈도 등 — 와 둘째, 접촉지대 내부에서 남북 사람들 사이의 권력관계를 들 수 있다. 개성의 자본-노동관계, 탈북자 거주지역에서의 원주민-이주민 관계 등이 두 번째의 예가 된다. 셋째, 접촉지대 내부에서 각 행위자들이 보유한 경제적 자원과 사회적 자본의 분포 등도 변수가 될 수 있다. 접촉지대는 앞에서 언급한 변수들의 비대칭적 효과로 '갈등'을 내면화하며, 따라서 갈등 '조정'의 장 — 마음체계의 재구성의 장 — 이 될 수밖에 없으며 다양한 마음체계들이 경쟁하면서 상호적 마음체계가 형성되어 간다고 할 수 있다.

접촉지대에서 마음체계 간 미시적 통합에 관한 연구는 규범적 지향을 선험적으로 설정하는 것이 아니라 서로 다른 두 마음체계가 상호작용하면서 만들어지는, '상호적 마음체계'를 '두텁게' 실증적으로 기술하는 것이 필요하다. 이는 공식담론이 은폐하거나 구조적 설명이 간과하는 행위자들의 '일상'

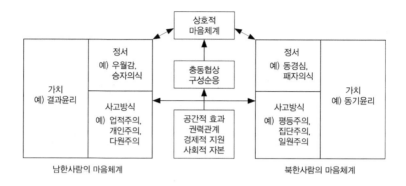

〈그림 10-1〉 상호적 마음체계의 형성과정

을 복원함으로써 공식담론이나 구조적 설명과 현실 사이에 존재하는 긴장과 모순을 드러내는 방법이다.[6] 그 과정에서 마음체계의 '충돌'과 '순응'이라는 이분법뿐 아니라 마음체계 사이의 '협상'이나 서로의 마음체계를 새롭게 '구성'해 상호적 마음체계를 만들어내는 모습을 발견할 수 있다. 그렇다고 해서 상호적 마음체계의 형태가 뚜렷한 경계를 가진 분절화된 형태로 드러나지는 않는다. 경제적 접촉지대에서 북한 사람들은 남한 사람의 업적주의를 협상을 통해 수용하지만, 자신들의 집단주의나 일원주의를 거래하지 않을 수 있다. 즉, 상호적 마음체계는 다양한 상호작용의 형태가 결합되어 있으면서 지배적 형태가 무엇인지를 보여주는 '복합체'의 성격을 가질 수 있다는 것이다. 〈그림 10-1〉은 이상의 논의를 기초로, 상호적 마음체계가 형성되는 과정을 도식화한 것이다.

---

6) "일상에는 사적인 생활과 공적인 생활이 모두 존재할 수 있으며, 일상은 개인적인 영역과 사회적 영역 모두를 포괄한다. 따라서 단순히 공적 또는 사적이라는 구분으로 일상을 정의할 수 없다." 박순성·홍민, 『북한의 일상생활세계』(한울, 2010), 180쪽.

〈표 10-1〉 남북의 접촉지대

장소 〵 제도	제도화	비제도화
경계	① 남북협상	② 북방한계선(NLL)
영토 남한	③ 탈북자 거주지역	④ 비공식 부문 탈북자
영토 북한	⑤ 개성공업지구, 금강산	⑥ 인도적 지원, 사회문화교류
영토 해외	⑦ 유엔, 6자회담	⑧ 탈북자의 해외 거주지역

    남북의 접촉지대는 '장소(place)'로서의 '지리적 공간'과 '공간의 제도화' 존재 유무라는 두 변수를 사용해 유형화할 수 있다. 첫 번째 변수인 장소는 남북의 '경계' 그리고 경계로 공간이 획정되는 '영토'로 구분할 수 있다. 이 영토는 또한 남북 각각의 영토 내부 그리고 해외의 장소를 상정할 수 있다. 다른 한편, 남북의 접촉지대는 '고안된 제약'인 '게임의 규칙'의 존재 여부, 즉 '제도화·비제도화'의 기준을 통해 분류할 수 있다.[7] 이 두 변수를 이용한 도식화가 〈표 10-1〉이다. 〈표 10-1〉은 전형적·대표적 접촉지대의 사례다. 〈표 10-1〉의 사례 중 일부는 한반도 분단 이래 지속되는 접촉지대들이다. 또 다른 사례들은 탈냉전·민주화 이후 등장한 접촉지대들이다. 이 새로운 접촉지대들의 형성에는 국제적 탈냉전과 남한의 대북화해협력정책, 북한의 경제위기와 남한 내 탈북자의 증가, 북한 핵문제 등이 영향을 미쳤다. 남북의 비대칭성이 심화되면서, 북한 내부에 남북경제협력의 지대가 만들어졌고, 남한과 해외에 탈북자 거주지역 등 다양한 접촉지대가 형성되고 있다.[8]

---

7) 더글러스 C. 노스, 『제도·제도변화·경제적 성과』, 이병기 옮김(한국경제연구원, 1996), 13쪽.
8) 탈냉전·민주화 이후의 접촉지대는 특성과 행위자의 성격을 중심으로 분류할 수 있다.

3. 접촉지대로서 적십자회담[9]

1) 적십자회담의 전개

1970년대 이전까지는 미·소의 양극적 냉전 구조가 한반도에 영향을 미쳐 남북 간에 실질적인 남북대화나 교류는 이루어질 수 없었다. 그러다 1970년대에 들어서 미·소 간 평화공존이 모색되는 등 한반도 주변 정세에 급격한 변화가 일어났다. 이런 상황을 배경으로 남북은 대화를 모색하기 시작했다.

박정희 대통령은 1970년 8월 15일 '평화통일구상'을 선언했으며, 이를 계기로 1971년 8월 20일 남북 간 최초의 대화인 남북적십자회담이 성사되었다. 북한이 남한 측의 제의를 수락함에 따라 남북적십자회담은 1971년 8월 20일 이후 5차례의 파견원 접촉을 거쳐 1971년 9월 20일 제1차 예비회담을 시작으로 1973년 7월 13일 제7차 본회담까지 진행되었다.[10] 적십자회담은 북한이 제8차 본회담 참석을 거부하면서 중단되었고, 1974년 7월 10일부터 1977년 12월 9일까지 총 25차에 걸쳐 개최되었던 본회담 재개를 위한 실무

첫째, 남북 주민의 공동 '거주지역'으로 서로의 생활세계가 만나는 접촉지대로서의 인천시 남동구 임대아파트와 해외에서 탈북자와 남한주민이 접촉하는 영국의 뉴몰든(New Malden). 둘째, 남북의 '경제적 관계'에 기초해 북한의 관료와 노동자, 남한의 기업인 등이 만나는 접촉지대로서의 개성공단. 셋째, '보편적 가치'의 실현을 목표로 북한의 관료와 주민, 남한의 비정부기구의 활동가들이 접촉하는 인도적 지원의 현장. 넷째, 남북 관료와 정치인들이 만나는 '정부'의 접촉지대로서 남북회담과 6자회담 그리고 유엔을 비롯한 국제기구들이 있다.

9) 이화여자대학교 통일학연구원 엮음, 『남북관계사: 갈등과 화해의 60년』(이화여자대학교 출판부, 2009), 3부; 대한적십자사, 『남북적십자회담 40년』(대한적십자사, 2011); 대한적십자사, 『이산가족찾기 60년』(2005) 참조.

10) 남궁곤·조영주, 「남북관계 60년, 남북대화 60년」, 『남북관계사: 갈등과 화해의 60년』, 35쪽.

회의도 성과 없이 진행되면서 1980년대 초반까지 교착상태에 빠지게 된다.

　이 실무회의에서 남북 적십자 측은 서로 다른 입장을 표명하게 된다. 제7차 실무회의(1975.1.24)에서 한국 적십자는 제8차 본회담을 서울에서 개최할 것과 노부모 사업을 수락할 것을 촉구하면서, 남북 간에 전면적인 문호개방을 통해 하루속히 이산가족의 고통을 풀어줄 것을 강조했다. 반면 북한 적십자는 '서울 분위기'와 '조건과 환경 개선' 등의 주장을 되풀이하면서 노부모 사업 실현을 거부하는 한편, '6·23선언'은 분열주의 정책이며 이 같은 정책을 추진하는 한 인도주의 사업의 실현은 물론 본회담도 재개될 수 없다고 주장했다. 또 제8차 실무회의(1975.2.28)에서 한국 적십자는 노부모와 이산자녀들 간 사진교환을, 제13차 실무회의(1975.10.23)에서는 ① 신정과 추석을 이용한 이산가족 성묘방문단의 상호교환, ② 이산가족 노부모와 자녀들 간 판문점면회소 및 우편물교환소 운영을 제의했다. 북한 적십자는 한국 적십자의 이러한 제안에 호응하지 않다가, 1978년 3월 20일로 예정된 제26차 실무회의를 하루 앞둔 3월 19일 조선중앙방송을 통해 한·미 합동군사훈련[1978년 팀스피리트(Team Spirit)]을 비난하면서 실무회의를 무기한 연기한다고 선언했다.[11] 이처럼 남북적십자회담이 난항을 겪게 되는 국면은 남북 간 인도적 교류와 정치적 문제가 혼재될 때 발생했다.

　1985년 5월 제8차 적십자 본회담이 재개된다. 8차 본회담에서는 1984년 11월 20일 '남북적십자 본회담 재개를 위한 예비접촉'에서 합의한 다음 5개 항의 실행을 다시 한 번 확인하게 된다.

　　① 남북으로 흩어진 가족과 친척의 주소와 생사를 알아내며 알리는 문제

---

11) 남북적십자 실무회의(1974.7.10 ~ 1977.12.9) 내용은 남북회담본부 홈페이지 참조. http://dialogue.unikorea.go.kr/home/data/talksummary/11(검색일: 2013.6.1)

② 남북으로 흩어진 가족과 친척 사이에 자유로운 방문과 자유로운 상
　 봉을 실현하는 문제

③ 남북으로 흩어진 가족과 친척 사이의 자유로운 서신거래를 실시하
　 는 문제

④ 남북으로 흩어진 가족의 자유의사에 의한 재결합 문제

⑤ 기타 인도적으로 해결할 문제

　또 8차 회담에서 북한 적십자 대표 이종률 단장은 다섯 가지 의제와 공통
적으로 관계가 있고, 흩어진 가족·친척의 고통을 덜어주는 데 가장 선결적이
고 중핵적인 방도는 자유왕래임을 내세워 이 문제만이라도 합의할 것을 주장
하기도 했다. 한국 적십자 측은 제1차 이산가족 고향방문단을 제안하고, 북
한 적십자 측은 100명 정도의 예술단 상호방문을 제안했다.[12] 이 사안에 대
한 절차문제는 이후 실무접촉에서 협의하기로 합의했고, 합의에 따라 1985
년 9월 20일 분단 40년 만에 처음으로 이산가족 고향방문단(50명)과 예술공
연단(50명)이 서울과 평양을 동시에 방문하는 성과를 거두었다. 8차 본회담
을 통해서 우리는 앞서 남북적십자회담에서 난항을 겪었던 실무접촉과 달리
'정치적 쟁점'들이 배제될 때 일정한 성과를 보이게 된다는 점을 확인할 수
있다. 아울러 같은 해 제9차 본회담과 제10차 본회담이 이어 개최되었으나
의제 다섯 개 항에 대한 의견 차이로 성과 없이 끝나고 만다.

　1990년에 들어서면서 9월부터 1992년 9월까지 8차례 개최된 남북고위급
회담을 통해 남북 사이의 화해와 불가침 및 교류·협력에 관한 합의서(남북기
본합의서)를 채택·발효시키고, 3개분과위원회(정치, 군사, 교류·협력)를 구성

---

12) "제8차 남북적십자 본회담(1985.5.27~30)", 남북회담본부 홈페이지. http://dialogue.
　 unikorea.go.kr/home/data/talksummary/482(검색일: 2013.6.1)

했으며, 5개 공동위원회(화해, 군사, 경제교류·협력, 사회문화교류·협력, 핵 통제)를 설치키로 합의함과 아울러 "화해와 불가침", "교류·협력" 등 3개 분야의 부속합의서와 한반도 비핵화 공동선언을 채택했다. 특히 제8차 고위급회담에서는 남북기본합의서 제3장 "남북교류의 이행과 준수를 위한 부속합의서"에 서명했는데, 이를 통해 이산가족문제를 포함한 인도적 문제해결의 제도적 기틀을 마련했다.

1997년과 1998년에는 북한의 홍수피해로 인해 대북구호물자 전달절차를 협의하기 위한 남북 적십자 대표접촉이 다섯 차례 열렸다. 북한은 1995년 8월 집중호우로 인한 큰 홍수피해가 발생했음을 유례없이 공식적으로 밝히고 유엔에 긴급구호를 요청했다. 이에 한국정부는 9월 이후 세계식량기구(WFP)와 유엔아동기금(UNICEF)을 통해서 지원하면서, 민간 차원의 구호는 '대한적십자사'를 '단일창구'로 했다. 1997년 4월 18일 대한적십자는 남북 적십자에게 대표접촉을 제안하게 되고, 북한이 이를 수용하면서 5월 3일 1차 접촉이 시작된다.[13] 2차 접촉(1997.5.23~26)에서 남북은 지원규모와 시기, 물자 수송 및 인도·인수 지점, 물자전달방법, 분배과정 입회, 수송차량 및 선박에서 국기게양 금지와 적십자깃발 게양, 물자포장 등을 놓고 의견을 조율해 합의에 이른다.[14] 3차 접촉에서 한국 적십자 측은 물자수송 및 인도·인수 지점의 추가, 지정기탁대상자 확인협조, 분배투명성 보장문제, 기자취재활동, 인도요원 편의보장문제 등 지원절차의 보완을 요구한 반면, 북한 적십자 측은 2차 지원규모를 1차분보다 늘릴 것과 지원품목은 쌀·옥수수 위주로 하되 지

---

13) "대북 구호물자 전달을 위한 제1차 남북적십자 대표접촉", 남북회담본부 홈페이지. http://dialogue.unikorea.go.kr/home/data/talksummary/65(검색일: 2013.6.1)
14) "대북 구호물자 전달을 위한 제2차 남북적십자 대표접촉", 남북회담본부 홈페이지. http://dialogue.unikorea.go.kr/home/data/talksummary/215(검색일: 2013.6.1)

원시기는 9월 20일까지로 해줄 것 등을 요구했다.[15] 4차 접촉은 한국 적십자 측이 '분배투명성' 문제를 제기하자, 북한 적십자 측이 구체적 답변을 회피하면서 종료되었다. 5차 접촉에서 북한 적십자 측은 지원사업에서 어떠한 전제조건이나 부대조건도 없어야 한다고 주장했다. 반면 한국 적십자 측은 대북지원은 민간 차원의 지원이기 때문에 민간 기증단체들의 분배결과 확인요청을 합의서에 포함시켜야 함을 역설하고, 지원물자 전달절차 합의서 안을 제시했다. 또 한국 적십자 측은 1, 2차 지원규모를 유지하려 했던 반면, 북한 적십자 측은 지원규모 확대를 요구했다.[16]

북한의 홍수피해와 그로 인한 긴급구호의 필요성으로 시작된 다섯 차례의 대표접촉을 통해서 남북 적십자회담의 성격이 변화되었다는 것을 알 수 있다. 과거 남북 적십자회담이 주로 인도적·문화적 교류 차원에서 논의가 진행되었다면, 1990년대 후반 이후에는 북한주민들에 대한 긴급구호의 지원규모와 방법 등을 놓고 진행되었다. 그런데 대표접촉이 진행되는 과정에서 지원물자의 '분배투명성'이 문제시되기 시작했다. 한국 적십자가 분배투명성 제고 문제를 제기하게 된 것은 한국사회에서 북한의 지배권력에 대한 강한 불신이 존재했기 때문이다. 긴급구호가 실제로 북한주민들의 생존에 도움이 되고 있는지 확인해야 한다는 주장이 힘을 얻게 된 것이다. 실제로 분배투명성이 제고될 때, 대북지원사업으로 인한 한국사회 내의 '남남갈등'의 불씨를 잠재울 수 있다. 다른 한편으로 국제사회에서 '원조의 효과성(aid effectiveness)' 문제가 대북지원사업에도 투영되기 시작했다는 의미이기도 하다.[17]

---

15) "대북 구호물자 전달을 위한 제3차 남북적십자 대표접촉", 남북회담본부 홈페이지. http://dialogue.unikorea.go.kr/home/data/talksummary/309(검색일: 2013.6.1)

16) "대북 구호물자 전달을 위한 제5차 남북적십자 대표접촉", 남북회담본부 홈페이지. http://dialogue.unikorea.go.kr/home/data/talksummary/411(검색일: 2013.6.1)

17) 국제사회에서 원조효과성에 대한 논의는 '파리선언'을 참조할 것. "The Paris Declara-

2000년에는 역사적인 남북정상회담이 성사되었다. 이후 남북은 남북적십자회담, 남북장관급회담 등을 통해 이산가족방문단 교환, 생사 및 주소 확인, 서신 교환, 면회소 설치 문제 등 남북이산가족교류 활성화·제도화를 위한 실천방안을 활발하게 논의했다. 2000년 6월 제1차 남북적십자회담에서는 정상회담에서 합의한 사항을 구체적으로 이행하기 위해 이산가족방문단을 교환하고 이산가족면회소를 설치·운영하는 데 기본적으로 합의했고, 북으로 가기를 희망하는 비전향장기수 전원을 송환하기로 합의했으며, 2001년 9월에 개최된 제4차 남북적십자회담에서는 총재급 회담을 개최해 이산가족문제의 제도적 해결을 위한 기본틀을 마련했다.

남북은 제4차 적십자회담 합의사항 이행문제를 협의하기 위한 적십자 실무접촉을 2002년부터 개최했고, 3차 적십자실무접촉 합의에 따라 금강산면회소 건설문제 협의를 위한 금강산면회소건설추진단 회의를 진행했다. 면회소 건설에 합의함으로써 6·15공동선언 이후 이산가족상봉은 제도화 단계로 발전했으며, 곧 향후 상봉기회의 증가는 물론 이산가족문제의 근본적 해결을 위한 협의창구가 상설화된다는 의미를 가지게 되었다. 2007년에는 2차 남북정상회담이 개최되었고, 이후 개최된 9차 남북적십자회담에서는 상봉 정례화 문제를 논의해 이산가족 대면상봉을 겨울철을 제외하고 분기별 1회씩 연간 400명 정도 이산가족이 상봉할 수 있도록 했다. 남과 북은 2000년 8월 15일부터 2010년 12월까지 18차례에 걸친 대면상봉으로 1만 7989명이 상봉했으며 7차례 화상상봉으로 3748명이 상봉했다. 2010년에는 이산가족 상봉 정례화 문제를 논의하기 위한 남북적십자회담을 개최했지만 성과가 없었고, 추가회담이 예정되었으나 북한의 연평도 도발로 중단되었다.

지금까지 살펴본 적십자회담 전개과정의 특성은 다음과 같다.

---

tion on Aid Effectiveness and the Accra Agenda for Action"(OECD, 2005), pp. 1~11.

첫째, 다른 회담과 비교할 때 회담이 지속된 기간과 횟수가 상대적으로 많았고 오래되었다는 점이다. 박정희 정부 시절부터 시작된 접촉은 일정기간 단절된 경우가 없지 않았으나 이명박 정부에 이르기까지 40년에 걸쳐 지속되었던 까닭에 접촉의 횟수도 많아졌다. 이것은 정부 간 남북대화나 시민사회의 남북접촉 그 어느 것과도 비교할 수 없을 정도다(313~318쪽 〈표 10-2〉 참조).

회담의 역사가 길고 횟수가 많다는 것은 무엇보다도 회담 과정에서 상대방에 대한 이해를 높이는 배경이 된다. 적십자회담에 특화된 전문가가 생성될 수 있었다는 것이다. 참여하는 사람은 교체될 수 있으나 지식과 정보의 전수가 가능하며 결과적으로 회담 당사자들에 대한 충실한 이해가 가능하다. 그리고 반복적인 만남은 남북 참여자 사이에 친밀감을 형성할 수 있다.[18] 또한 회담의 진행과 관련된 일정한 틀이 정해져서 소모적 논란을 줄일 수 있다는 사실도 상호이해 증진에 도움이 된다.

둘째, 공식적으로 민간조직이지만 실질적으로 정부와 밀접하게 관련된 '준정부조직'에 가까운 단체의 특성상, 대화나 접촉이 그 자체가 '거버넌스'적인 성격이 있었다. 정부의 관련 담당자가 접촉이나 회담에 직접 참여했지만, 적십자 조직의 민간담당자도 참가했다. 북한의 경우, 명실상부한 민간조직이 없다는 점에서 참여자들의 배경에 차이가 두드러지지 않았고, 남한의 경우도 적십자사가 공공조직이라는 점에서 순수 민간단체는 아니지만 민간인들이 회담대표로 참여한 적도 많았다는 점에서도 다른 회담, 특히 정부 간 회담의 참여자들과는 성격이 다르다고 할 수 있다.

주체가 다양하다는 특성은 주체 간 균열이 발생할 수 있다는 점을 의미하지만, 참여자의 다양한 배경이 남북 간에 일정한 유대를 형성하게 할 수도

---

18) 당연한 말이겠지만 적십자회담이 반복되면서 남북 참여자 간에 공감대가 형성되었다고 한다. 적십자사 직원 가운데 회담 참여가 가장 많았던 직원 K씨의 증언(2012.6.20).

있다. 또한 참여자의 범위가 제한되어 있고 부분적으로 공적 부분에 관련된 업무이지만, 참여자의 다양성이 회담의 경험을 사회적으로 확산시키는 데 일정 부분 기여할 수 있다.

셋째, 남북의 적십자라는 독자적 기관이 중심이며, 이들이 국제조직에 참여하고 있다는 사실이다. 이것은 남북적십자회담에 국제적십자가 관여할 수 있다는 것을 의미한다. 비록 남북적십자회담에 국제적십자가 참여하지 않더라도, 국제적십자의 개입 가능성은 남북이 회담을 진행하는 과정에서 갈등을 완화하고 회담을 지속하게 만드는 역할을 수행할 수 있다.[19]

넷째, 이산가족이나 대북(혹은 대남)지원과 같이 비정치적인 문제가 적십자회담의 주요 의제이지만 실제로는 남북관계 특히 정치적 상황과 통치자의 역할이 적지 않았던 회담이라고 할 수 있다. 1970년대 첫 번째 회담도 최고지도자들 간 결정에 따라 가능했으며, 남북관계가 경색된 이명박 정부 시기에는 적십자회담도 거의 열리지 못했다는 경험이 적십자회담 역시 '정치적 예속성'을 벗어나기 어렵다는 사실을 잘 보여준다.

다섯째, 최근 개성지역이 남북 간 시민사회 부분의 협상이나 교류의 중심지역이 되었으나, 적십자회담은 개성지역뿐 아니라 상대적으로 다양한 공간을 활용했다. 남한지역과 북한지역뿐 아니라, 남북 이외 지역에서 대화가 이루어졌다. 현재는 닫혀 있지만 금강산 지역에 남한정부가 건설한 시설들을 활용한 경우가 많았다.

여섯째, 인도주의의 실천이라는 명백한 목표가 있었으나 남북의 특수한 이해나 필요성 때문에 대화가 진행된 경향이 없지 않았다. 인도적 지원이나

---

19) 조금 성격은 다르지만 체육교류와 다양한 국제체육기구의 역할을 참고할 수 있다. 중재자의 역할은 국제기구가 담당하면서 체육교류는 다른 분야에 비해 활발하게 이루어지고 있다.

이산가족 문제뿐 아니라 금강산과 같이 상대방에 대한 인도적 지원사업이 경제협력사업과도 연관된 경우가 적지 않았다고 할 수 있다.

2) 접촉지대로서 적십자회담

적십자회담은 앞에서 분류한 접촉지대의 기준에 따르면 경계지역에서 이루어지는 제도화된 접촉지대라는 특성이 있다. 실질적인 회담이 이루어진 지리적 위치는 남북 지역인 경우도 있고 해외지역인 경우도 있지만, 회담이 이루어지는 곳은 원칙적으로 남북의 관할권이 없거나 유보된 지역인 경우(판문점·금강산 등)가 대부분이기 때문에 경계지역이라고 할 수 있다. 제도화 차원에서 본다면 장기간 지속되었고, 횟수도 적지 않기에 어떠한 형태의 남북 간 협상보다 제도화 수준은 높다.[20]

접촉지대로서 적십자회담은 다음의 몇 가지 특성이 있다. 첫째, 간헐적인 중단에도 불구하고 지속적으로 회담이 진행된 결과, 가장 오랫동안 반복적으로 남북 마음체계가 접촉했던 공간이었다. 또한 반복된 적십자회담은 회담 자체의 제도화 수준도 높였지만 동시에 마음체계의 상호작용도 구조화시켰다는 것을 의미한다. 결과적으로 접촉의 형식이 일정하게 유형화되었고 공동의 마음체계가 형성되는 조건이 구축되었다. 반면에 회담기간이 정해져 있고 일정 시간 동안만 접촉이 이루어진다는 점에서 접촉범위는 상대적으로

---

20) 금강산지역에 건축한 이산가족상봉장은 이명박 정부 시기 남북 관계가 경색되고 2010년 11월 이후 이산가족상봉이 중단되면서 적절히 활용되지 못했다. 하지만 다행히도 2014년 2월, 만 3년 만에 개최된 18차 이산가족상봉에서 이산가족상봉장은 이용되었다. 당초 이산가족상봉장의 건설은 적십자회담과 이산가족상봉을 위한 전용 공간을 설립함으로써 적십자회담과 이산가족상봉의 정례화를 성취하는 한 단계 높은 수준의 제도 성취를 목적으로 했다.

넓지 않다.[21]

둘째, 40년에 걸친 장기화된 접촉은 필연적으로 접촉지대의 성격변화를 가져왔다. 인도적 문제해결이라는 명분은 변하지 않았더라도, 남북 각자가 처한 현실의 차이(국력을 포함해)는 적십자회담이라는 접촉지대에도 영향을 미쳤다. 특히 북한이 경제적으로 열악해지고 남한의 상대적 우월성이 심화됨에 따라 마음체계의 상호작용에도 일정한 영향을 미쳤다고 할 수 있다.[22] 예를 들어 남북의 국력이 비슷했던 1970년대와 1980년대 초에는 대등한 관계의 접촉국면이 마련되었지만, 남한의 국력이 북한을 앞서면서 남한이 주도하는 접촉지대로 변화했다. 이산가족상봉과 같은 공동이익실현이 의제가 되었던 경우라 할지라도 남한의 반대급부 제공이 동반되면서 남한의 우월적 지위가 지속되었다. 국력격차가 아니라 접촉이 반복되면서 참여한 남북 사람들의 마음체계가 변화하고, 회담 공간에서 창출된 새로운 마음체계는 다음 회담으로 이어졌다.

셋째, 적십자라는 조직이 갖는 인도적 문제해결이라는 공동의 목표를 공유하는 접촉지대였다. 비록 갈등과 긴장도 있었지만 목표 자체에 대한 논란은 피할 수 있었다. 참여주체의 내적 동기는 사람마다 다를 수 있겠지만 단일 목표와 가치의 구현을 추구한 접촉지대가 적십자회담이었다고 할 수 있다. 적십자정신의 구현은 이견의 여지가 없는 당연한 명제였고, 따라서 정치이념적 갈등이 발생할 가능성이 상대적으로 적은 공간이 되었다.

넷째, 다중적인 접촉지대가 형성되었다. 공식회의에서 남북은 자신들의 주장을 일방적으로 강조한 반면, 공식회의에서 제기되었던 문제들은 별도의

---

21) 개성공단이나 금강산 관광 지역과 차별된다.
22) 공식·비공식 회담비용을 남한이 부담한다면 접촉지대에서 남북의 형평성은 실질적으로 유지되기 어렵다.

접촉에서 해결되는 경우가 많았다. 이러한 이중적 접촉 구조는 적십자회담에서만 볼 수 있는 현상은 아니다.[23] 그러나 적십자회담은 적십자 및 남북관계 담당자뿐 아니라 남한의 경우 대학교수 등 순수 민간인사들이 참여했다. 따라서 세부적으로 본다면 공식·비공식 접촉지대만 존재하는 것이 아니라 다양한 기준에 따라 다층적·중층적인 접촉지대가 형성되었다. 이러한 조건에서는 당연히 마음체계의 상호작용도 복합적으로 생겨날 가능성이 있다.

다섯째, 접촉지대의 균열 구조가 비균질적인(heterogeneous) 경향이 있다. 북한과 달리 다원주의적·민주적인 남한의 경우 참여주체가 다양하다. 북한은 통제된 체제의 특성상, 그리고 사회를 관리하는 당적 지배의 특성상 남북대화에서 단일한 입장을 유지한다. 반면 남한의 경우 민주화 이후 국가부분의 통제가 근원적으로 어려워졌다. 앞에서 이야기한 바와 같이 남한대표의 다양성은 남북의 접촉과정에서 새로운 긴장이나 갈등을 야기하고 있으며, 주로 남한 진영에서 생겨날 수 있다.

4. 맺음말: 마음체계 통합을 위한 접촉지대로서 적십자회담

접촉지대로서 적십자회담의 특성과 회담의 진행을 검토한 결과, 마음체계 통합을 위한 다음의 몇 가지 주요한 사항을 확인할 수 있었다.

첫째, 간헐적으로 만들어지는, 그러나 장기간 반복적으로 형성되는 접촉지대라는 공간적 특성이 마음체계의 통합과 어떤 연관을 맺는가 하는 것이다. 공간의 형성이 연속적이지 않았다는 점에서 접촉지대에 새롭게 형성된

---

23) 당국회담뿐 아니라, 민간부분의 접촉에서도 비공식 통로의 중요성이 항상 이야기되는데 적십자 회담의 경우도 예외는 아니었다. K씨 증언 참조.

(혹은 조정된) 남북 마음체계는 각각의 공간으로 돌아가면서 소멸될 수도 있고, 독자적 마음체계의 변형을 초래할 수도 있다. 또한 공간의 형성이 반복되면서 독자적 마음체계들이 어떻게 통합되는지 살펴보는 것이 필요하다. 즉, 접촉지대의 공간적 특성과 마음체계 통합의 관계에 대한 분석이다.

둘째, 지속성에서 가장 오래된 남북의 접촉지대라는 차원에서 마음체계의 변화를 다각도로 살펴볼 여지를 제공할 수 있다. 회담이 반복되는 과정에서 시대별로 마음체계의 통합과정이 어떻게 다른지를 살펴볼 수 있다. 특히 마음체계 가운데 구체적으로 어떠한 요소들이 변화하고 있고 그렇지 않은지를 검토하고 그 원인을 규명할 수 있다. 특히 적십자회담은 장기간에 걸쳐 이루어졌지만, 지향하는 목표의 변화는 그다지 크지 않았다는 점에서 마음체계의 구성요소들 간 변화의 차별성과 형성되는 공동의 마음체계 구성을 살펴보는 것이 중요하다.

셋째, 접촉지대의 참여주체 구성의 다양성을 고려해 집단별·성분별로 마음체계의 통합이 어떻게 다른지를 분석할 수 있다. 앞에서 이야기했듯이 남북 적십자회담에는 적십자운동전문가, 남북관계전문가, 정부관료(정보기구, 통일부 등) 등 다양한 참여주체가 있다. 비록 남쪽만큼의 다양성은 부족하지만 북한도 다양한 출신의 사람들이 마음체계의 상호작용에 참여하고 있다. 그리고 장기적으로 반복되는 가운데 참가인원의 교체가 이루어진다. 이러한 상황변화를 고려하면 참여집단별 마음체계의 변화여부에 대한 연구는 중요한 작업이 된다.

적십자회담을 접촉지대로 설정하고 수행할 수 있는 마음체계 연구는 다른 접촉지대의 마음체계 연구와 결합되어 다시 한 번 재해석될 필요가 있다. 그러나 중요한 것은 이러한 연구를 통해 분단의 남북관계에서 체제의 구성원들이 어떤 상호작용을 하고 있으며, 이것이 다시 순환론적으로 체계의 관계에 어떻게 영향을 미치는 것인가 규명하는 중요한 시발점이 된다는 것이다.

〈표 10-2〉 남북적십자회담(1971~2013년)

회담일자		회담명	장소
1971	8. 20	제1차 남북적십자 파견원 접촉	판문점 중감위회의실
	8. 26	제2차 남북적십자 파견원 접촉	판문점 중감위회의실
	8. 30	제3차 남북적십자 파견원 접촉	판문점 중감위회의실
	9. 3	제4차 남북적십자 파견원 접촉	판문점 중감위회의실
	9. 16	제5차 남북적십자 파견원 접촉	판문점 중감위회의신
	9. 20	제1차 남북적십자 예비회담	판문점 중감위회의실
	9. 29	제2차 남북적십자 예비회담	판문점 중감위회의실
	10. 6	제3차 남북적십자 예비회담	판문점 중감위회의실
	10. 13	제4차 남북적십자 예비회담	판문점 중감위회의실
	10. 20	제5차 남북적십자 예비회담	판문점 중감위회의실
	10. 27	제6차 남북적십자 예비회담	판문점 중감위회의실
	11. 3	제7차 남북적십자 예비회담	판문점 중감위회의실
	11. 11	제8차 남북적십자 예비회담	판문점 중감위회의실
	11. 19	제9차 남북적십자 예비회담	판문점 중감위회의실
	11. 24	제10차 남북적십자 예비회담	판문점 중감위회의실
	12. 3	제11차 남북적십자 예비회담	판문점 중감위회의실
	12. 10	제12차 남북적십자 예비회담	판문점 중감위회의실
	12. 17	제13차 남북적십자 예비회담	판문점 중감위회의실

	1. 10	제14차 남북적십자 예비회담	판문점 중감위회의실
	1. 19	제15차 남북적십자 예비회담	판문점 중감위회의실
	1. 28	제16차 남북적십자 예비회담	판문점 중감위회의실
	2. 3	제17차 남북적십자 예비회담	판문점 중감위회의실
	2. 10	제18차 남북적십자 예비회담	판문점 중감위회의실
	2. 17	제19차 남북적십자 예비회담	판문점 중감위회의실
	2. 21	제1차 남북적십자 의제문안 실무회의	판문점 중감위회의실
	2. 24	제2차 남북적십자 의제문안 실무회의	판문점 중감위회의실
	2. 28	제3차 남북적십자 의제문안 실무회의	판문점 중감위회의실
1972	3. 6	제4차 남북적십자 의제문안 실무회의	판문점 중감위회의실
	3. 10	제5차 남북적십자 의제문안 실무회의	판문점 중감위회의실
	3. 17	제6차 남북적십자 의제문안 실무회의	판문점 중감위회의실
	3. 24	제7차 남북적십자 의제문안 실무회의	판문점 중감위회의실
	4. 17	제8차 남북적십자 의제문안 실무회의	판문점 중감위회의실
	5. 9	제9차 남북적십자 의제문안 실무회의	판문점 중감위회의실
	5. 12	제10차 남북적십자 의제문안 실무회의	판문점 중감위회의실
	5. 19	제11차 남북적십자 의제문안 실무회의	판문점 중감위회의실
	5. 22	제12차 남북적십자 의제문안 실무회의	판문점 중감위회의실
	6. 5	제13차 남북적십자 의제문안 실무회의	판문점 중감위회의실

	6. 16	제20차 남북적십자 예비회담	판문점 중감위회의실
	7. 10	제21차 남북적십자 예비회담	판문점 중감위회의실
	7. 14	제22차 남북적십자 예비회담	판문점 중감위회의실
	7. 19	제23차 남북적십자 예비회담	판문점 중감위회의실
	7. 26	제24차 남북적십자 예비회담	판문점 중감위회의실
	7. 27	제1차 남북적십자 진행절차 실무회의	판문점 중감위회의실
	8. 3	제2차 남북적십자 진행절차 실무회의	판문점 중감위회의실
	8. 9	제3차 남북적십자 진행절차 실무회의	판문점 중감위회의실
	8. 11	제25차 남북적십자 예비회담	판문점 중감위회의실
	8. 29 ~ 9. 2	제1차 남북적십자회담 본회담	평양
	9. 12 ~ 16	제2차 남북적십자회담 본회담	서울
	10. 23 ~ 26	제3차 남북적십자회담 본회담	평양
	11. 22 ~ 24	제4차 남북적십자회담 본회담	서울
	1. 28	제1차 남북적십자 실무대표 접촉	판문점 중감위회의실
1973	3. 20 ~ 23	제5차 남북적십자회담 본회담	평양
	5. 8 ~ 11	제6차 남북적십자회담 본회담	서울
	7. 10 ~ 13	제7차 남북적십자회담 본회담	평양
1974	2. 25	제2차 남북적십자 실무대표 접촉	판문점 중감위회의실

	3. 11	제3차 남북적십자 실무대표 접촉	판문점 중감위회의실
	4. 3	제4차 남북적십자 실무대표 접촉	판문점 중감위회의실
	4. 29	제5차 남북적십자 실무대표 접촉	판문점 중감위회의실
	5. 22	제6차 남북적십자 실무대표 접촉	판문점 중감위회의실
	5. 29	제7차 남북적십자 실무대표 접촉	판문점 중감위회의실
	7. 10	제1차 남북적십자 실무회의	판문점 중감위회의실
	7. 24	제2차 남북적십자 실무회의	판문점 중감위회의실
	8. 28	제3차 남북적십자 실무회의	판문점 중감위회의실
	9. 25	제4차 남북적십자 실무회의	판문점 중감위회의실
	11. 5	제5차 남북적십자 실무회의	판문점 중감위회의실
	11. 29	제6차 남북적십자 실무회의	판문점 중감위회의실
	1. 24	제7차 남북적십자 실무회의	판문점 중감위회의실
	2. 28	제8차 남북적십자 실무회의	판문점 중감위회의실
	3. 26	제9차 남북적십자 실무회의	판문점 중감위회의실
1975	5. 8	제10차 남북적십자 실무회의	판문점 중감위회의실
	7. 21	제11차 남북적십자 실무회의	판문점 중감위회의실
	8. 22	제12차 남북적십자 실무회의	판문점 중감위회의실
	10. 23	제13차 남북적십자 실무회의	판문점 중감위회의실

연도	날짜	회의명	장소
	11. 28	제14차 남북적십자 실무회의	판문점 중감위회의실
1976	2. 12	제15차 남북적십자 실무회의	판문점 중감위회의실
	4. 10	제16차 남북적십자 실무회의	판문점 중감위회의실
	6. 9	제17차 남북적십자 실무회의	판문점 중감위회의실
	8. 20	제18차 남북적십자 실무회의	판문점 중감위회의실
	10. 19	제19차 남북적십자 실무회의	판문점 중감위회의실
	12. 10	제20차 남북적십자 실무회의	판문점 중감위회의실
1977	2. 11	제21차 남북적십자 실무회의	판문점 중감위회의실
	4. 28	제22차 남북적십자 실무회의	판문점 중감위회의실
	7. 15	제23차 남북적십자 실무회의	판문점 중감위회의실
	10. 14	제24차 남북적십자 실무회의	판문점 중감위회의실
	12. 9	제25차 남북적십자 실무회의	판문점 중감위회의실
1985	5. 27 ~ 30	제8차 남북적십자회담 본회담	서울
	8. 26 ~ 29	제9차 남북적십자회담 본회담	평양
2000	12. 2 ~ 5	제10차 남북적십자회담 본회담	서울
	6. 27 ~ 30	제1차 남북적십자회담(남북공동선언 이행을 위한)	금강산
2001	9. 20 ~ 23	제2차 남북적십자회담(남북공동선언 이행을 위한)	금강산
	1. 29 ~ 31	제3차 남북적십자회담(남북공동선언 이행을 위한)	금강산
2002	9. 6 ~ 8	제4차 남북적십자회담	금강산
	10. 31 ~ 11.2	제1차 남북적십자회담 실무 접촉	금강산

	12. 15 ~ 17	제2차 남북적십자회담 실무 접촉	금강산
2003	1. 20 ~ 22	제3차 남북적십자회담 실무 접촉	금강산
	11. 4 ~ 6	**제5차 남북적십자회담**	금강산
2004	5. 24 ~ 25	제4차 남북적십자회담 실무 접촉	금강산, 김정숙휴게소
2005	7. 12 ~ 13	제1차 이산가족 화상상봉 적십자 실무 접촉	개성, 자남산여관
	8. 23 ~ 25	**제6차 남북적십자회담**	금강산
	10. 5	제2차 이산가족 화상상봉 적십자 실무 접촉	개성, 자남산여관
	10. 7	제3차 이산가족 화상상봉 적십자 실무 접촉	개성, 자남산여관
2006	2. 21 ~ 23	**제7차 남북적십자회담**	금강산
	3. 17 ~ 22	제5차 남북적십자 실무 접촉	금강산
2007	3. 9 ~ 10	제6차 남북적십자 실무 접촉 (이산가족면회소 건설 추진을 위한)	금강산, 금강산호텔
	4. 10 ~ 13	**제8차 남북적십자회담**	금강산, 금강산호텔
	11. 28 ~ 12. 1	**제9차 남북적십자회담**	금강산, 금강산호텔
2009	8. 26 ~ 8. 28	**제10차 남북적십자회담**	금강산, 금강산호텔
	10. 16	제7차 남북적십자 실무 접촉 (북한, 인도적 지원 요청)	남북교류협력 협회사무소
	9. 17	제8차 남북적십자 실무접촉	개성, 자남산여관
2010	9. 24	제9차 남북적십자 실무접촉	개성, 자남산여관
	10. 1	제10차 남북적십자 실무 접촉	개성, 자남산여관
	10. 26 ~ 27	**제11차 남북적십자회담**	개성, 자남산여관

고딕체는 남북적십자 본회담

참고문헌

1. 국내 문헌

고병철. 2005.「남북한 관계의 역사적 맥락」. 경남대학교 북한대학원 엮음.『남북한 관계론』. 한울.

김국신 외. 2005.『남북한 통합을 위한 바람직한 통일정책 거버넌스 구축방안』. 통일 연구원.

김용현. 2004.「북한 내부정치와 남북관계: 7.4, 남북기본합의서, 6.15 비교」. ≪통일 문제연구≫, 제42호.

김형기. 2010.『남북관계 변천사』. 연세대학교 출판부.

김홍수. 2003.「북한종교의 변화와 사회적 환경」. 한국종교학회 엮음. ≪종교연구≫, 제32권.

남북회담본부 홈페이지(http://dialogue.unikorea.go.kr).

노스, 더글러스(Douglass North). 1996.『제도·제도변화·경제적 성과』. 이병기 옮김. 한국경제연구원.

대한적십자사. 2005.『이산가족찾기 60년』.

_____. 2011.『남북적십자회담 40년』.

박순성·홍민. 2010.『북한의 일상생활세계』. 한울.

박상현·최준영. 2009.「선호도의 변화를 중심으로 살펴본 남북관계발전의 통사적 연 구」. ≪한국정치학회보≫, 제43집 제4호.

배긍찬. 1999.「1970년대 전반기의 국제환경변화와 남북관계」. 한국정신문화연구원 엮음.『1970년대 전반기의 정치사회변동』. 백산서당.

백낙청. 1994.『분단체제 변혁의 공부길』. 창작과 비평사.

이우영. 2000.『북한의 자본주의 인식변화』. 통일연구원.

이재철. 2003. 「림수경 방북과 북한 《아동문학》지」. 《아동문학평론》, 제28권 제3호.

이정철. 2009. 「북미대립과 남북관계: 변화와 동조화」. 《정신문화연구》, 제32권 제 1호.

이화여자대학교 통일학연구원 엮음. 2009. 『남북관계사: 갈등과 화해의 60년』. 이화 여자대학교 출판부.

주성하. 2010. 『서울에서 쓰는 평양 이야기』. 기파랑.

정영철. 2008. 「민주화와 통일의 역동성과 시민사회의 발전」. 우리민족서로돕기운동 엮음. 『남북관계와 시민사회』. 우리민족서로돕기운동.

최대석. 2009. 「남북관계 60년, 남북 대화 60년」. 이화여자대학교 통일학 연구원 엮 음. 『남북관계사』. 이화여자대학교 출판부.

통일노력 60년 발간위원회 엮음. 2005. 『하늘길 땅길 바닷길 열어 통일로』. 통일부.

창작과 비평 편집부. 1989. 「공안정국과 분단체제」. 《창작과 비평》, 제17권 제3호 (통권 제65호).

하이너, M. 1996. 「통일 독일에서의 가치와 국가 정체성」. 연세대 통일연구원 한독 심포지엄 강연문.

2. 외국 문헌

Ajiang, C. et al. 2006. "A Social Integration Study of Involuntary Migration." *Chinese Sociology And Anthropology*, Vol. 38, No. 3.

Borneman, J. 1992. "State, Territory, and Identity Formation in the Post War Berlins, 1945-1989." *Cultural Anthropology*, Vol. 7, No. 1.

Giddens, A. 1982. *Profiles and Critiques in Social Theory*. Berkeley: University of California Press.

_____. 1987. *Social Theory and Modern Sociology*. Oxford: Basil Blackwells.

Gregg, B. 2003. *Thick moralities, thin politics: social integration across communities of belief*. Duke University Press.

Hadjimichalis, C. et al. 2003. "Geographical imaginations, post-modern imperialism and the project of European political integration." *Soundings*, No. 23.

Koopmans, R. and Statham, P.(eds,). 2000. *Challenging immigration and ethnic relations politics: comparative European perspectives*. Oxford University Press.

Krasner, S. 1983. *International Regime*. Ithaca: Cornell University Press.

Mayhew, L.(ed.). 1982. *Talcott Parsons: On Institutions and Social Evolution*. Chicago: The University of Chicago Press.

Mendoza, L. 1994. "The Border Between Us: Contact Zone or Battle Zone?" *MFS Modern Fiction Studies*, Vol. 40, No. 1.

Mitrany, D. 1966. *A Working Peace System*. RIIA.

OECD. 2005. *The Paris Declaration on Aid Effectiveness and the Accra Agenda for Action*. OECD.

Pratt, M. 1991. "Arts of the Contact Zone." *Profession*, pp. 33~40.

Sasakawa, Y. 2005. "Toward Social Integration Toward Social Integration." *Srar-Carville*, Vol. 64, No. 1.

Silver, H. 2010. "The Social Integration of Germany since Unification." *German Politics and Society*, Vol. 28.

Stromblad, P. et al. 2010. "Political Integration through Ethnic or Nonethnic Voluntary Associations?" *Political research quarterly*, Vol. 63.

제11장

북한 경제시스템의 복잡계 현상*
_시장의 자기조직화 경로를 중심으로

박영자 | 통일연구원 북한연구실 연구위원

1. 머리말

이 글은 북한의 '지속' 및 '변화'와 관련해 지난 20여 년간 학술적·정책적 연구가 상당함에도 갈수록 불확실성과 예측 불가능성이 증대하는 북한 시스템(system)1)을 새로운 이론으로 분석하려는 학문적 문제의식에서 출발했다.

---

* 이 글은 박영자, "북한 경제시스템의 복잡계 현상: 시장의 자기조직화 경로를 중심으로", 《한국정치연구》, 제19집 제3호(서울대학교 한국정치연구소, 2010.10)를 압축 수정한 글임.
1) 시스템은 흔히 체계로 번역되는데, 다양성을 지닌 물질적 조직·기구·사물·과정 등(물질체계)이나 의식·개념·명제 등(관념체계)이 일정한 조직원리에 따라 질서지어진 것으로, 특정한 방식이나 양식으로 서로 결합된 부분들의 총체를 말한다. 한편 한국의 북한 연구에서는 정권을 의미하는 레짐(regime)과 시스템을 대개 '체제'로 번역하며 혼용하고 있다.

1995~2010년까지 북한의 식량난과 경제위기를 북한체계 내부의 자원과 힘으로 해결할 수 없고, 고질적인 비효율성 등으로 변화가 불가피하다는 실증자료와 증언들이 무수함에도 북한체계가 유지되고 있다. 아래로부터의 시장경제와 위로부터의 계획경제가 갈등, 타협, 공존하면서도 여전히 정치가 경제를 통제하고 조율하고 있는 북한체계는, 기존 사회과학 이론의 뉴턴 물리학에 기반을 둔 균형모델로는 설명하기 어려운 복잡계 양상을 보이고 있다.

사회과학에서 복잡성 관련 저술의 기원은 1776년 애덤 스미스(Adam Smith)의 『국부론(The Wealth of Nations)』으로 평가된다. 스미스는 '보이지 않는 손(invisible hand)'이란 개념을 통해 시장과 시장시스템이 단일 행위자의 의도가 아닌, 수요와 공급에 의한 가격 구조를 통해 필요를 가진 여러 행위자가 상호작용하며 작동한다는 복잡계의 시각을 견지했다.[2] 이렇듯 복잡계 이론(complexity theory)을 활용하기에 가장 적실한 사회과학의 소재는 시장과 시장체계일 것이다. 따라서 이 연구는 시스템 이론(system theory)과 카오스 이론(chaos theory)에서 학제 간 연구로 발전한 복잡계 이론을 활용해서, 북한 경제시스템의 복잡계 현상을 규명한다. 불확실성과 예측의 어려움이 커지고 있는 북한 경제체계의 현실을 주목하고, 무질서와 질서는 반대개념이 아니라 상호공존하며 서로의 존립근거가 된다는 복잡계의 '혼돈으로부터의 질서' 개념에 착목한 것이다. 인과론적이고 단선적인 균형이론으로는 북한 경제체계의 복잡성을 파악하기 어렵기 때문이다.

이 글은 복잡계 이론의 문제의식에 따라 북한체계의 과거·현재·미래를 설명하기 위한 주요 제도로서 북한의 시장을 주목한다. 특히 아래로부터의 자발적 욕구증대와 위로부터의 통제가 상호작용하며 만들어내는, 북한시장의

---

2) J. H. Miller and S. E. Page, *Complex Adaptive Systems: an introduction to computational models of social life*(Princeton Univ. Press, 2007), p. 4.

자기조직화 경로(the path of self-organization)를 중심으로 북한 경제시스템의 복잡계 현상을 분석하고자 한다. 연구의 기초가 되는 자료는 북한 정치, 경제 관련 최근 주요 연구성과들,[3] 좋은벗들 및 임진강 출판사 현장보고 자료들,[4] 최근 탈북민 증언들이며, 분석시기는 내용적으로 1980년대의 암시장 형성을 포괄하되, 모멘텀(momentum)으로서 사회주의경제상호원조회의인 코메콘(Council for Mutual Economic Assistance: COMECON)[5] 붕괴와 화폐개혁 실패가

3) 양문수, 「북한에서의 시장의 형성과 발전: 생산물시장을 중심으로」, ≪비교경제연구≫, 제12권 제2호(2005); 이영훈, 「농민시장」, 세종연구소 북한연구센터 엮음, 『북한의 경제』(한울, 2005); 차문석, 「북한의 시장과 시장경제」, ≪담론201≫, 제10권 제2호(2007); 조정아·서재진·임순희·김보근·박영자, 『북한주민의 일상생활』(통일연구원, 2008); 최진욱·김국신·박형중·전현준·조정아·차문석·현성일, 『북한체제의 안정성 평가: 시나리오 워크숍』(통일연구원, 2008); 박영자, 「2003년 〈종합시장제〉 이후 북한의 '주변노동'과 '노동시장'」, ≪한국정치학회보≫, 제43집 제3호(2009); 김병연, 「북한 경제의 시장화」, 윤영관·양운철 엮음, 『7·1경제관리개선조치 이후 북한 경제와 사회』(한울, 2009); 이석·김창욱·양문수·이석기·김은영, 『북한 계획경제의 변화와 시장화』(통일연구원, 2009); 임강택·이석기·이영훈·임을출, 『2009년 북한 경제 종합평가 및 2010년 전망』(통일연구원, 2009); 박형중·조한범·장용석, 『북한 '변화'의 재평가와 대북정책 방향』(통일연구원, 2009); 한기범, 「북한 정책결정과정의 조직행태와 관료정치: 경제개혁 확대 및 후퇴를 중심으로(2000-09)」, 경남대학교 대학원 박사학위논문(2009); 정은이, 「북한에서 시장의 발전 동인에 관한 연구」, 『한반도의 장벽을 넘어』, 2010 통일학연구원 봄 학술회의 자료집(2010.6.9)(이화여대 통일학연구원, 2010); 임수호, 「화폐개혁 이후 북한의 대내경제전략」, ≪북한 경제리뷰≫, 3월호(KDI, 2010); 권영경, 「'2012년 체제' 구축전략과 북한 경제의 변화」, ≪북한 경제리뷰≫, 3월호(KDI, 2010); 양문수, 『북한 경제의 시장화』(한울, 2010); 이정철, 「북한의 경제법제와 거시경제정책의 이중성: 중국과 베트남 경제법과의 비교를 중심으로」, ≪한국정치연구≫, 제19권 제1호(2010) 참조.
4) 좋은벗들, ≪오늘의 북한소식≫, 2006~2010년 각 호; 임진강 출판사, ≪임진강≫, 2007~2010년 각 호.
5) 1949년 1월 회원국의 경제개발을 촉진·조정하기 위해 설립된 기구로 1991년 6월 공식적으로 해체되었다.

드러난 1990년을 기점으로 2010년까지 20년 과정이다.

2. 복잡계 이론과 방법

1) 이론과 개념

공간을 가로지르는 지구화 및 지역화의 진전과 더불어 정치, 경제, 사회, 문화 각 영역에서 민족국가뿐 아니라 시민·사회 단체 등 다양한 공동체와 개인생활의 행위/양상이 다양해지고 복잡해지면서, 이 현상을 복잡계로 해석하려는 시도들이 증대하고 있다. 무엇보다 냉전체제 해체 이후 다양한 영역에서 불확실성이 증대하면서 초래되는 혼란과 무질서를 어떻게 이해해야 하는가라는 근본적 문제의식에서 이 연구의 총체적 방법론인 복잡계 이론이 출발했다. 우리 주변 환경의 복잡성은 선형적 인과론에 기초를 둔 뉴턴적 패러다임으로는 이해할 수 없는 수준에 이르러, 복잡성과 상호연결된 세계를 설명하기 위한 이론적 대안이 요구된다.[6] 이러한 요구에 따라 복잡한 시스템 내부의 '일정한 패턴을 규명'하려는 것이 복잡계 연구의 주된 관심이다.

복잡계 연구의 핵심개념은 무엇인가? 국내학자로 정명호·장승권은 창발성(emergence), 전체성(wholeness), 자기유사성(self-similarity), 비선형성(far-from-equilibrium), 비평형성(non-linearity), 패러독스(paradox), 피드백(feedback) 개념을 복잡계의 주요 분석개념으로 제시했고,[7] 최창현은 비선형역학시스템

---

6) 최창현, 「복잡계와 행정조직」, 복잡계 네트워크(민병원·김창욱) 엮음, 『복잡계 워크샵』(삼성경제연구소, 2006), 385쪽.

7) 정명호·장승권, 「경영의 복잡성과 복잡성의 경영」, 삼성경제연구소 엮음, 『복잡성 과

(non-linear dynamics system), 피드백, 초기조건의 민감성, 창조적 파괴 등을,[8] 김용운은 카오스, 프랙탈(fractal), 자기조직화(self-organization), 록인(lock-in), 창발 등을,[9] 김창욱은 자기조직화와 진화(evolution)를 복잡계의 주요 특성으로 설명했다.[10] 1984년 이래 융합학문으로서 복잡계를 체계화한 산타페연구소(The Santa Fe Institute: SFI)[11]와 대표 학자인 에밀 가르시아(Emile Garcia)는 '자기조직화(self-organization)'의 특성을 창발, 위계/계층성(hierarchy), 자기유사성, 피드백, 끌개(attractor) 등으로 개념화했다.[12]

이 연구에서는 복잡계 이론의 주요 개념 중 자기조직화 경로를 기본 축으로 하여, 사회엔트로피(social entropy), 창발, 끌개, 위계, 긍정피드백, 부정피드백, 프랙탈, 비평형성을 사용해 북한 시장질서 20년의 역사적 경로를 복잡계 현상으로 규명한다.

정보통신계에서 가장 많이 사용하는 자기조직화 개념은 정보처리계가 처리기능을 높이기 위해 과거 경험에 바탕을 둔 기억과 외부에서의 정보입력을 기초로 해 자발적으로 시스템 내 조직을 개조·변경시켜 가는 것을 의미한다. 학습과 유사한 의미로 이해되기도 하나, 조직이나 체계가 중심 주제일 경우 자기조직화로 명명하고, 처리기능이 주가 될 경우를 학습이라 칭한다.

학의 이해와 적용』(삼성경제연구소, 1997).

8) 최창현, 「복잡성이론의 조직관리적 적용 가능성 탐색」, ≪한국행정학보≫, 제33권 제4호(1999).

9) 김용운, 『카오스의 날갯짓』(김영사, 1999).

10) 김창욱, 「북한 시장화 연구를 위한 복잡계적 분석틀의 재정립」, 이석 외, 『북한 계획경제의 변화와 시장화』(통일연구원, 2009).

11) 미국 뉴멕시코 산타페에 위치한 비영리 연구소로 1984년에 설립되어 복잡계 연구의 메카로 활동하고 있다.

12) 에밀 가르시아, 「조직 연구에서 복잡 적응 시스템의 활용」, 최창현 옮김, 『복잡성 과학의 이해와 적용』(삼성경제연구소, 1997).

이러한 공학의 연구성과를 받아안은 복잡계 이론에서 자기조직화를 간략히 정의하면, '한 시스템 내부에서 유인과 반발 작용의 과정', 즉 '스스로 질서가 만들어지는 과정'이다.

자기조직화는 인위적인 설계나 관리 없이도 스스로 질서지우는 복잡계의 특성으로 자기조직화의 관점에서 보면 질서는 외생적·내생적인 요인이 아니라 자생적으로 생긴다. 중앙집권적 지시보다는 상호조정과 자기규제에서 질서가 창출되며, 위에서 아래로가 아니라 "아래에서 위로의 방식으로 형성"된다. 자율적 행위자들의 행동은 분권적 방식으로 결합하기 때문에 분산적이라고도 기술한다. 이것은 단지 한 시스템이 개별요소의 집합이 아니라 개체가 소유하지 않는 특성을 갖게 됨을 의미한다.[13]

엔트로피(entropy) 개념은 열역학에서 기원하는데, 가장 단순한 정의는 '무질서'다. 물리학계에서 보편적으로 사용하는 이 개념은 '어떤 물리계 내에서 일하는 데 사용할 수 없는 에너지를 지칭하는 하나의 척도'로, 엔트로피의 양은 그 체계의 무질서 정도를 나타낸다. 엔트로피 이론에 따르면 닫힌 시스템에서는 엔트로피 양이 증대해 궁극적으로 그 체계는 열 죽음(heat death) 상태로 나아간다. 그런데 생명체가 환경에 적응하면서 진화하고 복잡성이 증가하면서 무질서한 상태에서도 협력관계가 형성되거나 특정한 질서양상이 새롭게 창발된다. 이것이 바로 일리야 프리고진(Ilya Prigogine)이 제기한 "혼돈으로부터의 질서"다.[14] 이 연구성과를 현실사회에 적용한 것이 사회엔트로피(social entropy) 이론이다. 사회엔트로피 개념은 케네스 베일리(Kenneth D. Bailey)가 권력 구조와 갈등의 복잡성이 만들어낸 사회의 불평등성과 무질서 속에서도 체계가 유지되는 일정한 패턴을 주목하며 이론화했다.[15]

---

13) 최창현, 「복잡계와 행정조직」, 398쪽.
14) 일리야 프리고진·이사벨 스텐저스, 『혼돈으로부터의 질서』, 신국조 옮김(정음사, 1989).

창발은 진화론에서 나온 개념인데, 이전 상태에서 예측되거나 설명될 수 없는 어떤 체계가 새롭게 나타나는 현상이다. 시스템을 구성하는 제 요소들(행위자들)의 상호작용을 통해 개별 구성요소 수준에서는 존재하지 않는 새로운 현상과 질서가 시스템 차원에서 드러나는 것을 지칭한다. 특히 창발 개념이 시사하는 바는 자기조직화가 체계 외부에서 강요될 수 없으며, 체계 자체 내에서 기능하는 내재적인 것이라는 점이다.[16] 끌개는 역동적 시스템에서 나타나는 '혼돈 속의 질서' 상태로 카오스 이론의 업적 중 하나다. 위계는 시스템의 각 구성요소가 다른 요소에 종속되어 있는 곳에서 사람이나 제도들이 서열을 가지고 조직·운영되는 현상이다. 즉, 서열화된 집단과 사회로 이루어진 체계의 복잡한 특징을 지칭한다.

복잡계에서 중요한 또 다른 개념인 순환 고리 과정, 즉 피드백 고리(feedback loop)는 원인과 결과 간 관계를 순환적인 상호인과성으로 이해하는 것이다. 피드백은 복잡계에서 자기조직화의 원동력이 질서와 안정을 초래하는 부정피드백(negative feedback)과 무질서 및 변화를 초래하는 긍정피드백(positive feedback)의 상호보완적 작용임을 설명하기 위한 개념이다. 생존을 유지하고 변화 가능한 체계는 이 두 피드백이 동시에 작동하는 체계다.[17] 부정피드백은 편차를 상쇄시켜줌으로써 체계의 안정성을 설명하는 데 중요하며, 긍정피드백은 나비효과라 불리는 초기조건의 민감성에 따른 체계의 변동을 설명하는 데 필요한 특성이다.

대부분의 변화들은 부정피드백에 의해 쇠퇴되어가지만, 어떤 변화는 우연

---

15) 케네스 베일리, 『사회엔트로피 이론』, 이용필 옮김(신유문화사, 1996).

16) 최창현, 「복잡계와 행정조직」, 398쪽.

17) D. Parker and R. Stacey, *Chaos, Management and Economics: The Implications of Non-Linear Thinking*(Hobart Paper Book 125)(London: Institute of Economic Affairs, 1994).

히 증폭되어 그 체계에 거대한 변화를 일으킨다. 결국 새로운 체계가 창발되도록 작용한다. 체계 전체는 부분과 전체가 유기적으로 결합되어 있기 때문이다.[18] 2010년 현재까지 계획과 시장이 공존하는 북한 경제시스템은 '위로부터의 시장 조율 및 통제'와 시장발전의 기초인 '아래로부터의 필요(needs)에 의한 시장확산'이 공존하며, 공격과 반격의 큰 틀 내에서 다양한 조율, 협력, 갈등 양상이 드러난다. 북한 경제시스템에서 긍정피드백은 대개 시장 확산/강화 작용을 하고, 부정피드백은 시장 억제/약화 작용을 한다.

자기유사성(self-similarity)이라고도 불리는 프랙탈은 부분이 전체와 같은 구조를 가진 '자기닮음' 현상을 말한다.[19] 한 시스템을 구성하는 정치, 경제, 사회, 문화 등 여러 요소가 유사한 특성이나 공통의 성질을 갖는다는 것이다. 애초 프랙탈은 철저히 "조각난" 도형을 뜻하는 것으로, 그 개념은 수학자 브누아 망델브로(Benoît Mandelbrot)가 만들었다. 이는 전체를 부분으로 나누었을 때 부분 안에 전체의 모습을 갖는 무한단계에서의 기하학적 도형을 뜻한다. 이 도형의 두드러진 특징은 자기닮음성과 무한히 확대해도 도형의 세부적 성질이 없어지지 않는다는 점에 있다. 한편 심광현은 끊임없이 주름 접기와 펴기를 반복하면서 자기복제를 수행하는 비정형적 자기조직화 과정이 바로 프랙탈한 것이라고 정의한다.[20]

비평형성은 어떤 체계가 질서 있고 안정적인 평형(equilibrium) 상태에서 벗어나 무질서하고 불안정한 상태로 나아가는 정도를 개념화한 것이다. 복잡계의 자생적 질서는 평형상태나 평형에 가까운 상태에서는 결코 발생하지 않

---

18) E. Jantsch, *The Self-organizing Univeise: Scientflc and Human Implications of the E-merging Paradigm of Evolution*(Pergamon Press, 1980).

19) 김용운, 『카오스의 날갯짓』, 80쪽.

20) 심광현, 『프랙탈』(현실문화연구, 2005), 29쪽.

기 때문이다. 평형상태에서는 시스템의 요동이 상쇄되어 새로운 질서가 창출될 수 있는 요소들이 드러나지 않는다. 평형에서 멀리 떨어진 비평형 상태라야 분산 구조(dissipative structure)가 형성되고 새로운 구조로 이행할 수 있게 된다.[21]

자기조직화, 사회엔트로피, 창발, 끌개, 위계, 긍정피드백, 부정피드백, 프랙탈, 비평형성 등 각각의 개념은 고유한 복잡계 현상을 지칭한다. 그러나 개념설명에서 확인했듯이 상호 긴밀한 연계성을 가진 개념들이다. 따라서 이 개념들은 분석의 편의를 위한 것으로, 현실은 모든 것이 동시적으로 서로 영향을 주고받고 중첩적으로 나타나는 복잡계 현상으로 이해해야 한다.

2) 분석 방법

시장(market)과 시장경제(market economy), 시장체계(market system)는 동의어가 아니다. 일반적으로 수요와 공급이 만나는 모든 거래의 장소를 시장이라고 정의하는 것에 비해, 시장에서 가격이 형성되는 경제를 시장경제라 한다. 한편 시장체계는 중앙집권적인 명령이 아니라, 필요에 의한 거래의 형태로 이루어지는 상호작용을 통해 사회 전체적으로 인간활동을 조율하는 시스템을 지칭한다. 그 유형도 노동시장, 농산물시장, 산업이 소비자에게 제공하는 재화와 서비스 시장, 다른 생산자를 위해 생산된 재화와 서비스를 취급하는 중간재시장,[22] 자본시장[23] 등으로 다양하다.[24]

---

21) 분산 구조란 체계의 하위요소들이 새로운 구조 창출에 필요한 에너지를 환경에서 유입하고, 그 과정에서 생성된 엔트로피(무질서)를 환경으로 분산시키는 것이다. I. Prigogine and I. Stengers, *Order Out of Chaos: Man's New Dialogue with Nature*(New York: Bantam Books, 1984).
22) 컴퓨터 조립업체에 판매되는 컴퓨터 부품 같은 중간재화를 다루는 시장.

2010년까지 북한의 경제시스템은 위로부터의 계획경제와 아래로부터의 시장경제, 중앙의 통제/규율 및 지역의 조율이 직간접적으로 영향을 미쳤다. 시장시스템의 제도화 수준이 상당히 낮으며, 구체적 정보/데이터가 부족한 실정이다. 따라서 이 연구는 공간으로서 시장을 중심으로 그 시장을 매개로 한 행위자들의 시장경제 활동 양태들과 그들 간 상호작용을, 행위자와 상호작용을 중시하는 복잡계의 행위자 기반모형(Agent-Based Models: ABM)에 기초해 연구하려 한다. 행위자와 상호작용을 중시하는 복잡계 연구의 가장 강력한 도구(tools)는 컴퓨터를 활용한 계량기술(a set of computational techniques)이다.[25] 그리고 주요 연구방법은 컴퓨터 시뮬레이션에 기초한 현실복제와 가상의 실험이다.[26]

시뮬레이션 모형과 관련해 정치학, 특히 국제정치학에서 대규모 글로벌 시뮬레이션을 추진하기도 했다. 과거 시뮬레이션에서는 수많은 변수와 작동규

---

23) 대부시장과 증권시장 및 여러 유형의 투자시장. 대개 자본주의에서 중간재시장과 자본시장의 주요 참여자는 일반인이 아니라 기업가와 기업체 및 금융기관 등이다.

24) 찰스 린드블롬, 『시장체제: 시장체제란 무엇이고, 어떻게 움직이며, 무엇을 할 수 있는가』, 한상석 옮김(후마니타스, 2009), 15~17쪽.

25) J. H. Miller and Scott E. Page, *Complex Adaptive Systems: an introduction to computational models of social life*(Princeton Univ. Press, 2007), p. 5.

26) 복잡계를 설명하고 예측하기 위한 동태적 시뮬레이션 모형은 다음 두 가지로 구분이 가능하다. 첫째, 변수기반모형(variable-based model)이다. 기본 구성요소가 시스템 변수인 모형으로 시스템 변수들 간 상호작용을 모형화하고 이를 시뮬레이션함으로써 시스템의 동태적 변화를 살펴볼 수 있고, 이를 통해 시스템의 전체적 행태를 예측하려는 것이다. 둘째, 행위자기반모형(agent-based model)이다. 기본 구성요소가 행위자인 모형으로 행위자들 간 상호작용을 모형화하고, 그러한 상호작용의 결과, 그들의 총합인 시스템 전체 차원에서 어떠한 동태적 변화가 나타나는지 살펴보는 것이다. 행위자기반모형을 통해서는 시스템 변수의 움직임만이 아니라 시스템 내 행위자들의 분포의 변화, 이들 간 상호작용방식의 변화 등 시스템의 진화경로를 예측할 수 있다. 복잡계 네트워크, 『복잡계 워크샵』, 564~565쪽.

칙들을 컴퓨터에 코드화해 메인프레임에서 처리함으로써 미래세계의 모습을 예측하려 했다. 그러나 이러한 대규모 시뮬레이션을 활용한 예측 시도들은 대부분 실패했다. 복잡성은 변수가 많아서가 아니라, 상호작용의 규칙을 제대로 구현하지 못했기 때문임을 인식하지 못했기 때문이다. 이 경험으로 시스템을 움직이는 수많은 변수를 포함시켜도 나비효과로 인해 미래의 모습은 불투명하다는 사실을 깨달았다. 이러한 경험적 성과로 "대강의 질서, 즉 패턴을 찾아내는 데 모델의 주안점을 둔다"라면, 변수의 수보다는 변수들 사이에 작동하는 관계의 법칙을 중요시해야 한다는 교훈을 얻었다.[27]

그리하여 '행위자 패턴의 규명'과 '행위자 상호작용'을 중시하며 복잡한 컴퓨터 시뮬레이션을 동원하지 않더라도, 사례 분석이나 역사적 접근방식 등의 질적 연구로도 복잡계 이론을 적용할 수 있다는 시도와 연구성과물들이 보고되고 있다.[28] 특히 북한시장은 데이터 부족과 낮은 제도화 수준, 비공식적 행위와 상호작용 활성화 등으로 컴퓨터 시뮬레이션을 시도하기에는 기초정보량이 상당히 부족하다. 북한시장 및 연구상황을 중시하는 이 글에서는 일차적으로 행위자와 상호작용을 중시한 사고실험을 수행한다. 이는 오피스 행위자기반모형(office Agent-baced model)이라고 불리는 복잡계 연구방법의 1단계 방법론이다. 넷로고(Netlogo) 등을 활용한 컴퓨터 시뮬레이션이 아니라 가장 기본적인 행위자·환경 이들 간 상호작용의 존재를 인식하고, 역사적 맥락에 따른 사고실험으로 복잡계 현상을 추론하는 것이다.

1980년대 농민시장 및 암시장의 확산을 시작으로 1990년대부터 본격화된

---

27) 민병원, 「불확실성 속의 질서: 복잡계 이론과 국제정치학」, ≪한국정치학회보≫, 제
40집 제1호(2006년), 216쪽.
28) 한국에서의 대표적 성과물은 이광모·장순희, 「복잡성이론의 적실성에 관한 사례 연구」,
≪한국사회와 행정연구≫, 제15권 제1호(2004); 민병원, 「불확실성 속의 질서: 복잡계
이론과 국제정치학」 등이다.

아래로부터의 북한 시장경제는 2010년 현재까지, 시장의 확산, 시장주체의 발전, 식량배급의 불안정성, 정권의 시장 규율 및 통제, 시장주체의 직간접적·공식-비공식적 저항 등과 맞물리며 역동적인 양상을 보이고 있다. 행위자와 상호작용을 중시하는 이 연구에서는 이러한 북한의 시장상황에 기초해 주요 행위자로 아래로부터의 시장활동을 통해 자신의 이익을 추구하는 시장활성화 주체들과 위로부터 시장활동을 규율·통제하는 시장규율화 주체들을 설정한다. 이 글에서는 서술의 편의를 위해 이를 단순화해 '시장활성화를 주도하는 행위자를 시장주체'라 하고, '시장규율화를 주도하는 행위자를 계획주체'라 개념 정의한다.

그리고 이들 시장주체와 계획주체의 작용과 반작용, 시장경제와 계획경제가 공존하는 이중경제체계인 북한 경제시스템의 복잡계 현상을 시장의 자기조직화 경로에 따라 분석한다. 이때 주목할 것은 어떤 조건에서 자기조직화가 발생하는가이다. 복잡계 이론에서 자기조직화가 일어나기 위해서는 두 가지 조건이 갖춰져야 하는데, 첫 번째 조건은 시스템 내 불안정성이 높아지는 것이며, 두 번째 조건은 구성요소/행위자의 행위 또는 행태들 사이에 긍정피드백 관계가 형성되어야 한다. 새로운 시도 또는 일탈행동이 왕성하게 일어나더라도 그것이 자기조직화로 이어지기 위해서는 이러한 행동을 강화시키는 상호작용의 관계가 형성되지 않으면 안 된다. 새로운 질서를 고착화시키는 것이 선별과정이라면 그것을 불안정하게 만드는 것은 시스템의 내부적 침식과정으로, 이는 시스템 정합성의 제고(提高)와 감소를 초래하고, 시스템이 불안정해지면 새로운 자기조직화 과정이 다시 시작된다.[29]

이 글에서는 북한 경제시스템에서 시장이 착근하고 발전하며 하락하다가

---

29) 김창욱, 「북한 시장화 연구를 위한 복잡계적 분석틀의 재정립」, 이석 외, 『북한 계획 경제의 변화와 시장화』(통일연구원, 2009), 51~52쪽.

회복에 들어선 1990~2010년까지의 복잡계 현상을 자기조직화의 역사적 경로에 따라 분석했다. 연구가설은 북한시장의 자기조직화 경로는 사회엔트로피, 창발, 끌개, 위계, 긍정피드백, 부정피드백, 프랙탈, 비평형성 등의 복잡계 양상을 드러내며 진화하고 있다는 것이다. 각 장에서는 자기조직화 국면에 따라 각 시기에 가장 두드러지게 나타나는 복잡계 현상을 복잡계 이론의 개념에 기초해 분석한다. 그러나 앞서 제시했듯이, 북한 경제시스템에서 다양한 양태로 나타나는 복잡계 현상들을 시기별 분석개념에 활용한 것은 학술적 분석을 위한 개념적 틀로 이용하기 위함일 뿐이다. 현실에서 각각의 현상들은 공존적·혼재적·동시적으로 나타나기도 하며, 서로에게 작용과 반작용의 긴밀한 상호작용을 한다.

3. 시장착근: 자기조직화 I국면

북한 경제시스템에서 시장의 맹아적 질서가 나타난 것은 1980년대부터이다. 그러나 북한 경제시스템에 계획이 아닌 시장시스템이 착근된 시기는 1990~2000년으로 이 시기가 북한시장의 자기조직화 1기다. 1990~1994년 암시장 확산기의 사회적 무질서 양상인 사회엔트로피가 증대하고, 1995~1997년 기아와 배급제 등 국가 공적 부조의 붕괴로 아래로부터의 새로운 시장질서가 창발되며 자기조직화의 환경이 조성되었다. 이 시기 배급제 붕괴로 암시장이 전면화되면서 방임형 시장이 형성되고, 무질서한 생존형 약탈이 벌어졌다. 그리고 1998년 김정일 정권이 공식적으로 등장하면서 시장을 정비하던 2000년까지가 북한 경제시스템에 계획과 시장질서가 역동적으로 상호작용하며, 혼돈 속의 질서가 조직화되던 시기다.

그러므로 이 10여 년의 시기를 북한체계에 시장의 착근기인 자기조직화 1

기라 칭할 수 있으나, 더 세부적으로 역동적 시스템이 작동하던 시기는 위로 부터의 계획시스템과 아래로부터의 시장시스템이 역동적으로 북한 경제시 스템을 형성한 1998~2000년이다. 이 시기는 김정일이 공식적 절대권력자로 체제질서를 구축하던 시기로 국가의 시장 정비기다. 이때 북한주민 및 하층 단위에 자력갱생을 요구하던 북한정권은 암시장을 벗어난 '시장'을 논하게 되고, 소비품 수준에서 상품과 가격 원리를 부분적으로 인정했으며, 군수 및 당 경제의 안정화를 위해 계획과 시장 경제의 공존을 모색했다. 이 시기에 사회엔트로피 증대, 창발, 끌개 등의 복잡계 현상이 나타나고 북한의 시장주 체가 형성되었다. 시기별로 주요한 특징과 복잡계 현상은 다음과 같다.

첫째, 1990~1994년 암시장 확산기의 사회엔트로피 증대다. 국경지역부터 배급제가 불안정하게 운영되면서 북한의 농민시장이 활성화되기 시작했다. 그리고 사회주의경제상호원조회의가 붕괴되어, 수출입 통로가 막히며 물품 공급에 타격이 심해지면서, 농민시장에 공업물품이 조금씩 유통되기 시작했 다. 그래서 농민시장이 암시장 형태로 발전했고, 북한시장 형성의 자생적 통 로로 작용하게 되었다.

한편, 경제위기로 인해 주민들에게 일상생활용품이 제대로 공급되지 않는 상황에서 진행된 가내작업반이나 가내부업 등의 소생산자 확대와 북·중 간 국경지대의 변경무역 전개는 북한에 불법적인 '암거래' 확장과 공업품 판매 를 촉진했다. 북한 도시주민들 사이에 '장마당'이라 불리던 '암시장'이 확산되 게 한 것이다. 이 시기 농민시장과 암시장, 장마당이 혼재되며 북한 계획시 스템 내 균열이 생기고 무질서가 확대되었다. 즉, 사회엔트로피가 증대했다.

둘째, 1995~1997년 자생적 시장형성기의 창발이다. 이 시기 북한 경제시 스템의 기본 축인 배급제가 완전히 붕괴하면서 농민시장과 혼재되어 있던 암시장이 전면화되었다. '고난의 행군' 시기라 불리는 북한 계획경제시스템 의 쇼크(shock)기로, 계획시스템이 작동되지 않으면서 아래로부터 새로운 질서, 즉 시장의 창발현상이 두드러졌다.

계획경제에 기반을 둔 배급제도의 붕괴에 따라 경제주체들이 계획과 배급을 우회해 시장이 만들어내는 가격질서에 따라 거래하게 되었고, 이것이 결국 기형적인 시장시스템을 창출했다. 자연재해와 경제위기로 식량배급은 사실상 중단되었고, 기업의 생산활동을 위한 생산재 공급 역시 크게 타격을 받았다. 이 상황에서 경제행위 주체들은 식량을 획득하고, 자재를 조달하기 위해 사적이고 직접적인 거래에 의존할 수밖에 없었다. 이 경제주체들의 필요가 시장을 통해 상호작용하면서, 수요와 공급으로 형성된 가격을 매개로 한 자원분배인 시장경제를 창출한 것이다.

셋째, 1998~2000년 국가의 시장정비기로 끌개현상이 두드러졌다. 1998년 김정일 정권의 공식등장 이후 아래로부터의 압력과 김정일의 실용주의 노선에 따라 '농민시장'이 '시장'으로 전환명명되던 시기다. 이 시기 북한에서 시장은 암시장을 벗어나게 되었다. 소비품 수준에서 상품과 가격원리를 북한 계획주체들이 부분적으로 인정했으며, 계획(군수·당 경제)과 시장(주민·사경제) 시스템의 공존이 모색되었다.

북한의 시장발전을 촉진하는 돈주, 도매상인, 소매상인, 무역회사, 가내작업반을 중심으로 한 소생산자들이 시장시스템을 활성화시키는 시장주체들로 구성되었다. 이 시기 북한 경제시스템은 계획과 시장이 역동적으로 상호작용했고, 이러한 혼돈 속에 계획과 시장이 공존하는 이중적 경제시스템으로서 '혼돈 속의 질서', 즉 끌개현상이 두드러졌다. 특히 이 시기 북한의 '자기조직화 I국면'이 왕성하게 드러났다.

4. 시장발전: 자기조직화 II국면

 이 시기 복잡한 양상을 드러내며 자생적으로 확장되던 아래로부터의 북한 시장의 자기조직화가 위로부터 계획주체의 시장질서 부분 제도화 조치와 상호작용하며, 북한 경제시스템에서 시장질서가 본격적으로 발전한 '자기조직화 II국면'을 경유했다. 아래로부터 시장의 확산 및 자기조직화 활성화와 함께 위로부터의 부분 개혁조치가 맞물리면서, 전체로서 북한 경제시스템에서 시장시스템이 한 축을 구성하게 된 것이다.

 2000년부터 2005년까지 시장시스템과 계획시스템이 제도적으로 공존하는 경제시스템으로 동시 작동했다. 한편 시장체계가 계획체계 내로 깊숙이 스며들면서 2005~2007년 북한정권의 비사회주의 현상에 대한 위기의식이 고조되었다. 그리고 시장주체와 시장시스템을 계획시스템으로 인입하려고 시도했다. 그러나 정책 효율성이 떨어지며 무력화되곤 했다.

 북한이탈주민들 다수도 북한에서 시장질서가 체계화되고 일상생활과 분리될 수 없는 경제시스템으로 자기조직화된 시기로 2000년 이후를 지목한다. 2000~2005년은 계획주체가 시장주체를 활용해 계획의 부담을 줄이고 시장시스템을 제도 내로 포섭하려던 시기로, 긍정피드백이 활성화되고 전체로서 북한 시스템 내에 위계성이 명확해진 시기다.

 그리고 2005~2007년 시기는 2002년과 2003년 정권이 추진한 부분개혁 조치의 효과와 이로 인한 계획경제시스템의 침식이 드러나며 계획주체들이 시장활성화를 억제하던 시기였다. 그러나 새롭게 창발된 시장질서가 주민생활뿐 아니라 계획시스템 내부로까지 침투했다. 아래로부터 위로의 자기유사성을 갖추며 전체로서 북한 경제시스템이 상품거래의 프랙탈 현상을 드러낸 것이다. 따라서 이 시기 계획주체들의 시장통제는 시장주체에 의해 무력화되곤 했다.

이 시기를 세부적으로 나누면, 첫째, 2000~2005년 북한당국의 시장 확산 및 포섭기로 긍정피드백과 위계현상이 두드러졌다. 군수산업을 중심으로 한 전통적인 계획경제시스템을 국가경제의 중심축으로 지속하되, 아래로부터 자기조직화하던 시장경제시스템을 주민 및 중·하층 관료들의 생존과 국가의 존(依存)으로부터 독립 차원에서 인정하게 된 것이다. 이를 통해 북한정권은 인민생존책임에 대한 재정적 부담을 덜 수 있었고, 인민경제 지원비용을 군수 및 당 경제에 이전할 수 있었다. 이 과정에서 이루어진 것이, 이른바 '사회주의 상품경제'의 인정이다. 수요와 공급에 의한 가격과 상품거래 원리를 북한 경제시스템 내부로 인입하는 부분개혁조치를 실시한 것이다.

상징적 모멘텀은 2002년 '7·1경제관리개선조치'와 2003년 '종합시장제' 실시다. 7·1경제관리개선조치로 부분적이지만 시장시스템을 공식적 제도의 영역으로 포섭하려 했다. 2003년 종합시장제로 시장을 조율하는 법 및 규정을 제정하고, 물자교류시장을 허용하는 등 북한당국이 시장의 제도화를 추진했다. 이러한 조치를 분기점으로 북한의 시장이 양적·질적으로 발전했다.

정권 차원에서 7·1경제관리개선조치의 실질 목적은 ① 국가 계획부문과 아래로부터 성장한 시장경제부문 간에 갈수록 확장된 가격격차를 줄이고, ② 국가 차원의 노동력과 재화의 유출을 막으며, ③ 가격 구조를 개혁할 수 있도록 생산자와 생산의 효율성을 높이고, ④ 국가보조금 등 정권 차원의 중앙재정부담을 줄여, ⑤ 최종적으로 고질적인 상품공급 부족상황에서 가격구조변화와 임금인상을 동시에 추진함으로써 국가경제시스템을 벗어나고 있는 시장경제를 국가의 통제권 내부로 인입하기 위한 것이었다. 그러나 생산과 노동의 정권 차원의 동기부여는 시장주체들뿐 아니라 중·하층 계획주체들에게도, 이제 국가도 자본주의적인 것을 승인하게 되었고, 자유롭게 장사할 수 있다고 인식되었다. 따라서 다수 북한주민에게 비사회주의적 의식 또는 자본주의 의식이라고 칭해지는 물질주의, 개인주의, 탈집단주의 의식이 급격히 성장하는 배경이 되었다.

북한당국이 종합시장제를 실시한 목적은 ① 시장에 많은 상품이 거래되게 함으로써 가격을 안정시키려는 것이었다. ② 기업관리 측면에선 기업의 시장 직거래를 허용함으로써 상품의 품질개선이나 가격의 합리적 제정 및 경영자금을 확보하게 하고, ③ 지방예산 수입확충 차원에서 시장사용료, 국가 납부금을 활용하게 한 것이다. 그러나 이미 북한체계 운영에 한 축이 된 시장시스템을 계획시스템 내부로 인입할 수는 없었다.

한편 법적·제도적 뒷받침이 충분하지 못한 상황에서 진행된 시장시스템 작동은 북한사회에 핵심계층, 동요계층, 적대계층 등 출신 및 정치사회적 배경의 계층 구조가 생활수준 및 재산규모로 나눈 상류층, 중류층, 하류층 등 경제적 배경의 위계적 계층질서로 전환되게 했다. 재산과 소비 수준을 기준으로 상류층, 중류층, 하류층이 일상생활에서 확연히 구별되었다. 새로운 위계의 창출이다. 주민들 간 시장시스템 내 위계에 따른 소득격차가 확대되고 사적 고용의 증대를 통한 자본-임금노동자 관계 및 노동시장이 형성되었다. 북한의 전통적인 혈연 및 정치적 충성도에 따른 계층 구조의 위계에 부(富)와 '사회적 자본' 보유능력이 결합되어 새로운 위계가 구성되었다.

이 시기가 북한 경제시스템에서 시장주체들과 계획주체들의 상호작용 중 시장활성화를 추동했던 긍정피드백이 가장 활발히 이루어지고, 계획단위인 공장·기업소 내부로까지 시장시스템의 장착이 이루어진 시기다. 또한 시장시스템을 구성하는 시장주체들이 돈주 → 도매상인 → 소매상인 → 메뚜기상인 등으로, 생활/소비 수준별로 상류층 → 중류층 → 하류층으로의 위계 양상이 분명하게 드러난 시기다.

둘째, 2005~2007년 북한당국의 시장활성화 억제기로 프랙탈 현상이 두드러졌다. 이 시기에 시장시스템이 계획시스템 내부로까지 진입하면서, 계획주체가 시장시스템을 다시 계획시스템 내부로 인입하기 위한 조치를 취하기 시작했다. 북한정권이 시장질서를 매개로 북한체계 전체로 확산된 '비사회주의 현상'이 만연해진 것에 대한 위기감을 체제위협으로까지 느꼈기 때문이다. 따라서 사회주의 상품경제 허용조치를 조정해야 할 필요성을 느꼈고, 만연된 시장시스템에 대한 계획주체들의 조정 및 조율 조치가 이루어졌다.

그러나 이미 시장시스템이 북한의 기초 계획단위인 공장·기업소 생존 및 운영에 깊숙이 개입되었다. 시장질서의 자기유사성인 프랙탈 현상이 장소로서의 시장이나 행위자로서 돈주와 상인 등을 넘어, 계획주체인 관료들과 국가기구 전반에 나타난 것이다. 따라서 계획주체의 각종 조치들이 무력화되곤 했다. 아래로부터 창발되어 체계 전체로 확산된 북한의 시장시스템은 계획주체의 '보완적 역할'이란 목표를 넘어, 계획주체의 활동을 비효율적인 것으로 만들었다. 당시 북한 경제시스템에 드러난 대표적 복잡계 현상은 아래로부터 위로, 부분과 전체가 자율적 시장질서를 갖추게 된 자기유사성, 즉 프랙탈 현상이다.

자기조직화 I국면에서 두드러지게 나타난 아래로부터의 창발과 역동적 경제상황의 혼돈에서 나타난 시장질서(끌개)가 자기조직화 II국면에서 북한 경제시스템 내 한 축으로 시장시스템을 발전시켰다. 이 과정에서 가장 두드러진 복잡계 현상은 ① 시장질서의 활성화를 촉진한 긍정피드백, ② 집단의 서열화를 구조화한 위계, ③ 수요와 공급, 필요와 욕구에 의한 가격원리가 시장주체뿐 아니라 계획주체들에게도 유사하게 나타난 프랙탈 현상이다.

5. 시장의 충격과 회복: 자기조직화 III국면

이 시기 북한정권은 시장에 대한 지속적인 통제 및 공격을 단행하다 2009년부터 종합시장의 농민시장으로 전환 시도, 150일·100일 전투를 통한 계획주체 동력의 재구축, 11월 말~12월 화폐개혁 및 외화사용 금지조치, 종합시장 폐쇄조치 등 대대적인 반(反)시장 조치로 시장을 쇼크 상태로 몰아넣었다. 시장시스템을 통제하는 부정피드백이 활발하게 작용한 것이다. 그러나 배급제와 중앙관리에 기초한 계획시스템은 복구되지 못했다.

2010년 1월을 기점으로 시장시스템에서 하루벌이로 생계를 유지하던 하층민의 생계위기가 각 지역에서 상소되고, 화폐개혁과 외화조치 등의 실패가 드러났다. 그 후 2010년 말까지 시장시스템이 회복기에 들어섰으나 아직 계획시스템이나 시장시스템도 본격적으로 작동하지 않는 북한 경제시스템의 불안정성이 증대했다. 정권의 통제에 대한 시장의 반격이 진행되고 있으나, 경제체계 운영이 무질서하고 불안정한 양상인 체계의 비평형성이 크게 높아졌다.

이 시기는 크게 두 단계로 나눌 수 있는데, 1단계는 2007~2010년 1월까지 시장하락기로 부정피드백이 두드러졌다. 북한 경제체계에 한 축으로 작동되던 시장시스템의 쇼크다. 시장시스템으로 창출된 다양한 비사회주의 현상이 국가와 정권을 위협한다고 판단한 김정일 정권이 ① 시장시스템 작동의 상징적 공간인 종합시장을 '비사회주의 서식장'으로 규정하고 통제 및 폐쇄조치를 취하고, ② 과거의 계획시스템 내의 농민시장으로 전환시키려는 시도 및 강제를 했으며, ③ 상품·화폐·가격 구조의 시장시스템 허용조치를 폐지했고, ④ 계획시스템 작동의 결정적 요인은 배급제 개시 전면화를 선언했으며, ⑤ 화폐교환, 외화사용 통제 등을 조치했다. 북한 경제시스템에서 부정피드백이 활발하고 공격적으로 작동하던 시기다.

그러나 2010년 1월 말부터 시장을 매개로 하루벌이 생존을 유지하던 하층민들의 생계위기가 가시화되면서 시장주체들의 새로운 창발과 긍정피드백이 시작되었다. 그리하여 2010년 2월부터 2단계인 북한시장의 회복기가 비평형성을 드러내며 전개되었다. 이 시기 북한 경제시스템의 불안정성이 급

증대하는 복잡계의 비평형성이 높아지고 있으며 자기조직화 III국면이 두드러졌다. 정권의 각종 시장통제정책은 단행되었으나, 배급재개 약속은 지켜지지 않았다. 시장을 매개로 하루 벌어 먹고사는 북한 하층민들의 생계위기가 드러나면서 각종 통제조치의 비실효성이 증명된 시기다.

이를 시장시스템의 계획시스템에 대한 반격기, 시장주체들의 계획주체들에 대한 반격기라 칭할 수 있겠다. 이 시기 이미 북한의 광범위한 계획주체와 군·특수 경제의 행위 역시 시장시스템 내에서의 상호작용 없이 운영할 수 없었던 북한 경제시스템의 복잡계 현상을 주목할 필요가 있다. 북한 경제주체들의 필요 및 수요와 공급 난황은 결국 20여 년 자기조직화를 경유하며 진화하고 있는 시장시스템의 반격을 보여준 것이다.

모든 시스템의 목적은 궁극적으로 스스로를 만들어내는 '자기생산(autopoiesis)'이기에, 끊임없이 반복되는 자기생산의 과정(process)이 중요하다. 시스템을 구성하는 행위자들의 행위와 활동은 스스로를 운영할 수 있는 자율성(autonomy)을 전제로 하기 때문이다. 그러므로 한 시스템이 유지되기 위해서는 각각의 행위자가 어떤 형태든지 자율성을 가지고 자기조직화를 해야 한다.[30] 또한 한 시스템의 자기조직적 특성을 이해하려면 개별 행위자들이 자신을 유지하기 위해 어떠한 행위를 하며, 타 행위자들과 어떠한 상호작용을 하는지를 파악해야 한다. 즉, 다른 행위자들의 자기유지 활동과 어떻게 결합하고 있는지를 이해하는 것이 중요하다.[31]

2010년 말 현재 북한 경제시스템을 구성하는 계획주체들은 다시 시장시스템의 필요를 인정했다. 한편 시장주체들은 수축된 시장시스템을 활성화하기 위해 노력하고 있다. 이 과정에서 행위자들의 요동과 북한 경제시스템의

---

30) H. Maturana and F. Varela, *Autopoiesis and Cognition*(Dordrecht: Reidel, 1980).

31) G. Morgan, *Images of Organization*(Newbury Park: Sage Publications, 1986).

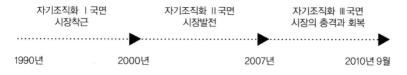

〈그림 11-1〉 북한 경제시스템의 복잡계 현상: 시장의 자기조직화 경로

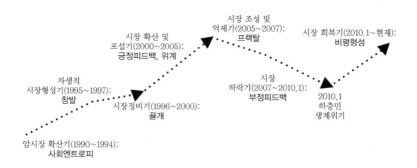

불안정성이 커진 상태다. 즉, 현재 북한 경제시스템은 평형에서 멀리 떨어진 상태인 비평형 상태다. 이 상태에서는 매우 작은 요동이 점차 증폭되어 거대한 흐름으로 드러날 수 있다. 불안정성이 일정한 분기점에 달하게 되면 시스템이 우연히 새로운 경로를 찾아 자기조직화를 하기 때문이다.

앞의 내용을 정리해 북한시장의 자기조직화 경로를 중심으로 경제시스템의 복잡계 현상을 도표화하면 〈그림 11-1〉과 같다.

〈그림 11-1〉에서 확인할 수 있듯이 1990~2010년 말 현재까지 20여 년의 북한 경제시스템에서 사회엔트로피, 창발, 끌개, 위계, 긍정피드백, 부정피드백, 프랙탈, 비평형성 등의 복잡계 현상이 드러났다. 그리고 이 복잡계 현상은 시장의 자기조직화 경로에 따라 〈그림 11-1〉처럼 범주화할 수 있다. 그러나 제2장의 각 개념과 분석방법에서 설명했듯이, 이들 북한 경제시스템에서 나타난 복잡계 현상들은 공존하며, 질서와 무질서의 동시적 양상으로 혼

재되기도 하고, 서로에게 작용과 반작용을 하는 등 긴밀한 상호작용을 한다. 즉, 시간적 순서에 따른 현상이 아니라 동시성과 중첩성을 갖는다.

6. 맺음말

시장은 개성의 기초이자 전제조건이고, '자립'과 '자유'를 가치로 규정한다. 시장의 확대는 여러 재화와 서비스를 금전적인 거래관계 속으로 끌어들이지만, 역으로 돈만 있으면 타인에게 종속되지 않고 자립해 살아갈 수 있다. 결국 "타인으로부터의 강요를 거부하는" 자유에는 생활의 자립이라는 현실조건이 필수적이다. 그리고 그 조건을 실현했다는 의미에서 '시장'의 확대는 결정적으로 사회적 의의를 갖는다.[32]

이런 의미에서 20여 년에 걸친 시장의 자기조직화 경로를 볼 때, 북한의 경제시스템은 20여 년 전의 계획시스템으로 복귀할 순 없는 상황이다. 그렇다고 시장시스템으로의 전환경로가 드러난 것도 아니다. 북한 경제시스템은 지난 20여 년 동안 계획과 시장 경제가 공존하면서도, 군수산업은 계획경제, 주민생활은 시장경제라는 식의 이중경제(dual economy)적 패턴을 드러냈다. 그러나 그동안 우선순위를 유지하던 계획경제 부문에 중·하층 분야에서 시장질서가 침투하면서 이중경제의 질서가 흩어지고 불안정성이 증대하고 있다.

계획과 시장이 공존하던 경제시스템의 질서와 무질서 양상이 동시에 확산되고, 과거의 질서가 요동치며 혼돈상태가 진전되고 있다. 계획시스템의 비효율성 대(對) 시장시스템의 확산, 계획주체의 대중동원 대 시장주체의 자발

---

32) 오니시 히로시, 『자본주의 이전의 사회주의와 자본주의 이후의 사회주의』, 조용래 옮김(한양대학교 출판부, 1999), 121~122쪽.

성, 공적 부조의 결여 대 사적 부조 강화, 지배담론의 지속 대 신념의 변화 등이 북한 경제시스템에서 시장의 자기조직화를 추동하고 있다. 시스템을 구성하는 행위자와 상호작용의 요동은 시스템의 불안정성을 증폭시키며 그 시스템의 생존력을 낮춘다. 북한 경제시스템은 계획과 시장이라는 체계의 이원적 작동과 다양한 혼돈으로 나타나는 하위체계들 사이의 부조화와 무질서로 평형상태에서 멀리 떨어져나가고 있다. 그러나 아직 새로운 시스템의 질서는 명확히 드러나지 않고 있다.

복잡계에서 시스템은 대개 평형상태, 평형에 가까운 상태, 평형에서 먼 상태, 비평형 상태라는 네 범주로 분류할 수 있다. 이중 새로운 질서로의 창발이 일어나기 용이한 상태는 '평형에서 먼 상태', 완전한 혼돈도 아니고 완전한 질서도 아닌 상태다. 질서와 무질서가 상호작용하며 시스템 전체에 불안정성이 높아지는 상태, 즉 '혼돈의 가장자리'다. 2010년 현재 북한의 경제시스템은 '평형에서 먼 상태'이며, 자기조직화의 새로운 국면이 조성되고 있다. 이 시기 북한 내부의 행위자와 외부 환경의 우연적 요소, 또는 우연한 경로에 의한 상호작용이 새로운 시스템으로의 창발을 추동할 수 있다.

참고문헌

1. 국내 문헌

가르시아, 에밀(E. A. Garcia). 1997. 「조직 연구에서 복잡 적응 시스템의 활용」. 삼성
경제연구소 엮음. 『복잡성 과학의 이해와 적용』. 최창현 옮김. 삼성경제연구소.

개디스, 존 루이스(John Lewis Gaddis). 2004. 『역사의 풍경』. 강규형 옮김. 에코리브르.

권영경. 2010. 「'2012년 체제' 구축전략과 북한 경제의 변화」. ≪북한 경제리뷰≫, 3월
호. KDI.

김병연. 2009. 「북한 경제의 시장화」. 윤영관·양운철 엮음. 『7·1경제관리개선조치 이
후 북한 경제와 사회』. 한울.

김용운. 1999. 『카오스의 날갯짓』. 김영사.

_____·김용국. 1992. 『프랙탈: 혼돈 속의 질서』. 동아출판사.

김창욱. 2009. 「북한 시장화 연구를 위한 복잡계적 분석틀의 재정립」. 이석·김창욱·
양문수·이석기·김은영. 『북한 계획경제의 변화와 시장화』. 통일연구원.

린드블롬, 찰스(Charles E. Lindblom). 2009. 『시장체제: 시장체제란 무엇이고, 어떻
게 움직이며, 무엇을 할 수 있는가』. 한상석 옮김. 후마니타스.

민병원. 2006. 「불확실성 속의 질서: 복잡계 이론과 국제정치학」. ≪한국정치학회보≫,
제40집 제1호.

박영자. 2009. 「2003년 〈종합시장제〉 이후 북한의 '주변노동'과 '노동시장'」. ≪한국정
치학회보≫, 제43집 제3호.

박형중·조한범·장용석. 2009. 『북한 '변화'의 재평가와 대북정책 방향』. 통일연구원.

베일리, 케네스(Kenneth D. Bailey). 1996. 『사회엔트로피 이론』. 이용필 옮김. 신유
문화사.

복잡계 네트워크. 2006. 『복잡계 워크샵』. 민병원·김창욱 엮음. 삼성경제연구소.

심광현, 2005. 『프랙탈』. 현실문화연구.

양문수. 2005. 「북한에서의 시장의 형성과 발전: 생산물시장을 중심으로」. ≪비교경제연구≫, 제12권 제2호.

_____. 2010. 『북한 경제의 시장화』. 한울.

양창삼. 1997. 『조직혁신과 창조적 경영』. 민영사.

오니시 히로시(大西廣). 1999. 『자본주의 이전의 사회주의와 자본주의 이후의 사회주의』. 조용래 옮김. 한양대학교 출판부.

이광모·장순희. 2004. 「복잡성이론의 적실성에 관한 사례 연구」. ≪한국사회와 행정연구≫, 제15권 제1호.

이석·김창욱·양문수·이석기·김은영. 2009. 『북한 계획경제의 변화와 시장화』. 통일연구원.

이영훈. 2005. 「농민시장」. 세종연구소 북한연구센터 엮음. 『북한의 경제』. 한울.

이정철. 2010. 「북한의 경제법제와 거시경제정책의 이중성: 중국과 베트남 경제법과의 비교를 중심으로」. ≪한국정치연구≫, 제19권 제1호.

임강택·이석기·이영훈·임을출. 2009. 『2009년 북한 경제 종합평가 및 2010년 전망』. 통일연구원.

임수호. 2010. 「화폐개혁 이후 북한의 대내경제전략」. ≪북한 경제리뷰≫, 3월호. KDI.

임진강 출판사. ≪임진강≫, 2007~2010년 현재 각 호.

정명호·장승권. 1997. 「경영의 복잡성과 복잡성의 경영」. 삼성경제연구소 엮음. 『복잡성 과학의 이해와 적용』. 삼성경제연구소.

정은이. 2010. 「북한에서 시장의 발전 동인에 관한 연구」. 『한반도의 장벽을 넘어』, 2010 통일학연구원 봄 학술회의 자료집(2010.6.9). 이화여대 통일학연구원.

조정아·서재진·임순희·김보근·박영자. 2008. 『북한주민의 일상생활』. 통일연구원.

좋은벗들. ≪오늘의 북한소식≫, 2006~2010년 현재 각 호.

차문석. 2007. 「북한의 시장과 시장경제」. ≪담론201≫, 제10권 제2호.

최진욱·김국신·박형중·전현준·조정아·차문석·현성일. 2008. 『북한체제의 안정성 평가: 시나리오 워크숍』. 통일연구원.

최창현. 1999. 「복잡성이론의 조직관리적 적용 가능성 탐색」. ≪한국행정학보≫, 제33
권 제4호.

카프라, 프리초프(Fritjof Capra). 1998. 『생명의 그물』. 김용정·김동광 옮김. 범양사
출판부.

프리고진(Ilya Prigogine)·스텐저스(Isabelle Stengers). 1989. 『혼돈으로부터의 질서』.
신국조 옮김. 정음사.

한기범. 2009. 「북한 정책결정과정의 조직행태와 관료정치: 경제개혁 확대 및 후퇴를
중심으로(2000-09)」. 경남대학교 대학원 박사학위논문.

2. 외국 문헌

Jantsch, E. 1980. *The Self-organizing Univeise: Scientflc and Human Implicati-
ons of the Emerging Paradigm of Evolution.* Pergamon Press.

Maturana, H. and F. Varela. 1980. *Autopoiesis and Cognition.* Dordrecht: Rei-
del.

Miller, J. H. and S. E. Page. 2007. *Complex Adaptive Systems: an introduction
to computational models of social life.* Princeton Univ. Press.

Morgan, G. 1986. *Images of Organization.* Newbury Park: Sage Publications.

Parker, D. and R. Stacey. 1994. *Chaos, Management and Economics: The Im-
plications of Non-Linear Thinking.* London: Institute of Economic Affairs.

Prigogine, I. and I. Stengers. 1984. *Order Out of Chaos: Man's New Dialogue
with Nature.* New York: Bantam Books.

지은이(가나다순)

고유환
동국대학교 정치학 박사
동국대학교 북한학과 교수, 북한학연구소 소장
주요 저서: 『북한의 권력과 일상생활』(공저, 2013), 『북한 핵문제의 해법과 한반도 평화체제 구축』(2003), 『한반도 평화체제의 모색』(공저, 1997) 등
주요 논문: 「민족공동체 통일방안의 이행과정과 추진전략 재검토」(2014), 「북한의 3차 핵실험 이후 위협인식에 관한 행위자-네트워크」(2013), 「김정은 후계 구축과 북한 리더십 변화: 군에서 당으로 권력이동」(2011) 등

김용호
컬럼비아대학교(Columbia University) 국제정치학 박사
연세대학교 정치외교학과 교수
연세대학교 북한연구원 원장
주요 저서: *North Korean Foreign Policy: Security Dilemma & Succession*(2011), 『세계화시대의 국제관계』(2006), 『북한, 남북한관계 그리고 통일』(2003) 등
주요 논문: 「대북인식의 변화와 연속성」(2014), 「북한 핵실험에 대한 최고 지도자의 인지적 접근」(2014), "North Korea's Threat and Provocation Under Kim Jong-un"(2013), 「북한 체제변화 연구방법론에 대한 비판적 고찰과 대안의 모색」(2012), 「북한외교정책 연구의 국내외 경향의 분석과 대안의 모색」(2007) 등

류경아
연세대학교 정치학과 박사과정
연세대학교 북한연구원 연구원
주요 논문: "The Dilemma of a Pro-Business State: The Government-*Chaebol* Relations of the MB Lee Government in Korea"(2013), 「한·중·일 국책 연구

기관의 정책제언과 정부정책과의 상호반영에 대한 연구: 2차 북핵문제를 중심으로」(2013), 「북한 체제변화 연구방법론에 대한 비판적 고찰과 대안의 모색」(2012) 등

박영자

성균관대학교 정치학 박사

통일연구원 북한연구실 연구위원

주요 저서: 『김정은 정권의 대남 긴장조성』(2014), 『북한변화 촉진 및 남북친화성 증진』(공저, 2014), 『시장화 및 빈곤감소형 경제질서 수립』(공저, 2013), 『통일 이후 통합을 위한 갈등해소 방안』(공저, 2013), 『북한의 권력과 일상생활』(공저, 2013), 『북한 부패 실태와 반부패 전략』(공저, 2012) 등

주요 논문: 「김정은 체제의 통치행위와 지배연합」(2013), 「독재정치 이론으로 본 김정은 체제의 권력 구조」(2013), 「체제변동기 북한의 계층·세대·지역 균열」(2012), 「다문화시대 한반도 통일·통합의 가치 및 정책방향」(2012), "Cleavage in the North Korean System: Unstable structure and Complexity"(2012) 등

박순성

파리10대학교(Université de Paris X-Nanterre) 경제학 박사

동국대학교 북한학과 교수

주요 저서: 『북한의 일상생활세계』(공편, 2013), 『북한 경제와 한반도 통일』(2003), 『아담 스미스와 자유주의』(2003) 등

주요 논문: 「북한 인권 문제와 한반도 분단체제」(2014), 「천안함 사건의 행위자-네트워크와 분단체제의 불안정성」(2013), 「한반도 분단현실에 대한 두 개의 접근: 분단체제론과 분단 탈분단의 행위자-네트워크 이론」(2012), 「한반도 통일과 민족, 국민국가, 시민사회」(2010) 등

박형중

마르부르크대학교(Phillips-Universitaet zu Marburg) 정치학 박사

통일연구원 선임연구위원

주요 저서: 『북한에서 국가재정의 분열과 조세 및 재정체계』(2013), 『북한 부패 실태와

반부패전략』(2012), 『북한 '변화'의 대북정책 방향』(2010) 등
주요 논문: 「김정은 시대 북한의 정치와 경제의 동학」(2014), 「김정은 정권의 핵 및 대남
정책 방향 진단」(2014), 「북한은 왜 붕괴도 개혁개방도 하지 않았을까?」
(2013), 「북한의 '새로운 경제관리체계'(6.28방침)의 내용과 실행 실태」(2013)

양문수

도쿄대학교(東京大) 경제학 박사
북한대학원대학교 교수
주요 저서: 『북한 경제 쟁점 분석』(공저, 2013), 『한반도 통일론의 재구상』(공저, 20
12), 『북한 경제의 시장화: 양태, 성격, 메커니즘, 함의』(2010) 등
주요 논문: "Reformulating South-North Korean Economic Integration"(2014), 「한반
도 평화 회복을 위한 국가전략: 개성공단 사업을 중심으로」(2013), 「북한의
화폐개혁: 실태와 평가」(2010) 등

윤철기

성균관대학교 정치학 박사
서울교육대학교 윤리교육과 교수
주요 저서: 『민주화 및 양질의 거버넌스 수립』(공저, 2013), 『북한 문제와 남남갈등』(공저,
2012), 『북한 부패 실태와 반부패 전략』(공저, 2012) 등
주요 논문: 「북한체제 위기관리의 동학」(2015), 「김정은 시대 북한의 주변부 국가성과 국
가과제」(2014), 「북한체제의 주변부로의 귀환」(2013), 「북한체제에서 계획과
'사회적 종합'(1953~1969년)」(2011) 등

정영철

서울대학교 문학 박사
서강대학교 공공정책대학원 교수
주요 저서: 『한반도 정치론』(2014), 『김정일리더십 연구』(2005), 『북한의 개혁개방: 이
중전략과 실리사회주의』(2004) 등
주요 논문: 「김일성-김정일 인권 담론의 역사」(2014), 「20년의 위기: 북미대결과 한반
도 평화체제」(2013), 「김정은 체제의 출범과 과제: 인격적 리더십의 구축과

인민생활의 향상」(2012) 등

조영주

이화여자대학교 북한학 박사

동국대학교 분단/탈분단연구센터 연구교수

주요 저서: 『여성(들)이 기억하는 전쟁과 분단』(공저, 2013), 『선군시대 북한 여성의
　　　　삶』(공저, 2010), 『남북관계사』(공저, 2009) 등

주요 논문: 「북한의 인민만들기와 젠더정치」(2013), 「여성구술사연구와 분과학문의 만
　　　　남: 북한연구를 중심으로」(2013), 「통일담론과 여성의 실천」(2012)

조정아

서울대학교 교육학 박사

통일연구원 선임연구위원

주요 저서: 『탈북청소년의 경계 경험과 정체성 재구성』(공저, 2014), 『새로운 세대의
　　　　탄생: 북한 청소년의 세대경험과 특성』(공저, 2013) 등

주요 논문: 「김정은시대 북한 교육정책 방향과 중등교육과정 개편」(2014), 「북한 주민
　　　　의 '일상의 저항': 저항 유형과 체제와의 상호작용」(2011), 「탈북이주민의
　　　　학습경험과 정체성 재구성」(2010) 등

홍민

동국대학교 정치학 박사

통일연구원 북한연구실 연구위원

주요 저서: 『함흥과 평성: 공간·일상·정치의 도시사』(2014), 『북한의 권력과 일상생활:
　　　　지배와 저항 사이에서』(2013), 『북한의 일상생활세계: 외침과 속삭임』(20
　　　　10) 등

주요 논문: 「북한 인구정치의 기원과 식량체제」(2013), 「행위자-네트워크 이론과 북한
　　　　연구: 방법론적 성찰과 가능성」(2013), 「북한의 국가와 시장관계: 위상학적
　　　　이해의 가능성」(2012), 「분단의 사회-기술적 네트워크와 수행적 분단」(20
　　　　13) 등

황일도

연세대학교 정치학 박사

(주)동아일보사 기자

주요 저서: 『북한 군사전략의 DNA』(2013), 『김정일, 공포를 쏘아올리다』(2009) 등

주요 논문: "Identity, Supreme Dignity, and North Korea's External Behavior: A Cultural/Ideational Perspective"(공저, 2014), 「'세기와 더불어'를 통해 추출한 북한의 전략문화 인식틀」(2013), "Paradox of Stalled Liberal Peace in Northeast Asia: Geopolitics, Nationalism, and Domestic Politics"(공저, 2012) 등

한울 1792
북한연구학회 연구총서 04

북한 연구의 새로운 패러다임: 관점·방법론·연구방법

ⓒ 북한연구학회, 2015

기획 | 북한연구학회
편저 | 조영주
펴낸이 | 김종수
펴낸곳 | 도서출판 한울
책임편집 | 배유진
편집 | 강민호

초판 1쇄 인쇄 | 2015년 5월 14일
초판 1쇄 발행 | 2015년 5월 30일

주소 | 413-120 경기도 파주시 광인사길 153 한울시소빌딩 3층
전화 | 031-955-0655
팩스 | 031-955-0656
홈페이지 | www.hanulbooks.co.kr
등록번호 | 제406-2003-000051호

Printed in Korea.
ISBN 978-89-460-5792-0 94340(양장)
     978-89-460-6007-4 94340(반양장)
     978-89-460-4937-6(세트)

* 책값은 겉표지에 표시되어 있습니다.
* 이 책은 강의를 위한 학생용 교재를 따로 준비했습니다.
  강의 교재로 사용하실 때에는 본사로 연락해주십시오.